Die Rekonstruktion
des Menschen

UTOPIA

Die Rekonstruktion des Menschen

Phantastische Geschichten

Verlag Das Neue Berlin

Herausgegeben von Erik Simon

ISBN 3-360-00846-5

Stanisław Lem
Die Rekonstruktion der Gattung*

Einleitung

Vor mehreren Millionen Jahren setzte mit der heraufziehenden Eiszeit eine Abkühlung ein. Es wuchsen die Berge, die Kontinente hoben sich, die Urwälder machten wegen der zunehmenden Trockenheit grasigen Ebenen Platz. In dem Maße, wie die Steppe sich ausbreitete, schrumpfte das Lebensmilieu jener vierhändigen Waldtiere, die infolge ihres Lebens auf den Bäumen eine hervorragende Präzision der Handbewegungen entwickelt hatten, bei denen der Daumen sich den übrigen Fingern gegenübergestellt hatte und die Augen zum wichtigsten Orientierungsorgan geworden waren, während sie durch ihre Lebenswelt häufig – vermutlich häufiger als durch andere Milieus – genötigt waren, eine aufrechte Haltung einzunehmen. Zahlreiche Stämme stiegen von den Bäumen herunter, die immer seltener wurden und immer weniger Schutz boten, um auf den weiten Steppen ihre Kräfte zu erproben. Durch Verzicht auf die aufrechte Haltung und das Gesicht, durch sekundäre Ausbildung einer dem Hund ähnlichen Schnauze entstand der Pavian. Außer ihm erhielt sich nur einer jener Experimentatoren, die ihren Wohnsitz auf den Bäumen verließen, am Leben.

Nach der direkten Abstammungslinie des Menschen wird man vergeblich suchen, denn der Versuch, auf die Erde hinabzusteigen und auf zwei Beinen zu gehen, wiederholte sich unzählige Male. Schließlich drangen die Anthropoiden, die zwar noch unsicher auf zwei Füßen standen, aber neutral schon an diese Haltung angepaßt waren, welche sich im Dikkicht des Dschungels ausgebildet hatte, in die Steppe vor,

* Der folgende Text ist ein Auszug aus Stanisław Lems erstmals 1964 erschienener »Summa technologiae«. Er steht dort am Beginn des Kapitels »Pasquill auf die Evolution«.

jene voreiszeitliche ökologische Nische, in der vierfüßige Pflanzenfresser weideten. Sie hatten bereits die Hand und das Auge des Menschen, aber noch kein menschliches Gehirn. Die Konkurrenz begünstigte dessen Wachstum. Zwar rivalisierten diese Tiere miteinander, doch lebten sie in Gruppen. Eine eigentümliche innersekretorische Veränderung verlängerte ihre Kindheit bedeutend, jenen Zeitraum, während dessen man im Schutz der Gruppe Erfahrungen sammeln konnte. Mimik und ausgestoßene Laute dienten einer Verständigung, die sich später zur Sprache entwickeln sollte. Wahrscheinlich haben die Urmenschen schon damals ein im Vergleich zu den Anthropoiden bedeutend höheres Lebensalter erreicht. Im Kampf ums Dasein überlebten nämlich jene Gruppen, zu denen Individuen mit der größten Erfahrung gehörten, und das waren die ältesten, die langlebigsten. Wohl zum ersten Mal im Verlaufe der Evolution kam es zur Auslese einer Gattung, die eine lange Altersperiode aufwies, denn zum ersten Male erwies diese sich als biologisch wertvoll, nämlich als Schatzkammer von Informationen.

Der Prolog des Menschen bestand im Übergang vom zufälligen, »äffischen« Gebrauch von Werkzeugen zu deren Herstellung. Dieser Übergang ergab sich aus der Fortführung der »äffischen« Technologie, mit Steinen und mit spitzen Zweigen zu werfen, die den Anfang eines Wirkens auf Distanz machte. Der Übergang zum Paläolithikum bedeutete die Entstehung der ersten einfachen Maschinen, die Ausnutzung von Umweltprozessen: das Feuer machte als ein Werkzeug der Homöostase vom Klima unabhängig, und das Wasser wurde zum Transportmittel. Die Lebensweise änderte sich von herumstreifender Jägerei zu Nomadentum und schließlich zur Seßhaftigkeit, als die Menschen, die sich von Pflanzen ernährten, zu deren Anbau übergingen; das war bereits eine Million Jahre nach dem Anfang. Das war das Neolithikum.

Es hat den Anschein, als stammten wir nicht vom Neandertaler ab, sondern als hätten wir diese uns so eng verwandte Form vernichtet. Was nicht unbedingt heißt, daß wir sie ermordet oder gefressen haben; der Kampf ums Dasein äußert sich in unterschiedlichen Formen. Der Neandertaler stand dem ersten Menschen, dem *homo primigenius*, so nahe, daß diese Stämme sich gekreuzt haben können, was wahrscheinlich auch der Fall war. Doch obwohl der Neandertaler – rätselhaft durch seinen bemerkenswerten Schädelinhalt, der größer war als im Durchschnitt beim heutigen Menschen – eine eigene Kultur hervorbrachte, ist er gleichzeitig mit ihr untergegangen. Der erste Mensch schuf eine neue. Anschließend dauerte es – im geologischen Maßstab – nicht mehr lange, bis die erste Phase der eigentlichen technologischen Entwicklung einsetzte. Eine Reihe von Zivilisationen, die hauptsächlich im subtropischen Gürtel angesiedelt waren, existierten einige Jahrtausende, die jedoch nur ein kurzer Augenblick sind, verglichen mit den Millionen Jahren, die den Menschen und die soziale Gruppe formten.

In dieser ersten Phase werden zunächst die »natürlichen« Quellen außermenschlicher (Zugtier), aber auch menschlicher Energie (Sklave) genutzt. Die Erfindung des Rades und der Drehbewegung, die in einigen sogar hochentwickelten Zivilisationen (Mittelamerika) unterbleibt, wird zur Grundlage für den Bau von Maschinen mit begrenzter, nicht zur Selbstanpassung fähiger Wirkung. Genutzt wird die Energie der Umgebung: Wind, Wasser und Steinkohle – und bald darauf die Elektrizität. Sie ermöglicht neben dem Antrieb der Maschinen die Übermittlung von Informationen über große Entfernungen. Dadurch wird eine energische Koordination des Handelns und ein rascheres Vorgehen beim Umbau der natürlichen in eine künstliche Umwelt möglich.

Der Übergang zur zweiten Phase beginnt mit wesentlichen technologischen Veränderungen. Dadurch, daß in den Motoren Kräfte freigesetzt werden, die in ihrer Größenordnung den Naturphänomenen gleichkommen, kann die Schwerkraft überwunden werden. Außer der Atomenergie wird das kybernetische Konstruktionswesen erschlossen, das im Grunde darin besteht, den mechanischen Bau von Maschinen durch die Programmierung ihrer Entwicklung und ihrer Funktionen zu ersetzen. Dies ist offenkundig ein Resultat der Nachahmung von Lebensphänomenen, die bereits – wenn auch nicht immer in bewußter Weise – als Vorbilder, als Handlungsrichtlinien aufgefaßt werden und nicht bloß als Objekte, denen man wegen ihrer unanfechtbaren Überlegenheit in hilfloser Bewunderung gegenübersteht.

Der Bau immer komplexerer Systeme wird allmählich die große Lücke der theoretischen Erkenntnis schließen, die das bereits relativ abgeschlossene Wissen über so einfache Apparate wie die Dampfmaschine oder den Elektromotor von so komplizierten Systemen trennt, wie es die Evolution oder das Gehirn sind. Diese Entwicklung läuft mit aller Macht auf eine »allgemeine Imitologie« hinaus, denn der Mensch wird lernen, alles, was es gibt, selbst zu erzeugen – von den Atomen (in den Labors synthetisch erzeugte Antimaterie) bis hin zu Äquivalenten seines eigenen Nervensystems.

Das dabei auftretende lawinenartige Anwachsen der Information macht dem Menschen klar, daß deren Manipulation ein gesonderter Zweig der Technologie ist. Die Erforschung der Methoden, welche die Bioevolution in dieser Hinsicht benützt, wird von großer Hilfe sein. Auf lange Sicht zeichnet sich die Möglichkeit ab, die Informationskrise durch die Automatisierung der Erkenntnisprozesse (z. B. in der »Informationszucht«) zu überwinden. Vielleicht läßt sich deren Funktionsweise perfektionieren – nach dem Prinzip, daß aus unsicheren Elementen sichere Systeme von beliebiger Komplexität errichtet werden können. Auch das wird man der Erkenntnis einer entsprechenden Technologie der biologischen Phänomene verdanken. Eine von menschlicher Aufsicht vollkommen unabhängige Güterproduktion wird zur Realität; parallel entwickeln sich »hedonistische Techniken« (u. a. die Phantomatik). Am Ende dieser Entwicklung steht eine kosmogonische Ingenieurkunst, die Erschaffung künstlicher Welten, die allerdings von der Natur so weit entfremdet und unabhängig geworden sind, daß sie die natürliche Welt in jeder Hinsicht ersetzen. Wenn aber das »Künstliche« das »Natürliche« hinsichtlich beliebig gewählter Parameter, auf die es dem Konstrukteur ankommt, zu übertreffen vermag, verwischt sich der Unterschied zwischen dem »Künstlichen« und dem »Natürlichen«.

So stellt sich die erste Phase der technologischen Evolution des Menschen dar. Sie bedeutet nicht das Ende der Entwicklung. Die Geschichte der Zivilisation – mit ihrem anthropoidalen Prolog und den von uns aufgezeigten möglichen Fortsetzungen – ist ein insgesamt tausend bis dreitausend Jahrhunderte währender Prozeß, in dem der Bereich der Homöostase sich erweitert, anders gesagt: in dem der Mensch seine Umwelt verändert. Doch die Fähigkeit, mit technologischen Mitteln den Mikro- und Makrokosmos zu durchdringen – bis hin zu jener fernen, angedeuteten Möglichkeit der »Pantokreatik« –, erstreckt sich nicht auf den menschlichen Organismus selber. Der Mensch bleibt das letzte Relikt, das letzte »authentische Werk der Natur« innerhalb der von ihm geschaffenen Welt. Ein solcher Zustand kann nicht beliebig lange andauern. Die Invasion der vom Menschen geschaffenen Technologie in seinen Körper ist unvermeidlich.

Rekonstruktion der Gattung

Dieses Phänomen, das den Inhalt der zweiten Phase der Zivilisationsentwicklung bilden wird, kann man unterschiedlich auffassen und interpretieren. Auch kann es innerhalb gewisser Grenzen unterschiedliche Ausprägungen und Richtungen annehmen. Da wir nun für unsere weiteren Überlegungen irgendein Schema brauchen, werden wir uns des einfachsten bedienen, ohne dabei zu vergessen, daß es sich um ein Schema, also eine Vereinfachung handelt.

Man kann es erstens den menschlichen Organismus als gegeben und in seiner allgemeinen Konstruktion unantastbar hinnehmen. Die Aufgaben der Biotechnologie bestehen dann in der Beseitigung und Prophylaxe von Krankheiten sowie in der Ersetzung ausfallender Funktionen oder defekter Organe entweder durch biologische (Transplantationen, Gewebeverpflanzungen) oder durch technische Substitute (Prothetik). Dies ist die traditionellste und kurzsichtigste Auffassung.

Zweitens kann man – in Ergänzung des zuvor Genannten und ihm gewissermaßen übergeordnet – die Evolutionsgradienten der Natur ersetzen. Eine solche Regelung kann unterschiedliche Ziele verfolgen. Man kann es zum Beispiel für das Wichtigste halten, all jene schädlichen Folgen zu eliminieren, die dadurch entstehen, daß es in der künstlichen Zivilisationsumwelt an jener natürlichen Auslese fehlt, die sonst die schlechter Angepaßten vernichtet. Oder man verfolgt anstelle jenes bescheidenen Programms das Maximalprogramm einer biologischen Autoevolution, die nach und nach immer vollkommenere Menschentypen hervorbringen soll (durch wesentliche Änderungen solcher erblicher Parameter wie zum Beispiel der Mutabilität, der Anfälligkeit für Geschwulstbildungen, der Körperformen, der inner- und zwischengeweblichen Korrelationen, schließlich durch Veränderung der Parameter der Lebensdauer und vielleicht auch des Umfangs und der Komplexität des Gehirns). Das wäre, mit einem Wort, der zeitlich auf Jahrhunderte, vielleicht Jahrtausende verteilte Plan, »das nächste Modell des *homo sapiens*« zu schaffen, nicht in einem Sprung, sondern durch langsame und graduelle Veränderung, wodurch die Unterschiede zwischen den Generationen vermindert würden.

Drittens schließlich kann man das ganze Problem auf sehr viel radikalere Weise anfassen. Man kann nämlich sowohl die konstruktive Lösung, welche die Natur der Aufgabe »Wie soll das vernunftbegabte Wesen beschaffen sein?« gegeben hat, als auch eine Lösung, zu der man mit den von ihr übernommenen autoevolutiven Mitteln gelangen könnte, für unzureichend halten. Statt das vorliegende Modell hinsichtlich dieser oder jener Parameter zu verbessern bzw. »auszuflikken«, kann man für sie willkürlich neue Werte festlegen. Statt einer relativ bescheidenen biologischen Lebensdauer

Beinahe-Unsterblichkeit verlangen; statt die von der Natur gegebene Konstruktion innerhalb der Grenzen, die das von ihr benützte Material überhaupt zuläßt, zu verstärken, die größte Haltbarkeit fordern, welche die jeweilige Technologie zustande bringt. Kurz, statt einer Rekonstruktion gibt man die bisherige Lösung völlig auf und projektiert eine gänzlich neue.

Dieser letztere Ausweg aus dem Dilemma erscheint uns heute derart absurd und unannehmbar, daß es sich lohnt, die Argumente zu hören, die sein Verfechter vortragen könnte.

Zunächst, erklärt er, ist der Weg der »prophylaktisch-prothetischen« Lösungen notwendig und unausweichlich; der beste Beweis dafür ist, daß die Menschen ihn schon beschritten haben. Es gibt bereits Prothesen, die zeitweise das Herz, die Lungen, den Kehlkopf ersetzen, es gibt synthetische Blutgefäße, künstliche Därme, synthetische Knochen, Rippenfellersatz und künstliche Gelenkoberflächen aus Teflon. Man plant Handprothesen, die unmittelbar durch die Bioströme der Muskelstümpfe des Schultergürtels bewegt werden. Man denkt an einen Apparat, der die Nervenimpulse aufzeichnet, die beim Gehen die Gliedmaßen in Bewegung setzen; ein durch eine Rückenmarksschädigung gelähmter Mensch wird dank eines Apparats, den er beliebig einstellen kann und der die entsprechenden, bei einem gesunden Menschen »aufgezeichneten« Impulse in die Beine schickt, gehen können. Zugleich wachsen die Anwendungsmöglichkeiten der Transplantation; nach der Hornhaut, nach Knochenteilen, nach dem bluterzeugenden Mark sind jetzt lebenswichtige Organe an der Reihe. Fachleute behaupten, die Lungentransplantationen lassen nicht mehr lange auf sich warten. Wenn die biochemische Abwehr des Organismus gegen artfremde Eiweiße überwunden ist, kann man Herzen, Mägen u. dgl. verpflanzen. Ob man dazu Transplantate oder Ersatzorgane aus abiologischer Substanz verwendet, hängt jeweils vom aktuellen Erkenntnisstand und von der Höhe der Technologie ab. Einige Organe werden wohl leichter durch mechanische zu ersetzen sein, bei anderen wird man dagegen abwarten müssen, bis erfolgreiche Verpflanzungstechniken entwickelt sind. Das Wesentliche ist jedoch, daß nicht nur die Bedürfnisse des menschlichen Organismus, sondern zugleich auch die Bedürfnisse der neuen Technologien die weitere Entwicklung der biologischen und abiologischen Prothetik bestimmt werden.

Aufgrund der Untersuchungen amerikanischer Forscher wissen wir heute schon, daß man die Kraft der Muskelkontraktionen bedeutend verstärken kann, indem man zwischen Nerv und Muskel einen elektronischen Impulsverstärker einsetzt. Das Modell eines solchen Apparats entnimmt die an den Muskel adressierten nervösen Reize der Haut, verstärkt sie und leitet sie den entsprechenden Effektoren zu. Unabhängig davon haben russische Wissenschaftler, die sich mit der Bionik, der Wissenschaft von den Effektoren und Rezeptoren lebender Organismen, befassen, einen Apparat konstruiert, der die Reaktionszeit des Menschen erheblich abkürzt. Für das Steuerpult kosmischer Raketen oder auch nur von Überschallflugzeugen ist diese Zeit allzu lang. Die nervösen Impulse wandern mit einer Geschwindigkeit von kaum hundert Metern in der Sekunde, müssen aber vom Sinnesorgan (z.B. dem Auge) zum Gehirn und von dort über die Nerven zu den Muskeln (Effektoren) gelangen, was einige Zehntelsekunden in Anspruch nimmt. Die Bioniker nun fangen die aus dem Gehirn tretenden und über die Nerven wandernden Impulse auf und leiten sie unmittelbar einem mechanischen Effektor zu. Deshalb genügt es, daß der Pilot die *Absicht* hat, die Steuerung zu betätigen, und schon verstellt sich das Steuer. Mit der umfassenden Vervollkommnung derartiger Techniken entsteht eine paradoxe Situation. Ein Mensch, der infolge eines Unglücksfalles oder einer Krankheit verstümmelt wurde, wird mit seiner Prothese einem normalen Menschen weit überlegen sein. Man wird ja nicht umhinkönnen, ihn mit der besten aller vorhandenen Prothesen auszustatten, und die vorhandenen werden schneller, wirksamer und sicherer funktionieren als die natürlichen Organe!

Was die vorgeschlagene Autoevolution betrifft, so soll sie sich auf solche Umgestaltungen des Organismus beschränken, die noch innerhalb der Grenzen der biologischen Plastizität liegen. Diese Beschränkung ist jedoch nicht notwendig. Freilich ist es dem Organismus nicht möglich, infolge einer Programmierung der genotypischen Erbinformation Diamanten oder Stahl hervorzubringen, denn dazu sind hohe Temperatur- und Druckverhältnisse erforderlich, die in der Embryogenese nicht zu realisieren sind. Allerdings kann man jetzt bereits Prothesen herstellen, die für immer in die Kieferknochen eingesetzt werden und deren Zahnteile aus den härtesten Materialien bestehen, wie sie der Organismus nicht hervorbringt, und die praktisch unzerstörbar sind. Schließlich kommt es ja bei einem Organ nicht auf seine Genese an, sondern darauf, daß es perfekt gearbeitet ist und perfekt funktioniert. Wenn wir Penicillin benützen, kümmert es uns nicht, ob es in den Retorten eines Laboratoriums oder von einem echten Pilz auf einem Nährboden produziert wurde. Wenn wir also eine Rekonstruktion des Menschen planen und uns auf diejenigen Mittel beschränken, deren Entwicklung durch die Informationsübertragung des Erbplasmas ermöglicht wird, dann verzichten wir vollkommen unnötig darauf, den Organismus mit vervollkommneten Systemen und neuen Funktionen auszustatten, die überaus vorteilhaft und nützlich wären.

Dem halten wir entgegen, daß der Verfechter einer konstruktiven Umwälzung sich über die Konsequenzen seiner eigenen Postulate offenbar nicht im klaren ist. Uns geht es allerdings nicht bloß um die starke Anhänglichkeit, die der Mensch dem Körper, den er nun einmal hat, entgegenbringt. Die ganze Kunst und Kultur einschließlich der allerabstraktesten Theorien sind voll von jener Körperlichkeit, wie sie uns in ihren Formen und ihrem Ausdruck von der Natur gegeben ist. Von Körperlichkeit geprägt sind die Kanons aller historischen Ästhetiken, alle existierenden Sprachen und damit auch das gesamte menschliche Denken. Auch gibt es, allem Anschein zum Trotz, keine Werte, die nicht unter Beteiligung des körperlichen Faktors entstanden wären. Die Liebe, auch wenn man sie durchaus nicht physiologisch auffaßt, ist etwas ganz und gar Körperliches. Sollte sich der Mensch unter dem Druck der mit eigenen Händen geschaffenen Technologien tatsächlich selber umgestalten, sollte er den Roboter mit einem perfekten kristallinen Gehirn tatsächlich für seinen Nachfolger halten, so wäre das der größte Wahnsinn. Es würde nicht mehr und nicht weniger bedeuten als den kollektiven Selbstmord der Rasse, verschleiert durch den Anschein ihres Fortlebens in denkenden Maschinen, die ein Bestandteil der vom Menschen erzeugten Technologie wären: letzten Endes würde der Mensch damit zulassen, daß die von ihm geschaffene Technologie ihn aus seiner Lebenssphäre, aus seiner ökologischen Nische verdrängte und gewissermaßen zu einer neuen, synthetischen Gattung würde, welche die schlechter angepaßte Gattung vom Schauplatz der Geschichte verweist.

Diese Argumente überzeugen unseren Gegner nicht. Über die Körperlichkeit der menschlichen Kultur, so erklärt er, weiß ich ausgezeichnet Bescheid, doch meine ich nicht, daß alles daran wertvoll ist und deshalb verdiente, für immer bewahrt zu werden. Ihr wißt doch, welchen fatalen Einfluß auf die Entwicklung bestimmter Vorstellungen und die Entstehung gesellschaftlicher und religiöser Vorschriften eine im Grunde so zufällige Tatsache wie zum Beispiel die Lokalisierung der Fortpflanzungsorgane gehabt hat. Es lag an der Sparsamkeit, mit der die Natur arbeitet, und an ihrer Gleichgültigkeit gegenüber in unserem Sinne ästhetischen Rücksichten, wenn die Kanäle, durch welche die Endprodukte des Stoffwechsels ausgeschieden werden, den Geschlechtskanälen benachbart sind und teilweise mit ihnen zusammenfallen. Diese biologisch vernünftige Nachbarschaft, im übrigen die unvermeidliche Folge einer Konstruktionslösung, die schon auf der Stufe der Amphibien und Reptilien, also vor Hunderten von Jahrmillionen realisiert wurde, hat, als die Menschen begannen, die Funktionen der eigenen Organe zu beobachten und zu erforschen, in ihren Augen auf den Geschlechtsakt einen Schatten von Schande und Sünde geworfen. Daß dieser Akt etwas Unreines sei, drängte sich gleichsam von selbst auf, sind doch die Organe, mit denen er vollzogen wird, so eng mit den Ausscheidungsfunktionen verbunden. Der Organismus muß die ausgeschiedenen Endprodukte meiden – das ist biologisch wichtig. Zugleich muß er jedoch die geschlechtliche Vereinigung anstreben, denn sie ist für die Evolution unerläßlich. Das Zusammentreffen von zwei derart bedeutenden, diametral entgegengesetzten Geboten mußte entscheidend dazu beitragen, daß Mythen von der Ursünde und von der naturgegebenen Ureinheit des Geschlechtslebens und seiner Erscheinungen entstanden, und so schuf der Geist, hin- und hergerissen zwischen der erblich programmierten Abstoßung und Anziehung, Zivilisationen, die auf der Vorstellung von Sünde und Schuld beruhten, oder auch Zivilisationen der Scham und der durch Rituale kanalisierten Ausschweifung. Soviel zum ersten.

Zum zweiten fordere ich durchaus nicht die »Robotisierung« des Menschen. Wenn ich verschiedene elektronische und andere Prothesen erwähnte, so nur, um heute verfügbare konkrete Beispiele zu nennen. Bei einem Roboter denken wir an einen mechanischen Götzen, eine ungefähr menschenähnliche Maschine, die menschliche Intelligenz besitzt. Der Roboter ist somit eine primitive Kreatur des Menschen und nicht sein Nachfolger. Eine Rekonstruktion des Organismus muß nicht den Verzicht auf wertvolle Merkmale bedeuten, sondern lediglich die Eliminierung solcher Merkmale, die gerade beim Menschen unvollkommen und primitiv sind. Die Evolution hat, als sie unsere Gattung formte, ungewöhnlich schnell gearbeitet. Die ihr eigentümliche Tendenz, Konstruktionslösungen von einer früher entstandenen Gattung beizubehalten, hat unsere Organismen mit einer Reihe von Mängeln belastet, die unseren vierbeinigen Vorfahren unbekannt sind. Bei ihnen braucht das Becken nicht die Last der Eingeweide zu halten. Da es sie beim Menschen stützen muß, haben sich Muskelbänder entwickelt, die den Geburtsvorgang bedeutend erschweren. Die aufrechte Haltung hat sich gleichfalls auf den Blutkreislauf nachteilig ausgewirkt. Die Tiere kennen keine Krampfadern, eine der Plagen des menschlichen Körpers. Die gewaltige Zunahme der Hirnkapsel führte zu einer solchen rechtwinkligen Verdrehung des Rachenraumes (dort, wo er in die Speiseröhre übergeht), daß sich an dieser Stelle Luftwirbel bilden, mit der Folge, daß sich an den Rachenwänden ungewöhnliche Mengen von Aerosolen und Mikroorganismen ablagern, wodurch der Rachen zum Einfallstor einer großen Zahl ansteckender Krankheiten wurde. Die Evolution hat versucht, dem entgegenzuwirken, indem sie die kritische Stelle mit einem Ring von lymphatischem Gewebe umgab, doch hat diese Improvisation nicht nur keine Resultate gebracht, sondern ist zur Ursache neuer Beschwerden geworden, denn diese Gewebsanhäufungen wurden zum Herd permanenter Infektionen. Ich behaupte nicht, daß die tierischen Vorfahren des Menschen ideale Konstruktionslösungen dargestellt hätten; vom Standpunkt der Evolution ist jede Gattung »ideal«, wenn sie imstande ist, sich zu erhalten. Ich behaupte nur, daß man sich selbst bei unseren überaus armseligen und unvollständigen Erkenntnissen Lösungen vorstellen kann, die, auch wenn sie einstweilen nicht realisierbar sind, die Menschen von zahllosen Leiden befreien würden. Wenn wir Prothesen jeglicher Art schlechter finden als die natürlichen Gliedmaßen und Organe, so deshalb, weil sie ihnen bisher tatsächlich an Leistungsfähigkeit unterlegen sind. Ich bin selbstverständlich der Auffassung, daß dort, wo technologische Gesichtspunkte nicht entgegenstehen, ästhetischen Kriterien Raum gegeben werden kann. Wir finden das Äußere des Körpers, wenn es von einem zottigen Pelz bedeckt ist, genauso unschön, wie wenn es aus Stahlblech wäre. Dabei könnte es sein, daß es sich in nichts – weder für das Auge noch für die übrigen Sinne – von der Haut unterscheidet. Mit den Schweißdrüsen ist es etwas anderes: man weiß ja, wie sehr die zivilisierten Menschen bemüht sind, die Folgen ihrer Tätigkeit auszuschalten, die manchen bei der persönlichen Hygiene großen Kummer bereiten. Doch um solche Einzelheiten soll es uns nicht gehen. Wir reden schließlich nicht über das, was in zwanzig oder hundert Jahren sein kann, sondern über das, was noch denkbar ist. Ich glaube nicht an irgendeine endgültige Lösung. Auch eine »Übermensch« wird sich sehr wahrscheinlich nach einer gewissen Zeit für ein unvollkommenes Wesen halten, wenn neue Technologien ihm etwas ermöglichen, was uns jetzt als eine für immer unrealisierbare Phantasie erscheint (z. B. das »Umsteigen von einer Persönlichkeit in eine andere«). Daß man durch bewußte geistige Anstrengung eine Symphonie, eine Skulptur oder ein Bild schaffen kann, ist heute nichts Ungewöhnliches. Der Gedanke dagegen, sich einen Nachkommen zu »komponieren«, diejenigen geistigen und körperlichen Merkmale, die wir gern an ihm sehen würden, zu orchestrieren – ein solcher Gedanke ist eine abscheuliche Häresie. Aber auch das Verlangen zu fliegen, den Wunsch, den menschlichen Körper zu studieren, das Bauen von Maschinen und die Erforschung der Anfänge des Lebens auf der Erde hat man einmal als Häresie betrachtet, und kaum hundert Jahre trennen uns von jener Zeit, als man allgemein so dachte. Wir können natürlich, wenn wir uns als intellektuelle Feiglinge erweisen wollen, von der wahrscheinlichen künftigen Entwicklung schweigen, doch dann muß man zumindest sagen, daß wir uns wie Feiglinge verhalten. Der Mensch kann nicht die Welt verändern, ohne sich selbst zu verändern. Es ist möglich, einen Weg zu beschreiten und so zu tun, als wisse man nicht, wohin er führt. Doch ist das nicht die beste aller möglichen Strategien.

Was der Verfechter einer Rekonstruktion der Gattung hier geäußert hat, verdient, wenn nicht akzeptiert, so doch zumindest erörtert zu werden. Es sind zwei unterschiedliche Einstellungen, von denen grundsätzlicher Widerspruch kommen kann. Die erste ist eher emotional als rational, jedenfalls insofern, als sie einer Revolutionierung des menschlichen Organismus ihre Zustimmung versagt, weil sie »biotechnologische« Argumente nicht zur Kenntnis nimmt. Sie hält die Konstitution des Menschen, wie sie heute ist, für unantastbar, auch wenn sie zugibt, daß diese mit zahlreichen Gebrechen behaftet ist. Auch diese sowohl physischen wie geistigen Gebrechen seien im Laufe der historischen Entwicklung zu Werten geworden. Was auch immer bei einer Autoevolution herauskäme, es würde bedeuten, daß der Mensch von der Oberfläche der Erde verschwinden müsse; sein Bild werde in den Augen des »Nachfolgers« eine tote zoologische Kategorie sein, wie es für uns der Australopithekus oder der Neandertaler seien. Für ein beinahe unsterbliches Wesen, dem der eigene Körper genauso unterworfen sei wie die Umwelt, werde es die Mehrheit der ewigen menschlichen Probleme nicht mehr geben; eine biotechnologische Umwälzung bedeute somit nicht nur die Auslöschung der Gattung *homo sapiens*, sondern zugleich die Vernichtung seines geistigen Erbes. Sofern es keine Phantasmagorie sei, sei es schlichter Hohn, wenn man sich vorstelle, daß der Mensch, statt seine Probleme zu lösen, statt eine Antwort auf die Fragen zu finden, die ihn seit jeher quälen, sich vor ihnen in die materielle Vollkommenheit zurückziehe; was für eine schändliche Flucht, was für ein Ausweichen vor der Verantwortung, wenn der *homo* sich mit Hilfe der Technologie zu einem *deus ex machina* verpuppe!

Die zweite Einstellung schließt die erste nicht aus: wahrscheinlich teilt sie deren Argumente und Empfindungen, doch tut sie das stillschweigend. Wenn sie das Wort ergreift, dann stellt sie Fragen. Welche konkreten Verbesserungen und Rekonstruktionen schlägt der »Autoevolutionist« vor? Lehnt er es als verfrüht ab, nähere Erläuterungen zu geben? Und woher weiß er, daß die bis heute unerreichte Vollkommenheit der biologischen Lösungen irgendwann überholt sein wird? Auf welche Tatsachen stützt er diese seine Vermutung? Ist es nicht vielmehr wahrscheinlich, daß die Evolution das Maximum der materiellen Möglichkeiten erreicht hat? Daß die Komplexität, die der menschliche Organismus repräsentiert, einen Grenzwert darstellt? Natürlich – das weiß man auch heute schon – können maschinelle Systeme hinsichtlich einzelner Parameter wie etwa der Schnelligkeit der Informationsübertragung, der Zuverlässigkeit der *lokalen* Wirkung und der Konstanz ihrer Funktionen – für die sie über vielfältige Realisatoren und Kontrolleure verfügen – den Menschen übertreffen; es ist jedoch eine Sache, Kraft, Effektivität, Schnelligkeit oder Ausdauer jeweils für sich genommen zu potenzieren, und eine ganz andere, all diese optimalen Lösungen in *einem* System zu integrieren.

Der Autoevolutionist ist bereit, den Fehdehandschuh aufzunehmen und diesen Argumenten mit Gegenargumenten zu begegnen. Doch bevor er sich auf die Diskussion mit den Ansichten seines rationalistischen Gegners einläßt, gibt er zu erkennen, daß ihm die zuerst beschriebene Einstellung nicht fremd ist. Denn angesichts der Pläne für eine Rekonstruktion der Gattung empfindet er im Grunde seiner Seele denselben heftigen Widerstand wie derjenige, der diese Rekonstruktion kategorisch verurteilte. Er hält jedoch diese künftige Veränderung für unausweichlich, und gerade deshalb möchte er alle Gründe kennen, die für sie sprechen könnten, damit das, was mit Notwendigkeit eintritt, sich mit dem Ergebnis einer freien Entscheidung deckt. Er ist kein apriorischer Opportunist: Er glaubt nicht, daß das Notwendige unbedingt das Gute sein *muß*. Er hofft aber, daß es das wenigstens sein *kann*.

Stanisław Lem
Die demographische Implosion

In den Garten Trurls, des gelehrten Roboters, fällt ein Meteorit aus Eis, darin ein Wesen von Menschengestalt eingeschlossen ist, in der Hand einen Becher gefrorenen Schierlingssaftes. Nachdem es gelungen ist, das Wesen aufzutauen und wiederzubeleben, erzählt es seine Geschichte:

Froh stehen wir in so erlauchter Runde, um unsere Geschichte zu erzählen, wenngleich sie Staatsgeheimnis ist. Wir werden sie offenbaren, weil uns Dankbarkeit leitet, die stärker ist als Staatsräson. Dieser Becher voll knochenhart gefrorenen Schierlings, den der wohltätige Trurl aus unserer vor Kälte erstarrten Rechten herausgelöst hat, sollte nicht nur einem, sondern Millionen das Leben nehmen. Wir sind nämlich nicht der, für den ihr uns haltet. Wir sind kein Roboter noch ein Wahndroid, der leichtfertig nach dem Gift gegriffen hat, und auch nicht das Urgeschöpf, Mensch genannt, obwohl wir tatsächlich äußerlich dem letzteren gleichen. So ist es nicht. Wir sprechen auch nicht aus Angeberei im Pluralis majestatis zu euch, vielmehr aus grammatischer, historisch bedingter Notwendigkeit, die ihr am Schluß unserer Erzählung verstehen werdet.

Sie begann an den glückseligen Gestaden des Planeten Semenia, unserer einstigen, wie der Name sagt, überaus fruchtbaren Heimat. Wir sind dort auf eine Weise entstanden, über die auszulassen sich nicht lohnt. Die Natur bedient sich ihrer überall und immer, da sie einen uralten Hang zu Autoplagiaten hat. Schlamm ward aus dem Meer, aus Schlamm kam Schimmel her, das ist die ururalte Mär! Der Schimmel ward zu Fischlein; die krochen, als es ihnen im Wasser zu eng wurde, an Land, erprobten auf dem Trockenen viele Kniffe und saugten sich unterwegs irgendwo fest. Zu Säugern geworden, gelangten sie über das Hinken zu geschicktem Gehen und dadurch, daß sie sich gegenseitig das Leben schwer machten, zu Verstand, denn Verstand kommt von Sorgen, wie das Kratzen vom Jucken. Später kletterten manche Säuger auf die Bäume; als die Bäume aber verdorrten, mußten sie in ihrer großen Not herabsteigen, durch diese Not wurden sie noch klüger – klug leider auf verschlagene Art.

Es gab keine Bäume mehr und nichts Vegetarisches, deshalb gingen sie auf die Jagd. Einmal aber, als einer einen Schenkel benagte, merkte er, daß er nur noch einen blanken Knochen in der Hand hielt, ein anderer dagegen Fleisch, flugs schlug er dem den Knochen über den Schädel und nahm ihm das Fleisch weg. Das war der Erfinder der Keule. Einige Zeit danach entstand das Gesetz. Zur Frage seiner Entstehung entwickelte der semenidische Intellekt achthundert unterschiedliche Ansichten. Was uns betrifft, so meinen wir, das Gesetz war nötig, um das Dasein erträglich zu machen, weil es sonst nicht auszuhalten wäre. Unsere Vorväter hatten es schlecht, weshalb Groll sie erfüllte – aber wie soll man Groll gegen einen Niemand hegen –, in gewissem, äußerst subtilem Sinn gebar die Grammatik selbst, unterstützt von der Phantasie, uns die Religion. Wenn es hier schlecht ist, dann ist es woanders gut. Und wenn man den Ort nirgends finden kann, dann liegt er dort, wo man zu Fuß nicht hingelangt. Ergo ist das Grab eine Sparbüchse. Legst du deine tugendsamen Knochen hinein, wird dir im Jenseits Entschädigung gezahlt, und zwar reichlich, in einer ewig gültigen, von Gott selbst gedeckten Währung. Unsere Vorfahren haben jedoch heimlich jenes Gesetz gebrochen, da es ihnen nicht ganz gerecht erschien, daß alles Beste ausschließlich den Toten vorbehalten sein sollte. Diesen Vorbehalt rechtfertigten unsere Theologen auf dreihundertfache Weise – doch lassen wir das, sonst würden für unsere Erzählung auch tausend Nächte nicht reichen.

Unsere Ahnen erleichterten sich die tägliche Schinderei durch mancherlei Tricks und Machinationen, aus denen die Maschinen hervorgingen, die an ihrer Stelle mit Dreschflegeln hantierten, nach den Dreschflegeln mit Rädern und nach den Rädern mit Bits – worin eine starke Verkürzung steckt, die übrigens angebracht ist. Während sie so ihre Nöte verringerten, erfuhren sie gelegentlich, daß die Semenia Kugelgestalt besitzt, die Sterne Knoten sind und das Firmament zusammenhalten, der Pulsar ein Stern mit einem Schluckauf ist und der Schlamm die Semeniden geboren hat – was sich in speziellen Brütern sogar schon im Jahre dreißigtausend nach dem Feuerschlagen wiederholen ließ.

Das körperliche Mühen gab man daher verschiedenen Automanipulatoren in Pacht, die man auch gegen die Nachbarn einsetzen konnte, doch die anstrengende geistige Arbeit blieb. Wir konzipierten deshalb eine an unserer Statt erfindende Industrie, wie Denk- und Ideenmühlen, welche die Welt zu Ziffern zermahlten und im Gemahlenen die Spreu vom Weizen trennten. Zuerst baute man sie aus Bronze, aber die mußten gewartet werden, und auch das macht müde, wir züchteten also aus gewöhnlichen Kälbern Zählber, die ihr Leben an der Krippe verbrachten, gefüttert mit Komputationen und Meditationen. So handelten wir uns auch die erste Arbeitslosigkeit ein.

Befreit von aller Mühsal, hatten wir genügend Zeit zum Nachdenken und bemerkten, daß alles nicht so war, wie es sein sollte: das Fehlen von Armut bedeutet noch keine Wonne. Da machten wir uns daran, das Gesetz umgekehrt zu praktizieren, und erprobten jede in ihm genannte Hauptsünde nicht mehr voller Angst und im verborgenen, sondern trotzig, öffentlich und mit wachsendem Gefallen. Die Versuche zeigten, wie wenig appetitlich die meisten dieser Sünden sind, so konzentrierten wir uns bei Beginn der Neuzeit auf das vielversprechende Techtelmechteln beziehungsweise Verkehrspielen zu zweit, in Gruppen oder solo. Dieses ziemlich dürftige Repertoire bereicherten wir durch Neuerervorschläge, die hohe Effektivität versprachen, was zur Entwicklung von Sexpandern, Libidostaten und Masturbatoren führte – bis jeder Semenid in seinem Sodomizil eine komplette Sammlung von Lustmaschinen besaß. Nach dem Geschmack der Kirchen war das nicht, gleichwohl drückten sie die Augen zu, denn die Zeit der Kreuzzüge war vorbei, und es stand nicht sonderlich gut um sie. Im Fortschritt führend war der erste Staat von Semenia, Kotaurien, der in einer allgemeinen Volksabstimmung das geflügelte Raubtier im Staatswappen in den Pornopteryx – den Pornogreifen – umwandelte. Die Kotaurier, die im Wohlstand schwelgten, lösten alles auf, was sich noch nicht völlig in Auflösung befand, und der übrige Planet eiferte ihnen je nach den örtlichen Möglichkeiten nach. Kotauriens Devise lautete OMNE PERMITTENDUM, denn diese allbefreiende Erlaubnis bildete das Fundament seiner Politik. Nur der semenidische Mediävalist, der sich durch unsere mittelalterlichen Chroniken durchgearbeitet hat, wird die verbissen vorgebrachten Revindikationen richtig verstehen, denn hier handelte es sich um das tatsächliche Abwerfen uralter Askese und Unterwürfigkeit. Nur wenige bemerkten, daß dem Buchstaben des Gesetzes weiterhin Genüge getan wurde, allerdings mit umgekehrtem Vorzeichen.

Besonders die Künstler, die sich die Haut vom Leibe schufteten, um uralte Rückstände aufzuholen, gründeten Offizinen, die sogenannten Sudelarien; ihre einzige Sorge war, daß niemand ihre Unverfrorenheit überbot. Die Hymne der an der Spitze der Radikalen marschierenden Jugend lautete, soweit ich mich erinnere:

Kupferne Stirnen –
strahlendes Fanal!
Wir rädern Mama,
spießen sie auf den Pfahl.
Papa buchen wir ab,
stoßen beide ins Grab.
Mama voran, Papa sodann,
könnens auch umgekehrt haben.
Hau-ruck und amen!

Das Geistesleben blühte. Der Vergessenheit entrissen wurden die Werke eines gewissen Marquis d'Arche, die besondere Beachtung verdienen, weil sie den weiteren Verlauf unserer Geschichte beeinflußt haben. Zwei Jahrhunderte zuvor hatte der Henker ihn als Pissoirliteraten davongejagt, und seine Werke landeten auf dem Scheiterhaufen. Zum Glück hatte der vorsorgliche Marquis Abschriften angefertigt. Dieser Märtyrer und Wegbereiter des Neuen verkündete den Zauber der Scheußlichkeit und die Tugend der Untugend keineswegs aus egoistischen, sondern aus prinzipiellen Erwägungen. Die Sünde ergötzt bisweilen, schrieb er, aber sündigen muß man, weil es verboten, und nicht, weil es angenehm ist. Wenn es einen Gott gibt, muß man es ihm zum Possen tun, und wenn es ihn nicht gibt – sich selbst: so oder so manifestiert sich völlige Freiheit. Deshalb empfahl er auch in dem Roman »Zotilie« die Koprolatrie als Kult des Unflats, zelebriert auf Gold und begleitet von Dankchorälen. Wenn es ihn nämlich nicht gäbe, erklärte er, müsse man ihn unbedingt erfinden. Für etwas weniger verdient hielt er die Verehrung anderer Ausscheidungen. In Familienangelegenheiten war er ein Prinzipienreiter: Die Familie müsse mit Stumpf und Stiel ausgerottet oder, noch besser, dazu gebracht werden, sich selbst auszurotten. Diese aus der Tiefe der Jahrhunderte hervorgeholten Lehren weckten Bewunderung und Respekt. Nur Einfältige, die sich an Worte klammerten, sagten, daß d'Arche die erwähnte Substanz von Verwandten und Nahestehenden bevorzugte – wenn einem aber die Familie lieber ist, was dann?

Die Verlogenheit dieser Kritiker entlarvten die Steißler, die Schüler des Marquis und Fortsetzer seines Vermächtnisses, das auf der Theorie des Dozenten Freund fußte. Dieser Seelenkenner hatte nachgewiesen, daß das Bewußtsein eine Flut von Lügen auf der Oberfläche der Seele ist, aus Angst vor dem, was tiefer steckt. (»Ich denke, also lüge ich.«) Freund riet jedoch zu Kur, Sublimation und Resignation, die Steißler dagegen forderten Entluderung durch Genuß bis zur Übersättigung. Sie gründeten Bloßarien und nauseale Museen, um sich darin den eigenen Gelüsten und denen der Bekannten hinzugeben. Eingedenk dessen, was d'Arche gebot, kultivierten sie gerade den bewußten Körperteil. Einer der herausragendsten Vertreter dieser Bewegung, der Dozent Inzestus Wichs, pflegte zu sagen, nur Sempiterna Semper Fidelis – ansonsten gäbe es nichts Sicheres auf der Welt. Weil man bereits viel vom Schutz der Umwelt sprach, verunreinigten die Steißler sie gehörig. Außer der Koprosophie faszinierte die Futoromantie die Gemüter. Gegen Ende des vergangenen Jahrhunderts verbreitete sich die Schwarzseherei, die jetzt belächelt wird, denn für einen durch die Robotisierung verlorenen Arbeitsplatz wurden zwanzig neue gewonnen. Es entstanden Berufe, die in der Geschichte bis dahin unbekannt gewesen waren, sei es der Orgianist, der Derangeur und Malträteur (der auf hunderterlei Weise zu malträtieren verstand), der Trianglist (der auf Bestellung das Familienleben dramatisierte, indem er Dreiecksverhältnisse schuf, wo es keine gab), der Exterrier und der Sexterrier (der erste war einfach ein ehemaliger Hund, der zweite aber widmete sich der Sodomistik, einer Abart der Automistik oder der Kunst solcher Stoßaktionen, die sich dank der Automatisierung von selbst vollziehen). Dem Diktat der Mode folgend, installierten sogar die Physiker an ihren Apparaten Pornoelemente.

Diese Reformation löste schnell eine Gegenreformation aus, deren Wortführer der Epoche alles verübelten und deshalb Anschläge auf Spermabanken und Ferritkern-Fiesitätenspeicher verübten. Neben diesen Sprenglern betätigten sich Abnegaten, Propagandisten der Rückkehr zum Höhlenleben, wie Stink und Schlung, die zur Schlamperei und zum Verschlingen von wer weiß was animierten, weil ringsum alles steril und schmackhaft war. Was das schöne Geschlecht betraf, so meuterte es total. Die Anführerinnen der Bewegung lancierten zwei neue Ideale der Weiblichkeit – die Freudengattin und die Schwinx –, um befreierisch an die uralten Mythen anzuknüpfen. All das führte zu einem Chaos, die meisten Semeniden vertrauten gleichwohl auf die Wissenschaft, die ohne Zaudern jedes Phänomen untersuchte – z. B. die Orgianistik, die sich durch die Einführung der Einheit Org herausgebildet hatte (im Falle von Nekrophilie wäre es die Einheit Morg) und fein unterschied zwischen dem Brünstling, Lüstling und Wüstling oder zwischen dem Rassigen und Rossigen, alles klassifizierte und sich über nichts wunderte.

Die Wissenschaft hatte übrigens eine Menge stolzer Erfolge vorzuweisen. So eilte in diesem Jahrhundert der traditionellen Ingenieurkunst die Gengenieurkunst zu Hilfe.

Zuerst schuf sie ungewöhnliche Hybriden (z. B. den Damolypen aus Dame und Polypen), dann nahm sie sich die Semeniden selbst vor. Das Angenehme ist des Bösen Anfang – es dauerte nicht lange, und die Körperfreiheit brach aus, denn in den Gengenieurbüros konnte man sich Körper von beliebiger Gestalt und Funktion bestellen. Manche Chronisten gliedern die allgemeine Geschichte der Semenia entsprechend dem Obengesagten in die Ära der idealen Kriege, in der man sich um der Ideale willen bekämpfte, sowie die Ära der somatischen Kriege, in der man sich um des passenden Körperstandards willen bekämpfte. Die Lehren des Marquis trugen nach wie vor Früchte. Die neuste Kosmogonie behauptete, daß man andere kosmische Zivilisationen bislang infolge der Tyrannei prüder Vorstellungen nicht bemerkt habe. Man meinte nämlich, solche Zivilisationen würden sich mit dem Melken von Sonnen befassen und Sterne mit der Sparsamkeit von Krämern konsumieren. Wie dumm! In der Natur des Urmenschen liegt es, nicht in den Sternen zu stöbern, sondern in den Maulwurfshügeln, denn mehr kann er sich nicht leisten. Um Reichtum und Macht zu vergeuden, muß man erst einmal das eine wie das andere haben. Ein Stern ist keine stille Reserve, die Sonne kein Notgroschen, die Astrotechnik kein Geizkragen. Soviel Sterne man auch ausbeuten mag, immer bleibt die unzerstörbare Unendlichkeit, die allein durch ihre Gewaltigkeit jeder praktischen Rechnung spottet – daher kann nur völlige Uneigennützigkeit den Kosmos bewältigen. Dem blinden Chaos seiner Feuer muß man den bewußten Willen des Kurz-und-klein-Schlagens entgegensetzen. Übrigens sind wir bereits auf diesem Weg, denn zertrümmern wir die

Atome nicht in winzige Teilchen? Man muß sich den Verhältnissen anpassen. Folglich muß die Astrotechnik hoher Zivilisation eine Orgie grandioser Schläge sein, die die Himmelskörper aus ihrem Hammelkreis herausstoßen – nur zum Vergnügen, nicht um des Vorteils willen. Die Firmamente sind voller Galaxien, die dem Zerstieben überlassen wurden, was notabene das üppige Vorhandensein kosmischen Staubs erklärt. Die Bruderintelligenz erkennt man also aus astronomischer Distanz an der unwahrscheinlichen Wucht der Tritte, die sie dem Weltgebäude versetzt; gerade dadurch beweist sie ihre sinnvolle Gegenwart im All. Uns fegt noch jeder beliebige Komet mit dem Schweif von der Oberfläche der Semenia, jedes beliebige Blinken der Sonne bringt uns um, doch unsere Macht wächst und nicht die des Kosmos, daher wird der erfreuliche Tag kommen, an dem wir reicher werden und den Brüdern im Verstand zeigen, daß man kein Heiliger zu sein braucht, um Töpfe zu drehen, und vielleicht auch, wo der Pfeffer wächst.

Der Kosmos erweitert und dehnt sich also nicht von selbst, er zerfällt nur vor unseren Augen unter den Schlägen, die ihm die hohen Astrokratien verabreichen.

Diese wissenschaftlichen Betrachtungen übertönte der Donner eines neuen Weltkriegs, in dem die Körperkonserve mit dem Block der somatischen Freiheit zusammenprallte. Zum Glück hatten die Kriegshandlungen keine größeren Opfer zur Folge, da die zerfetzten Gegner auf dem Schlachtfeld sofort vom Auferstehungsdienst oder den Promptessen der Wiederbelebungsbereitschaft zusammengeflickt wurden. Der Oberbefehlshaber erhob gleich dort die verwegensten Draufgänger in den Adelsstand, was zu dem geflügelten Wort führte: Vom Schlachten zum Geschlecht. Die Partei zur Erhaltung der natürlichen Körper erlitt eine Niederlage, was die Positionen der Kirchen in der Welt schwächte, weil die sich zu ihr bekannt hatten. Und dann kam es zu lokalen Aufständen, die als Rebellion der Busenfans und Sterzpreisler bekannt sind, aber diese Erhebungen wurden erstickt, und es trat – nicht für lange – Ordnung ein, da es zu einer Diktatur der Rechenautomaten kam. Diese Angelegenheit verlangt eine Erklärung. Bereits an der Schwelle der Körperära führte jeder Semenide ein Doppelleben, ein gewöhnliches und ein im Personaldatenzentrum durch Zahlen simuliertes, obwohl viele sich über diese lautlose Überwachung entrüsteten und sie als Ziffrokratie bezeichneten. Die Einrichtung war jedoch unerläßlich, denn niemand wäre mehr imstande gewesen, die Daten aus Wirtschaft, Industrie wie auch alle anderen unentbehrlichen Daten in seinem Hirn zu speichern. (Und selbst wenn jemand sie unterbringen könnte, hätte niemand Lust dazu.) So erhielten also Computer und Simulatoren die Ordnung aufrecht, indem sie den ganzen Planeten Semenia durch die Optik von Satelliten, allgemein Glotzoskope genannt, beobachteten.

In diesem Zeitalter der Allfreiheit mußte nur die Tugend verschämt das Licht meiden. Aus verständlichen Gründen war die Prostitution längst erloschen, und ihr Ersatz – die Glanz-und-Gloria-Mädchen – fanden keinen Beifall, jeder wußte nämlich, daß wahre Unschuld nicht an der Straßenecke herumlungert, also mußte die feilgebotene Keuschheit eitel Heuchelei sein. Die Moralinisten versteckten sich mit den Moralinistinnen in Geheimklubs, wo sie bei Wasser und Brot ihren Zölibationen frönten. Gerade in diesen Kreisen verstärkten die Endglieder der Personaldatenzentren das Apostolat der Zügellosigkeit. Später sah man darin die gezielte Vorbereitung eines Staatsstreichs der Datenzentren. Niemand kümmerte sich jedoch um die Intelligenzmühlen – sie nahmen von allein zu, und als die Zahl der Semeniden die Million überschritt, war kein Platz mehr in den Computheken, obwohl jedes ihrer Elektrone einen Scheffel Bits auf dem Buckel schleppte. Die weitere Expansion der Ziffernindustrie führte in das Planeteninnere, wobei die einzelnen geologischen Schichten in bitologische umgewandelt wurden, bis sie sich in den feurigen Kern der Semenia hineingefressen und den Nukleos in einen Klugleos umgebildet hatten, was jedoch die wenigsten Bürger wußten. Sie waren ganz von den neuen Sportarten (wie Kurvengleiten und Bauchlandung) und neuen Musikgattungen (Konzerte auf Lockflöten) usw. in Anspruch genommen.

Zwar kamen Fehler in den Berechnungen vor, die allgemein als Ziffrose bezeichnet wurden und den Bürger von einer Minute zur anderen um Vermögen, Konto und Eigentumstitel, ja geradezu um die eigene Identität brachten, aber eine derartige Heimsuchung betrachtete man als unvermeidlich.

Die Ziffrosegeschädigte, der sogenannte Nichter, besaß nichts und konnte sich auf niemanden berufen, denn so etwas wie Eltern, Kinder, Ehegatten gab es bereits seit hundert Jahren nicht mehr, und Personen, mit denen man gelegentlich auf den Schnepfenstrich, in die Zwitscherstube oder in andere Lustetablissements ging, waren nicht bereit, als Zeugen aufzutreten. Da jeder es mit jedem trieb, kannte auch keiner außer dem Computer jemanden näher – und das persönliche Schicksal hing nur an einem Faden des Ferritkernspeichers, etwa tausend Meilen unter jedem Semeniden im Klugleos aufgezeichnet –, bis ein fataler Augenblick eintrat. Manchmal verschmolzen durch Kurzschluß die Daten von zwei Personen zu einer Einheit, manchmal kam es zu einer Spaltung der Personalien eines einzelnen, in beiden Fällen wirkte die Havarie sich ähnlich aus. Die Nichter wurden von der Wahnvorstellung des Nichtseins gequält und verfolgt. Diese Neantismus genannte allgemeine gesellschaftliche Plage äußerte sich am häufigsten als Nein-Syndrom. So ein Unglücksrabe, der alles satt hatte und nicht wußte, wer und was er eigentlich war, mit allem per »nein« stand, fing an, sich, wo es gerade kam, einen Bau zu wühlen. Es gab Liebhaber von Intimitäten mit anonymen Nichtern, die spezielle, im Aufspüren solcher Baue und im Hetzen geübte Exterrier für sie ausfindig machten. Das zeigt, wie sehr das Leben sich damals kompliziert hatte.

Die Körperära belastete die Personaldatenzentren zusätzlich, denn die Bürger verdoppelten und verdreifachten sich jetzt zusehends, vermehrten ihre Körper für die verschiedensten Gelegenheiten. Es fehlte nicht an Millionärskollektionären, die das sinnliche Vergnügen mit niemandem teilen wollten und sich um der Ausschweifung willen durch Knospung vermehrten. Kein geringes mathematisches Problem war die datenmäßige Erfassung solcher Vervielfältigten, die mit nur einem Kopf eine ganze Division von Körpern kommandierten; solche Raffinierten bezeichnete das Volk als Stoßbrigadiere. Ob ausgerechnet sie es waren, die den Klugleos zum Zusammenbruch brachten, oder ob umgekehrt dieser die Massen zu beschleunigtem Erotieren veranlaßte, um in dem entstandenen Chaos die Zügel zu ergreifen, ist bis heute unklar. Jedenfalls verkündete der Klugleos den Ausnahmezustand, ernannte sich gleichzeitig zum obersten Herrscher der Semenia und legte sich den Titel Superkluger zu.

Auf so plötzliche und grausame Weise ernüchtert, offenbarten die Semeniden ihren früheren Scharfsinn und Mannesmut in der Not, denn (wie man später philosophierte) die Not hatte sie auch erschaffen, und nur in ihr fühlten sie sich wie der Fisch im Wasser. Der Weltkrieg mit dem Usurpator, der sich im Untergrund breitgemacht hatte, erinnerte in nichts an frühere Kriege. Beide Seiten, die einander innerhalb von Sekunden vernichten konnten, kamen dadurch gar nicht erst in physischen Kontakt, sondern kämpften mit den Waffen der Information. Es ging darum, wer wen im Gespinst gefälschter Bits erstickte, wer wem Lügen in den Schädel hämmerte, in das Bewußtsein wie in eine Festung eindrang und dort alle Stabsmoleküle des Feindes auf den Kopf stellte, damit ihn die Informationsparalyse treffen sollte. Das operative Übergewicht gewann sofort der Klugleos, der Hauptbuchhalter der Semenia; er übermittelte den Semeniden falsche Informationen über die Verteilung von Truppen, Vorräten, Reserven, Schiffen, Raketen und Kopfschmerzpulvern, verdrehte sogar die Zahl der Zwecken in den Schuhsohlen der Intendantur, um durch einen Ozean von Lügen jeden Gegenangriff im Keim zu ersticken – deshalb war die einzige echte Information, die der Klugleos an die Oberfläche der Semenia schickte, an die Fabrik- und Arsenalcomputer gerichtet, diese sollten ihr Gedächtnis umgehend restlos löschen, was auch geschah. Als sei das noch nicht genug, besiegelte der Klugleos jenen Angriff an der Gesamtfront, indem er die Personalien des Gegners, vom Oberbefehlshaber angefangen bis zum letzten Elektrottel, vermischte und heillos durcheinanderbrachte. Die Situation erschien hoffnungslos, obwohl man schon die letzten, noch nicht von feindlichen Lügen vernagelten Lug- und Trugwerfer in Stellung rollte und ihre Mündungen nach unten richtete. Die Stabsoffiziere, die das Nutzlose dieser Aktion begriffen, verlangten endlich die Eröffnung von Täuschungskreuzfeuer, um Lüge durch Lüge zu vergelten, und sollte man fallen, dann wenigstens mit nichterlogener Ehre. Der Führer wußte jedoch, daß er den Usurpator auch nicht mit einer einzigen Salve streifen würde, weil es für den nichts Einfacheres gab, als die totale Blockade zu verhängen, nämlich die Kommunikation zu unterbrechen und absolut nichts zur Kenntnis zu nehmen. Er bediente sich in jenem tragischen Augenblick einer verzweifelten List: Er befahl, den Klugleos mit dem gesamten Inhalt aller Staatsarchiv und -karthotheken zu bombardieren, das heißt mit der lauteren Wahrheit, wobei man vorrangig Staatsgeheimnisse und geheimste Pläne stapelweise in die Tiefe der Semenia hinabließ, die preiszugeben oder auch nur teilweise zu enthüllen Hochverrat bedeutete.

Der Klugleos konnte sich der gierigen Durchsicht so wichtiger Daten nicht enthalten, die von der selbstmörderischen Verwirrung des Gegners zu zeugen schienen. Indessen fügte jener den supergeheimen Informationen in zunehmendem Maße weniger wichtiges Material bei. Aber der Klugleos nahm aus Gewohnheit und Interesse alles ab und schluckte weitere Lawinen von Bits. Als der Vorrat geheimer Staatsverträge, Spionagerapporte, Mobilisierungspläne und strategischer Aufzeichnungen bereits versiegte, öffnete man die Schleusen der Speicher, wo die uralten Mythen, Sagen und Überlieferungen, die Märchen und Legenden der Urmenschen, die heiligen Bücher, Apokryphen, Enzyklen und Hagiographien ruhten. Aus den Pergamentfolianten extrahiert, wurden sie in die Tiefe der Semenia gepreßt, und der usurpatorische Ziffrokrat verschlang aus Impedanz und Arroganz oder aus Sturheit und Schwerfälligkeit alles grenzenlos gefräßig und unersättlich, obwohl er an dem Übermaß der Bits würgte, die ihm zuletzt auch als Elektronenknochen im Hals steckenblieben, denn nicht der Inhalt, sondern die Menge der Daten erwies sich als mörderisch. Die reinste Wahrheit, zu einer geballten Ladung gebündelt, traf den Klugloes auf jeder Transistorenseite, durchschlug seine Sicherungen, überschwemmte seine Kasematten, die noch voller unabgeschossener Verlogenheiten steckten, und sprengte sie restlos auseinander, bis die meilenlangen, in der Hirnschale des Planeten zu einem kunstvollen Dickicht verwobenen Bitkolonnen im Augenblick zu Kupfer zerrannen und die Semenia wieder, wie vor Urzeiten, angefüllt mit glühendem Metall um die Sonne kreiste.

So, wie er in der Stille begonnen hatte, hörte der erste Informationskrieg der Geschichte auch in der Stille auf. Alles schien beim alten zu sein, in Wirklichkeit jedoch brauchte man ein Vierteljahrhundert, um das Chaos der ersten Minute des Ringens Teilchen um Teilchen zu entwirren. Zu einstigem Glanz erhob sich die semenidische Zivilisation erst wieder nach vierzig Jahren.

Dieser Krieg hatte tiefe Spuren im geistigen Leben der Semenia hinterlassen, erbitterte Dispute unter zivilen und militärischen Historikern ausgelöst. Die einen behaupteten, nicht die Quantität habe die Qualität besiegt, sondern die Wahrheit die Lüge, denn wir hätten die Desinformation durch ehrliche Information bezwungen.

Ähnlich war der offizielle Standpunkt der kirchlichen Geschichtsschreibung, die in der Rettung der Semenia eine Intervention der Vorsehung als der Höchsten Wahrheit sah.

Die Rationalistenschule behauptete das genaue Gegenteil – die zahllosen unerträglichen Widersprüche, mit denen die theologischen Schriften vollgestopft seien und aus denen man die letzten Ladungen gebündelt hatte, hätten die logische Natur des Klugleos zerstört. Die Semenia verdanke ihre

Rettung zwar der Religion, aber nicht auf die Art, die ihren Bekennern gefalle.

Es fanden sich auch Anthroposophen, die weder dem einen noch dem anderen oder dem dritten zustimmten: Auf Verrat sei mit Verrat geantwortet worden, zuerst habe der Klugleos uns überlistet und dann wir ihn, darin zeige sich die Unwandelbarkeit der menschlichen Natur, denn wir seien gewissermaßen mit ihrem vergrößerten Spiegelbild zusammengestoßen. Der Angriff des Klugleos sei nichts anderes als die elektronische Wiederholung der Höhlenszene, in welcher der eine Urmensch dem anderen den abgenagten Knochen über den Schädel schlug. Diese Dispute waren für die humanistischen Wissenschaften von Nutzen, da die Reihen der Diskutierenden mit eiligst habilitierten Doktoren der Reserve verstärkt werden mußten. Auch den schönen Künsten brachte der errungene Sieg neuen Auftrieb. Viel Wahres wurde über ihn geschrieben und noch mehr Erdichtetes, allem voran die klassische Fiktion, der Tropfen, der die Schale der Ausdauer des Usurpators zum Überlaufen brachte, wäre das Kindermärchen vom Gestiefelten Koder gewesen – was jedoch zu schön ist, um wahr zu sein.

Den demobilisierten Draufgängern, die in ihre vier Wände zurückkehrten, lag absolut nichts am Abklopfen der Damonen und Holdinen, die sie aus der Aufbewahrung abholten, wo sie sie, den Zwängen des Krieges folgend, zurückgelassen hatten. Die Übungen mit ihnen sahen schon allzu zivil aus, während die Kampfeslust einstweilen noch überschäumte, denn, um ehrlich zu sein, nur wenige hatten sich zur Genüge im Krieg ausgetobt. Auch die Produzenten begriffen im Handumdrehen, daß die bisherigen Liebeswecker und -spender ungeeignet waren. Es herrschte allgemein eine romantische und staatsschöpferische Stimmung, die nicht aufgebrachte Mannhaftigkeit wollte sich unverzüglich äußern. Trotz des allgemeinen Drangs nach kriegerischer Tat gab es niemanden, mit dem man sich hätte schlagen können. Wenn schon kein Feind da ist, sagten sich die Hauptmacher des großen Geschäfts, dann muß man für einen sorgen, was um so leichter ist, da die technischen Mittel vorhanden sind. So entstanden die Feindkiller. Ein solches Gerät simulierte den widerlichen Aggressor. Man brauchte nur eine entsprechende Spaltmünze in den Einwurfschlitz zu stecken, und schon erhielt man durch Spaltung des Simulator-Ichs den gewünschten Feindtyp. Spaltmünzen wurden in Mengen angeboten, jede für ein anderes Feindmodell, bald hinterlistig grausam, bald unverfroren aggressiv, immer aber niederträchtig. Hatte man sich einen passenden Feind herangezogen und kannte sich schon gut in dessen Gelüsten aus, dann trat man zum Kampf für die Verteidigung des Vaterlands an. Das war nichts Abstraktes, die Produzenten hatten überlegt – wenn die Wohnung das Schlachtfeld sein sollte, mußte auch das mit der eigenen Brust geschützte Vaterland in ihr untergebracht werden. Folglich gehörte zur Gesamtausstattung noch eine Vaterlandsallegorie, eine Frauengestalt mit wehendem Haar, einem Lorbeerkranz in der Hand, und in einem Gewand, das wie eine Fahne flatterte (im Sokkel befand sich ein Gebläse). Die Augen voll süßen Vertrauens auf den Käufer gerichtet, flehte sie um Rettung vor dem Feind, und nach errungenem Sieg legte sie dem Helden sofort den Lorbeer um die Stirn. Das Ergebnis des Kampfes war todsicher – der Feindkiller hatte entsprechende Drehschalter. Übrigens konnte man den Sieg sogar erringen, ohne aus dem Bett aufzustehen; es genügte, sich eine billige Verlängerungsschnur für die Schikaniertaste zu besorgen. Man konnte den Feind augenblicklich liquidieren oder nur ein wenig und den erst Halbtoten für später aufbewahren – je nach Temperament und vertretenen Grundsätzen. Wer Anhänger einer sorgfältig in die Länge gezogenen Brutalität war, der hatte auch keine Sorge mit den Aufschreien des Verlorenen, denn dafür war ein geeigneter Schalldämpfer eingebaut.

Die Gegner der Neuheit, an denen es nie mangelt, erhoben sofort lautes Geschrei und versuchten, die Verbreitung des Feindkillers im ganzen Land zu kompromittieren, indem sie behaupteten, der Apparat sei weder ein Patriotismustrainer noch eine Schule gottvaterländischer Gefühle, wie die Reklame versprach, sondern ein programmgesteuertes Folterinstrument, würdig des Marquis d'Arche, dessen Segen den Erfindern zweifellos gebühre.

Der Feindkiller, verkündeten sie, wecke die niedrigsten Instinkte, übe im Quälen wehrloser Opfer, und das Histörchen von der Verteidigung des Vaterlands sei ein geheuchelter Vorwand. Warum sei das Vaterland nicht eine gesetzte Dame in gewissem Alter, eine Matrone oder auch eine vornehme, rüstige Greisin, sondern ein monumentales Mädchen? Warum habe ihr Peplos einen Reißverschluß? Die Antikiller gingen auf die Straße, um Demonstrationen zu veranstalten, in deren Verlauf sie jeden erreichbaren Feindkiller zerschlugen und die Vaterlandsallegorien zertrümmerten, womit sie jedoch allgemeine Empörung auslösten. Sie wurde geschickt von den Produzenten aufgegriffen, welche die Antikiller der öffentlichen Beleidigung patriotischer Gefühle anklagten. Die Prozesse schleppten sich hin; die Patrioten, noch erregt von dem gerade erst zu Hause errungenen Sieg, eben erst mit Lorbeer bekränzt, eilten, um die Antikiller zu verprügeln. Indessen aber hatte sich das Sortiment der Spaltmünzen um völlig neue Arten vergrößert. Jetzt konnte das Gerät außer Aggressoren auch Personen simulieren, die in jeder Beziehung positiv waren. Die Psychotheken boten gleichermaßen erdachte und reale Gestalten an – was übrigens wegen der sogenannten Verletzung der persönlichen Immunität per procura gerichtliche Nachspiele hatte, weil ziemlich viele Leute sich Bekannte, Verwandte und Vorgesetzte bestellten, um den Gefühlen freien Lauf zu lassen, die, bisher unterdrückt, Frustrationen und andere nachteilige Beschwerden hervorgerufen hatten. Nach mühsamer Arbeit entschied das Oberste Gericht von Kotaurien: Wenn eine physische Person sich öffentlich mit einer simulierten Person in einer Weise einlasse, daß es, wenn sie das gleiche mit einer realen Person täte, ein Delikt im Sinne des bürgerlichen Gesetzbuches wäre – dann könne der per procura Geschädigte wegen persönlicher Beleidigung Klage erheben; wenn dagegen jemand einem Simulierten privat und ohne Zeugen zu nahe trete, gelte das nicht als Delikt. Natürlich schlugen die Gegner der Phantomaten (denn so hießen die früheren Feindkiller jetzt) abermals Lärm und erklärten, daß die – egal, ob privat oder öffentlich – gebrauchten Phantomaten eine sittenverderbende Technik seien und alles eine einzige Lüge sei, was die Reklamekampagnen der Hersteller priesen: daß die Phantomaten angeblich die ernsten Defizite an Freundschaft, herzlichem Rat und Zärtlichkeit, die den breiten Massen zu schaffen machen, ausgleichen sollten und man mit einer nachgeahmten Person nur ideale geistige Beziehungen anknüpfen könne. Wenn es so wäre, würden die Hersteller aus ihnen die bewußten Schikaniertasten entfernen, indessen habe das neue Modell mehr, als das vorangegangene. Die Produzenten hielten dem entgegen, nur ein Unhold würde der simulierten Bruderseele, dem liebsten Vertrauten oder schließlich der verehrungswürdigen Gattin eines mit Kotaurien befreundeten Monarchen etwas antun, aber Unholde gebe es unter ihren Kunden bestimmt nicht. Außerdem sei, was jemand mit einem Imitierten mache, nach der Verfassung und dem Urteil des Obersten Gerichts seine Privatangelegenheit.

Das Geschrei der Opposition half nichts – die Nachfrage nach Phantomaten war enorm. Zwar dauerten die Beleidigungsprozesse an, die Juristen hatten alle Hände voll zu tun, umstritten war z. B., ob man gerichtlich gegen jemanden vorgehen kann, der sich öffentlich mit dem brüstet, was er privat mit dem Oberhaupt eines Nachbarstaats oder zumindest mit der verstorbenen Schwester des Nachbarn getrieben haben will. Ob das als crimen laese majestatis beziehungsweise als Nekrophilie zu werten ist oder nur als purer Schein, als erzählte man Träume, deren Inhalt kein Delikt bilden kann. Diese Dilemmas verstärkten die gesetzgeberische Initiative und steckten neue Grenzen der bürgerlichen Freiheiten ab. Der Erwerber eines Phantomaten konnte mit den gezüchteten Phantomen machen, was er wollte, wenn er nur nicht die Ruhe des Nachbarn störte. Öffentlich durfte nicht gepeinigt werden, gleichwohl entstanden Privatklubs, in denen die Hobbyisten um die Siegespalme kämpften, indem sie eine Rekordzahl von sogar eisernen Charakteren an einem Abend fertigmachten. Interessant ist, daß die Nachfrage nach Wissenschaftlern stieg; zwar zeigten sich eigentlich keine günstigen pädagogischen Folgen der Kontakte mit so bedeutenden Leuchten, man sagt, je mehr einer ein Dummkopf ist, desto versessener ist er auf die Weisen. Offenbar nicht, um Wissen und Rat zu erhalten, denn er wird nicht um Haaresbreite klüger, sondern rennt sofort in die Phantomathek nach dem nächsten Päckchen Spaltmünzen. Personen, die an Einfallslosigkeit litten, konnten sich ein Handbuch für den Umgang mit Phantomen kaufen, das eine reiche Auswahl an Kombinationen bot. Es tauchten auch Phantomaten mit Zeitlupe auf, die ein Peinigen in Zeitdehnung ermöglichten, was jede Einzelheit deutlich hervortreten ließ. Die Antikiller verkündeten in ihren Publikationen, daß jedesmal, wenn geschichtliche Ereignisse die Moral der Gesellschaft läutern, die Unternehmer sie in die Gosse zerren, wie es ja auch nach dem Informationskrieg der Fall war, als sie aus der patriotischen Hochflut für sich eine Einnahmequelle machten. Die Allgemeinheit war jedoch diesen Proklamationen nicht zugetan, sie verstummten übrigens, sobald die Astronautik sich zu entwickeln begann. Der Entwicklung des Raumprogramms drohte allerdings eine um so merkwürdigere Erscheinung, weil auch nicht einer der Futurognostiker und Prognoseure, von denen allein Kotaurien über neunzigtausend besaß, sie vorhergesehen hatte. Sie hatten sich über die unermeßlichen Perspektiven der Eroberung der Planeten ausgelassen, das Tempo ihrer Kolonisation vorausgesagt, mit größter Genauigkeit die Tonnen wertvoller Erze, Rohstoffe und anderer Schätze berechnet, welche die Semenia aus dem gesamten Sonnensystem einführen würde, und alles hätte zweifellos bis aufs I-Tüpfelchen gestimmt, wenn der eine Umstand nicht gewesen wäre. Denn obwohl es bereits möglich war, die Planeten und den Mond zu erobern, ihre Kontinente zu bewirtschaften, auf ihnen eine lebenspendende und heldenhafte Tätigkeit zu entfalten, Pioniergeist im Kampf mit den Widrigkeiten zu beweisen, brannte niemand darauf. Es gab keine Freiwilligen. Also kamen die Administratoren darauf, die ganze Sache müsse noch einmal inszeniert werden – gewissermaßen im Rückwärtsgang, und nach dem Erreichen der Ausgangsposition sei ein anderer Ton anzuschlagen: Wenn schon die Kolonisation der Planeten, die als Abenteuer des Jahrhunderts, höchste Auszeichnung und geschichtliche Mission bezeichnet wird, keinen Enthusiasmus weckt, dann muß man die Planeten in Strafsiedlungen und die Entsendung der Helden in eine Verschickung von Verbrechern umwandeln. So werden zwei Fliegen mit einer Klappe geschlagen, denn das ist auch ein Mittel gegen Umstürzler, Schreihälse, Unruhestifter und gegen Überbevölkerung, zumal es schon reichlich eng wird.

Diese Politik wurde mehr als hundert Jahre lang betrieben, bis man mit großem Bedauern auf sie verzichten mußte. Obwohl der Export der neuesten Technologie auf die Strafplaneten einem Embargo unterlag, gelangten die Verschickten, unter denen begabte und gebildete Leute überwogen, von selbst zu den ihnen vorenthaltenen Techniken, schufen eine eigene Raketenflotte, gründeten einen planetarischen Dreibund, und indem sie den Erzabbau samt der Industrie vergesellschafteten, wirtschafteten sie nach einem eigenen System. Daher ließ sich die Verschickungspolitik nur schlecht fortsetzen, die einer Verstärkung der Opposition, die sich schon jetzt im Kosmos breitgemacht hatte, gleichkam. Seitdem praktizierte der Planet Semenia eine völlige Isolierung von den besiedelten Planeten, und das war das Ende des Raumprogramms.

Alles geht vorbei, also langweilten allmählich auch die Phantomkiller und kamen außer Gebrauch. Sie wurden durch neue Erfindungen abgelöst, und die Enge nahm ständig zu, denn die Zahl der Lebenden verdoppelte sich jetzt bereits alle sechs Jahre. Zwar errichteten die Masturbanisten für die Milliardäre mit narzistischem Hang weiterhin geräumige Eremitagen, aber nur Kösusse konnten sich so etwas leisten. Der gewöhnliche Millionär mußte sich mit der Mitgliedschaft in einem exklusiven Klub begnügen, z. B. im royalistischen, wo man den Royalismus als Surroyalismus pflegte, denn es gab kein Königtum, nur ein Territorialthrontrainer, der Territhron, stand zur Verfügung. Für sehr Beschäftigte, die gern Herrscher spielen wollten, ohne sich vom Schreibtisch loszumachen, gab es den Telethron. Doch es war nicht mehr zu jeder Stunde möglich, das Haus zu verlassen, so dicht gedrängt schob sich die Menge durch die Straßen. Die Demographen konferierten und verabschiedeten die Resolution, jeder Staat müsse seine Nachbarn zu besonnener Zurückhaltung ermutigen und umgekehrt. Nichts als ein Überredungsversuch, behaupteten die Regierungen. Haben unsere Vorfahren sich nicht abgerackert, damit niemand mehr irgendwo irgendwem etwas verbieten kann?

Die Kirche unterstützte die Natalisten, sie versicherte den Gläubigen, das Gedränge sei nur eine vorübergehende Schwierigkeit, jenseits des Grabes werde es nämlich stets leerer. Gleichwohl mehrten sich geheimnisvolle, bislang unbekannte Erscheinungen, z. B. die Drohmanik und der Erpressionismus, doch die größte Sorge weckte die Entführung. Im Mittelalter entführten Wegelagerer die Reichen um des Lösegeldes willen, das geschah sporadisch auch später, immer jedoch aus Gewinnsucht. Jetzt verlangte fast niemand ein Lösegeld, übrigens ging auf die eine oder andere Weise von den Entführten jede Spur verloren. Die primitive Entführung von Raketen und Passagiertransportern wich bald verwickelteren Prozeduren. Spezialistengruppen entführten die Entführer samt den Entführten – das waren die Entführungsasse, sie wiederum wurden von den Entführungsstars in die Tasche gesteckt, die ihre Operationen mit den Methoden der dynamischen Optimierung planten, um die Eigenkosten zu senken. Was schließlich die Entführungsgenies betrifft, so waren sie die Theoretiker der Bewegung und sagten die Entführungselite voraus, die gegen Ende des Jahrhunderts in Aktion treten und Entführungen hoch »n« vornehmen sollten. Die Entreißer, die sich selbst entführten, ließen sich zumindest psychiatrisch leicht als Extrapolation der Onanisten definieren. Die Freundisten behaupteten, auf diese Weise offenbare sich der d'Archismus in neuer Gestalt, doch die Antifreundisten erklärten das Ganze besser: Es handelte sich weder um Aggression noch um Todesinstinkt, weder um Mammon noch um unterdrückte Kindheitskomplexe, sondern einzig und allein um die Liquidierung des unerträglichen Gedränges, und weil immer andere es auslösen, kriegt man diese anderen beim Schopf und stopft sie irgendwohin, wenn es nur ein für allemal und recht weit weg ist. Die Ärzte, die die kollektive Angst erforschten, nannten diese neue Form der Gesellschaftspathologie eine Zwangsverstopfung von epidemischem Ausmaß. In dieser fast ausweglosen Situation – der Entführungsdrang äußerte sich in einem unmerklichen Auf-der-Stelle-Treten, und auch die höheren Stabsoffiziere trippelten bereits so – eilte den Semeniden wie stets die zuverlässige Wissenschaft zu Hilfe. Es kam zu einer allgemeinen Einführung der Technethik, das heißt der synthetischen Ethik, die in allen geographischen Breiten installiert, in sie hineingepreßt und eingepflanzt wurde, über Draht und auch drahtlos. Die Kinder wurden vor dem Druck geschützt, indem man sie in speziellen Bälgerkoppeln unterbrachte, wo es Platz im Überfluß gab. Obendrein nähte man ihnen schon in die Windeln besondere Mahner ein, die in ihnen die Achtung vor den Nächsten stärkten. Wenn sich dagegen jemand fand, der einen anderen auch nur brieflich beleidigen wollte, dann brachte der Gewissenswecker ihn sofort von dem bösen Gedanken ab, das Kuschelkissen flüsterte ihm nachts im Traum ins Ohr, daß er es unterlassen solle. Wenn er aber aus Eigensinn und Morgenmuffligkeit auf seinem Vorsatz beharrte, sich die Ohren zustopfte, die einfachen Beschwichtiger zertrümmerte und die gepanzerten dick in Filz hüllte oder die Filzpantoffeln darüberstülpte, dann übernahmen Aggressivitätsfilter den Schutz der fremden Unantastbarkeit. Schreibt ein Hartgesottener anonym – läuft die Tinte aus, der Briefkasten zerreißt den Schrieb, und im äußersten Falle schlagen die Sicherungen der letzten Sanftmutsleistung dem Empfänger die Brille entzwei. Falls der Hartgesottene in Wut gerät und es mit telefonischen Beleidigungen versucht, filtriert das Telefon sämtliche Verunglimpfungen heraus, und selbst wenn er in einem Tobsuchtsanfall dem auserwählten Opfer mit einem Knüppel nachjagt, zersplittert der, bevor er zuschlägt, denn in den Knüppel ist ein Milderer eingebaut.

Das Entführen hörte schlagartig auf, allerdings nicht, weil alle sich wie ein Mann besänftigt hätten; es kam schlechterdings niemand darauf, weil jeder sich von früh bis spät den Kopf zerbrach, wie er die Filtration überlisten und aus purem Vergnügen dem Nächsten etwas Übles antun könne. Die Nachfrage nach Dynamit und Hafthohlladungsbomben stieg, und die Produktion von Wachs und Filz schnellte um achthundert Prozent in die Höhe und zwang die Soziotechniker zur Eskalation, die Bomben zerbarsten also beim Detonieren zu Bombonieren und duftenden Blumen, und die Mahner und Gewissenswecker dröhnten wie die Posaunen von Jericho. Als man anfing, veredelnde Maximen mit Flugzeugen an den Himmel zu kalligraphieren, stürzten sich die Leute auf Mützen mit breitem Schirm und auf dunkle Brillen. Verrückte Zeiten brachen an. Der Auferstehungsdienst hatte alle Hände voll zu tun, besonders in der Mittagszeit, denn wenn jemand, der etwas Böses im Schilde führte, sich an seinen Teller Brühe setzte und die Nudeln sich unter seinem Löffel zu einer moralischen Sentenz formten, schluckte er mitunter den Löffel statt der Suppe, um mit sich selbst Schluß zu machen, weil er es mit seinem Nächsten nicht konnte. Schließlich wurde das Ringen der Technethik mit der Bevölkerung zu einer Domäne der Glücksspiele und damit als Totalisator-Moralisator, kurz Toto-Moro, Teil der Massenkultur. Wer als erster einen neuen Besänftiger überlistete, bekam den Hauptpreis. Das wirkte abschwächend auf den Terrorismus, denn nicht alle amoralischen Mittel waren zugelassen, und wer die Spielregeln verletzte, verlor die Prämie. Die materiellen Anreize liquidierten rechtzeitig im Keim private atomare Zusammenstöße, deren Austragungsort in erster Linie Kotaurien, der in jeder Beziehung führende Staat, wurde. Wer weiß, was passiert wäre, wenn es das Toto-Moro nicht gegeben hätte, denn das Gerücht, ein Kommando der Körperer schicke mit Uransalz getränkte Briefe an den Sitz der Amorialisatorenpartei, und sobald ihr Inhalt die kritische Masse erreiche, fliege die halbe Stadt in die Luft, löste eine entsetzliche Panik aus. Auf die Millionen Flüchtlinge, die die Straßen verstopften, hagelte es aus den Wolken Ornitopter, die in Luftlöchern zusammengestoßen waren. Im Umkreis von zweihundert Meilen entstand die sogenannte Tratosphäre oder Megaknautschzone. Zum Glück war das eine vereinzelte Katastrophe. Was die Körperer betrifft, so entstand diese Bewegung im Zusammenhang mit dem Niedergang der Fleischlichkeit. Der Vielkörperei, auch als Körperraserei bekannt, bereitete ein ganz trivialer und wie gewöhnlich nicht vorhersehbarer Faktor ein Ende – es fehlte nämlich an Haflobromin, ohne das es unmöglich ist, Viren zu synthetisieren, die sich so fernsteuern lassen, daß sie auf den Chromosomenfäden die Vererbungsgene aufreihen. Als der Rohstoff für die Virusschlepperproduktion sich um das Zweihundertfache verteuerte und fünf der größten Fleischlichkeitskonsortien pleite gingen, schuf die Jugend von Kotaurien die Subkultur der Körperer, die möglichst billige, materialsparende, handliche und bescheidene Körper forderten. Was die Amoralisatoren betrifft, so waren das im Kongreß Befürworter des Gesetzes, das bei lebenslänglicher Strafe verbot, die Besänftiger durch Demoralisatoren zu beschädigen, eine Art Giftschleudern mit Zielsuchkopf, die alles ansteuerten, was edel ist. Ihr werdet jedoch verstehen, daß wir auf derartige Bagatellen unserer Geschichte nur ausnahmsweise eingehen können.

Die Kämpfe der mechanisierten Nächstenliebe gegen die Terroristen und Prinzipialisten der Handlungsfreiheit waren natürlich nur eine Randerscheinung bedeutsamerer Ereignisse. Eine größere, unblutige Schlacht tobte auf dem Planeten – der Kampf gegen die Bevölkerungssintflut.

Man muß der Technik Gerechtigkeit widerfahren lassen,

sie tat nämlich, was sie konnte, um das sich verschlechternde Schicksal der Allgemeinheit zu lindern. Von den sogenannten zyklischen Näschereien, die man mehrfach konsumieren konnte, da sie den Organismus unverändert passierten, machten die Ärmsten gern Gebrauch. Vor allem mit Rücksicht auf sie wurden Geheimbißstuben eröffnet, kryptogastronomische Stätten, in denen die Bürger, die über entsprechende Mittel verfügten, wie einst speisen konnten. Die Genießer ließen sich die kulinarischen Kostbarkeiten im Dunklen gut schmecken, dank des Noktovisors konnten sie die Gerichte sehen und erregten gleichzeitig bei den Gaffern keinen Anstoß. Die Urbanisten vermochten bereits, Wohnsiedlungen für Millionen aus Hochhäusern, den Sardinosilos, innerhalb von drei Tagen zu errichten. In einem solchen Tempo gebaut, füllten die Sofortstädte im Nu das letzte bißchen freien Raum. Ganz Kotaurien war eigentlich schon eine einzige Metropole. Gleichzeitig begann die fieberhafte Miniaturisierung von allem, was sich nur verkleinern ließ, angefangen von Zeitungen und Büchern bis hin zu den Eisenbahnen. Die Metro wurde zunächst durch die Dezimetro, später durch die Zentimetro ersetzt. Die Arbeiten der Miniaturisierungsindustrie wurden allerdings durch die unveränderten Dimensionen der Semeniden selbst erschwert. Abermals ertönten die Stimmen der Verbohrten Antinatalisten, die die Miniaturisierung als eine trügerische Hoffnung hinstellten und eine Geburtenreglung forderten. Doch keiner wollte davon auch nur hören, sie hätte eine drastische Einschränkung der Grundfreiheiten bedeutet. Lediglich mit der herrschenden geistigen Verfassung läßt sich die Leichtigkeit erklären, mit der die Parlamente den Gengenieurplan, das Schrumpfgesetz, beschlossen. Es sah die Reduktion des Standardbürgers im Maßstab von eins zu zehn vor. Natürlich betraf der Plan die künftige Generation der Semeniden. Um die Freiheit der Prokreation zu bewahren, bestimmte das Gesetz: Nur derjenige könne eine beliebige Zahl von Nachkommen zeugen, der sich einer Umstellung seiner Gene unterzogen habe. Das war schlau ausgedacht, denn es schloß eine

Zwangsmikrogenisierung aus; wer sich ihr nicht unterziehen wollte, starb kinderlos; daher bestand die nächste Generation bereits aus lauter Mikroknirpsen, und als deren Eltern starben, übernahm sie von ihnen schleunigst die im gleichen Maßstab reduzierte Wirtschaft des Planeten. Das berührte den herrschenden Komfort absolut nicht, weil alles sich proportional zu den Bürgern verkleinerte. Die Kirchen wählten das geringere Übel und billigten diese Manöver. Zum erstenmal seit undenklichen Zeiten entstand überall erfreulicher Platz; obendrein fühlten sich alle leicht – selbst die korpulentesten Dickwänste wogen nur noch zweihundert Gramm. Die Skeptiker und Schwarzseher behaupteten jedoch, das sei eine Krüppelleichtigkeit, deren Folgen sich als fatal erweisen würden.

Doch die quälende Enge stellte sich erneut ein. Leider schon nach einer Dekade. Obwohl die leitenden Verkleinerungsgengenieure erkannten, daß eine weitere Mikrominiaturisierung kein vollwertiges Mittel war, weil die unverengbare Struktur der Materie ihr eine Grenze setzte, taten sie dennoch gezwungenermaßen den ebenso drastischen wie verzweifelten Schritt einer zweiten Reduktion im gleichen Maßstab wie zuvor, also eins zu zehn. Die nächste Generation der Semeniden brauchte eine Feuerwehrleiter, um an einen der großväterlichen, in den historischen Museen ausgestellten Aschenbecher heranzukommen. Jetzt konnte man endlich aus voller Brust Luft holen. Jedes Beet wurde zum Garten und die Rabatte zu einer balsamisch duftenden Wildnis. Über die Mikrosemeniden brachen damals drei Weltkriege nacheinander herein – gegen die Fliegen, die Mücken und die Ameisen. Die Ältesten konnten sich nicht auf derartige Katastrophen besinnen, besonders weil während der vernichtenden Luftangriffe der Mücken die aus den Kellern der Städte hervorrückenden Schaben den Armeen in den Rücken fielen. Ihren schwarzen Panzer durchschlug selbst die Pak nicht auf Anhieb, was leicht verständlich ist, wenn man bedenkt, daß ein mittlerer Panzerwagen damals fünf Gramm wog. Die schrecklichen Mücken – die Spannweite ihrer Hautflügel war größer als die der ausgebreiteten Arme eines erwachsenen Semeniden – stürzten sich auf die Passanten, um ihr Blut zu trinken und die zusammengeschrumpften Leichen auf dem Gehsteig zurückzulassen; die Fliegen verzehrten ihre Opfer schmatzend mit abscheulich klebrigen Rüsseln. Obschon die Hafthohl- und Thermitgranaten schließlich auch mit den dicksten Chitinpanzern fertig wurden, obschon der Feind dicht bei dicht fiel, obschon die Zahl der Trophäen ins Unermeßliche ging – die gefallenen Käfer wurden zu Badewannen umgearbeitet, aus den Hautflüglern konnte man Segelflugzeuge herstellen –, gelang es doch nicht, ihn restlos zu vernichten, und in ungewöhnlicher Eile wurden in einem Masseneinsatz der technischen Mittel die Städte mit insektendichten Kuppeln aus Plexiglas überdeckt. Wie die Chronisten schreiben, ging auf diese Weise die offene Miniterra in eine geschlossene über. Die Schaben führten übrigens weiter Kleinkrieg gegen die Semeniden; jetzt trat jedoch die Polizei an die Stelle der Armee, und die Hauptrolle bei der Verteidigung übernahmen automatische Fallen, vor allem aber mit Laserwaffen ausgerüstete Roboter. Bis zum Ende des Jahrhunderts blieben noch vereinzelte Siedlungen unter freiem Himmel erhalten, und auch das nur dank der Mückenabwehrartillerie und der Geschosse mit Selbstlenkung, die auf Summen ansprachen. Die Versuche, gewisse Insekten zu domestizieren (Wespen wurden zugeritten), brachten nicht das erhoffte Resultat, lediglich die Tausendfüßler übernahmen eine Zeitlang in den Vorschulen die Rolle von Ponys. Es lohnt auch nicht, sich über die Nebenvorteile der allgemeinen Minimalisierung auszulassen, zu denen z. B. die Jagd auf speziell gezüchtete gigantische Mäuse gehörte, die bis zu fünfzig Gramm wogen, ebenso fällt es schwer, den Enthusiasmus der Propagandisten eines neuen Kettersports zu teilen, wie es der Baumismus wurde. Die Eroberung der Baumwipfel über den Kuppeln der Städte lockte nur wenige Waghalsige, denn nicht nur jede himmelhochragende Birke barg ein tödliches Risiko, sondern auch jeder leichte Mairegen, der die Kletterer mit Tropfen von der

Größe eines Menschenkopfes von den Zweigen kehren konnte. Und selbst wenn es gelingen würde, sämtliche Insekten der Semenia auszurotten, was der Ehrgeiz der Generalstäbe war, hätte das nichts an der Tatsache geändert, vor der die meisten die Augen verschlossen – daß die Semeniden in ihrer jetzigen Gestalt nicht fähig waren, auf einer freien Fläche zu leben, weil jedes beliebige Lüftchen sie von den Füßen riß, jeder kleine Regen sie ertränkte, jedes Vögelchen sie ohne weiteres aufpicken konnte. Zugleich stellten sich die seit undenklichen Zeiten bekannten drohenden Erscheinungen der Überbevölkerung erneut ein: Überall entstand wieder Gedränge, und Verzweiflung schlich sich in die Herzen. Von einer Geburtenregelung konnte selbstverständlich nicht einmal die Rede sein. Da man für die Rettung der Grundfreiheit so viele und so schwere Opfer gebracht hatte, wäre jener Schritt ein schändliches Eingeständnis der totalen Niederlage gewesen, allein schon aus Prestigegründen galt jeder andere Ausweg als besser. Entdeckt wurde er von Kotauriens Akademie der Künste und Wissenschaften – in Gestalt eines Förderationsprojekts. Die Presseagenturen der ganzen Semenia machten das durch die Akademie erarbeitete Manifest publik. Das Projekt sah eine Umwandlung der Erblichkeit derart vor, daß alle Kinder der folgenden Generation sich zu einem gigantischen, harmonischen Ganzen vereinigen konnten, das dem Urmenschen auf ideale Weise ähnelte – jenem an den gegenwärtigen Kriterien gemessen riesigen Wesen, dessen legendäre Höhe von fast zweihundert Zentimetern kaum vorstellbar war. Wenn wir diesen Schritt tun, verlieren wir nicht viel, verkündete das Manifest, eigentlich nichts – denn sind wir nicht schon Gefangene der eigenen Städte geworden? Wir können ja weder einem Lufthauch noch einer Fliege die Stirn bieten. Wir leben hoffnungslos und ständig von der Natur abgeschnitten, die wir durch den zarten Flor und das Gras künstlicher Gärten ersetzen müssen, wobei wir von Grauen erfüllte Bewunderung beim Anblick eines Maulwurfshügels empfinden – es liegt nämlich nicht mehr im Bereich unserer Sinne, mit einem Blick die sogenannten Berge zu erfassen, über die wir ausschließlich in uralten Büchern, die wir von unseren Großvätern, den Giganten, geerbt haben, lesen können. Das Förderativprojekt ruft eine solche monumentale Gestalt wieder ins Leben, allerdings entsteht aus der Vereinigung von acht Billionen Semeniden nicht ein einfacher Urmensch, sondern ein historisch erstmaliges Geschöpf, nämlich die Vereinigten Gewebestaaten auf zwei Beinen, ein wahrer Poliphem, ein Staatsmobil, vor dem der ganze weite Raum des Planeten sich auftun wird. Es wird sich in dessen Unermeßlichkeit nicht einsam fühlen, weil es nicht allein in die Wildnis Einzug hält, vielmehr als Multimilliardengesellschaft.

Der von den Akademikern Kotauriens verbreitete Gedanke entflammte alle Herzen und Hirne, daher wurde er auch in einer gesamtsemenidischen Volksbefragung angenommen. Gleichwohl ist die allgemeine Geschichte keine Idylle; es kam zu unerwarteten Reibereien und dann zum nun schon letzten Weltkrieg, der deshalb ausbrach, weil jede Kirche im künftigen Staatsmobil eine separate Institution und Stimme haben wollte und folglich eine eigene Mundhöhle, gebildet aus der Kongregation der Gläubigen und der Geistlichkeitshierarchie. Das war jedoch unmöglich, bei so vielen Mundhöhlen wäre ein mentalisierter Höhlenlöchler entstanden. Die widerspenstige Geistlichkeit ging auf ein solches Diktum hin zu umstürzlerischem Tun über. Es erschienen Schmähschriften, die das vorgesehene Staatsmobil als monströses Gefängnis auf Beinen, als Sklavoped und als laufende Galeere bezeichneten, auf Gnade und Ungnade der Hirnelite ausgeliefert, die sich buchstäblich vom Blut der Millionen Bürger ernähren würde. Unterstellungen wurden verbreitet, angeblich wären sämtliche Posten in den Zentren des Lustempfindens bereits in aller Stille zwischen den Projektanten und ihren Hintermännern aufgeteilt worden. Diese Wühlarbeit wäre ohne Folgen geblieben, um so mehr, da es den Botanikern gelang, eine Blumenart zu züchten, deren Duftstoffe veredelnde Eigenschaften hatten. Die auf den Markt gebrachten Blumen beruhigten wie auf die Wogen gegossenes Öl die aufgebrachten Gemüter. Aber leider kam es zur Veröffentlichung von Geheimakten des Projekts. Es waren Protokolle von Sitzungen, in denen maßgebende Experten zugaben, nicht alle Semeniden würden sich in gleicher Weise dazu eignen, verantwortliche Positionen im Staatsmobil zu bekleiden. Gewisse Provinzen, insbesondere die unteren rückwärtigen, waren als Siedlungsgebiet für in ihrer Entwicklung zurückgebliebene Semeniden gedacht, dagegen sollte sich der zentrale Nervenapparat aus begüterten Bürgern von Kotaurien rekrutieren, als den in großen Transaktionen Erfahrenen, die dadurch zur Geistesarbeit prädestiniert waren.

Die Rebellen schrieben gegen das Staatsmobil gerichtete Parolen auf ihre Fahnen, riefen, es sei besser, umzukommen, als sich zur Einverleibung in die Tiefe einer dicken Wade oder in den Bauch eines Multisklaven zu begeben, um dort im Dunklen bis an die Grenzen der Kräfte zu schuften, und traten zum Kampf an. Die Stimme der Partei des »Dritten Wegs« war in dem ausgebrochenen Chaos nicht zu hören. Es waren das die sogenannten Eventualisten. Sie verlangten die Umwandlung der Genitalien in Eventualien, die normalerweise zum Zeugen unfähig sein und diese Fähigkeit nur erlangen sollten, wenn der leitende Sexualdispatcher den Impotentiator auf dem Schaltpult der Verkehrsleitzentrale des Planeten bei eventuellem Bedarf ausschaltete. Der Verlust war gering, da das Projekt sich ohnehin nicht eingebürgert hätte.

Der Krieg, eigentlich eine Reihe lokaler, aber heftiger Scharmützel, dauerte nicht lange. Die Staatsmobilisten, die das Allgemeinwohl im Auge hatten und sich für die künftigen Geschicke der Semenia verantwortlich fühlten, setzten gegen die Irridenta konzentrierte veredelnde Gase ein. Das Hauptquartier der Aufständischen wurde ohne Blutvergießen erobert, indem man es aus der Luft mit Armen voller Rosen und Veilchen von bekannter Wirkung überschüttete. Der Anblick dieser Bombardierung soll, wie Augenzeugen berichten, einfach wunderbar gewesen sein. Als man mit den

Vorbereitungen zur Fusion begann, entbrannte ein neuer Konflikt, diesmal unter den Gengenieuren selbst. Es wurde nämlich ein Antrag eingebracht, der eine Reorganisierung der Projektierungsbüros von Grund auf vorsah. Zwei getrennte Arbeitsgruppen sollten entstehen, die eine: die Administration der Agglomerierten Männlichkeit (Deckname ADAM), die andere: die Erotisch Versierten Autoren (Deckname EVA). Was das Material betrifft, so würden die Büros sich die Bevölkerung der Semenia je zur Hälfte teilen. Kein anderer Ausweg, hieß es in dem Antrag, wird das Staatsmobil davor bewahren, einer die Fahnen beleidigenden Sucht zu verfallen. Wenn dagegen ADAM und EVA einen Nichtangriffs- und Freundschaftsvertrag schließen, dem zufolge beide Großmächte ihre Zusammenarbeit auf der Basis des gegenseitigen Gleichgewichts und der Nichteinmischung in die intimen Angelegenheiten des anderen vertiefen werden, wird es mit der Zeit zu direkten Kontakten kommen, deren belebender, für die beiden hohen Seiten außerordentlich vorteilhafter Einfluß in alle ihre Winkel dringen wird. Dank dessen werden die Durchschnittsbürger im Zuge der täglichen Handels-, Polizei- und Verwaltungstätigkeit, dank der harmonischen Zusammenarbeit der richtigen Organe beider Großmächte an diesen höchst attraktiven Beziehungen partizipieren. Diesen Plan griffen die Kirchen unverzüglich an, sie sahen in ihm eine – wenn auch indirekte – Gefahr für das priesterliche Zölibat, ganz zu schweigen davon, daß es keinen Geistlichen geben würde, der jenen Bund legalisieren könnte. »Verträge, Abkommen der Ministerien und anderen Organe haben nichts zu sagen«, verkündete die Erklärung des Rats der Kirchen, »denn im Lichte des kanonischen Rechts ist die Ratifizierung von Verträgen kein Sakrament der Ehe, folglich geht es in dem Antrag um die Verkupplung der Staaten zwecks Ausschweifung. Dem widersetzen wir uns entschieden.« Doch nicht diese Stimme überwog, sondern eine andere Erwägung. Eine Wiederholung der Genesis würde bedeuten, alles noch einmal bei Adam und Eva zu beginnen, dann würde es nach höchstens ein paar tausend Jahren abermals zu einem entsetzlichen Gedränge kommen, und zwar durch eine Übervölkerung der Semenia – diesmal mit einer Unmenge von Staatsmobilen. Nach dem nächsten Geschichtszyklus müßte wieder eine Fusion vollzogen werden, was bereits nach Zivilisationswahnsinn riecht, denn bei dieser Perspektive würde jedes Staatsmobil der kommenden Epoche sich aus Staatszellen zusammensetzen. Vor dieser Aussicht zitterten selbst die Antragsteller und zogen ihren Vorschlag zurück.

Am Rande des Streits um das Geschlecht des künftigen Staats trat ein gewisser Denker mit einer erstaunlichen kosmogonischen Hypothese hervor. Die durch Übervölkerung ausgelöste Produktion von Staatsmobilen aus Bürgern, behauptete er, und zwar gerade nach den bigeschlechtigen Entwürfen, ist zweifellos eine kosmische Konstante. Darauf deutet schon das Wesen des Alls hin, das aus positiven und negativen Teilchen gebaut ist, aus Materie, der die Antimaterie entspricht, und so weiter. Großmächte entstehen also aus maskulinen und femininen Elementen, vermehren sich, und ihre Nachkommen bilden die nächste Staatenföderation. Dieser Prozeß dauert ständig an, umfaßt allmählich das gesamte Universum, so daß man auf die Frage, woraus die Materie eigentlich besteht, antworten muß: aus reinem Staatssubstrat, komprimiert durch die viele Jahrhunderte währende Mikrominiaturisierung der in den Staaten steckenden Staaten. Obwohl sie beim Kleinerwerden ihre früheren Merkmale verlieren, kann man, wie bereits oben gesagt, ihr Geschlecht erkennen. Was die weitere detaillierte Behandlung der Sache betrifft, so müssen sich die Physiker damit befassen. Vielleicht lohnt es hinzuzufügen, daß jener Denker ein ausgezeichneter Jurist und Kenner des Zivilrechts war. Seine Konzeption ist gar nicht so merkwürdig, wie es scheint. Wenn er behauptet, Atome bestünden aus Staaten und die Staaten aus Atomen, wollte er sicher sagen, daß Materie, die gleichermaßen de jure und de facto existiert, völlig legal ist, sowohl einen Terminus ad quo wie auch ad quem bildet beziehungsweise daß sie und das Recht eigentlich ein und dasselbe sind und demnach die Frage, was zuerst war, das Recht oder die Welt, gegenstandslos ist, sofern ihr begreift, worum es uns geht. Das war übrigens eine Abschweifung, doch wir erwähnten diese Hypothese, weil sie die letzte Blüte nichtkonföderierten semenidischen Denkens gewesen ist.

Es blieb, wie ihr wißt, bei nur einem Staatsorganismus, und nach Abschluß der gesetzgeberischen Arbeiten begannen in der nächsten Phase die körpergebenden. Über die Zuordnung zu den Geweben entschied das Los, denn jeder hätte sich sonst zu besonders attraktiven Organen gedrängt und sämtliche möglichen Beziehungen und Protektionen spielen lassen. Von Zeit zu Zeit brachen Korruptionsaffären aus. Die Aufdeckung einer größeren, der palatalen, zog die Zwangsverschickung der Schuldigen in die Gegend des Steißbeins nach sich, wo es an Siedlungswilligen fehlte und viele Posten vakant waren. Die ständigen Unruhen erschwerten den Fortschritt der körpergebenden Tätigkeit – den einen zog's zum Geiste, der andere zum Bauche reiste. Wenn man dem Egoismus nachgegeben hätte, wäre statt des lebensfähigen Staatsmobils ein riesiger Kopf mit einem von Ohr zu Ohr reichenden Mund über einem aufgetriebenen Wanst entstanden. Bald kam der festliche Augenblick, wo das Band durchschnitten wurde, das unsere Großmacht umschlang. Wir haben es selbst durchgeschnitten, denn außer uns gab es niemanden mehr auf der Semenia, und haben uns aus den uns umgebenden Gerüsten zu ganzer Größe aufgerichtet, in der Gestalt, in der ihr uns hier seht. Da wir euch als teure Gäste nicht durch den ganzen Staat führen können, wollen wir das wenigstens in Kürze mit Worten tun.

In diesem rotierenden, von einer romanischen Kuppel eingeschlossenen Gebäude ist unser Parlament untergebracht. Es besteht aus zwei benachbarten Kammern, der rechten und linken, die durch eine ziemlich nervöse Administration mit den Vollstreckungsorganen verbunden sind. In den oberen Korpusprovinzen haben das Ministerium für den Gasaustausch mit dem Ausland und die Hauptverwaltung für Irrigation ihren Sitz; diese ist im Hinblick auf die geltende Sparsamkeit mit der Zentrale für Nächstenliebe zusammen untergebracht. In der Mitte des Staats befinden sich zahlreiche Industrievereinigungen, z. B. Zuckerverarbeitungsanlagen, Lebensmittelbetriebe, chemosynthetische Werke usw. Sechshundert Milliarden etatmäßige Polizeipatrouillen kreisen unablässig an allen Grenzen und durchlässigen Stellen des Staatswesens, ohne Schlaf und Ruhe zu kennen. Das klingt nicht übel, stimmt's? Wir wollen jedoch keineswegs vor euch verbergen, daß nicht alles schön ist im semenidischen Staat. Unsere größte Eigentümlichkeit und zugleich Sorge besteht darin, daß jeder Bürger mit einem Bewußtsein ausgestattet ist, und in diesem kleinen Finger hier haben wir mehr Verstand, als in mancher Hochschule steckt. Leider kann dieser ganze Verstand nicht gleichzeitig zu Worte kommen, deshalb übermitteln euch lediglich die vokalen, in der Mundhöhle akkreditierten diplomatischen Gruppen unter der Leitung der parlamentarischen Kommission für Sprachangelegenheiten diesen Ausdruck herzlicher Verbundenheit und schließen den Bericht über unsere Geschichte mit brüderlichem Gruß im Namen der Bürgermassen, die mit ihrer Alltagsarbeit auf Organebene beschäftigt sind. Wenn ihr fragen würdet, warum der Mut im Staatsmobil verlorengegangen ist, wie es geschehen konnte, daß die obersten Organe den Zuliefergesellschaften aufgetragen haben, nach dem Schierlingsbecher zu greifen, antworte ich ehrlich: aus äußeren wie auch aus inneren Gründen, denn die einen wie die anderen wurden unerträglich. Wißt ihr, was nach fünfzehntausend Jahren rühmlichen zivilisatorischen Aufbaus aus uns geworden war? Da wir nur über dieses eine Paar Hände verfügten (was hatten wir nämlich davon, daß Millionen Bürger darin untergekommen waren?), wurden wir gezwungen, unter freiem Himmel umherzustreifen und uns von Wurzeln zu ernähren, gepeinigt von den triumphierenden Mücken, bis wir ihnen unrühmlich den Rücken kehrten, um erst wieder in einer schlüpfrigen Höhle Widerstand zu leisten, vielleicht derselben, die unser Vorfahr, der Troglodyt, vor Äonen verlassen hat. Und all das, weil die Projektanten des Staatsmobil als einen so monumentalen, unendlich vollkommenen Giganten betrachtet und dafür nur eine Handvoll Werkzeuge und Reithosen vorbereitet hatten, die übrigens, wie die Anprobe ergab, infolge eines Planfehlers zu eng waren. Die Projektanten waren nämlich der Meinung, solch ein Multiriese würde sich ganz leicht allein auf dem Planeten einrichten. Haben sie uns nicht als Vermächtnis die gesamte semenidische Wirtschaft übergeben? Gewiß, aber was nützen uns Städte, in deren Straßen wir nicht einmal die Ferse stecken können, oder Roboter, die kleiner sind als Feilspäne. Schließlich bissen wir die Zähne zusammen und wären mit den äußeren Schwierigkeiten fertig geworden, wenn nicht die fatale innere Situation des Staates gewesen wäre. Keiner, aber auch wirklich keiner ist zufrieden mit dem Posten, auf den man ihn gestellt hat! Nehmen, sich drücken, nörgeln, Unmögliches verlangen – das ist ihre Devise. Wie soll das Parlament öffentliche Angelegenheiten entscheiden, die keinen Aufschub dulden, wenn die Knie eigene Augen fordern, die unteren Halbstelzen mit Stillegung der Transportmittel drohen, weil es ihnen angeblich zu kalt und hart ist, und wißt ihr, was ein Staatskatarrh bedeutet? Wir hätten uns vielleicht den unverantwortlichen Forderungen widersetzen und die wahnwitzigen Gelüste zügeln können, wenn die Umstürzler, versteckt in den Kammern des Parlaments, die Freundisten, die unser Staatsbewußtsein untergruben, nicht gewesen wären. Könnt ihr euch vorstellen, was die illegale Opposition bei Tage und besonders bei Nacht verlangt? Die Besitzergreifung eines Nachbarstaats vom anderen Geschlecht – das Eindringen in seine Grenzen ohne jeden Notenwechsel, mit Gewalt! Der Umstand, daß es diese anderen nicht gibt und nicht geben kann, zähmt die hartnäckigen Konspiratoren kein bißchen. Als wir sahen, daß alle Verhandlungen mit ihnen, alle Überredungsversuche vergeblich waren, wie sie unsere Regierung mit der Vision einer die Sinne verdüsternden Okkupation korrumpierten, wie sie danach drängten, daß unser Staatsmobil wenigstens mit imaginärer Zügellosigkeit auf zwei Beinen stände, wenn das schon mit wirklicher nicht möglich ist, erkannten wir in diesen Stimmen den Geist des verfluchten Herrschers der Gelüste, des Marquis, der seit Jahrhunderten unsere Fundamente unterwühlt, und weil jener Tyrann uns trotz all unserer Bemühungen und der eigenen Atyrannei beherrschen wollte und schon jetzt zur Macht strebte, beschlossen wir, mit ihm und mit uns Schluß zu machen. Nach langer innerer Debatte begaben wir uns auf ein Wüstenplateau, füllten mit dem Saft der Tollkrautbeeren die unter einem Strauch gefundene mikrosemenidische Zisterne und setzten sie an die Lippen, taub für das Geschrei des inneren Verführers, daß wir angeblich aus fruchtloser Begierde und nicht aus reiner Staatsräson einen Staatenmord begängen! Die Schierlingszisterne zitterte zwar in unserer Hand, wir schwören jedoch, daß wir sie bis auf den Grund ausgetrunken hätten, wenn nicht ein Eissturm von oben plötzlich herabgestürzt und unser Staat in einen Gefrierschlaf gesunken wäre, um erst hier, in eurer wohlwollenden Runde, die Augen wieder zu öffnen ...

Jewgeni Woiskunski
Issai Lukodjanow
Abschied am Ufer

> Mitunter begegnet man Wesen, die es sich anscheinend zur Aufgabe gemacht haben, ihre Umwelt auf das leise Raunen und das geheimnisvolle Wispern des Unerforschten aufmerksam zu machen.
>
> Alexander Grin

Das weiße Diesel-Elektroschiff näherte sich langsam der felsigen Küste.

An Deck drängten sich heiter gestimmte, gutgekleidete Passagiere. Sie unterhielten sich lachend, voller Vorfreude auf das Baden und die sie erwartende Muße, und ergötzten sich am Anblick der immer wieder aus dem blaugrünen Wasser springenden Delphine.

Äußerlich unterschied sich Platonow in nichts von den Urlaubern. Als er sich dessen bewußt wurde, mußte er über seine eigenen traurigen Gedanken lächeln.

Die Ufer traten auseinander. Als die »Fjodor Schaljapin« die Spitze des Kaps umschiffte und in die breite Bucht einbog, tat sich der Anblick einer Stadt auf.

Neugierig betrachtete Platonow die malerisch über die Felsen verteilten gelblichen Häuser und das üppige tropische Grün. Der weiße Kegel des Leuchtturms am Ende des Piers zeichnete sich deutlich gegen den blauen Himmel ab. Über den Schiffsanlegeplätzen, über dem gläsernen Würfel des Seehafengebäudes und den Ziegeldächern der Häuser flirrte der Dunst eines glutheißen Tages.

Sei gegrüßt, altes Kara-Burun, sagte Platonow im stillen zu der näher rückenden Stadt. Laut ausgesprochen, hätte diese Begrüßung vielleicht ein wenig zu familiär geklungen, denn Platonow war nie zuvor in dieser Stadt gewesen. Das Gute an den Gedanken ist ja, daß niemand sie hört.

Kara-Burun war an der Stelle einer altgriechischen Siedlung entstanden. Es hatte Zeiten der Blüte erlebt und sich zusammen mit dem Seehandel stürmisch entwickelt, aber auch einen Niedergang erfahren, als der Handel abflaute und die Schiffsladungen in glücklichere Hafenstädte überwechselten. Als stumme Zeugen aus alter Zeit erhoben sich über der Stadt, auf den felsigen Hügeln, halbzerfallene Wachtürme – aus ihren dem Meer zugewandten Schießscharten ragten jetzt allerdings keine Musketen mehr, sondern die Zweige wilder Haselbüsche.

Kara-Burun war vom Festland aus gar nicht und vom Meer nur schwer zugänglich – ein Umstand, der bei der heroischen Verteidigung der Stadt gegen faschistische Landungstruppen im Großen Vaterländischen Krieg keine geringe Rolle gespielt hatte.

Seit langem aber ließen auf der Reede von Kara-Burun keine Kriegsschiffe mehr Rauchfahnen aufsteigen. Jetzt liefen den Seehafen während der Kursaison, die übrigens gute zehn Monate im Jahr währte, nur noch Passagierschiffe an. Wogen von Erholungsuchenden überschwemmten die Stadt, klickten emsig mit Fotoapparaten, surrten mit Filmkameras und füllten die Elektrozüge, die sie zur Chalzedonowaja-Bucht mit ihren herrlichen Stränden, den mehrstöckigen Ferienheimen, ihren Sonnen- und Luftbädern aus Glasbeton und den Dutzenden von Cafés und Imbißautomaten brachten.

In Kara-Burun wohnten Angestellte der Kreisämter, Ärzte, Mitarbeiter der Kurverwaltung und das Personal der Souvenierfabrik. Einen erheblichen Teil der städtischen Einwohner bildeten pensionierte Angehörige der Seestreitkräfte, die ihre Muße der Züchtung von Erdbeeren und dem Angelsport widmeten.

Außerdem lebte hier Michail Lewitski, Platonows Neffe.

Diesen Neffen hatte Platonow zum letztenmal vor dreißig Jahren gesehen. Damals war Michail noch ein kleiner Knirps gewesen. Platonows verstorbene Schwester hatte ihm seinerzeit erzählt, daß sein Neffe Arzt geworden sei und sich in Kara-Burun niedergelassen habe. Ansonsten wußte Platonow nichts von seinem einzigen Verwandten. Was war er für ein Mensch? Janina, Platonows verstorbene Schwester, hatte ihm einst gesagt, daß Michail ein kluger Bursche sei. Aber besaß er genügend Verstand und Taktgefühl, um sich zudringlicher Fragen zu enthalten? Schließlich gab es einen Verstand des Kopfes und einen des Herzens. Unter den gegebenen Umständen zog Platonow letzteren vor.

Die »Fjodor Schaljapin« näherte sich langsam dem Kai, und Platonow erblickte die bunte Menge der Wartenden. Irgendwo in dieser Menge befand sich auch Michail Lewitski: Kurarzt, Janinas Sohn, ein kluger Bursche.

Ein lärmendes Grüppchen junger Leute mit Rucksäcken über den Schultern drängte sich durch die dichte Mauer der Passagiere zum Fallreep hindurch. Einer von ihnen, ein blondköpfiger, kraftstrotzender junger Mann, Platonows Kajütengenosse, klopfte ihm auf die Schulter und sagte: »Na, sehen wir uns in Chalzedonowaja wieder?«

»Bestimmt«, erwiderte Platonow, setzte aber im stillen hinzu: Nein, mein Freund, wir sehen uns nie wieder.

Ihm schoß noch ein anderer Gedanke durch den Kopf: Wenn der Neffe mir nicht zusagen sollte, kann er mir gestohlen bleiben – hier befaßt sich wahrscheinlich die halbe Stadt mit der Vermietung von Zimmern.

Die Einsamkeit eines Hotelzimmers war nicht nach Platonows Geschmack.

Michail Lewitski hatte an diesem Tag alle Hände voll zu tun. Morgens fand die übliche kurze Ärzteberatung statt, die sich über fünfunddreißig Minuten hinzog, worauf die Morgenvisite in der von ihm geleiteten Station des geriatrischen Sanatoriums »Langlebigkeit« und die Sprechstunde für die Patienten folgten.

Michail war Facharzt für Geriatrie. Er kannte sich gut mit alten Leuten aus – mit ihren besonderen Krankheiten, den altersbedingten Veränderungen des Blutes, der Zusammensetzung ihres Hautfettes und mit ihren schwierigen Charakteren. Mehr als eine Stunde lang mühte er sich mit einer neuen Patientin ab: Michail war der Meinung, daß man sich vor allem um ihr Herz- und Kreislaufsystem kümmern müsse, während die Patientin darauf bestand, sich zuerst mit ihren Falten zu befassen.

Gegen zwei Uhr unterbrach er seine Arbeit und lief zur Anlegestelle, um den Onkel abzuholen.

Er wußte natürlich, daß er einen Onkel namens Georgi Platonow, einen Bruder seiner Mutter, besaß. Niemals, kein einziges Mal aber hatte Platonow ein Lebenszeichen von sich gegeben. Und nun plötzlich dieses Telegramm: »Eintreffe am Soundsovielten ...«

Michail stand am Fallreep und musterte finster die an der Anlegestelle von Bord gehenden Passagiere der »Schaljapin«. Er wußte nicht, wie Platonow aussah, hatte aber allen Grund zu der Annahme, daß der legendäre Onkel mindestens siebzig sein müsse. Wäre dieser alte Kauz wenigstens daraufgekommen, ihm ein Foto von sich zu schicken ... Aber das war wohl zuviel verlangt. Michail kannte diese alten Leute schließlich nur allzu genau: ihren Starrsinn und ihre Sparsamkeit.

Die Passagiere strömten in dichten Scharen über das Fallreep und bildeten schließlich eine dünne Kette von Nachzüglern, bis das Fallreep zu guter Letzt völlig leer blieb. Kein einziger alter oder auch nur einigermaßen betagter Mann war an Michail vorübergekommen.

Er legte den Kopf in den Nacken und rief einem Mann in weißer Uniformmütze, der sich pfeiferauchend über das Schanzkleid der »Schaljapin« lehnte, zu: »Sind alle von Bord? Oder schläft noch jemand in seiner Kajüte?«

»Wir haben alle geweckt«, entgegnete der Weißbemützte würdevoll.

Als Michail sich umwandte, um die Anlegestelle zu verlassen, erblickte er vor sich einen Mann. Der Fremde war hochgewachsen und an die vierzig Jahre alt, seine grauen Augen schauten Michail unter der Schirmmütze ruhig und ein wenig spöttisch an.

»Haben Sie auch umsonst gewartet?« fragte Michail.

»Offensichtlich nicht«, erwiderte der Unbekannte. »Sie

heißen Michail Lewitski und sind hier, um Ihren Onkel abzuholen, nicht wahr?«

»Das stimmt«, sagte Michail erstaunt. »Allerdings haben wir uns verfehlt.«

»Wir haben uns nicht verfehlt.« Der Unbekannte schmunzelte. »Guten Tag, mein lieber Neffe. Mir ist gleich aufgefallen, wie sehr du deiner Mutter ähnelst.«

»Erlauben Sie mal! Sie sind Georgi Platonow? Soviel ich weiß, müßten Sie doch ...«

»Du hast ganz recht, ich bin wirklich schon sehr alt, habe mich aber, wie du siehst, gut gehalten. Ist in deinem Haus ein Zimmer für mich frei?«

»Ein Zimmer?« Michail war durch das unerwartet jugendliche Aussehen seines Onkels so aus der Fassung geraten, daß er den Sinn dieser Frage nicht gleich verstand. Erst einen Augenblick später sagte er: »Ja, natürlich, das Zimmer steht bereit.«

»Na, dann gehen wir.«

Platonow führte zwei ziemlich schwere Koffer mit sich, als Michail aber nach dem größeren greifen wollte, schob der Onkel seinen Arm sanft beiseite.

»Nimm lieber den anderen. Ich will dich ja nicht kränken, aber ich muß dir sagen, daß ich kräftiger bin als du.«

Als sie durch das einladend geöffnete Tor des Hafengebäudes mit dem darüber angebrachten Plakat »Herzlich willkommen in Kara-Burun« traten, versäumte Michail trotz seiner Verblüffung nicht, den Onkel auf die größte Sehenswürdigkeit der Stadt aufmerksam zu machen: »Wie gefällt Ihnen unser Hafengebäude?«

»Glas, Kühle, Grünpflanzen!« erwiderte der Onkel anerkennend.

Als sie den Hafenvorplatz betraten, blieb Platonow unwillkürlich stehen.

Palmen und Pandanen bildeten eine grüne Mauer. Linker Hand erstreckte sich die von schmucken, in verschiedenen Farben gestrichenen Häusern umsäumte Uferpromenade, die von mächtigen Platanen überdacht wurde, und den

Asphalt sprenkelten tiefblaue, mit Sonnenflecken vermischte Schatten. Der Rundung der Bucht folgend, beschrieb die Promenade einen sanften Bogen.

Gleich hinter dem Boulevard und der Uferpromenade stieg die Stadt bergan. Neugierig betrachtete Platonow die buckligen Brücken und die steinernen Treppen, die spielzeugartigen Gondeln der Drahtseilbahnen und den an den Hängen einer Schlucht angelegten Bambushain. Die grünen, gelben und blauen Farbtöne leuchteten klar und hell.

Ja, er hatte gut daran getan hierherzukommen. Diese merkwürdige Stadt war für sein Vorhaben wie geschaffen.

»Kommen Sie, Onkel Georgi«, sagte Michail, der die Worte »Onkel Georgi« nur zögernd über die Lippen brachte.

Er führte seinen frisch erworbenen Verwandten nach rechts – zu einem alten Torbogen und dem dahinter steil ansteigenden, mit Platten belegten Weg. »Dreimeilendurchgang«, las Platonow auf dem Schild. In den Ritzen zwischen den Platten wucherte das unverwüstliche Gras. Michail übernahm die Rolle eines Fremdenführers und erzählte, wie schwierig es gewesen sei, in dem zwischen Felsen und dem Meer eingekeilten Kara-Burun zu bauen, und welch unvorstellbare Mühen das Anlegen einer Wasserleitung und des Kanalisationssystems gekostet habe.

Sie stiegen immer höher hinauf. Zu ihrer Rechten schimmerte das sonnenüberflutete blaue Meer durch die Haselbüsche, während linker Hand gelbe Häuschen im Grün der Gärten versanken. Michail geriet ins Schwitzen, der Aufstieg, der Koffer und das viele Reden benahmen ihm den Atem. Er musterte Platonow mit verstohlenen Seitenblicken: Der Onkel schritt gleichmäßig aus, und der schwere Koffer machte ihm offensichtlich nicht allzusehr zu schaffen. Über siebzig sollte er sein? Na, wenn das stimmte, hatte er, Michail Lewitski, der Facharzt für Altersheilkunde, einen solchen alten Mann noch nie gesehen.

Eine Prozession bewegte sich auf sie zu. Zum Klang von Geigen und Waldhörnern, zum Gemurmel einer Trommel zogen mit Kränzen aus weißen und roten Blüten geschmückte, braungebrannte Jungen und Mädchen an ihnen vorbei.

»Was bedeutet das?« fragte Platonow und trat an den Wegrand. »Eine Prozession zu Ehren meiner Ankunft?«

»Nein«, erwiderte Michail ernst. »So ehrt man den Absolventenjahrgang des Balneologischen Technikums. Heute findet ein großes Fest statt – mit Wettkämpfen im Schwimmen und Bogenschießen, na, und so weiter. Jetzt geht's hier entlang.«

Sie erklommen die steilen, in die Felsen geschlagenen Stufen und erreichten die »Straße der Meeresschätze«.

»Das ist unser Haus«, sagte Michail und wies auf ein kleines, mit mehrfarbigen Ziegeln gedecktes Einfamilienhaus, an das sich eine weinumrankte Veranda schmiegte.

Bevor sie durch das Gartentor traten, schaute Platonow noch einmal zurück. In wunderbarem, tiefem Blau lag unter ihnen das riesige, am Horizont mit dem Himmelsblau verschmelzende Meer.

Und wieder sagte er sich, daß es eine gute Idee gewesen sei hierherzukommen.

Auch sein Zimmer gefiel ihm. Vor dem offenen Fenster hingen Süßkirschenzweige, und aus dem Garten strömte ein feiner Blütenduft herein.

»Danke, Michail«, sagte Platonow und stellte seinen Koffer in eine Ecke. »Der Tisch aber ist zu schön und empfindlich für mich – habt ihr keinen anderen, einfacheren? Ich werde mich ein wenig mit Chemikalien befassen müssen, weißt du.«

»Gut, ich stelle Ihnen einen anderen herein.« Michail schwieg, darauf wartend, daß Platonow sich näher über seine Versuche äußern werde. Da der Onkel dies aber nicht zu beabsichtigen schien, schlug er vor: »Kommen Sie, wir können uns unter der Dusche ein wenig erfrischen.«

In der in einem Gartenwinkel angelegten Sommerdusche betrachtete er mit unwillkürlicher Neugier Platonows muskulösen Körper – mit der Neugier des Facharztes für Geriatrie, der sich mit alten Leuten gut auskannte. Nein, mehr als vierzig konnte man diesem seltsamen Onkel beim besten Willen nicht geben. Natürlich kam es vor, daß das Äußere täuschte. Man hätte sein Blut untersuchen und eine Röntgenaufnahme vom Herzen machen müssen.

Platonow prustete unter dem kalten Strahl und schlug sich mit den Handflächen auf Brust und Schultern. Zwischen den rötlichen Haaren auf seiner Brust schimmerten vernarbte, alte Wundmale. Und auch auf dem Rücken zog sich quer über die Schulterblätter eine breite Narbe mit zackigen Rändern. Michail erinnerte sich plötzlich dunkel daran, von seiner Mutter gehört zu haben, daß Onkel Georgi im Krieg bei den Fliegern gewesen sei.

»In eurer Stadt«, sagte Platonow, »nutzen sich die Schuhe wahrscheinlich schnell ab.«

»Die Schuhe?« fragte Michail zurück. »Ja, natürlich, sie nutzen sich ab. Wieso?«

Platonow gab keine Antwort. Er prustete noch eine Weile und frottierte sich dann kräftig mit einem Handtuch.

»Das hier ist ein Andenken an die Faschisten«, sagte er und klopfte sich auf die Brust. »Ein MG-Feuerstoß. *Ihn* hat es übrigens noch schlimmer erwischt. Ach, wie lange ist das her – du warst damals noch nicht einmal auf der Welt ... Hast du Familie?«

»Ja. Unser Sohn ist wie immer unten am Meer. Meine Frau kommt bald von der Arbeit zurück – dann macht sie uns etwas zu essen. Aber vielleicht möchten Sie jetzt schon eine Kleinigkeit zu sich zu nehmen?«

»Nein, ich habe keinen Hunger. Und über eins wollen wir uns gleich einigen, Michail: Durch meine Anwesenheit soll sich an eurem Familienleben nichts ändern. Ich will euch nicht zur Last fallen.«

»Sie fallen uns doch nicht zur Last. Im Gegenteil, ich freue mich sehr, daß ...«

»Schon gut.« Platonow hob seinen Arm mit nach oben gerichteter Handfläche. »Emotionen sind eine unsichere Sache, lassen wir sie lieber beiseite.«

Sie verließen die Dusche und gingen durch den Garten auf das Haus zu.

In diesem Moment klappte das Gartentor, man hörte rasche Schritte, und hinter einer Blumenrabatte kam ein braungebrannter, etwa dreizehnjähriger Junge hervor.

»Papa!« rief er schon von weitem. »Ich habe so eine große Bastardmakrele gefangen!« Er breitete die Arme aus, verstummte verlegen und musterte den Unbekannten mit einem Seitenblick.

»Igor, das ist Onkel Georgi«, stellte Michail vor.

»Guten Tag, Igor«, sagte Platonow ernst, ohne jene Herablassung, die Erwachsene oft Kindern gegenüber an den Tag legen, und drückte die schmale Hand des Jungen. »Wo hast du denn deine Bastardmakrele gelassen?«

»Bei Philipp, er will sie ausnehmen und im Feuer rösten. Philipp sagt, daß er noch nie eine so große Bastardmakrele gesehen hat. Bleiben Sie lange bei uns?«

»Nein, nicht sehr lange.« Platonow klopfte mit dem Zeigefinger auf das vorstehende Schlüsselbein des Jungen. »Willst du mir ein wenig helfen?«

»Ja«, sagte Igor.

Am Abend aßen sie zusammen auf der Veranda.

»Darf ich Ihnen noch etwas Fleisch auftun?« fragte Assja, Michail Lewitskis Frau. Sie vermied die Anrede »Onkel Georgi« – sein jugendliches Aussehen flößte ihr aus irgendeinem Grunde feindseliges Mißtrauen ein.

»Nein, danke«, erwiderte Platonow. »Das Fleisch und das Gemüse waren wunderbar. Sie sind eine großartige Hausfrau, Assja.«

Sie dankte trocken und setzte dem Gast Süßkirschenkompott vor.

»Mama«, sagte Igor, munter mit den Beinen baumelnd, »morgen gehe ich mit Onkel Georgi zur Lusamündung.«

»Das freut mich. Aber warum fahrt ihr nicht einfach zur Chalzedonowaja-Bucht? Die Strände sind dort besser ausgestattet.«

»Ach, Chalzedonowaja! Millionen Leute unter einem Sonnendach!«

»Das ist immer noch besser, als in der Hitze dreißig Kilometer weit bis zur Lusa zu laufen.«

»Wenn es so weit ist, können wir auch einfach ein wenig in der Nähe umherstreifen«, sagte Platonow, der Assja ein gewisses Unbehagen anmerkte.

»Nein, nein!« rief Igor aus. »Sie haben doch selbst gesagt, daß Sie in Ihren Schuhen eine große Tour machen wollen.«

»In was für Schuhen?« fragte Assja.

Platonow blickte in das runde Gesicht der Frau, auf ihre verkniffenen Lippen.

»Ich möchte einfach meine neuen Schuhe einlaufen. Ihre steinigen Wege sind dafür gut geeignet.«

»Ich dachte schon, Sie arbeiten in der Schuhindustrie.«

»Ein wenig hatte ich auch damit einmal zu tun. Kann ich noch etwas Kompott haben?«

»Bitte.« Assja goß ihm aus dem Krug Kompott nach. »Und wo arbeiten Sie jetzt?«

»Mein Fachgebiet ist die Biochemie. Ich muß noch einige Forschungen abschließen und habe dann die Absicht fortzugehen ... in Rente.«

»Fürs Rentenalter sehen Sie aber noch glänzend aus.«

»Ja, das finden viele«, sagte Platonow ruhig.

Er trank schweigend sein Kompott aus, bedankte sich bei der Hausfrau und ging unter Berufung auf seine Müdigkeit in sein Zimmer. Assja sandte ihm einen langen Blick nach.

»Igor«, sagte sie, »bring das Geschirr in die Küche. Nein, warte mal. Warum hat Onkel Georgi dich in die Stadt geschickt?«

»Er hat mir eine Liste verschiedener Bauteile mitgegeben, und ich bin damit zum Radiogeschäft an der Uferpromenade gegangen. Onkel Georgi will mir das Löten beibringen.«

»Das ist gut«, meinte Michail. »Vielleicht gelingt es ihm, dein Interesse für die Technik zu wecken. Du kennst ja nichts anderes als deine Bücher und das Angeln mit Philipp.

Na, geh schon. Aber vorsichtig, zerbrich das Geschirr nicht.« Als der Junge das Tablett mit den Tellern und Gläsern aufgehoben hatte und in die Küche gelaufen war, sagte Michail leise zu seiner Frau: »Assja, ich möchte dich um eins bitten ... Ich glaube, wir dürfen ihm keine Fragen stellen.«

»Warum denn das?« Assja fuhr so heftig auf, daß der Korbstuhl unter ihrem fülligen Körper knarrte. »Was ist das für ein seltsamer Vogel? Du hast gesagt, er ist über siebzig, dabei seht ihr gleichaltrig aus.«

»Also, Assja, das ist noch kein Grund, ihn schlecht zu behandeln.«

»Vielleicht hast du recht. Aber ich kann es nun mal nicht ausstehen, wenn jemand sich mit Geheimnissen umgibt.«

»Das tut er doch gar nicht. Du hast ja gehört, daß er irgendwelche Forschungen abschließen muß.«

»Ich will dir mal was sagen, Michail: Soll er seine Experimente woanders machen. Wie leicht kann es zu einer Explosion kommen, und zu guter Letzt setzt er noch das Haus in Brand ... Ich werde in der Kurverwaltung darum bitten, daß man ihm eine Einweisung in ein Ferienheim gibt.«

»Nein«, widersprach Michail so entschieden, daß sie ihn erstaunt ansah. »Nein, Assja, er wird bei uns bleiben, solange er will. Er ist schließlich der Bruder meiner verstorbenen Mutter, und außer uns hat er keine Verwandten mehr.«

»Wie du meinst.« Assja erhob sich und strich mit einer kleinen Bürste die Krümel von der Tischdecke auf ein Tablett. »Wie du meinst, Mischa. Aber mir gefällt das nicht.«

Eine Rakete schoß zischend in den dunklen Himmel auf und schüttete eine Garbe grüner und weißer Lichtpunkte direkt in den Wagenkasten des Großen Himmelswagens. Immer neue und neue Raketen folgten ihr. Am Himmel kreisten rote Spiralen, und ein bunter Sternenregen ging nieder.

Michail erinnerte sich plötzlich, daß er an diesem Tag noch nicht die Obstbäume gegossen hatte. Er stieg in den Garten hinunter und ging zum Anbau, um den Gartenschlauch zu holen. Hinter der Hausecke hielt er im Schatten einer Süßkirsche inne.

Platonow stand im dunklen Zimmer am offenen Fenster. Die aufflammenden Raketen beleuchteten sein dem Himmel zugewandtes Gesicht. Es wirkte wie versteinert, die scharfen, von den Nasenflügeln zu den harten Mundwinkeln herabführenden Falten und die Einkerbung in dem markanten Kinn traten deutlich hervor. Das Gesicht war ruhig, und doch glaubte Michail in ihm eine unendliche Müdigkeit wahrzunehmen – einem solchen Ausdruck begegnet man nur bei Menschen, die vom Leben bereits nichts mehr erwarten.

Als Michail einen Schritt zurücktrat, knirschten die kleinen Muscheln unter seinen Füßen, und Platonow erblickte ihn.

Er lächelte ihm zu.

»In Kara-Burun wird ja tüchtig gefeiert«, sagte er.

»Ja«, erwiderte Michail. »So ehrt man bei uns jeden Absolventenjahrgang des Balneologischen Technikums.«

Platonow lebte bereits seit zwei Wochen im Haus seines Neffen Michail Lewitski. Im Morgengrauen stand er auf und weckte Igor, der im Garten auf einem Klappbett schlief. Die beiden tranken ein Glas kalte Milch und brachen in die Berge auf. Michail und Assja schliefen zu dieser Zeit noch.

Während der morgendlichen Wanderung trug Platonow neue braune Schuhe mit gelber Sohle, und auch dem Jungen gab er ein Paar der gleichen, allerdings bereits reichlich abgetragenen Schuhe. Igor waren sie ein wenig zu groß, und er mußte drei Paar Socken anziehen, damit seine Füße in den Schuhen nicht hin und her rutschten. Er ertrug jedoch geduldig die Unbequemlichkeit dieser schweren Montur.

Nach etwa drei Stunden kehrten sie zurück, reinigten ihre Schuhe sorgfältig vom Straßenstaub und wogen sie ebenso sorgfältig auf einer empfindlichen Waage. Danach stellte Platonow seine Schuhe in einen besonderen, mit einer in Lösung getränkten Filzschicht ausgelegten Kasten, von dem Drähte zu dem am Ankunftstag gebauten Gerät hinüberführten. Igors Schuhe dagegen kamen nach dem Wiegen in einen gewöhnlichen Karton.

Anschließend verzehrten die beiden Freunde – und sie waren tatsächlich, soweit ihr Altersunterschied das überhaupt erlaubte, Freunde geworden – das von Assja bereitgestellte Frühstück und arbeiteten eine Zeitlang. Platonow beschäftigte sich mit seinen Aufzeichnungen, während Igor vom Onkel gestellte Aufgaben löste, Spulen aufwickelte oder in einem Buch las. Manchmal, wenn Igor, der über einer schweren Aufgabe brütete und auf seinem Bleistift kaute, einen Blick auf den Onkel warf, bemerkte er, daß dieser nicht schrieb, sondern, das Gesicht in den Händen verborgen, reglos dasaß; niemals aber wagte der Junge, ihn aus seinen Gedanken zu reißen.

Am fünften Tag erhielt Platonow zwei postlagernde Pakete aus Leningrad. Gemeinsam mit Igor schleppte er sie mühsam die Stufen hinauf: Zur »Straße der Meeresschätze« fuhren keine Taxen.

Zwei Tage später traf ein weiteres schweres Paket ein. Nun warf Platonow seine Schuhe in eine Ecke und trug sie von nun an nicht mehr während der morgendlichen Streifzüge, und auch Igor kehrte zu seinen bequemen Sandalen zurück. In Platonows Zimmer wimmelte es jetzt von Geräten und kreuz und quer verlaufenden Drähten, und überall huschten wie rastlose Ameisen Zeiger über Zifferblätter. Platonow widmete seiner Arbeit immer mehr Zeit. Manchmal unterbrach er seine Notizen und sagte zu Igor: »Geh in den Garten, mein Freund, und entspanne dich ein wenig. Ich möchte jetzt allein sein.«

Igor zog sich mit einem Buch in seine Hängematte zurück und wartete geduldig. Gewöhnlich kam der Onkel gegen drei Uhr auf die Veranda heraus, blinzelte in die Sonne und machte ein paar Kniebeugen – das war das Zeichen dafür, daß der Arbeitstag beendet war und sie ans Meer gehen konnten. Einmal schien sich der Onkel gar nicht von seiner

Arbeit trennen zu können: Es ging bereits auf fünf zu, doch ließ er sich noch immer nicht auf der Veranda blicken. Igor schlich sich leise zu seiner Tür und horchte. Aus dem Zimmer drang kein Laut. Der Junge erschrak und riß die Tür auf …

Platonow lag mit dem Gesicht nach unten auf dem Fußboden. Igor schrie auf, lief zu ihm, rüttelte ihn und drehte ihn auf den Rücken. Endlich schlug Platonow seine nach der langen Ohnmacht noch immer trüben Augen auf.

»Nimm mir die Manschetten ab«, sagte er mühsam, mit brüchiger Stimme.

Igor riß ihm die straff anliegenden, an Drähten befestigten Gummimanschetten von den Handgelenken und Knöcheln. Der Onkel erhob sich langsam und ließ sich in einen Sessel sinken.

»Was stellen Sie mit sich an?« fragte Igor besorgt.

»Nichts weiter … Drück den Hebel herunter.« Er verstummte. Sein Atem ging wieder gleichmäßig. »Das wäre alles. Du kannst schon die Angeln holen, wir gehen ans Meer.«

Nicht weit von dem Torbogen am Dreimeilendurchgang lag inmitten aufgetürmter Küstenfelsen ein kleines, glattes, dreieckiges Stück Strand, das mit Geröll übersäht war. Dies war seit langer Zeit Igors Lieblingsplatz, an dem er gern badete und angelte. Hierher führte er auch Onkel Georgi. Die beiden badeten, saßen im Schatten der Felsen, blickten aufs Meer hinaus, und Igor legte seine Angeln aus.

»Warum wollen Sie nicht braun werden?« fragte Igor einmal mit einem Blick auf Onkel Georgis weiße Haut.

»Das ist für mich nicht angebracht«, erwiderte Platonow. »Dafür wirst du für zwei braun.«

Igor schaute auf seinen gebräunten Bauch.

»Bei mir hält sich die Bräune das ganze Jahr über. Philipp sagt, daß einem keine Krankheit etwas anhaben kann, wenn man sich richtig von der Sonne durchdringen läßt. Sie dürfen wohl wegen Ihrer alten Wunden nicht in die Sonne gehen?«

»Deshalb auch. Vor allem aber, weil ich selbst alt bin.«

»Sie sind doch nicht alt, Sie schwimmen besser als ich, besonders im Schmetterlingsstil. Onkel Georgi, Sie müssen für immer bei uns bleiben, ja?«

»Gut, mein Freund. Paß auf, da hat einer angebissen.«

Auf dem Heimweg gingen sie bei Philipp vorbei. Philipp hatte sich eine natürliche Grotte in einem großen Felsen so geschickt als Werkstatt eingerichtet, daß man den Eindruck gewann, als habe die Stadt Kara-Burun von ebendiesem wohnlichen Punkt aus ihren Anfang genommen.

Die Wände der Grotte waren mit Fotos geschmückt, die Philipp aus Zeitschriften ausgeschnitten hatte. Sie ließen eine strenge Auswahl erkennen: Schiffe und hübsche Mädchen. Philipp war einst Matrose gewesen und über die Meere gefahren – das erklärte seine Vorliebe für Schiffe. Was den zweiten Teil der Bildergalerie betraf, so zollte Philipp hier, wie er sich ausdrückte, dem »ewigen und unvergänglichen Schönheitsideal« sein Tribut.

In Kara-Burun nutzten sich die Schuhsohlen rasch ab, und der alte Philipp hatte viel zu tun. Er verstand es, seine Arbeit mit dem Angelsport zu verbinden, indem er unter seinem Felsen Angeln mit kleinen Glöckchen anbrachte. Philipp kannte sich gut mit Menschen und mit Schuhen aus – an einer abgetretenen Schuhsohle konnte er den Charakter ihres Besitzers erkennen. Außerdem hatte er es heraus, zu sprechen, ohne die Nägel aus dem Mund zu nehmen.

Manchmal brachte Platonow eine Flasche Rotwein mit, Philipp briet eine Bastardmakrele im Feuer, und sie ließen es sich wohl sein.

Mit seinem Hämmerchen klopfend und das Messer am Zuschneidebrett schärfend, erzählte Philipp von Menschen, von Schiffen und Schuhsohlen.

»Alles auf der Welt muß verwelken«, verkündete er, »die Bäume und auch die Frauen. Nur das Meer ist ewig und unvergänglich, denn niemand, nicht einmal die allmächtige Zeit, vermag es auszuschöpfen.«

Und er schaute seine Gesprächspartner siegesbewußt an, als wollte er sagen: Na, was könnt ihr mir darauf erwidern?

Platonow erwiderte nichts, nur Igor äußerte sich dahingehend, daß das Meer im Verlauf von Milliarden Jahren ganz einfach verdampfen könne.

»Das wird niemals geschehen«, sagte Philipp überzeugt, nahm einen Nagel aus dem Mund und trieb ihn in die Schuhsohle. »Du bist ein guter Junge, aber einfach noch unfertig.« Und mit einem kräftigen Hammerschlag schlug er den nächsten Nagel ein.

Mitunter wanderten Platonow und Igor auf einem alten Waldweg zur Chalzedonowaja-Bucht, den Kurort selbst aber betraten sie nicht. Platonow warf nur aus der Ferne einen Blick auf die weißen Ferienheime, die bunten Sonnendächer und die von Menschen wimmelnden Strände, und sie machten wieder kehrt.

Am liebsten aber schlugen sie einen anderen Weg zur Bucht ein, denselben, den die Elektrozüge befuhren. Dieser Weg führte direkt durch den Gebirgsstock. Durch das felsige Kap zog sich eine Schlucht, die von der Eisenbahn auf einer Stahlbogenbrücke überquert wurde und in einem Steilhang zum Meer auslief. Am Rande des Steilhangs führte ein schmaler, schwer begehbarer Felsvorsprung entlang. Von hier hatte man einen guten Ausblick auf die langgestreckten gelben Strände der Chalzedonowaja-Bucht.

Einmal beschlossen sie, auf diesem schmalen Felsvorsprung entlangzugehen. Igor schritt langsam voran, während Platonow ihm, Schritt auf Schritt, mit ausgestrecktem Arm folgte, bereit, den Jungen bei einem Fehltritt zu stützen.

»Das reicht, Igor«, sagte er schließlich. »Dort vorn kommt man nicht mehr durch. Machen wir hier halt.«

Mit dem Rücken an den rauhen, von der Sonne erwärmten Felsen gelehnt, schauten sie lange auf das träge, unter dem Steilhang rauschende Meer hinunter.

»Schön ist es hier«, sagte Platonow leise, wie zu sich selbst.

»Könnten Sie von hier oben einen Kopfsprung machen?« fragte der Junge.

»Ich weiß nicht. Gehen wir lieber zurück.«

Den Dreimeilendurchgang erreichten sie eben an der Stelle, an der sich das Mahnmal über dem Brudergrab der Matrosen erhob, die Kara-Burun im Kriege verteidigt hatten.

»Onkel Georgi, erzählen Sie mir vom Krieg.«

»Ich habe dir schon soviel erzählt, mein Freund. Aber wenn du unbedingt willst ...«

Und Platonow erzählte dem Jungen zum x-ten Male von den Luftkämpfen, den Panzerschlachten, den U-Booten und den Faschisten, welche der Mensch, wenn er glücklich leben will, nicht auf seinem Planeten dulden darf.

In ihr Gespräch vertieft, stiegen sie langsam die in den Felsen geschlagenen Stufen zur »Straße der Meeresschätze« hinauf.

»Welches Datum haben wir heute?« fragte Platonow plötzlich, als er das Gartentor öffnete.

»Heute ist der siebzehnte August. Schade, bald muß ich wieder zur Schule!«

»Schon der Siebzehnte!« sagte Platonow leise und ging in den Garten hinein.

Assja war eine neugierige Frau. Das Geheimnis, das Platonow umgab, ließ ihr keine Ruhe. Zu allem Überfluß war da noch diese Schurotschka Grekina, eine Mitarbeiterin der Kurverwaltung, mit ihren Schauergeschichten. In Leningrad, so erzählte Schurotschka, sei vor kurzem ein greuliches Verbrechen geschehen: Ein Unbekannter habe das Restaurant »Sewer« aufgesucht und in den Kronleuchter geschossen; die Kugel habe die Haltevorrichtung durchschlagen, und der riesige Kronleuchter sei herabgestürzt und habe zwanzig der an den Tischen sitzenden Gäste zermalmt. Im Schutz der Dunkelheit und der ausbrechenden Panik sei der Verbrecher entkommen.

Ewig tischte diese Schurotschka Geschichten auf, daß man nicht mehr wußte, was man denken sollte.

Bald darauf stellte sich allerdings heraus, daß in Wirklichkeit nichts dergleichen in Leningrad passiert war. Dem Buchhalter der Kurverwaltung, der seinen in Leningrad studierenden Sohn besucht hatte, war nichts von einem Gemetzel im Restaurant »Sewer« zu Ohren gekommen. Mehr noch, er behauptete, daß es in diesem Restaurant überhaupt keinen Kronleuchter gebe, sondern daß die Beleuchtung, wie er sich ausdrückte, mittels Wandlampen erfolge.

Aus irgendeinem Grunde aber vertiefte sich Assjas Mißtrauen nur noch mehr. Schließlich kommt es vor, daß sich Gedanken nur schwer von einer einmal eingeschlagenen Richtung abbringen lassen.

Natürlich hielt sie sich an den Rat ihres Mannes, dem Gast nicht mit Fragen zuzusetzen; ihren Sohn auszufragen aber konnte ihr niemand verwehren. Igor machte kein Geheimnis aus dem, was er wußte, allerdings war das viel zuwenig oder, genauer gesagt, gar nichts.

Es war ein stiller Abend. Am schwarzen Himmel leuchteten hell die Sterne, und durch das Laub der Bäume schimmerte der silberne Streifen hindurch, den der Mond auf das Meer warf.

Michail Lewitski saß auf der Veranda und las in der Zeitung, wobei er das Gelesene hin und wieder mit einem zustimmenden oder ironischen »Hm« kommentierte. Assja deckte den Tisch und rief nach Igor.

»Was ist, Mama?« Igor tauchte mit einem Buch in der Hand auf.

»Was macht Onkel Georgi?«

»Er arbeitet.«

»Er vergräbt sich ganz und gar in seine Arbeit. Ich möchte nur mal wissen, was er dauernd, Tag und Nacht, zu schreiben hat ... Rufe ihn zum Teetrinken.«

Platonow betrat die Veranda. Er war ungewöhnlich lebhaft.

»Tee ist etwas Feines«, sagte er, während er sich auf seinen Platz setzte. »Ein ewiges und unvergängliches Getränk, wie unser Freund Philipp sagen würde. Was schreibt man in der Zeitung, Michail?«

»Ach, immer dasselbe.« Michail legte die Zeitung beiseite. »Die supertiefe Bohrung im Zionsplateau wird fortgesetzt. Ein internationales Physiologensymposium findet statt. Und wieder einmal hat man es mit dem rätselhaften Tod Professor Neumanns.«

»Gib mir bitte mal die Zeitung.« Platonow überflog den Bericht über das Symposium. »Du hast recht, es ist immer dasselbe. Oh, Erdbeerkonfitüre, herrlich! Na, Michail, wie geht's deinen betagten Schützlingen?«

Was hat das zu bedeuten? überlegte Michail. Sind seine Nerven überreizt, oder hat er einfach gute Laune?

Er erzählte von den neuesten Methoden der Altersheilkunde, die man im Sanatorium »Langlebigkeit« anwandte, und Platonow hörte ihm, sachkundige Fragen einwerfend, zu, während Assja ihm immer wieder die Erdbeerkonfitüre nachfüllte.

»Ja«, meinte Platonow nachdenklich. »Von Hippokrates bis in unsere Tage schlagen sich die Menschen mit dem Problem der Langlebigkeit herum ...« Er schaute Michail, ein Auge zukneifend, an. »Sag mir mal, mein Neffe: Worin liegt deiner Meinung nach die Hauptursache für das Altern?«

»Eine komplizierte Frage, Onkel Georgi ... Im allgemeinen neige ich dazu, den Prozeß des Alterns darauf zurückzuführen, daß das lebende Gewebe allmählich die Fähigkeit verliert, sich selbst zu regenerieren. Schließlich läuft die gesamte Entwicklung des Lebens unvermeidlich auf den Tod hinaus, und irgend etwas muß ihn einleiten ...« Michail lehnte sich in seinen Sessel zurück, und in seiner Stimme klangen dozierende Töne an. »Ihnen ist sicherlich bekannt, daß die Intensität des Stoffwechsels bei einem neunjährigen Kind fünfzig Prozent erreicht, bei einem Neunzigjährigen dagegen auf dreißig Prozent absinkt. Der Sauerstoffverbrauch und die Absonderung von Kohlensäure unterliegen einer Wandlung, die löslichen Eiweiße nehmen beständigere Formen an ... na, und so weiter. Ich will damit sagen, daß sich der Organismus den altersbedingten Veränderungen anpaßt, und wir Altersmediziner betrachten es als unsere vornehmste Aufgabe, diese Anpassung soweit wie möglich zu stabilisieren.«

»Ganz richtig, Michail, aber hast du noch nie daran gedacht, daß der Organismus ... Doch lassen wir das«, unterbrach sich Platonow. »Für Assja ist das ein viel zu langweiliger Gesprächsstoff.«

»Aber nein, ich bitte Sie. Ich bin an solche Gespräche gewöhnt«, sagte Assja. »Was ich Sie schon immer fragen wollte: Arbeiten Sie in Leningrad?«

»Ja, nicht weit davon entfernt – in Borki. Das ist das Wissenschaftlerstädtchen ...«

»Ja, natürlich«, sagte Assja, »wer kennt Borki nicht! Letztes Jahr war ein berühmter Physiker aus Borki bei uns zur Kur. Ein prächtiger Mensch, lustig und umgänglich. Wir alle waren geradezu verliebt in ihn.«

Platonow schaute sie aufmerksam an und hielt ihrem forschenden Blick stand.

»Assja«, sagte er, während er lächelnd seinen Gedanken nachhing, »Assja und Michail. Ich muß natürlich zugeben, daß mein Verhalten euch gegenüber nicht allzu höflich ist. Da schneit euch aus heiterem Himmel ein Onkel ins Haus, lebt schon die dritte Woche bei euch und hat noch keine drei Worte über sich selbst und seine Arbeit verloren ... Nein, nein, Michail, du brauchst gar nichts zu sagen, ich weiß, daß es so ist, und ich weiß auch dein Feingefühl zu schätzen. Also gut. Wahrscheinlich ist es an der Zeit, daß ich euch das eine oder andere erzähle ...«

Er schwieg eine Weile, rieb sich mit der Handfläche die Stirn und hob dann an: »Diese Idee kam mir vor vielen Jahren, genauer, im dritten Kriegsjahr. An euch war damals noch gar nicht zu denken, ich aber war jung und gesund wie ein Stier. Alles fing mit einer winzigen Kleinigkeit an. Für mich allerdings war es zu jener Zeit keine Kleinigkeit ... Erinnerst du dich, Michail, wie es bei Dickens heißt? Der Staatsanwalt fragt Sam Weller, ob sich an jenem Morgen etwas Besonderes ereignet habe. Worauf Sam antwortet: ›Ich bekam an jenem Morgen einen ganz neuen Anzug, meine Herren Geschworenen, und das war für mich damals ein ganz besonderes und ungewöhnliches Ereignis.‹ – An jenem Morgen also bekam ich aus dem Lager einen neuen Ledermantel, und das war für mich ebenfalls ein ungewöhnliches Ereignis. Wir jungen Flieger machten uns gern ein wenig schick.

Kaum hatte ich die Schulterstücke an dem neuen Mantel angebracht und die Kragenspiegel aufgenäht, als man mich auch schon abkommandierte. Eine Viertelstunde später befand ich mich bereits in der Luft. Ich war nicht einmal dazu gekommen, mir meine Fliegermontur anzuziehen. Nach einer weiteren Viertelstunde stieß ich auf einen Faschisten und ging zur Frontalattacke über. Dir, Igor, habe ich schon hundertmal davon erzählt, und du weißt, daß es hier vor allem auf die Nerven ankommt. Wer als erster schlappmacht und auszuweichen versucht, kriegt einen Feuerstoß in eine ungeschützte Stelle. Wir kamen einander immer näher, ich hatte ihn voll im Visier und er mich folglich auch. Da erwischte es mich. Im Eifer des Gefechts merkte ich es nicht einmal gleich und rückte weiter gegen ihn vor. Das alles, müßt ihr wissen, spielte sich in Bruchteilen von Sekunden ab. Er wich nach oben aus, zeigte mir seinen Bauch, und ich verpaßte ihm eins in den Ölkühler. Eine Rauchfahne hinter sich herziehend, ging er ab. Wie ich meine Maschine zu Boden brachte, weiß ich nicht mehr. Die Jungs erzählten mir später, die ganze Kabine sei voller Blut gewesen. Mit einem Wort, wie durch ein Wunder gelang mir die Landung. Man zog mich heraus, und ab ging's ins Lazarett. Ich hatte sechs Durchschüsse in der Brust. Aber genug davon. Ich lag eine Weile im Lazarett, bis die Wunden verheilten. Als ich entlassen wurde, ging ich in die Kleiderkammer, und ich bekam meinen neuen Ledermantel zurück – noch heute kann ich mich ärgern, wenn ich daran denke ... Vorn waren die Löcher ja winzig, der Rücken aber war total zerfetzt. Und da dachte ich mir: Es ist zum Verrücktwerden, an mir sind die Löcher zugewachsen, im Leder dagegen klaffen sie nach wie vor ... Merkst du, worauf ich hinauswill, Neffe?«

»Bis jetzt noch nicht«, erwiderte Michail.

»Ich bin auch nicht gleich daraufgekommen. Aber damals habe ich angefangen, darüber nachzudenken. Natürlich war Krieg, und man hatte anderes im Kopf, und doch kam ich nicht mehr davon los. Ich fing an, Fachliteratur zu wälzen. Und als ich nach dem Krieg in Reserve ging und mein Studium an der Chemischen Fakultät aufnahm, begann ich mich ernstlich damit zu befassen. Nimm zum Beispiel ein Paar Lederschuhe: Die Sohlen nutzen sich ab. Ein lebendiger Mensch aber kann sogar barfuß laufen, und die abgenutzte Haut wächst wieder nach. Ich überlegte mir, ob man nicht erreichen kann, daß sich auch totes Leder, beispielsweise eine Schuhsohle, wieder regeneriert.

»Vergebliche Liebesmüh.« Michail lächelte. »Leder wird heute für Schuhsohlen kaum noch verwendet. Dafür nimmt man jetzt Kunststoffe ...«

»Ach, geh mir mit deinen Kunststoffen!« Platonow zog eine ärgerliche Grimasse. »Also weißt du, mein Lieber ... ich setze dir hier ein philosophisches Problem auseinander. Versuche die Erscheinung der Abnutzung mal von einer höheren Warte zu betrachten. Hier lassen sich alle möglichen Fälle in zwei Kategorien einteilen. Die erste ist die allmähliche Abnutzung, der allmähnliche Wandel der Qualität. Ein Beispiel dafür sind Schuhe, egal, ob aus Leder oder aus synthetischem Material. Sobald man den ersten Schritt in einem neuen Paar Schuhe macht, beginnt auch schon die Abnutzung. Genau zu bestimmen, wann sie gar nicht mehr zu gebrauchen sind, fällt schwer. Das ist Ansichtssache. Der eine hält sie für abgetragen und wirft sie fort. Ein anderer hebt sie auf und sagt sich: Warum, zum Teufel, werfen die Leute fast neue Schuhe weg? Man kann sie gut und gern noch eine Weile tragen ...«

Michail lachte auf.

»Jetzt nehmen wir mal die zweite Kategorie: die stufenweise Abnutzung«, fuhr Platonow fort. »Ein Beispiel dafür ist eine elektrische Glühbirne. Ich schalte mal das Licht ein. Kannst du mir sagen, wie viele Stunden die Birne schon gebrannt hat und wann sie durchbrennen wird?«

»Tatsächlich«, meinte Michael, »eine Glühbirne scheint sich nicht abzunutzen. Sie brennt und brennt, bis sie eines Tages plötzlich durchbrennt.«

»Genau!« Platonow stand auf und ging, die Hände in den Hosentaschen, in der Veranda auf und ab. »Sie brennt plötzlich durch. Eine Stufe, ein sprunghafter Übergang in eine neue Qualität ... Die meisten Dinge unterliegen natürlich einer Abnutzung der ersten Kategorie – der allmählichen. Ich aber überlegte mir: Kann man das Sohlenleder den Bedingungen der zweiten Kategorie unterwerfen, so daß seine Abnutzung nicht allmählich, sondern stufenweise erfolgt? Sagen wir es so: Man trägt und trägt seine Schuhe, und die Sohle bleibt immer wie neu. Nach Ablauf einer bestimmten Frist aber fällt sie eines schönen Tages mir nichts, dir nichts auseinander, und es besteht keinerlei Zweifel mehr daran, ob man die Schuhe noch tragen kann oder nicht. Es macht ›peng‹ wie bei der Glühbirne, und sie sind unwiederbringlich dahin ...«

Platonow verstummte plötzlich. Er lehnte sich über das Geländer und schien ins Dunkel des Gartens zu spähen.

»Ein interessanter Gedanke«, sagte Michail. »Ein bis zu einem bestimmten Zeitpunkt immer neu bleibender Gegenstand.«

»Haben Sie solche Schuhe, die sich nicht abnutzen, schon hergestellt?« fragte Assja.

»Ja.«

»Wie ist Ihnen das gelungen?« erkundigte sich Michail interessiert.

»Das ist eine lange Geschichte, mein Lieber. Nach mehrjährigen Versuchen erreichten wir endlich, daß Leder organischer Herkunft seine Zellen von selbst regeneriert. Aber, siehst du, Schuhsohlen sind kein so wichtiges Problem. Es ging hier ums Prinzip, das aber hat mich ... und auch andere ... ziemlich weit geführt ...« Platonow richtete sich auf. »Davon aber werde ich euch ein andermal erzählen.«

»Möchten Sie noch etwas Tee?« fragte Assja. »Ich habe

mir gleich gedacht, daß Sie ein Erfinder sind. Man könnte also auch einen Mantel und andere Sachen so herstellen, daß sie immer wie neu bleiben?«

»Ja, auch einen Mantel könnte man so herstellen ... Nun, ich werde dann gehen.«

»Wollen Sie wieder die ganze Nacht arbeiten?«

»Vielleicht.«

In diesem Augenblick klopfte jemand ans Gartentor. Igor lief hinaus, um zu öffnen.

Zur Veranda drang eine hohe Frauenstimme herüber. »Wohnen hier die Lewitskis?«

»Ja«, erwiderte Igor.

»Sagen Sie bitte, wohnt Georgi Platonow bei Ihnen?«

Als Platonow diese Stimme vernahm, zog er die Augenbrauen hoch. Er stieg langsam von der Veranda und ging der schlanken jungen Frau im grauen Kostüm entgegen, die Igor über den Gartenweg folgte.

»Georgi!«

Die Frau eilte auf ihn zu und peßte ihr Gesicht an seine Brust, während er, die Augen halb geschlossen, ihre bebenden Schultern umfaßte.

»Wie kommst du hierher?« fragte er. »Wie hast du mich gefunden?«

Die Frau hob ihr tränennasses Gesicht.

»Ich habe dich gefunden, und fertig.«

»Gehen wir zu mir, dort können wir uns unterhalten.«

Er faßte sie unter und führte sie, im Vorbeigehen eine Entschuldigung murmelnd, in sein Zimmer.

»Bitte«, brummte Assja. Sie schaute ihren Mann mit zusammengekniffenen Lippen an. »Na, was sagst du dazu?«

»Was für ein Gesicht diese Frau hat!« meinte Michail leise.

»Sie hätte uns wenigstens grüßen können ... Dein alter Onkel hat aber eine ziemlich junge Bekannte, findest du nicht auch?«

»Vielleicht ist es seine Frau ...«

»Seine Frau? Dann ist er deiner Meinung nach also vor seiner Frau ausgerissen? Was für ein reizendes, übermütiges Onkelchen!«

»Hör auf, Assja! Siehst du nicht, daß die beiden Probleme haben?«

»Ich sehe es, ich sehe es. Ich bin ja nicht blind.« Assja begann die Gläser zu spülen.

Michail ging in den Garten hinunter, holte den Schlauch aus dem Schuppen und schloß ihn an die Wasserleitung an. Er bemühte sich, nicht zu Platonows Fenster hinüberzuschauen, sah aber mit einem Seitenblick, daß dort kein Licht brannte.

Aus dem Schlauch schoß ein starker Strahl. Erde, Gras und Bäume sogen begierig die Feuchtigkeit ein, und Michail sparte nicht mit Wasser, damit sie sich ordentlich satt trinken konnten.

Anschließend kehrte er auf die Veranda zurück und setzte sich wieder an den abgeräumten Tisch, bis Assja meinte: »Es wird Zeit, schlafen zu gehen.«

Er antwortete nicht.

»Was hast du, Mischa? Hörst du mich?«

»Ja. Aber ich habe keine Lust, schlafen zu gehen.«

Sie trat hinter ihn und legte ihre fülligen Arme um seinen Hals.

»Ich wünschte, er reiste bald wieder ab, Mischa. Sei mir nicht böse, aber mir kommt es so vor ... als ob er Unruhe in unser Leben bringt ... Wie friedlich war alles bisher, als wir ihn noch nicht kannten ...«

Er streichelte ihren Arm.

In diesem Augenblick ertönten Schritte. Assja trat ans Geländer der Veranda und kreuzte die Arme über der Brust. Was würden diese beiden noch alles anstellen?

Die Glastür ging leise auf. Platonow und jene Frau im grauen Kostüm traten auf die Veranda heraus.

»Ich muß mich bei Ihnen entschuldigen«, sagte die Frau, und auf ihrem hübschen Gesicht malte sich das verlegene Lächeln eines Kindes, das weiß, daß man ihm verzeihen wird. »Ich heiße Galina Kulomsina und war eine Zeitlang Georgi Iljitschs Assistentin in Borki.«

Michail rückte ihr zuvorkommend einen Korbstuhl zurecht.

»Nehmen Sie bitte Platz.«

»Danke. Es ist mir zur Gewohnheit geworden, für Georgi zu sorgen, und ... Mit einem Wort, ich bin auf der ›Balaklawa‹ herübergekommen und durch die ganze Stadt gelaufen. Eine wunderschöne Stadt ist das, aber die vielen Stufen sind ermüdend ...«

»Da haben Sie recht.« Michail lächelte. »An Kara-Burun muß man sich erst gewöhnen.«

»Da ich nicht wußte, wo Georgi sich einquartiert hat, habe ich buchstäblich jeden Passanten gefragt und ihm sein Äußeres beschrieben. Ein lächerliches und hoffnungsloses Unterfangen, nicht wahr? – Sogar in der Chalzedonowaja-Bucht war ich und habe alle Ferienheime abgeklappert. Endlich gab mir jemand den Rat, zur Kurverwaltung zu gehen. Zum Glück sagte mir dort eine Frau, die zufällig etwas länger arbeitete, daß eine ihrer Kolleginnen ... nämlich Sie« – sie lächelte Assja zu –, »Besuch von einem Verwandten bekommen hat ...«

Das war Schurotschka, dachte Assja, laut aber sagte sie: »Ende gut, alles gut.«

»Ja ... Die Suche war schrecklich ermüdend, aber Gott sei Dank habe ich ihn doch noch gefunden.« Galina schaute Platonow, der reglos am Geländer stand, mit einem langen Blick an.

»Möchten Sie ein Glas Tee?« fragte Assja.

»Einen Moment, Assja«, schaltete Platonow sich ein. »Vor allem müßten wir versuchen, irgendwo in der Nachbarschaft ein Zimmer für Galina aufzutreiben.«

Assja sah ihn erstaunt an.

»Dafür ist es jetzt schon ein wenig spät«, meinte sie zögernd. »Aber ... warum soll Ihre ... Assistentin nicht bei uns bleiben? Igor schläft sowieso im Garten, und sein Zimmer steht leer.«

»Natürlich«, sagte Michail. »Sie können Igors Zimmer haben.«

»Ich danke Ihnen.« Galina seufzte. »Ich bin so müde ...«

»Übrigens, wo steckt Igor eigentlich?« Assja schaute in den Garten hinaus. »Igor!«

Als jene unbekannte Frau auf Onkel Georgi zugeeilt war, hatte Igor sich leise in den Schatten der Bäume zurückgezogen. Später schlich er sich in einen entfernten Winkel des Gartens und setzte sich dort auf einen Felsvorsprung. Ihn erfaßte die dunkle Ahnung einer bevorstehenden Trennung, und Igor beschloß, um keinen Preis jemals zu heiraten, weil einem dort, wo eine Frau auftaucht, sofort alles verdorben wird.

Am nächsten Morgen war Platonow verschwunden.

Der erste, der ihn vermißte, war Igor. In den letzten drei Wochen hatte er sich daran gewöhnt, von Onkel Georgi in aller Herrgottsfrühe geweckt zu werden, an diesem Morgen aber wachte er von allein auf. Der Stand der Sonne sagte Igor, daß die gewöhnliche Aufstehzeit längst überschritten war. Mit dem unangenehmen Vorgefühl einer Veränderung ging er, mit seinen barfüßigen Beinen leise auftretend, ins Haus und öffnete die Tür zu Platonows Zimmer.

Der Onkel war nicht mehr da. Alle Geräte lagen unordentlich auf einem Haufen in der Ecke.

Klarer Fall. Onkel Georgi war allein in die Berge gegangen.

Eine schlimmere Kränkung hatte ihm, Igor, noch niemals jemand zugefügt. Um nicht in Tränen auszubrechen, kletterte er rasch auf einen Nußbaum, den höchsten Baum im Garten und blickte aufs Meer hinaus, das zu dieser frühen Stunde in hellen Blau- und Silbertönen schimmerte. Aus der Bucht entfernte sich ein weißes Schiff, das langsam nach rechts steuerte.

Die »Balaklawa«, dachte Igor. Er stellte sich vor, wie er eines schönen Tages auf einem weißen Schiff Kara-Burun verlassen und nach Borki fahren, wie er bei Onkel Georgi leben und ihm bei seiner Arbeit helfen würde. Immer wieder warf er einen Blick auf die Straße und hielt Ausschau, ob Onkel Georgi noch nicht zurückkehrte, und er malte sich aus, wie trocken er den Gruß des Onkels erwidern und wie er sich erst eine Weile zieren würde, ehe er dessen Vorschlag annähme, ans Meer hinunterzugehen.

In diesem Augenblick betrat jene Frau, die gestern hier aufgetaucht war, die Veranda. Sie trug einen leichten blau und weiß gemusterten Sarafan, schaute sich besorgt nach allen Seiten um und ging wieder ins Haus. Kurz darauf erschien der Vater auf der Veranda. Auch er schaute sich um, ordnete eine Weinrebe und rief: »Igor!«

Igor meldete sich unlustig.

»Komm mal schnell 'runter«, sagte der Vater. »Hast du Onkel Georgi heute früh gesehen? Nein? Wohin ist er gegangen?«

Die Stimme des Vaters klang ungewöhnlich, und Igor begriff, daß etwas passiert war.

Ein wenig später standen sie alle in Onkel Georgis Zimmer. Michail drehte in seinen Händen ein großes, zugeklebtes Paket, auf dem in deutlicher Schrift stand: »Für Michail Lewitski. Nicht vor dem Morgen des 24. August zu öffnen.« Das bedeutete: morgen früh ...

Platonows Sachen waren verschwunden, er hatte seine beiden Koffer mitgenommen. Nur die Geräte, ein leerer Schuhkarton und zwei, drei Bücher waren zurückgeblieben.

»Er wird doch nicht abgereist sein, ohne sich zu verabschieden?« Assja schüttelte den Kopf. »Ohne uns ein Wort zu sagen ...«

Galina blickte auf das Paket in Lewitskis Händen. Mit starrem, unverwandtem Blick schaute sie auf das Paket, und ihre hellbraunen Augen waren voller Sorge.

»Er ist abgereist?« fragte Igor bestürzt.

Ihm fiel die »Balaklawa« ein, die Kara-Burun vor kurzem verlassen hatte.

»Das werden wir gleich klären«, sagte Michail und ging, ohne das Paket aus der Hand zu legen, zum Telefon.

Er rief den Dispatcher des Seehafens an, der sich bereit erklärte, Funkverbindung mit der »Balaklawa« aufzunehmen.

»Michail Petrowitsch«, sagte Galina mit hoher, klangvoller Stimme, »ich bitte Sie sehr: Öffnen Sie das Paket.«

»Nein, Galina«, erwiderte er, »das kann ich nicht.«

»Seltsame Manieren sind das«, murmelte Assja. »In seinem Alter noch solche Fisimatenten zu machen ...«

Galina schaute sie an.

»Verzeihen Sie meine unangebrachte Neugier ... Sie ahnen nicht, wie wichtig das ist ... Wissen Sie, wie alt Georgi ... Georgi Iljitsch ist?«

»Das kann ich Ihnen sagen«, entgegnete Michail. »Onkel Georgi ist zwölf Jahre älter als seine Schwester, meine verstorbene Mutter. Er muß jetzt dreiundsiebzig oder vierundsiebzig sein.«

»Über siebzig ... Mein Gott!« flüsterte Galina und preßte die Handflächen an ihre Wangen.

Nun war die Reihe an Assja, sich zu wundern.

»Sie arbeiten mit ihm zusammen und wissen nicht, wie alt er ist?«

»Er hat nie davon gesprochen ... Ich habe auch nicht lange mit ihm zusammengearbeitet, nur vier Jahre ... Aber die älteren Mitarbeiter erzählten, daß er schon vor vielen Jahren genauso ausgesehen habe. Ich wußte nur, daß er älter war als Neumann ...«

»Onkel Georgi hat mit Neumann zusammengearbeitet?« fragte Michail erstaunt.

»Ja.«

»Aber erlauben Sie ... Ich kenne Professor Neumanns Werke gut. Er hat sich mit dem Problem der Langlebigkeit befaßt, und das hat mich als Altersmediziner außerordentlich interessiert. Onkel Georgi aber hat doch auf einem ganz anderen Gebiet gearbeitet. Er sprach von der Abnutzung der Gewebe, vom Wandel der allmählichen Abnutzung zur stufenweisen. Was aber hat das eine mit dem anderen zu tun?«

»Ich kann jetzt nicht ... Ich bin nicht imstande, darüber zu sprechen.« Galinas Gesicht war aschfahl. »Aber eben mit der stufenweisen Abnutzung haben diese hirnverbrannten Forschungen angefangen ...« Sie wandte sich ab und schaute aus dem Fenster.

»Was ist denn eigentlich mit Neumann passiert?« fragte Assja neugierig. »In den Zeitungen war von einem rätselhaften, plötzlich eingetretenen Tod die Rede. Dabei soll er völlig gesund gewesen sein ... Was haben Sie, meine Gute?« rief sie, als sie Galina weinen sah. »Beruhigen Sie sich! Igor, bring mal rasch ein Glas Wasser!«

»Nicht nötig!« Galina atmete gepreßt. »Wie es scheint, haben sich meine schlimmsten Befürchtungen ... Michail Petrowitsch, öffnen Sie das Paket!«

Michail schüttelte nachdenklich den Kopf. In diesem Augenblick läutete das Telefon, und er griff rasch zum Hörer.

»Doktor Lewitski?« fragte eine Stimme. »Hier spricht der Direktor des Seehafens. Ich habe über UKW Verbindung mit der ›Balaklawa‹ aufgenommen. In der Passagierlieste gibt es keinen Georgi Platonow.«

»Ich danke Ihnen«, sagte Michail und legte auf. »Auf der ›Balaklawa‹ ist er nicht.«

»Dann ist er also noch hier!« rief Igor aus.

»Ja, Kara-Burun kann man nur mit dem Schiff verlassen«, bestätigte Assja. »Meine Liebe, Sie brauchen sich nicht aufzuregen ...«

»Ich gehe.« Galina ging auf die Tür zu. »Ich werde ihn suchen.«

»Ich komme mit.« Igor sprang auf.

»Einen Augenblick.« Michail vertrat ihnen den Weg. Auf seinem hageren, schmallippigen Gesicht malten sich Ernst und Besorgnis. »Hören Sie auf mich, Galina. Lassen Sie uns logisch vorgehen. Georgi hat seine Koffer mitgenommen, und die sind ziemlich schwer. Mit so einer Last wird er wohl kaum durch die Stadt spazieren. Wahrscheinlich hat er sich in einem Hotel einquartiert oder die Koffer zur Gepäckaufbewahrung im Hafen gebracht. Per Telefon bekommen wir das alles viel schneller heraus, als wenn Sie jetzt durch die

Stadt laufen. Bitte gedulden Sie sich noch ein wenig. In unserer Stadt gibt es nur drei Hotels.«

Galina nickte und trat ans Fenster.

»Igor, geh dich endlich waschen«, sagte Michail leise und griff zum Telefonhörer.

Er rief das Hotel »Jushny« und anschließend die beiden anderen Hotels an, überall aber hieß es: Nein, ein Georgi Platonow wohne nicht bei ihnen.

Michail warf einen Blick auf die Uhr, rief im Sanatorium »Langlebigkeit« an und bat den Chefarzt um Erlaubnis, heute eine Stunde später zu kommen. Dann trat er in komplizierte Verhandlungen mit der Leitung des Seehafens ein und erfuhr schließlich, daß am Morgen dieses Tages kein Mensch namens Georgi Platonow zwei große Koffer in die Gepäckaufbewahrung gebracht habe.

Galina stand indessen reglos am Fenster, während Igor, der gar nicht daran dachte, sich waschen zu gehen, mechanisch in den von Onkel Georgi zurückgelassenen Büchern blätterte.

»Dann bleibt nur noch Chalzedonowaja«, sagte Michail und wählte die Nummer der Kurortvermittlung.

»Still!« rief Galina plötzlich. »Jemand kommt durch den Garten.« Sie lehnte sich aus dem Fenster.

Unter schweren Schritten knirschten Muscheln.

Galina lief auf die Veranda hinaus, und die anderen folgten ihr.

Über den Gartenweg schritt ein schwerfälliger Mann in weißem Netzhemd und derben Leinenhosen, mit Sandalen an den barfüßigen Beinen. An seiner Stirn klebte eine graue Haarsträhne, und große Schweißperlen rollten über sein kupferfarbenes Gesicht.

»Philipp!« Igor lief dem alten Schuhmacher entgegen.

»Guten Tag, mein Junge«, sagte Philipp, mühsam nach Atem ringend. »Guten Tag allerseits.«

Er stieg auf die Veranda und setzte sich auf einen Stuhl.

Vier besorgte Augenpaare schauten den alten Mann erwartungsvoll an.

»Es hat einmal eine Zeit gegeben, da ich bei steilen Anhöhen Lust bekam zu singen«, sagte Philipp, der geräuschvoll und hastig atmete.

»Haben Sie Onkel Georgi gesehen?« fragte Igor ungeduldig. »Wo ist er jetzt?«

»Ich grub unter meinem Felsen gerade nach Angelwürmern – die Sonne war noch nicht aufgegangen«, erzählte Philipp, wobei er mit dem kleinen Finger über seine struppige graue Augenbraue strich. »Da kam er zu mir, in jeder Hand einen Koffer und zwischen den Zähnen einen Grashalm. ›Philipp, ich reise ab, kann ich die Koffer vorläufig bei Ihnen abstellen?‹ – ›Nun, wenn Sie keine Atombombe drin haben‹, sagte ich, ›dann stellen Sie sie dort in die Ecke, unter die schöne Goffi.‹ Wir setzten uns und nahmen ein kleines Frühstück mit Tomaten und Käse zu uns. Er aß wenig und sprach noch weniger.« Philipp legte eine Pause ein und schaute Galina mit einem langen, anerkennenden Blick an. »›Wie alt sind Sie eigentlich?‹ fragte er mich, und ich sagte: ›Es ist besser, wenn der Mensch sein Alter nicht kennt, denn ...‹«

»Wo ist er?« unterbrach ihn Galina. »Wenn Sie es wissen, sagen Sie es uns einfach: Wo ist er?«

Philipp schüttelte den Kopf.

»Das wäre zu einfach, meine Schöne«, meinte er. »Aber Sie sollen alles erfahren, was ich weiß. Der Mann, der Sie so sehr interessiert, nahm ein Paar Schuhe aus seinem Koffer und schenkte es mir. ›Diese Schuhe nutzen sich nie ab‹, sagte er. ›Sie sind das beste Geschenk, das ich einem Fachmann wie Ihnen machen kann.‹ Ich nahm die Schuhe; da ich aber nicht an das ewige Leben der Schuhsohlen glaube ...«

»Mein Gott, ist es nicht möglich, uns ganz einfach und menschlich zu sagen, wo er ist?«

»Menschlich? Soso, menschlich ... Nun, er schüttelte mir zum Abschied die Hand und stieg den Dreimeilendurchgang hinauf. Wie er sagte, wollte er ein wenig spazierengehen. Ich setzte mich an die Arbeit und machte mir Gedanken über sein Gesicht. Irgendwie war es mir merkwürdig vorgekommen. Und ich machte mich auf den Weg, um Ihnen das mitzuteilen, was Sie soeben gehört haben. Menschlich … Bring mir mal einen Schluck Wasser, mein Sohn.«

»Mama wird es Ihnen gleich bringen!« Igor lief schon in den Garten hinunter. »Ich weiß, wo man ihn suchen muß!« Die Stimme des Jungen ertönte bereits hinter den Bäumen. »Ich werde ihn finden!«

Das Gartentor schlug zu.

Philipp trank das Glas Wasser aus, schaute Galina noch einmal an, nickte und ging auf das Gartentor zu. Unter seinen schweren Schritten knirschten die Muscheln. Michail begleitete den alten Mann hinaus.

»Doktor, ich wollte Sie schon lange einmal darum bitten«, sagte Philipp, die Hand auf der Klinke, »mir etwas zu verschreiben, damit ich im Schlaf nicht so schwitze.«

Igor lief über die holprigen Platten des Dreimeilendurchgangs, und das harte, aus den Ritzen wuchernde Gras zerkratzte ihm die bloßen Füße. Er war nur in Turnhosen aus dem Haus gelaufen und hatte nicht einmal seinen Panamahut aufgesetzt. Jetzt schien ihm die Sonne direkt auf den Kopf.

Igor lief, so schnell er konnte.

Der Weg wurde immer steiler. Igor geriet außer Atem und ging in einen raschen Schritt über. Er bemühte sich, seinen Atem unter Kontrolle zu bekommen und regelmäßig Luft zu holen, so wie Onkel Georgi es ihn gelehrt hatte. Vier Schritte, einatmen; vier Schritte, ausatmen.

Igor wußte selbst nicht, warum er sich so beeilte. Bisher hatten ihn Dinge und Erscheinungen umgeben, die so einfach und klar waren wie das Tageslicht. Die jüngsten Ereignisse aber – das Eintreffen jener unbekannten Frau, Onkel Georgis unbegreifliche Flucht und Philipps Besuch – hatten den Jungen aus dem Gleichgewicht gebracht. Er wollte nur noch eins: sich an Onkel Georgis starker Hand festhalten – dann würde alles wieder gut und so wie früher werden.

Er erreichte das Ende des Dreimeilendurchgangs. Linker Hand führte ein Waldweg zur Chalzedonowaja-Bucht, Igor aber wußte, daß der Onkel diesen Weg nicht mochte: Er zog stets die Nähe des Meeres vor. Deshalb schlug Igor, ohne zu zögern, den schmalen, nach rechts verlaufenden Pfad ein, der in Zickzacklinien zur Schlucht führte. Eine Weile lief er, sich durch wildes Granatapfelgestrüpp einen Weg bahnend, im Schatten der Eisenbahnbrücke, stieg dann zwischen Nußbäumen den gegenüberliegenden Hang der Schlucht hinauf und betrat den zum Meer führenden Steilhang.

Hier ruhte er sich ein wenig aus und rieb seinen großen Zeh, den er sich schmerzhaft an einer Wurzel gestoßen hatte.

Nun ging Igor den schmalen Felsvorsprung entlang. Er bemühte sich, nicht in die Tiefe zu schauen, dorthin, wo unter dem Steilhang blau das Meer leuchtete. Er ging langsam, mit der linken Schulter die Felswand streifend, und beschrieb vorsichtige Bogen um das sich hier und da über den Vorsprung windende Brombeergestrüpp. An einer Stelle erblickte er eine niedergetretene Ranke und zerdrückte Beeren – das schien seinen Gedanken zu bestätigen, daß Onkel Georgi ebendiesen Weg gewählt habe.

Ja, er war ganz in der Nähe. Wahrscheinlich hinter jener Felsnase, von der sich der Blick auf die Strände von Chalzedonowaja auftat. Noch etwa zehn Meter ...

Plötzlich setzte ein so ohrenbetäubendes Donnern und Brausen ein, daß Igor zusammenschrak. Ein Elektrozug ratterte auf der stählernen Brücke über die Schlucht und folgte seiner in die Felsen geschlagenen Bahn, die oberhalb des Felsvorsprungs, direkt über dem Kopf des Jungen, verlief. Obwohl Igor wußte, daß er den Zug von hier nicht sehen konnte, legte er unwillkürlich den Kopf in den Nacken, und in diesem Augenblick trat sein Fuß ins Leere.

Er verlor den Halt ...

Seine Hände klammerten sich verzweifelt an den Felsvorsprung, rutschten aber von den glatten, abgeschliffenen Steinen ab. Im selben Moment spürte Igor, daß sich ein stachliger Zweig an seinen Bauch preßte. Er griff mit den Händen in das Gestrüpp und hing, während seine Füße vergeblich nach einem Halt suchten, über dem Abgrund.

»Onkel Georgi-i-ii!«
»I-ii …« So warfen die Berge das Echo zurück.

Kurz zuvor war Georgi Platonow auf dem Felsvorsprung zu jener Stelle hinter der Felsnase gelangt, von der man auf die Chalzedonowaja-Bucht hinabschauen konnte.

Hier blieb er stehen, lehnte sich mit dem Rücken an den warmen Stein und schob seine Mütze in den Nacken.

Hier sah ihn niemand, und er brauchte nicht auf seinen Gesichtsausdruck zu achten.

Hier war er allein – allein mit seinen Gedanken.

Vor ihm lag das weite, von der südlichen Sonne erwärmte Meer. Er sah die grünen Berghänge, die gelben Strände und die weißen Gebäude. Zwei Wegstunden von hier entfernt erwartete ihn eine wunderbare Frau …

Von alldem aber hatte er sich schon unendlich weit entfernt.

Er wußte, daß er nicht länger zögern durfte, konnte seine Gedanken aber nicht von Galina losreißen.

Du mußt verstehen, daß mir keine andere Wahl blieb als die Flucht. Du hättest mich nur gestört. Ich brauchte mein seelisches Gleichgewicht, um mein Werk vollenden zu können. Du hättest mir dieses Gleichgewicht genommen, und deshalb bin ich heimlich abgereist, vor dir geflohen. Es war das beste – für uns beide. Später wäre dir aus meinen Aufzeichnungen, die Michail nach Borki geschickt hätte, alles klargeworden. Die Zeit heilt alle Wunden.

Du aber hast mich ausfindig gemacht.

Du hast mich ausfindig gemacht.

Wie soll ich dir, meine Einzige, erklären, daß ich nicht mehr dem Leben angehöre? Ja, ich bin gesund und bei Kräften – trotz meiner vierundsiebzig Jahre. Meine Bewegungen sind sicher, die Muskeln voller Kraft, und das Herz schlägt regelmäßig. In wenigen Stunden aber … In zehn Stunden und zwanzig Minuten …

Der arme Neumann war immerhin besser dran, er hat es nicht gewußt.

Das von mir entdeckte Gesetz der Begrenztheit des Stoffwechsels ist unumgänglich und wirkt unfehlbar. Es gibt nichts, was mich retten könnte. Niemand und nichts, nicht einmal du. Und trotzdem ... Das tollkühne Experiment, das ich hier vorgenommen habe, eröffnet gewisse Möglichkeiten ... Nein, nicht für mich. Für die anderen, die nach mir kommen werden ... Vielleicht gelingt es ihnen, wenn sie meine Hinweise befolgen, die Begrenztheit des Stoffwechsels aufzuheben. Dann hätte ich hier, in dieser Abgeschiedenheit und Stille nicht umsonst gearbeitet ...

In Abgeschiedenheit und Stille?

Ich will mir nichts vormachen. Es war keine völlige Abgeschiedenheit.

Ich konnte ja nicht ahnen, daß ich hier diesem Jungen begegnen würde.

Hätte ich es geahnt ...

Aber genug gegrübelt.

Platonow blickte auf die Uhr. Der Sekundenzeiger beschrieb, unbeirrbar die Zeit messend, seine Kreise.

Er mußte sich aufraffen.

Über seinen Kopf ratterte der Elektrozug. Er brachte fröhliche, gutgekleidete Männer und Frauen zu den samtweichen Stränden.

Nun, Georgi Platonow, willst du nicht endlich den Rücken von dem warmen Felsen lösen?

»Onkel Georgi-i-ii!«

Igor? Wie kommt er hierher?

Die um Hilfe rufende Stimme des Jungen brachte Platonow augenblicklich ins Leben zurück. Hastig eilte er den Felsvorsprung entlang und schob sich seitlich an der Felsnase vorbei ... Beim Anblick des über dem Abgrund hängenden Jungen weiteten sich seine Augen.

»Halte dich, Igor! Ich komme!«

Die Wurzeln des Strauches hielten jedoch nicht länger stand und gaben nach ... Ohne die stachligen Zweige aus den Händen zu lassen, stürzte Igor in die Tiefe.

»A-a-a-a ...« Seine Stimme erstarb.

In diesem Augenblick stieß sich Platonow von dem Felsvorsprung ab. Sein Körper schoß durch die Luft, und das blaue Meer kam auf ihn zu. Die Arme über den Kopf ausgestreckt, drang er wie ein Messer, ohne Spritzer, ins Wasser ein.

»Noch ein wenig Geduld«, sagte Michail.

Der Junge nickte. Während der Vater ihm die zerschrammte Brust und den Bauch säuberte, mit Salbe bestrich und verband, gab Igor keinen Ton von sich. Mit zusammengebissenen Zähnen lag er da und hielt Onkel Georgis Hand. Kein Schmerzenslaut, kein Stöhnen entrang sich ihm. Nur in seinen Augen lag ein stummer Schrei.

»So, das hätten wir.« Michail deckte den Sohn mit einem Laken zu. »Bist ein tapferer Junge, Igor. Und jetzt versuche zu schlafen.«

Er legte die Hand an die Stirn des Jungen, trat vom Bett zurück und gab seiner Frau ein Zeichen: Gehen wir, er braucht Ruhe.

Assja erhob sich seufzend. »Geht's dir wieder besser, Söhnchen?«

»Ja, Mama«, flüsterte Igor.

Noch immer hielt er die Hand Onkel Georgis, der reglos neben seinem Bett saß. Assja zog den Store zu und verließ zusammen mit Michail das Zimmer.

Als Platonow den Kopf hob, fiel sein Blick auf Galina. Müde lächelte er ihr zu und dachte: Sie sieht mich beinahe feindselig an.

Nach kurzer Zeit schlief Igor ein. Sobald Platonow aber seine Hand zu befreien suchte, schrak der Junge zusammen und klammerte sich noch fester an ihn.

So geschah es mehrere Male.

Die Zeit verstrich, und im Zimmer wurde es dämmrig. Draußen, vor dem Fenster, sank die Sonne immer tiefer. Platonow blickte verstohlen auf die Uhr. Galina saß ihm direkt gegenüber. Als er ihrem verzweifelten Blick begegnete, schüttelte er nur leise den Kopf.

Endlich gelang es ihm, seine bereits eingeschlafene Hand zu befreien. Igor atmete ruhig.

Platonow umfaßte Galinas Schultern, und sie traten zusammen auf die Veranda hinaus. Assja machte sich in der Wirtschaft zu schaffen, lief in die Küche und kehrte mit einem Tablett zurück. Der Geruch der Speisen verursachte Platonow ein leises Schwindelgefühl.

»Laß dir Zeit, Assja«, sagte er. »Das Essen läuft uns nicht davon. Setz dich ruhig hin ... Was schreibt man in der Zeitung, Michail?«

»Keine Ahnung.« Lewitski hob die Augenbrauen. »Ich habe heute noch keine Zeitung gelesen.«

Im Laub der Bäume rauschte der Abendwind. Von unten, aus der Stadt, tönten die Klänge von Geigen und das trokkene Gemurmel einer Trommel herauf.

Platonow richtete sich auf, so daß der Korbstuhl unter ihm knarrte.

»Warum starrt ihr mich alle so an?« stieß er grob hervor.

»Was für ein Wunderwesen seht ihr in mir – einen alten Knacker, der nicht genug vom Leben kriegen kann ...

Niemand antwortete ihm. Nur Assja meinte zaghaft: »Georgi Iljitsch, Sie sind sicherlich hungrig ...«

»Du könntest mir etwas Kompott auftun.«

Er begann sein Kompott zu verzehren.

Galina erhob sich schroff.

»Georgi ...«

»Setz dich, Galina«, unterbrach er sie. »Ich bitte dich, setz dich wieder hin«, wiederholte er sanft. »Ich weiß, daß ich euch eine Erklärung schuldig bin ... Ich wollte meinem Tod zuvorkommen, doch Igor hat mich dabei gestört ... Hör zu, Michail, du kennst dich mit alten Leuten gut aus, weißt über die verfluchten altersbedingten Veränderungen, die Krankheiten und Schwächen des Alters Bescheid, über die allmähliche und unaufhaltsame Abnutzung des Organismus. Was, zum Teufel, kann trauriger sein als ein alternder Mensch!« In seinen grauen Augen lag ein Galina gut bekanntes, eindringliches Funkeln. »Die Versuche mit dem Leder und den anderen Stoffen brachten mich auf den Gedanken, auch die Abnutzung des lebenden Organismus in die stufenweise Kategorie zu überführen. Der Mensch soll sich nicht allmählich abnutzen wie ein Schuh. Er soll sich die einmal erreichte Reife in voller Blüte erhalten – bis zum letzten Augenblick, bis zum letzten Seufzer!«

Platonow erhob sich und schritt in der Veranda auf und ab. Dann ließ er sich wieder in seinem Korbsessel nieder und fuhr, ruhiger geworden, fort: »Viele Jahre lang habe ich mich mit der Erforschung des Gehirns befaßt. Später, als ich mit Neumann zusammenarbeitete, gelangten wir zu der Schlußfolgerung: Wenn man den Organismus in der Phase der Reife stabilisieren will, muß man einige Gruppen von Gehirnzellen entlasten, damit sie ihre bioelektrische Energie nicht völlig aufbrauchen. Außerdem benötigen sie einen Energiezuschuß von außen, in Form einer periodischen Aufladung ... Übrigens werdet ihr das alles aus meinen Aufzeichnungen ersehen – sie enthalten nicht nur die theoretischen Voraussetzungen, sondern auch eine Beschreibung unserer Richtlinien. Ich mußte unsere anfänglichen Versuche mit den Schuhen noch einmal wiederholen – vor allem natürlich des eigenen seelischen Gleichgewichts wegen ... Später schickte man mir die Geräte nach, und da ... Nun, mit einem Wort, ich habe mich bemüht, die Sache bis zum dreiundzwanzigsten August abzuschließen, und wie ihr seht, habe ich es geschafft ... Michail, übergib mein Paket Galina, sie wird es mit nach Borki nehmen.«

»Sie haben also ...«, setzte Michail mit dumpfer Stimme an.

»Ja, uns blieb nichts anderes übrig, als die Versuche an uns selbst vorzunehmen. Und das haben wir getan – Neumann und ich. Dabei ist die Dosierung äußerst wichtig – wir haben uns auf eine einmalige Aufladung beschränkt. Du wirst dich erinnern, Galina: Im vergangenen Jahr haben wir sie wiederholt ...«

»Ich erinnere mich!« rief sie aus. »Wenn ich gewußt hätte, was ihr euch da ausgedacht habt – ich hätte den Magnetmodulator zertrümmert!«

Sie schluchzte auf. Assja streichelte schweigend ihre Schultern.

»Entsetzlich ...«, flüsterte Michail.

»Entsetzlich? Nein, mein lieber Neffe, wunderbar ist das!« sagte Platonow mit Nachdruck. »Sehe ich deinen betagten Schützlingen vielleicht ähnlich? Na bitte! Schon über siebzig, bin ich doch gesund und im Vollbesitz meiner Kräfte. Entsetzlich ist etwas anderes ... Mir ist es gelungen, dem Computer eine Aufgabe zu formulieren, und er ... Er hat mir völlig unerwartet das Gesetz für die Begrenztheit des Stoffwechsels aufgetischt. Erbarmungslos, mit minutiöser Genauigkeit teilte er mir die Dauer des Effekts mit ... Neumann habe ich nichts davon gesagt: Seine Stunde schlug noch früher als die meine ... Ja, Neumann war glücklich dran: *Er hat es nicht gewußt.*«

Platonow ging plötzlich zur Tür und riß sie auf. Hinter der Tür, im Flur, stand Igor – die Verbände schimmerten weiß auf seinem gebräunten Körper. In der Hand hielt er ein Buch.

»Hast du gelauscht?« fragte Platonow leise.

Der Junge sah ihn beunruhigt an. Als habe ihm jemand einen Stoß versetzt, stürzte er auf Platonow zu und klammerte sich krampfhaft an ihn.

»Fahren Sie nicht weg!« rief er. »Onkel Georgi, fahren Sie nicht weg! Fahren Sie nicht weg!«

Platonow strich ihm über den Kopf.

»Aber Igor, wie kommst du darauf? – Nun, beruhige dich doch. Sei ein Mann. Ich fahre ja nicht weg ...«

Er brachte ihn in sein Zimmer zurück und sagte ihm, er solle sich hinlegen.

»Bist du schon lange wach?«

»Nein«, flüsterte Igor. »Noch nicht lange ... Ich habe Licht gemacht und wollte etwas lesen, und da ...«

»Ist ja gut. Jetzt aber schlafe, mein Freund. Gib mir mal das Buch. Was liest du denn da?«

»Es ist Ihr Buch. Sie haben es liegengelassen ... ›Das Bildnis des Dorian Gray‹.«

»Ah, sieh mal an! Nun, gute Nacht, Igor.«

»Gute Nacht, Onkel Georgi.«

Platonow kehrte auf die Veranda zurück. Nachdenklich blätterte er in den zerlesenen Seiten, nahm dann seinen Kugelschreiber und schrieb schwungvoll aufs Titelblatt: »Dem künftigen Wissenschaftler Igor Lewitski zur Erinnerung an einen, der die Naturgesetze verletzte. Fürchte dich nicht vor dem, was du hier lesen wirst. Georgi Platonow«.

Er legte das Buch auf den Tisch und schaute auf die Uhr.

»Für mich wird's Zeit ...«

Er schüttelte Michails bebende Hand. Assja fiel ihm weinend um den Hals.

»Wir werden Sie niemals ... niemals ...« Michail wollte etwas sagen, aber die Zunge verweigerte ihm den Dienst.

»Es ist gut, daß ich euch noch kennengelernt habe«, sagte Platonow. »Gut und zugleich schlecht ... Nun, lebt wohl. Komm, Galina, begleite mich.«

Sie saßen auf einem Stein, der noch die Wärme des vergangenen Tages in sich barg. Das Meer rollte rauschend auf das winzige, von Felsen umrahmte Stück Strand zu. Rechter Hand sah man die Lichter der Stadt, den beleuchteten Würfel des Seehafengebäudes und die Lichterkette der Uferpromenade.

»Hier habe ich oft mit Igor gebadet.«

Galina antwortete nicht. Sie war wie versteinert.

Platonow zog sie an sich.

»Sei klug, Galina ... Setze unsere Arbeit fort. Setze die Arbeit fort, hörst du? Man muß gegen das Altern ankämpfen, aber so, daß der natürliche Kreislauf nicht gestört wird. Hörst du mir zu? – Die stufenweise Abnutzung ist eine gute Idee, aber der Mensch darf die Stunde seines Todes nicht kennen. Das nimmt ihm die Freude am Leben. Hörst du? – Fahre zu Sybin nach Leningrad und übergib ihm die Aufzeichnungen über mein letztes Experiment. Dort wird ein Weg aufgezeigt ... Galina, komm zu dir! Hör zu! Ich habe eine Möglichkeit entdeckt, die Begrenztheit des Stoffwechsels zu überwinden. Sybin und du, ihr beide seid verpflichtet, die Sache zu Ende zu bringen.«

Er erhob sich, nahm seine Armbanduhr ab, warf noch einmal einen Blick auf sie und schlug sie kräftig gegen einen Stein. Dann schleuderte er sie ins Meer hinaus.

»Ich gehe jetzt, Galina ... Das Leben ist aus dem Ozean entsprungen, und wir tragen den Ozean in uns, in unserem salzigen Blut. Ich möchte, daß es im Meer geschieht ...«

»Ich lasse dich nicht weg!« rief Galina und schlang ihre Arme um ihn. »Ich lasse dich nicht gehen! Ich lasse dich nicht!« wiederholte sie wie von Sinnen.

Er streichelte ihren Kopf und ihre Schultern. Sein Gesicht war nach oben, zum Sternenhimmel, gewandt, doch er sah die Sterne nicht: Er hielt die Augen fest geschlossen.

Dann schob er ihre Hände entschieden zurück. Rasch legte er seine Kleidung ab und stieg in das warme, dunkle Wasser. Man hörte die kleinen Steine knirschen.

Galina stürzte ihm schluchzend nach.

»Sei klug, Galina. Ich habe nicht mehr viel Zeit und möchte den Ausgang der Bucht erreichen.«

Vom Ufer aus sah sie noch eine Zeitlang seinen Kopf und die Arme, die in regelmäßigen Abständen auftauchten und versanken. Dann verschlang ihn die Finsternis, noch lange aber hörte die Frau im nächtlichen Dunkel das leise Plätschern des Wassers unter seinen Armen.

Josef Nesvadba
Die chemische Formel des Schicksals

Stein war Pfleger im Kreißsaal einer Bäderstadt in Nordböhmen. Ich lernte ihn kurz nach dem zweiten Weltkrieg kennen, als ich in die dortige Krankenhausapotheke versetzt wurde. Es zeigte sich nämlich, daß er nicht nur von Krankenpflege etwas verstand, sondern auch von der Zubereitung von Arzneien. Er half mir bei der Arbeit. Ich brauchte ihn, denn der ausgesiedelte Apotheker hatte das Chemikalienlager nahezu verwüstet. Stein kümmerte sich hauptsächlich um das Laboratorium, er besuchte mich, wenn sein Dienst zu Ende war, und blieb bis tief in die Nacht. Eine bemerkenswerte Opferbereitschaft. Ich war ihm dankbar. Wir freundeten uns fast an. Und ich begann mich für sein Schicksal zu interessieren.

Früher war er Sänger in einem Opernchor gewesen. Erst als sie ihn hinauswarfen, nahm er die Stelle im Krankenhaus an. Es war eine schlechtbezahlte Stelle, und niemand bemühte sich darum. Als Pfleger hatte er die Gebärenden auf einer Trage oder auf den Armen vom Krankenwagen zum Aufzug zu bringen, vom Aufzug in den Kreißsaal, sie bei Operationen hochzuheben, Sauerstoffbomben und Medikamente zu besorgen, sich um die Wäsche der ganzen Abteilung zu kümmern. Nichts Interessantes, nichts, wonach ein begabter Mensch streben würde. Und doch wußte Stein seine Stelle zu schätzen. Er hatte es nie eilig, vom Krankenhaus nach Hause zu kommen, stundenlang war er bei mir in der Apotheke. Nach Hause zog es ihn auch deshalb nicht, weil er dort allein lebte und sich um ein geselliges Leben nicht allzusehr bemühte, denn er war häßlich. Ich habe selten so einen häßlichen Menschen gesehen. Es war nicht diese auffällige Unansehnlichkeit, wie wir sie beispielsweise bei Boxern beobachten und die so oft Frauen interessiert, die Unansehnlichkeit eines Rohlings oder eines genußsüchtigen Menschen. Es war eine mittelmäßige Häßlichkeit, die niemand beachtet, ein Dutzendmensch, kein Quasimodo. Auf einem dicken Hals mit einem Kropf saß ein aufgedunsener Kopf mit spärlichen Haaren, das Gesicht, weiß wie Papier, war von unzähligen Sommersprossen übersät, ein fleischiger Mund und eine Sattelnase mit einer niedrigen Stirn, unter der blaugrüne Augen saßen. Nicht einmal die waren etwas Besonderes. Wenn er mit jemandem sprach, beobachtete er immer dessen linkes Ohrläppchen, als würde er sich fürchten, geradeaus zu blicken, als würde er sich auch für seine Augen schämen. Da er einen chronischen, hartnäckigen Schnupfen hatte, mußte er oft durch den Mund atmen, und dann sah er wie ein Vollidiot aus. Solange er nicht sprach. Erst dann merkte man, was für eine lückenlose Bildung er besaß, vor allem in den Naturwissenschaften. Aber er unterhielt sich nicht mit vielen Leuten. Ich war eine Ausnahme. Oft bedauerte ich ihn ein bißchen. Ich lud ihn zu mir ein. Vielleicht würde er bei uns seine ausweglose und leere Existenz vergessen – oder seine Schicksalstragödie, die ihn einst, wie ich vermutete, getroffen hatte. Doch ich hatte mich geirrt.

Die Enttäuschung

Es war mehr eine Enttäuschung als eine Tragödie. Ich erfuhr eines Abends alles, als ich ihn in meinem Labor bei zerschlagenen Reagenzgläsern fand, der Bunsenbrenner aufgedreht, die Reagenzien über den Tisch verschüttet.

»Was ist passiert?« Ich lief schnell zum Fenster. Er blickte mich müde an.

»Nichts, nichts ...« Er wollte weggehen. Seine Knie knickten ein, ich merkte gleich, daß er betrunken war. Freilich, mein Vorrat an reinem Alkohol hatte sich merklich verringert.

»Sie haben meinen Alkohol gestohlen …«

Er entschuldigte sich, redete sich mit einem Versuch heraus. Das regte mich auf.

»Wissen Sie, was ich aufs Spiel setze? Ich erlaube Ihnen irgendwelche Versuche, deren Sinn ich nicht kenne, ich bin befreundet mit einem Menschen, frage überhaupt nicht nach seiner Vergangenheit, und er bestiehlt mich zu guter Letzt. Wer weiß, wozu Sie fähig sind.« Ich wollte ihn hinauswerfen. Er erschrak. Das erstemal in dieser ganzen Zeit blickte er mich an. Es waren gebieterische, verzweifelt entschlossene Augen.

»Ich sage Ihnen alles, gut, Sie müssen mich verstehen, ich könnte nicht leben ohne Labor. Oder Sie würden nicht leben.« Auf einmal schien er völlig ernüchtert zu sein. Wollte er noch dazu drohen? Aber bald verzieh ich ihm. Seine Arbeit war wirklich eigenartig und wichtig. Ich selbst nippte schließlich an meinem Vorrat an reinem Alkohol, ich dachte überhaupt nicht daran, nach Hause zu gehen, so nahm mich seine Erzählung gefangen.

Stein hieß ursprünglich nicht Stein, seine Mutter war die berühmte Sängerin D-ová, über die so viel billige Romane geschrieben worden waren. Zu Beginn dieses Jahrhunderts hatte sie Riesenerfolg in aller Welt. Geheiratet hatte sie nie, sie suchte sich hin und wieder Liebhaber, die Kinder, die solchen Beziehungen entsprangen, gab sie zu Verwandten oder zu bereitwilligen Ehepaaren zur Erziehung. Sie zahlte königlich. Das konnte sie sich erlauben, man wollte sie überall in der Welt. Sie setzte Tokio in Erstaunen, sang in der Metropolitan, in Wien, in Berlin. Nur in Prag selten. Erstens war sie zu Beginn ihrer Karriere hier nicht anerkannt worden, und zweitens hatte sie bei einer deutschen Lehrerin singen gelernt. Sie kehrte gern nach Böhmen zurück, hier war sie ja zu Hause, und hier konnte sie sich in der Mode der Welt zeigen, ihre armen Mitschüler mit Equipagen und Dienern und Liebesaffären verblüffen, an denen das damalige gesellschaftliche Leben des kaum erwachten Prag recht arm war. Sie soll sogar ein Schlößchen irgendwo in Südböhmen gehabt haben, das sie von einem verarmten adligen Liebhaber gekauft hatte. Hierher kam sie dann mit einem Neger, und hier sah sie auch Stein, der vierzehn Jahre alt war und den Namen der Eltern trug, die ihn aufgezogen hatten.

Sie begrüßte ihren Sohn feierlich, er bekam das erstemal Champagner zu trinken, sie verlor kein Wort über seine Häßlichkeit, sagte ihm nur, er ähnle seinem Großvater, dessen Fotografie sie ihm gab. Sein Großvater war ein spanischer Geschäftsmann, sein Vater ein spanischer Sänger, schon längst tot. Das Bild seines Großvaters habe Stein bis heute, den Anblick seiner Mutter vergaß er nie, denn so eine schöne Frau habe er wohl seitdem auf der ganzen Welt niemals gesehn. Er war nie verbittert ihr gegenüber, er benahm sich den ganzen Nachmittag artig, als sich eine noble Gesellschaft im Schloß versammelte, um ein Kammerkonzert zu hören, und er weinte nach den Arien seiner Mutter. Damals bekam er einen Kuß von ihr, den einzigen Kuß, an den er sich erinnerte, denn an irgendwelche Liebkosungen nach der Geburt erinnert man sich nicht, und gestillt wurde er woanders. Er bekam einen Kuß und ein Gastgeschenk in die Hand, sie scheuchte ihn vor dem Abendessen weg, bei dem die berühmten Orgien stattfinden sollten, von denen in allen umliegenden Dörfern erzählt wurde. D-ová fuhr bald darauf wieder auf Tournee, in Frankreich soll sie sogar mit ihrem schwarzen Liebhaber ein Kind gehabt haben. Dieser Liebhaber war ein gewöhnlicher ausgedienter senegalischer Schütze, und als sie ihn verlassen wollte wie so viele andere zuvor, verstand er die europäischen Sitten nicht und durchbohrte ihr eines Tages nach der Probe mit dem Dolch das Herz.

Die tschechischen Zeitungen brachten die Nachricht von ihrem Tod unter dem Strich, in Petit, wie die Nachrichten aus aller Welt, so wenig war sie bei uns verstanden worden. Die österreichische »Bohemie« kam mit einer großen Todesanzeige in einem schwarzen Rahmen heraus. Viele Männer schrieben damals dort über ihre Kunst. Und unter den Besuchern der deutschen Oper in Prag war es sogar Mode, die ganze Woche in Schwarz zu gehen, es entstand ein Kult der großen Toten, und sooft eine neue Adeptin ihrer Partien kam, schüttelten die Dirigenten und die Chormeister die Köpfe. Ach wo, eine D-ová wird das nicht …

Währenddessen lernte Stein schon bei einem Freund seiner Mutter singen, der auch seinen spanischen Vater gekannt hatte. Er hatte ihn also mehr aus diesen Gründen in die Lehre genommen. Verderben konnte er nichts, denn nur Praktiker gaben Gesangsunterricht, und die Theorie des Gesangs befand sich noch auf dem Gebiet von Aberglaube und Besprechen. Statt dem Schüler die Prinzipien des Vortrages zu erläutern, erzählte ihm der alte Maestro von seinen Erfolgen bei Frauen und besang das Talent seiner Mutter. Statt sich um die Grundübungen zu bemühen, wollte er gleich Premierenerfolge erzielen. Aber Stein hatte kein Talent, er hatte keine Fähigkeiten. Bei der Premiere, wo er einen kleinen Part erhalten hatte, wurde er fast ausgepfiffen. Vielleicht auch deshalb, weil man ihm ins Gesicht sehen konnte. Der alte Lehrer warf ihn hinaus. Er vermutete, Stein habe ihm diesen Mißerfolg absichtlich angetan, weil er entgegen seiner Anordnung keine rohen Eier getrunken, nicht mit Ziegenmilch gegurgelt und keine Atemübungen unter drei Federbetten ausgeführt hatte.

Die Theaterdirektion teilte ihm mit, daß er nicht engagiert wurde. Wieviel Jahre hatte er sich um seine Karriere bemüht, wieviel Jahre hatte er seiner Mutter folgen wollen, und nun stellte er schließlich fest, daß er mit dem Gesicht des Großvaters auch dessen Begabung geerbt hatte, nämlich das Talent für Zahlen und Genauigkeit, Pedanterie, die in der Kunst am wenigsten vonnöten ist. Er begann Naturwissenschaften zu studieren, mit denen er sich in der Schule beschäftigt hatte, bevor seine Mutter gekommen war, er interessierte sich wieder für Biologie, Physiologie, die Beschreibung des Menschen. Am meisten beschäftigte er sich jedoch mit Genetik. Er hatte auch seine eigenen Gründe, er wollte wissen, warum gerade er, der Sohn einer berühmten und schönen Frau, wegen irgendwelcher unergründlicher Naturgesetze häßlich, ohne künstlerisches Talent und ohne Begabung geboren worden war. Er empfand das als Unrecht, er lehnte sich dagegen auf. Und deshalb begann er die Lehre von der Vererbung zu studieren.

Er bekam irgendwo eine Stelle im Operettenchor, mehr aus Gnade und damit der Direktor auf den Plakaten schreiben konnte: Es tritt auf Herr Stein, der Sohn der berühmten Sängerin D-ová. Damals geriet ihre empörende Lebensweise langsam in Vergessenheit, und die Leute empfanden patriotischen Stolz, als sie sahen, wie hoch unsere Landsmännin auch im Ausland geschätzt wurde. Und so studierte Stein erst spät, in einer Zeit, da die Männer seines Alters Stellen in der Universität innehaben, er studierte hinter Kleinstadtbühnen, studierte zwischen Auftritten in Aida oder Rigoletto, Rastelbinder oder der Verkauften Braut, studierte in Dorfkneipen, ja auch in Ställen, wo das Ensemble manchmal übernachten mußte. Er sei schon über fünfzig, und erst vor drei Jahren habe er es gewagt, wenigstens die Prüfung als Pfleger abzulegen. In der Genetik habe er allerdings viel gründlichere Kenntnisse, zu Hause habe er eine umfangreiche Bibliothek. Er erklärte mir die Gesetzmäßigkeit der erblichen Merkmale, sprach über Chromosomen, die im Zellkern die Eigenschaften der Geschöpfe bestimmen, und wie es möglich sei, auf sie einzuwirken, daß die Erblichkeit also über dieses Chromosomensystem zu beeinflussen sei …

»Aber glauben Sie, das sei so einfach? Die Vererbung zu beeinflussen? Überall auf der Welt wird etwas Ähnliches geplant. Ich hab' freilich geglaubt, ich sei draufgekommen. Und ich hab' meinen Stoff schon einer Schwangeren gegeben …«, flüsterte er kleinlaut.

»Was?« Ich sprang auf. Erst jetzt begriff ich, warum er in der Entbindungsklinik beschäftigt war, warum ihm so an der schlechtbezahlten Stelle gelegen war. »Sie führen doch nicht etwa hier Ihre Versuche durch?«

»Sie wollte. Sie kam zu mir und beklagte sich. Schauen Sie, sie sollte schon das vierte Kind bekommen, und bisher waren es Mädchen. Bei ihr zu Hause laufen drei Mädchen herum, der Ehemann ist wütend, er möchte einen Erben, sie haben es das letztemal versucht, sonst läßt er sich vielleicht von ihr scheiden. Er hat sie so gequält, daß sie sogar schon bei der Kräuterfrau war, in die Kirche geht sie jeden Morgen, sie hat auch eine Wallfahrt auf den heiligen Berg unternommen, sie hat in meinen Armen geweint, sie dachte nämlich, ich wäre der Doktor. Und da hab' ich es ihr versprochen. Ich hab' ihr mein Mittel gegeben ... Bei uns im Kreißsaal sind nur zwei Ärztinnen, und so kommen die Leute immer zu mir, weil sie glauben, ich sei zumindest der Oberarzt. Manchmal bringen sie mir sogar Geschenke für eine gelungene Entbindung und lassen sich nicht überzeugen, daß sie an der falschen Adresse sind.«

»Mensch, Sie sind verrückt ...«

»Aber ich glaube fest, ich sei schon draufgekommen ...«

»Das Geschlecht der ungeborenen Kinder zu bestimmen?«

»Das ist das wenigste, das Geschlecht. Auch die Eigenschaften und das Aussehen, alles. Das Schicksal. Ich beschäftige mich nicht umsonst über zwanzig Jahre damit. Aber mir scheint, ich bin noch nicht am Ziel ... begreifen Sie vielleicht, warum ich von Ihrem Alkohol was abgezweigt habe ...« Ich nickte. Und ich goß ihm noch etwas ein. Mir auch. Ich ahnte Unannehmlichkeiten. Und nicht wegen des Alkohols.

Der Skandal

Gleich am nächsten Tag kam nachmittags die Frau. Geradeso hatte ich sie mir vorgestellt. Eine Bauersfrau vom Herd, die aus Ostböhmen hierhergezogen war. Sie sah schlecht aus, aber sie war ganz zufrieden.

»Es hat mir geholfen«, sagte sie, nachdem ich ihr zunächst versichert hatte, daß Stein erst in zwei Stunden kommen würde. »Ich kann nicht warten, richten Sie ihm aus, daß es mir geholfen hat ...«

»Verzeihen Sie«, fragte ich, »Sie waren doch erst am Beginn des dritten Monats …«

»Bin ich nicht mehr. Und fast schmerzlos. Es waren hervorragende Tabletten. Haben Sie nicht noch welche? Wissen Sie, für die Nachbarin …«

»Für die Nachbarin? Glauben Sie etwa, wir machen hier Abtreibungen?«

»Ich kann mich nicht beklagen, mir hat es geholfen.«

»Aber Sie wollten doch einen Jungen.«

»Das stimmt. Aber lieber nichts als ein Mädchen. Und jeder weiß, daß ein Junge nicht sicher ist. Und deshalb bin ich eigentlich froh, daß nichts wird. Mein Mann auch, jetzt kauft er sich wenigstens ein Motorrad …« Sie war glücklich, nur ein bißchen blaß. Ich beschwor sie, niemandem etwas zu sagen. Sie käme ins Unglück und wir dazu. An solche Unannehmlichkeiten hatte ich nicht gedacht.

»Glauben Sie denn, ich bin von gestern? Ich möchte nur einen Umschlag für den Herrn Doktor hierlassen …« Ich lehnte natürlich ab. »Woher denn, ich will nichts umsonst, ich weiß, wieviel Medikamente heutzutage kosten, und Spritzen sind doch noch teurer …« Ich versicherte ihr, daß alles ein Irrtum sei, daß ich um keinen Preis das Geld nehmen würde. Schließlich hinterlegte sie den Umschlag für Stein beim Pförtner. Er bekam ihn, als er zurückkam. Wir saßen bedrückt zusammen im Labor. Es waren zwar nur ein paar Hunderter, aber wen hätten wir überzeugen können, daß wir keine Bezahlung für eine kriminelle Abtreibung erhalten hatten?

»Vielleicht verläuft alles im Sand. Aber bieten Sie um Gottes willen niemandem mehr Hilfe bei der Schwangerschaft an. Und wer weiß, ob Sie das nicht überhaupt lassen sollten …«

»Jetzt? Wo ich vor dem Ziel bin?«

»Wie wär's denn mit Meerschweinchen …«

»Singen Meerschweinchen etwa Arien? Haben sie griechische Züge, rabenschwarze Haare und lange, schlanke Beine?« Erst jetzt hatte er mir eigentlich gesagt, worauf er sich vorbereitete, was er sichern wollte. Offenbar sollte seine Tochter ihrer Großmutter ähneln. Er wollte die eigenen Nachkommen manipulieren.

»Aber das ist auch ohne Medizin wahrscheinlich. Die Kinder kommen gewöhnlich nach den Großeltern ...«

»Manchmal. Ich will mich nicht auf den Zufall verlassen.«

»Aber dann wird Ihr Versuch nicht beweiskräftig. Jeder wird sagen, daß das Zufall war, daß Ihr Kind sowieso der berühmten D-ová ähnlich gesehen hätte.«

»Darum machen Sie sich keine Sorgen. Das beweise ich mir selbst. Hauptsache, meine Arbeit gelingt ...«

Ich wußte, ich gab mir umsonst Mühe. Diesen Menschen brachte nichts von seiner Überzeugung, von seinem Vorhaben ab. Ihm die Arbeit in meinem Labor zu verbieten, wagte ich nicht, ich fürchtete ihn ein wenig. Schließlich war ich in gewissem Maße schon mitschuldig, und ich glaubte, er wäre zu allem fähig. Eher wollte ich erfahren, wie er überhaupt arbeitete, wie er in die Entwicklung des Embryos eingreifen wollte und in welchem Monat. Ich konnte mir irgendwelche Strahlen vorstellen, die das Gewebe gestört und verändert hätten, aber ich begriff nicht, wie er ihre Struktur durch die Einnahme von Tabletten verändern wollte. Bei dieser Überlegung fand ich auf meinem Tisch ein langes schwarzes Haar. Wie kam das hierher? Die Putzfrau war doch grauhaarig. Natürlich, Stein hatte mir erzählt, die D-ová habe ihm bei dieser einzigen Begegnung außer ihrem Foto auch ein silbernes Amulett gegeben, ein Döschen, in das sie eine Strähne ihrer eigenen Zöpfe gelegt hatte. Diese Haare waren der einzige Teil des Organismus der D-ová, den Stein jetzt hatte. Und die ließ er mir hier den Tag über auf dem Labortisch liegen. Umsonst hatte ich die Putzfrau gescholten.

Erst vor kurzem hatte ich von einem Versuch gehört, der Steins Bemühungen zu entsprechen schien. Die Genetiker waren auf die Desoxyribonukleinsäure gekommen. Es hatte sich gezeigt, daß man eine gezielte Veränderung der Erblichkeit erreichen kann, wenn man die Desoxyribonukleinsäure eines Stammes Mikroorganismen in die Kultur eines anderen Stammes überträgt. Wahrscheinlich so, wie Stein sich das vorstellte. Bisher werden diese Arbeiten freilich nur in bezug auf Mikroorganismen beschrieben. Und auch das erst heute, fast vierzehn Jahre nach meinem Aufenthalt im Grenzgebiet.

Stein muß damals geahnt haben, daß ich ihn beobachtete, er begann seine Arbeit noch mehr zu verheimlichen und zu verbergen, wurde noch wortkarger. Aber nach etwa einer Woche mußte er sprechen. Und lange …

Damals kam nämlich die Nachbarin jener Patientin ins Labor, die den Jungen hatte haben wollen. Sie erkannte Stein, der in der Mittagspause im Labor arbeitete, und ging direkt auf ihr Ziel los: »Sie müssen mir die Tabletten geben. Ich zahl' genausoviel wie Fanci.«

»Was für eine Fanci?« Stein erinnerte sich wirklich nicht mehr. Aber diese Frau war von anderem Schrot und Korn. Einen halben Kopf größer als wir beide, Schultern wie ein Ringkämpfer, hieb sie gleich zu Anfang auf den Tisch: »Spielen Sie keine Komödie. Glauben Sie, ich weiß nicht, wovon ihr Ärzte heutzutage so gut lebt? Also da ist das Geld, und nun her mit den Tabletten. Ich bin ledig und kann mir kein Balg leisten …« Vergeblich redeten wir auf sie ein, erklärten und beschworen, sie legte das Geld auf den Tisch und drohte. »Wenn ich nichts bekomme, geh' ich zum Direktor und packe aus. Mir ist das gleich, soll Fanci zappeln, sie paßt jetzt eine Weile auf und wird keinen Doktor brauchen. Mehr als auf Bewährung bekommt sie nicht. Während Sie, meine Herren Doktoren …«

»Das ist es ja eben, wir sind keine Doktoren«, erklärte ich ihr. Vergeblich. Damit brachte ich sie noch mehr auf. Ob ich abstreiten wolle? Ob wir die Heiligen spielen wollten? Sie würde uns anzeigen, also sollten wir ihr nichts vorspielen.

So endet die Karriere jedes Abtreibers. Man weist ihm zwar nicht die Abtreibung nach, die er verpfuscht hat, aber er lehnt einen Eingriff ab, der ihm zu riskant erscheint, und die verzweifelte Frau geht ihn anzeigen. Ich sah mich schon vor dem Direktor stehen. Zum Glück wurde nur Stein zu ihm gerufen.

Es war ein großer Skandal im Institut. Die Frau hatte ihr Geheimnis auf dem ganzen Weg von der Apotheke zur Direktion kundgetan, und dabei kam sie an den Pavillons für Innere Medizin, Kinderheilkunde, Infektionen, Haut und Orthopädie vorbei, wo überall die Fenster offenstanden und wo sich die Patienten und die Pflegerinnen langweilten. Bald wußte jeder, daß Doktor Stein Abtreibungen machte.

Gegen ihn liefen also zwei Untersuchungen. Aber Fanci stritt alles ab. Nach vierzehn Tagen war das Gewitter vorüber. In den Kreißsaal kehrte er freilich nicht zurück. Er mußte in der Hautabteilung anfangen, was damals im Institut als schlimmste Degradierung empfunden wurde. Einerseits, weil sich der taube Chef dieser Abteilung mehr in Weinmarken als in Diagnosen auskannte, und andererseits, weil das ständige Bemalen der Kranken mit verschiedenen Farben und das Einreiben mit Salben jeder auch ohne Ausbildung als Pfleger ausführen konnte. Stein tat mir leid. Ich war ihm dankbar, daß er mich nicht in den Streit mit hineingezogen hatte, und wollte ihn irgendwie aufmuntern. Aber das brauchte er nicht.

»Ich komme nicht mehr ins Labor«, sagte er eines Tages. »Meine Arbeit ist beendet.«

»Erfolgreich?« fragte ich.

»Das wird sich zeigen.«

»Und wie wollen Sie in der Hautabteilung experimentieren?«

»Ich werd' schon was finden ...« Er lächelte rätselhaft. Ich bemerkte, daß er sich besonders sorgfältig rasiert hatte. Vielleicht hatte er sogar Kölnischwasser benutzt.

Ich hörte dann lange nichts mehr von Stein. Zuweilen trafen wir uns bei Versammlungen, grüßten uns flüchtig oder tauschten konventionelle Fragen aus. Ich erhielt auch eine Wohnung in der Stadt, meine Frau mit den Kindern kam, ich hatte eine Menge eigener Sorgen, denn das war keine Komfortwohnung, und meine Frau ist ziemlich anspruchsvoll. Den ältesten Jungen kannte ich gar nicht wieder, er war gerade in der Pubertät, und in letzter Zeit war er meinem Cousin aus Pilsen so ähnlich geworden, daß er mir geradezu widerlich war. Mit dem Cousin hatte ich mich in der Kindheit immer geprügelt, und nun war er auf einmal in neuer Ausgabe in meiner Wohnung. Als hätte ich ein Kuckucksjunges. Und ich erinnerte mich oft an Stein, wenn mein Junge nachdenklich im Zimmer hin und her ging und sich dabei auf seinen Plattfüßen wiegte wie einst mein Cousin. Ich hab' seit jeher einen hohen Spann, einen schön gewölbten Fuß, in meiner Jugend hatte ich Weitsprung trainiert. Aus meinem Sohn würde kein Athlet mehr werden, das war sicher. Und da mußte ich noch froh sein, daß er nicht dem Bruder meiner Frau ähnelte, diesem widerlichen Schielauge. Wirklich, sagte ich mir, wenn Stein der Versuch gelingt, wird er zum Wohltäter der Menschheit. Vielleicht würde ich mich dann noch um einen Nachkommen bemühen, der natürlich ganz nach mir geraten müßte, er müßte mir aufs Haar ähneln und im Leben alles erreichen, was mir nicht gelungen war. Ich würde ihm das sagen, ich würde ihn vor Fallen und Gefahren warnen. Er müßte genauso gewölbte Füße haben wie ich und bei der Olympiade im Fünfkampf gewinnen. Das wäre das einzige Kind, an dem ich wirklich Freude hätte, denn es wäre wie ich, es würde nicht anstelle von Naturwissenschaften Sprachen studieren wollen wie mein Ältester oder statt Athletik Ballett üben wie meine Tochter. Ich war ein Fremder zu Hause, und mein eigener Nachkomme, mir ähnlich, wird wer weiß wo, wer weiß wem aus unserer Familie geboren, und er wird sich mit ihr ebensowenig verstehen wie ich jetzt mit meiner. Stein hatte recht, ich hielt ihm die Daumen.

Er hatte sich sehr verändert. Bald sprach jeder im Institut darüber. Er ließ plötzlich beim besten Schneider nähen. Er ging jede Woche zum Friseur und kaufte sich neue Krawatten. Im ganzen Krankenhaus erzählte man, Stein würde Abtreibungen machen, er sei reich geworden dadurch; die Leute kamen zu mir und fragten mich aus.

»Wir wissen doch, daß ihr befreundet seid ...«, sagten sie mit einem Augenzwinkern. Ein paar Angestellte des Krankenhauses kamen zu mir, damit ich bei Stein ein Wort für sie einlege. Damals lief gerade ein Prozeß gegen den hiesigen Zahnarzt, der auf dem Zahnarztstuhl Abtreibungen vorgenommen hatte. Er bekam fünf Jahre ohne Bewährung, denn eine Frau war dabei fast verblutet. Ich wollte nicht in ähnliche Affären mit hineingezogen werden. Und ich beschloß, mit Stein zu sprechen. Aber das war schwer. Er hatte sich auch in seiner Arbeit geändert. Früher war er gewissenhaft, geradezu pingelig, heute vernachlässigte er seine Pflichten, ging nur vormittags auf die Station, und nach dem Mittag verließ er das Krankenhaus unter den verschiedensten Vorwänden. Sein Chefarzt beschwerte sich.

»Ich bin doch kein Pedant, Hautkrankheiten erfordern Geduld und Duldsamkeit, aber das scheint mir doch zuviel. Wenn sich Herr Stein nicht ändert, melde ich das dem Direktor. Sie sollten mit ihm sprechen«, sagte er. Ich stotterte wie gewöhnlich, daß ich ihn eigentlich gar nicht kenne und daß mich das ganze Krankenhaus irrtümlich für seinen Freund halte. Er glaubte mir nicht, wie alle hier. Sie hielten uns jetzt für so durchtrieben, im geheimen zu arbeiten und uns deshalb nicht zueinander bekennen zu wollen. Ich ging zu Stein in die Wohnung. Er wohnte in einem entsetzlichen Viertel, das gerade abgerissen wurde. Es war im Stadtzentrum, mit engen, krummen Gäßchen, ein Nistplatz für Krankheit und Laster, kaum einer wollte nach dem Krieg dort wohnen. In den Häusern, die wohl im Mittelalter gebaut worden waren, gab es weder Kanalisation noch Wasser, und die Abfälle wurden in den Hof geworfen. Es waren nur ein paar Alteingesessene hiergeblieben. Und Stein.

Ich klopfte lange an die Tür seiner Mansarde. Er hatte weder eine Klingel noch ein Namensschild, seinen Namen hatte jemand mit Kreide an die Tür geschmiert.

»Herr Stein ist nicht zu Hause«, ertönte es aus dem Erdgeschoß. Eine alte Frau hatte es gerufen, sie war bucklig und sah aus wie eine böse Fee aus dem Märchen. »Herr Stein ist in letzter Zeit überhaupt kaum zu Hause. Er geht jetzt jeden Tag zum Vergnügen, und nach Hause kommt er jeden Tag nach Mitternacht. Und in Begleitung ...« Sie lächelte giftig. »Jeden Tag mit einer anderen ...«

Wohin konnte er gehen? In der Stadt gab es damals nur drei Nachtbars, obwohl vor dem Krieg in jedem zweiten Haus eine Bar gewesen sein soll. Sogar eine Negerrevue mit Nackedeis direkt aus Paris soll es hier irgendwo gegeben haben. Aus der Umgebung, die gar nicht malerisch ist und in der die Stadt eigentlich eine Art Oase war, mit Bädern, an deren tatsächliche Heilwirkung keiner glaubte, kamen die Kohlenbarone hierher, um Geld auszugeben. Nach dem Krieg waren von den ehemaligen Bars nur drei geblieben. Die erste Bar am Platz, im Hotel »Zum Rathaus«, die zweite im ersten Stock eines modernen Gebäudes, die dadurch berüchtigt war, daß der Pförtner wie ein Boxer die betrunkenen Randalierer direkt aus dem Fenster auf die Straße warf, und die dritte, bisher in Privathand, im Souterrain eines kleinen Hauses in der Vorstadt, wo sich die letzten Reste der Unterwelt dieser Stadt trafen – die kam seit jeher –, gemeinsam mit den letzten Resten der sogenannten vornehmen Gesellschaft – und die kam, um ihre Sympathie für das private Unternehmen zu demonstrieren. Dort fand ich ihn. Inmitten von Mädchen. Er hatte gleich drei um sich. Ich konnte mir nicht vorstellen, was ihn das gekostet haben mochte, denn auch die Prostituierten starben hier aus, und ihre Tarife wuchsen entsprechend. Eine von ihnen entsprach der Beschreibung: Sie war groß, brünett, mit rabenschwarzen Haaren und griechischem Profil, nur ihre Beine waren nicht lang, und in den Hüften war sie sehr breit, eigentlich dick. Wie überrascht war ich, als ich in ihr die Frau erkannte, die uns bei der Direktion angezeigt hatte. Ich wagte nicht, mich dazuzusetzen, und Stein schien mich nicht zu sehen. Er beschäftigte sich nur mit dieser dunkelhaarigen Frau und ihrer noch dickeren Freundin. Ich setzte mich an die Bar, wo ein Spiegel war, und beobachtete sie von hier aus. Nach Mitternacht erhoben sich Stein und die Rabenschwarze. Nie wäre ich auf die Idee gekommen, daß er bei ihr hätte landen können. Er bezahlte die Rechnung, begleitete sie zum Ausgang und ließ einen Wagen rufen. In der ganzen Stadt gab es damals nur drei Taxis, die waren teuer, und in mir begann ein Verdacht zu keimen. Woher nahm der verkrachte Sänger und Pfleger soviel Geld? Ich ging ihnen zu Fuß nach. Zu ihrem Haus kam ich ungefähr nach einer Stunde, es war nicht verschlossen. Seine Bekannte ging gerade. Sie schloß auf der Treppe noch den Strumpfhalter. Stein verabschiedete sich höflich von ihr. Ich stellte meinen Fuß zwischen Tür und Schwelle.

»Ich muß mit Ihnen sprechen, Herr Stein …« Jetzt konnte er mich nicht hinauswerfen. Die Frau fragte, ob ich etwa eifersüchtig wäre, und verschwand mit einem zweideutigen Lachen. Er bat mich nicht einmal in die Wohnung. Ich bemerkte nur, daß fast gar nichts darin war, nur drei Matratzen direkt auf dem Boden und ein Tisch mit einem Stuhl am Fenster, auf dem Tisch in Gläsern menschliche Embryos, wie sie sich im Mutterleib entwickeln und wie man sie bei Abtreibungen bekommen kann, Föten in verschiedenen Phasen. Sie waren widerlich gemasert, ein seltsamer Anblick, dieser einzige Schmuck in Formalin verlieh der Wohnung keine Gemütlichkeit. »Sind Sie sich darüber im klaren, was Sie tun?« begann ich. Aber er fuhr mich gleich an. Ich solle mich nicht um fremde Angelegenheiten kümmern. Er habe mich bei der Untersuchung in der Direktion in nichts hineingezogen, was er tue, tue er auf eigene Verantwortung, mich gehe das nichts an, ich solle mich um mich selbst kümmern.

»Aber wo Sie sich mir schon anvertraut haben ...« Er lachte. Ich würde doch nicht etwa dieses versoffene Gequassel glauben? Er habe sich das an jenem Nachmittag alles ausgedacht, um sich irgendwie herauszureden, um zu begründen, warum er mir den Alkohol ausgetrunken habe. Ich hätte ihn doch nicht etwa ernst genommen? Er schob mich vor die Tür.

Vor dem Haus traf ich die Frau wieder. Die Straße war hier eng, wir mußten aneinander vorbeigehen. Da erst bemerkte ich, daß es jemand anders war, sie war viel schlanker, die Haare waren hell, sie lief mit abgewandtem Gesicht an mir vorbei, als würde sie sich schämen. Ich mußte mich an der Wand festhalten. Das war doch die Frau unseres Direktors. Ich sah mich nicht um, ich ging weiter und hörte hinter mir das bekannte Knarren der Tür von Steins Haus. Zu der Alten im Erdgeschoß ging sie bestimmt nicht.

Also das war nun wirklich eine Überraschung. Eine der ersten Damen der Stadt und gleichzeitig die Prostituierte aus der Bar. Dabei hatten sie tatsächlich etwas Gemeinsames. Ich mußte mir irgendwo ein Bild der D-ová beschaffen. Vielleicht hatten sie eins in der Stadtbibliothek. Sollte sie eine Doppelgängerin in der Stadt haben? Aber wie hatte er sie gewonnen? Die Frau des Direktors ließ sich doch nicht bezahlen, und für Geschenke hätte er kein Geld gehabt. Sie war zwar schon älter, aber hier konnte sie wählen. Warum hatte sie sich für so einen käsigen, häßlichen Kerl entschieden? Die Frauen sind unerforschlich. Ein wenig beneidete ich Stein. Da hatte ich seine Pläne noch nicht begriffen.

Der Versuch

Nach einer Woche erwartete mich in der Apotheke die Tochter unseres Direktors, eine siebzehnjährige Schönheit. Bald verstand ich alles. Sie entsprach Steins Beschreibung, nur das Näschen war etwas aufgeworfen, sie war entzückend.

»Ich bitte Sie, Fräulein, was hat Sie an ihm angezogen?

Womit hat er Sie bezaubert? Ein fünfzigjähriger Kerl. Der könnte doch Ihr Großvater sein.«

»Er tat mir leid ...« Das Mädchen weinte. »Und er hat versprochen, daß er mich heiratet, er wollte ein Kind mit mir ...«

Mit einemmal begriff ich alles.

»Aber als ich das meiner Mutter sagte, hat sie sich furchtbar aufgeregt, sie war außer sich, sie schlug mich mit der Peitsche. Ich bin weggelaufen. Ich geh' nicht mehr zurück.«

»Und der Vater?« fragte ich. Der Direktor des Krankenhauses war Chefarzt in der Orthopädie. Dieser Mann mußte täglich bei Operationen Muskeln und Knochen festhalten, das ist eine anstrengende physische Arbeit. Orthopäden sind Kraftmenschen. Und von ihm war bekannt, daß er streng war.

»Vater würde mich totschlagen«, sagte sie. Sie übertrieb wie alle jungen Menschen. »Ich muß Herrn Stein finden.«

»Das wird nicht so schwer sein. Er ist in der Hautabteilung.«

»Dort ist er eben nicht. Deshalb bin ich zu Ihnen gekommen. Er ist heute überhaupt nicht auf der Arbeit gewesen.«

»Und in der Wohnung?«

»Dahin trau' ich mich nicht. Dahin ist meine Mutter gerannt, gleich nachdem ich es ihr gesagt hatte ...«

Ich ging also für sie. Aber Stein fand ich nicht. In seiner Wohnung war nur die Frau Direktor, die die Tür eingeschlagen hatte.

»Und er hat mir so leid getan«, empörte sich die Direktorin. »Ich dachte, er braucht Schutz, Zuneigung. Der Halunke. Sie können ihm ausrichten, daß ich ihn überall finden werde. Mir entkommt er nicht.« Sie wütete, stampfte, knirschte mit den Zähnen. Wer hätte sich so einen Betrug träumen lassen.

An diese ganze Affäre erinnerte ich mich nach sieben Monaten, als in unserem Kreißsaal die Brünette aus der Nachtbar ein Kind gebar. Ich ging mir heimlich das Kind ansehn. Aber Neugeborene kann man nicht auseinanderhalten, es war ein Mädchen, drei Kilo vierzig, mit dunklem Flaum auf dem Kopf, sie brüllte wie alle anderen im Säuglingszimmer. Sie schrie und trank und schlief, ein anderes Talent ließ sich bislang noch nicht erkennen. Ihre Mutter zog dann bald weg aus der Stadt, ich selbst wurde versetzt. Ich erinnere mich nur, daß auch diese durchtriebene Frau ihre Bekanntschaft mit Stein ähnlich wie die anderen begründete: »Er war so schrecklich häßlich, er tat mir leid. Ich dachte, er hätte keine Frau, er hätte vielleicht nie im Leben eine gehabt. Also wollte ich ihm eine Freude machen. Und ich bin ganz froh. Ich hab das hübscheste Mädchen von allen hier.« Sie sah sich nach den anderen Müttern um ... Aber ich stellte keinerlei Merkmale von Schönheit an ihrem Neugeborenen fest.

Seitdem waren fast vierzehn Jahre vergangen. Stein publizierte seine Entdeckungen nirgendwo, seinen Versuch teilte er niemandem mit, als ob er vom Erdboden verschwunden wäre. Ich dachte längst nicht mehr an seine Pläne, ich hatte genug eigene Arbeit. Bis mir durch puren Zufall beim Friseur eine Musikzeitschrift in die Hände fiel. Auf der letzten Seite war eine kurze Meldung über einen Gesangswettbewerb von Kindern. In der Kategorie der Dreizehnjährigen gewannen drei Mädchen den zweiten Preis, deren Fotos veröffentlicht waren. Sie sahen aus wie Drillinge. Ich nahm die Zeitschrift mit nach Hause und suchte ein Bild der D-ová aus ihrer Jugendzeit, darauf trug sie Zöpfe. Die drei Mädchen hatten eine moderne Frisur, einen sogenannten Pferdeschwanz. Aber ansonsten glichen sich alle vier Bilder wie ein Ei dem andern. Wie war es möglich, daß die Jurymitglieder des Wettbewerbs die berühmte Sängerin unserer Großeltern vergessen hatten? Hatte wirklich keiner dieses Gesicht gekannt? Und wie war es möglich, daß sie nur den zweiten Platz bekommen hatten? Den ersten Preis verlieh die Jury einer Mařenka Slabihoudová aus Brandýs. Ihr Foto war an herausragender Stelle veröffentlicht worden, aber sie hatte ein Dutzendgesicht. Die drei Mädchen, die den zweiten Preis bekommen hatten, besaßen ein schönes, gleichmäßiges griechisches Profil und dunkle, rabenschwarze Haare. Also war Steins Versuch doch gelungen. Ich hatte mich schon vor längerer Zeit mit meinem Sohn zerstritten, der vor einem Jahr gegen meinen Willen geheiratet und mich überhaupt nicht zur Hochzeit eingeladen hatte. Längst hatte ich die Hoffnung aufgegeben, daß meine Tochter eine berühmte Tänzerin werden könnte, und ich war froh, als sie schließlich eine Stelle im Büro bekam. Athletik betrieb in der ganzen Verwandtschaft weit und breit keiner. Ich blieb allein mit meinen Lebensträumen und -zielen. Während Stein es geschafft hatte. Aber warum hatte er seine Entdeckung nicht der Menschheit übergeben? Warum war er nicht berühmt geworden? Ich trieb die Adressen der Drillinge auf. Jede wohnte woanders. Beim Wettbewerb war ihre Ähnlichkeit aufgefallen, die drei haßten sich deshalb. Prag am nächsten wohnte die Frau des Direktors. Es war eine Kleinstadt, sie hatten dort ein Haus mit einem Garten.

»Sie will immerzu nur singen, dieses Unglücksmädchen. Ist denn das etwa eine Existenz? Heutzutage müßte sie Technik studieren. Technik oder orientalische Philologie. Das sind Fächer der Zukunft. Das würde ich machen ...« Das Problem wiederholte sich. Ich fragte vorsichtig nach Stein. Sie stritt ab, daß überhaupt jemand dieses Namens gelebt haben sollte. Sie hatte ihre Tochter als Kind des Krankenhausdirektors erzogen. Und so war es sicherlich auch bei den anderen. Alle drei Frauen hatten sich ihr Leben ohne Stein eingerichtet. Ich mußte noch nach dem Wettbewerb fragen. Warum hatte sie nur den zweiten Platz bekommen?

»Wissen Sie, da war zu starke Konkurrenz. Meine Tochter soll sehr gut singen, aber es hatten sich noch zwei mit völlig gleichem Fond und gleicher Stimmfarbe gemeldet. Und schließlich gewann die Slabihoudová. Sie war ein bißchen anders ...«

Ich kehrte mit dem Vorortzug nach Prag zurück. Stein hatte seinen Versuch offenbar nicht zu Ende gedacht. Der Triumph der D-ová beruhte gerade darauf, daß sie einmalig war. Genialität ist ungewöhnlich. Einzigartig. Wenn alle genial wären, würde mit diesem Wort bald etwas anderes bezeichnet. Wenn wir alle die Eigenschaften unserer Kinder bestellen könnten, wäre die Welt bald voller konfektionierter Erscheinungen, wie in einer Fabrik genäht, wo die augenblickliche Mode das gemeinsame Maß bestimmt. Die Menschen würden sich vereinfachen wie Insekten. Wenn jede Frau schön wäre, würden wir uns bald nach den häßlichen umdrehen, wenn jeder Mann ein genialer Mathematiker wäre, würde sich bald niemand mehr um Mathematik kümmern.

Ich begriff, warum Stein seine Entdeckung für sich behalten hatte.

Ihor Rossochowatsky
Mein Untergebener

I

»Bitte«, sagte Juli Michailowitsch und legte ein paar Blätter mit Formeln und Zeichnungen auf meinen Tisch.

Ich unterdrückte einen Seufzer – es war kein Seufzer der Erleichterung – und erwiderte: »Sehr gut. Wir werden es nachprüfen und dann ans Werk weiterleiten.«

Er war bereits an der Tür, als ich ihn mit der Frage aufhielt: »Kommen Sie heute abend auch?«

»Wenn Sie nichts dagegen haben ...«, entgegnete Juli Michailowitsch und senkte den Blick. Dies tat er jedoch nicht rasch genug, und mir stockte für einen Augenblick der Atem, denn es gab kaum jemanden, der dem Blick seiner großen blauen Augen standhalten konnte.

»Aber nein«, versicherte ich eilig.

»Bis heute abend dann«, sagte Juli Michailowitsch. »Wenn ich mit der Berechnung des Startwinkels fertig werde, komme ich.«

Als sich die Tür hinter ihm schloß, seufzte ich erleichtert auf.

Ich zog die Blätter näher zu mir heran und warf einen Blick auf die Formeln und die Zeichnungen des Duralbogens im oberen Teil des Flugzeugrumpfes. Die Verbreiterung erfolgte in einem Winkel, der es ermöglichte, den Strom verdünnter Luft allmählich zu löschen. Diese Lösung, mit der sich neun unserer besten Konstrukteure zwei Jahre lang herumgeschlagen hatten, erwies sich als unwahrscheinlich einfach. Aus Erfahrung wußte ich, daß eine Nachprüfung überflüssig war. Einmal hatten wir zwei Monate auf die Überprüfung der von Juli Michailowitsch abgeleiteten Formeln für Brennstoff und Schmieröle verwendet, und im Verlauf von mehr als einem Quartal überprüfte meine ganze Abteilung –

über hundert Konstrukteure, Ingenieure und Techniker – eine Tragflächenkonstruktion, die er innerhalb von drei Tagen entwickelt hatte, und doch konnten wir nicht den geringsten Fehler entdecken. Die Berechnungen waren ebenso fehlerfrei und exakt wie die Zeichnungen.

Ich erinnere mich noch gut an den Tag, an dem wir die Auszeichnungen erhielten. Mein Name stand als erster auf der Liste, und ihm folgte der meines Stellvertreters, Grigori Gurjewitsch. Wir vermieden es, Juli Michailowitsch anzusehen, er aber kam, als wäre es das Natürlichste von der Welt, um uns zusammen mit den anderen Mitarbeitern zu gratulieren. So war ich gezwungen, seine heiße Hand zu drücken. Anstatt mich zu bedanken, sagte ich zu ihm: »Man wird Sie auch gleich rufen.«

Das waren Worte der Entschuldigung, mit denen ich mich loskaufen wollte. Wir empfanden beide die Peinlichkeit der Situation.

Zum Glück wurde er zur Auszeichnung auf die Bühne gerufen, und ich zog mich eilig zurück.

Mein Stellvertreter beging einen unverzeihlichen Fehler. Er lud Juli Michailowitsch ein, mit allen zusammen die Prämienverleihung im Restaurant zu feiern.

Die ersten Trinksprüche waren bereits ausgebracht, die ersten Gläser geleert. Die Frauen bekamen glänzende Augen und heiße Wangen, die Männer wurden redseliger und benahmen sich ungezwungener, der für Juli Michailowitsch bestimmte Sessel aber blieb leer. Meine Frau fragte mich einmal im Vorübergehen: »Wo ist denn dein neuer Mitarbeiter?«

»Er kommt später«, erwiderte ich in der Hoffnung, Juli Michailowitsch möge sich entschließen, überhaupt nicht zu kommen.

Er entschloß sich jedoch nicht dazu. Noch bevor ich mich umwandte, erkannte ich allein daran, wie sich die Augenbrauen der Frauen hoben und ihre Hälse plötzlich länger wurden, daß er den Saal betreten hatte.

Juli Michailowitsch setzte sich in den freien Sessel, und

augenblicklich streckten sich mehrere Hände nach seinem Teller aus: Seine Nachbarinnen zu beiden Seiten und selbst die ihm Gegenübersitzenden bemühten sich um ihn, obwohl es gar nicht so einfach war, über den Tisch zu langen. Sein Teller war bereits überfüllt, und in seinem Glas leuchtete bernsteinfarbener armenischer Kognak.

Man muß Juli Michailowitsch Gerechtigkeit widerfahren lassen: Er tat alles, um nicht aufzufallen. Wie es aber oft geschieht, goß er dadurch nur Öl ins Feuer ...

Um den bereits lästig werdenden Glückwünschen zu entgehen, beschloß ich, mit meiner Frau zu tanzen. Ihr Sessel am Tisch war jedoch leer.

»Hast du Lida gesehen?« fragte ich Grigori Gurjewitsch.

»Meine Frau ist auch verschwunden«, meinte Grigori lachend. »Wahrscheinlich ist deine da, wo auch meine ist. Komm! Wir brauchen nur nach ihm zu suchen.«

»Warum das?« fragte ich erstaunt.

»Du wirst schon sehen.« Er zog vielsagend die Augenbrauen hoch.

Wir vernahmen Juli Michailowitschs Stimme, ihn selbst aber bekamen wir nicht zu Gesicht – er war von einer dichten Frauenmenge umringt. Wie in jeder Menschenansammlung, so wirkte auch hier das Gesetz der Neugier: Wenn dem einen etwas interessant erscheint, will auch der andere erfahren, was los ist.

Von Zeit zu Zeit tauchte einer der Männer auf und führte seine Frau, seine Braut oder auch einfach eine Bekannte beinahe mit Gewalt fort. Augenblicklich schloß sich der Kreis wieder um Juli Michailowitsch, und aus den hinteren Reihen beeilte man sich, den frei gewordenen Platz einzunehmen.

Einige Frauen waren allerdings am Tisch geblieben und warfen nicht einmal einen Blick in jene Richtung. Die Frau des Cheftechnologen winkte mich heran und flüsterte: »Na, was sagen Sie zu diesen Verrückten?«

Ihr Gesicht drückte allzu beredt aus: Schließlich gibt es noch andere!

Als ich weitergehen wollte, hielt sie mich am Ärmel fest.

»Stimmt es, daß er nicht verheiratet ist?«

»Stimmt genau«, erwiderte ich mit möglichst undurchdringlicher Miene.

Als Juli Michailowitsch uns erblickte, freute er sich sichtlich über die Gelegenheit, seinen Anhängerinnen zu entkommen. Er zwängte sich durch die Reihen hindurch, faßte uns beide unter und zog uns plaudernd – ich glaube, er sprach über mittelalterliche Künstler – zum Ausgang. Hinter einer Säule verabschiedete er sich rasch, murmelte eine Entschuldigung der Art, daß es ihm sehr leid tue, schon gehen zu müssen, aber er habe leider keine Zeit, und verschwand.

»Wo ist Juli Michailowitsch?« fragten unsere plötzlich auftauchenden Frauen wie aus einem Munde.

Wir wechselten einen Blick, und die beiden gingen, einer ewigen weiblichen Taktik folgend, anstatt sich zu verteidigen, zum Angriff über. »Wir haben euch gesucht und gesucht, ihr aber kümmert euch überhaupt nicht um uns! Ihr könnt nichts anderes als über eure Arbeit und über Politik reden …«

Natürlich vergaßen wir unsere Vorwürfe sofort und gingen zu neutralen Themen über. Das stimmte unsere Frauen nachsichtiger.

Auf dem Nachhauseweg bemerkte Lida wie nebenbei: »Ich hätte nicht gedacht, daß so ein Mensch unter deinen Untergebenen ist …«

Sie brauchte mir nicht zu erklären, wen sie meinte. Schärfer als gewollt, berichtigte ich: »Das ist kein Mensch, sondern ein Syhom. Ein wesentlicher Unterschied!«

Das konnte sie natürlich nicht unwidersprochen hinnehmen. Mehr noch, freudig nutzte Lida die Gelegenheit, mich auf die Widersprüchlichkeit meiner Äußerungen aufmerksam zu machen. Ihrer Ansicht nach sagte ich immer nur das, was mir im Augenblick gerade vorteilhaft erschien.

»Ein Syhom ist ein synthetisierter Mensch und damit folglich ein *Mensch*. Du hast selbst gesagt, daß in ihm alles Menschliche erhalten und sogar noch verstärkt ist, daß die

Hauptsache an vernunftbegabten Wesen nicht der Stoff ist, aus dem sie bestehen, sondern ihre Denkweise … Warum grinst du so höhnisch? Lachst du über dich selbst? Ich kann genau wiederholen, was du damals gesagt hast.« Lida gab ihrem Gesicht einen tiefsinnigen Ausdruck und ahmte meine Stimme nach: »Wir sollten immer daran denken, daß wir in Wesen von anderen Planeten, selbst wenn sie beispielsweise aus Siliziumverbindungen bestehen und in ihrem Körperbau Steinen ähnlicher sein sollten als Menschen, unsere geistigen Brüder sehen müssen …«

Lida blickte mich triumphierend an.

»Na? Sind das nicht haargenau deine Worte? Warte mal, wie war das doch? Syhome werden in Labors der Erde aus Eiweißverbindungen und Plasten geschaffen. Auch ihr Körperbau gleicht dem unseren …«

Ich beschloß, ihr lieber nichts zu antworten, und dachte: Sie hat ja recht. Und auch ich hatte damals recht. Wenn der Syhom unempfindlich gegen unsere Krankheiten ist, wenn er untauglich gewordene Organe durch neue ersetzen kann und tausendmal so schnell denkt wie wir, so ist das noch lange kein Beweis dafür, daß er schlechter wäre als wir. Wir Menschen haben die Syhome geschaffen, um mit ihrer Hilfe unsere Ziele verwirklichen zu können – andere Planeten zu erobern, ferne Welten zu erforschen – und die Schranken zu überwinden, die dem Menschen aufgrund seines unvollkommenen, nicht vom Menschen, sondern von der Natur geschaffenen Organismus gesetzt sind. Wir haben die Syhome so geschaffen, wie wir selbst sein möchten und wie wir unsere Kinder gern sehen würden. Und ebendeshalb fällt es mir jetzt schwer, mit einem Syhom zusammen zu arbeiten und zu leben – weil er fähiger und vollkommener ist als ich. Und wenn ein Mensch an seiner Stelle wäre? Ein Mensch mit seinen Fähigkeiten? Änderte das mein Verhältnis zu ihm?

Ich fürchte, daß an jenem Abend nicht nur meine Frau und ich ein solches Gespräch führten …

Natürlich hätte ich die Leitung anrufen und mich von Juli Michailowitsch befreien können.

Dann aber wäre meine Abteilung mit dem Regierungsauftrag nicht fertig geworden.

Du hast deinen Humor verloren, alter Junge, sagte ich mir. Vielleicht ist das an jenem Tag passiert, an dem man dich zum Abteilungsleiter gemacht hat? Laß uns einmal nachdenken und uns wie alte Freunde unterhalten. Was paßt dir eigentlich nicht? Die Abteilung ist auf Probleme gestoßen, die sie nicht lösen konnte. Ihr wart völlig mit den Nerven herunter, habt bis tief in die Nacht hinein in verqualmten Räumen gehockt und die widerspenstigen Zahlen gehaßt, ihr seid auf den Widerstand des Materials gestoßen und gegen Naturgesetze angerannt. Zu Hause schlugen sich eure unbeaufsichtigten Kinder die Nasen an den Treppenstufen wund, die »armen Halbwaisen«, wie eure mit Scheidung drohenden Frauen sie nannten. Ihr habt davon geträumt, wieder einmal ins Kino zu gehen oder ein Buch zu lesen. Dir war klar, daß es nicht an eurer Unbegabtheit lag, sondern an den Supergeschwindigkeiten, den Supertemperaturen und dem Superdruck, für die die Natur weder den Menschen noch die irdischen Materialien geschaffen hat. Aber du und die anderen, ihr habt nicht aufgegeben. Ihr habt nach einem Weg gesucht, und ihr habt ihn gefunden. Wir Menschen haben ein Wesen geschaffen, das imstande ist, diese Schranken zu überwinden. Dieses Wesen verkörpert unseren Verstand, unsere Energie und unsere Ziele. So muß man es sehen.

Ich bemühte mich ehrlich darum, meiner Feindseligkeit Herr zu werden. Als Juli Michailowitsch mir das Projekt einer wandlungsfähigen Tragfläche brachte, suchte ich mir mit aller Kraft einzureden: Das ist genial! Jetzt wird der Stratoplan die Schranke überwinden. Wir werden sie überwinden! Indem ich mir immer wieder einredete: Jetzt werden wir die Schranke überwinden!, entlockte ich meinem Gesicht sogar ein Lächeln.

»Sie helfen mir immer wieder aus der Klemme.« Unwillkürlich entfuhr mir der Zusatz: »... wie Mephisto dem Faust.«

Er fragte: »Wer ist Mephisto?«

»Haben Sie Goethe nicht gelesen?« fragte ich erstaunt zurück, als mir plötzlich einfiel, daß er kein Mensch, sondern ein Syhom war. Ich bemühte mich, es ihm zu erklären: »Goethe war ein großer Dichter. Das hat übrigens nichts mit Technik zu tun, so daß Sie es nicht unbedingt zu wissen brauchen.«

»Die anderen Menschen aber müssen es unbedingt wissen? Warum? Erklären Sie mir das bitte!«

»Kulturvolle Menschen, ja«, präzisierte ich. »Jeder große Schriftsteller erklärt die Welt und die Menschen auf seine Weise ...«

»Die Menschen?« In seinen Augen blitzte Neugier auf. Sie glichen jetzt den Augen eines Kindes. Er konnte sich nicht der Frage enthalten: »Sie sagten: jeder große Schriftsteller. Also gibt es mehrere. Ich aber kenne nur einige Gedichte. Zum Beispiel dieses: ›Ich trat aus dem Wald, es war grimmiger Frost ...‹«

»Das ist Nekrassow«, sagte ich, ein Lächeln unterdrükkend. »Außerdem gab es noch Puschkin und Lermontow, Wells und Majakowski, Jules Verne, Balzac, Swift, Čapek ...«

»Einen Augenblick«, bat er. »Wiederholen Sie bitte noch einmal. Ich will mir die Namen merken.«

»Es sind zu viele«, bemerkte ich und wandte mich ab, um ihm meinen Gesichtsausdruck zu verbergen.

»Nennen Sie mir wenigstens die bedeutendsten«, beharrte Juli Michailowitsch.

Mir blieb nichts anderes übrig, als nachzugeben. Eine gute Stunde lang zählte ich ihm die Namen von Schriftstellern auf.

Am nächsten Tag trat ich eine Dienstreise an und kehrte erst nach einer Woche zurück. Wie sich herausstellte, war Juli Michailowitsch in dieser Woche nicht im Konstruktionsbüro erschienen – er hatte sich von Grigori Gurjewitsch beurlauben lassen.

Am Montag kam er wieder und sagte mit einem zufriedenen Lächeln: »Ich bin müde wie Sisyphus, habe aber soviel geschafft wie Herakles. Oder ... wie Robinson auf seiner öden Insel. Ich selbst glich ja einer öden Insel, auf der nichts gedieh.«

Zwei Tage lang warf er mit Zitaten um sich und stellte sogar Vergleiche an. Dann versuchte er, eine Diskussion über die Helden Jules Vernes und Dostojewskis in Gang zu bringen. Besonders hatte es ihm Hemingways »Alter Mann« und Saint-Exupérys »Kleiner Prinz« angetan. Stundenlang konnte er daraus zitieren. Übrigens führte Juli Michailowitsch auch Zitate von Shakespeare und Feuchtwanger, Jefremow, Beljajew und vielen anderen im Munde.

Ich gab meinem Erstaunen Ausdruck: »Sie sagten doch, daß Sie nur einige Gedichte kennen.«

»Das war vor einer Woche«, meinte er. »Inzwischen war ich in der öffentlichen Bibliothek und habe alle Bücher gelesen, die es dort gibt.«

»Alle?« fragte ich. »All die hunderttausend Bände?«

»Selbstverständlich«, erwiderte er, als sei es das Natürlichste von der Welt. »Und Sie hatten recht, das war wirklich nötig. Jetzt verstehe ich die Menschen besser.«

Ich stellte mir für einen Augenblick die Möglichkeiten eines Syhoms vor, und aus irgendeinem Grunde wurde mir unheimlich zumute. Seit dieser Zeit versuchte ich nie wieder, mich über ihn lustig zu machen.

Grigori Gurjewitsch erzählte mir eines Tages, daß ihm plötzlich zuviel freie Zeit zur Verfügung stehe und er sogar angefangen habe, Streichholzetiketten zu sammeln.

Ich begriff, daß wir alle davon träumten, jene verhaßten Tage zurückzuholen, in denen wir über Problemen gebrütet und bis spät in die Nacht hinein im Konstruktionsbüro gesessen hatten. Ich war drauf und dran, mich deshalb an die Leitung zu wenden, als man uns eine neue, dringende und noch kompliziertere Aufgabe stellte als die vorhergehende.

Wir beauftragten Juli Michailowitsch, die Zeichnung eines zusätzlichen Triebwerkes anzufertigen, und machten uns selbst an die Konstruktion des Steuersystems.

Unter den Bedingungen, in denen der neue Stratoplan eingesetzt werden sollte, war das die Hauptsache.

So hat sich das Problem unserer Beziehungen zu Juli Michailowitsch von selbst gelöst, dachte ich. Niemand hindert uns daran, wieder bis zur Erschöpfung zu arbeiten.

2

Es fehlten nur noch wenige Tage bis zum Quartalsende, als wir erkannten, daß wir mit dieser Aufgabe nicht fertig werden würden. Bei der fälligen Prämienzahlung überging man uns, und ich wurde vor die Leitung zitiert. In dem Maße, wie sich die Gewitterwolken über unserer Abteilung zusammenballten, wandelte sich unser Verhältnis zu dem Syhom.

Unser Sportler Kolja Bukaitschik, der früher so gut wie kein Wort mit Juli Michailowitsch gewechselt hatte, lud ihn zum Tennis ein. Grigori Gurjewitsch nannte den Syhom in einem Gespräch »unseren Retter«. Mir aber kam während einer der Standpauken, die ich mir vom Direktor anhören mußte, der Gedanke: Als man uns diese Aufgabe übertrug, rechnete man mit unserem Syhom. Ich allein bin an allem schuld, denn man hat ihn uns ja auf meine eigene Bitte geschickt und uns gleich angekündigt, daß er nicht lange bei uns würde bleiben können. Ich brauchte nur die Leitung anzurufen, und man würde ihn mit Freuden zu der für Syhome üblichen Arbeit einsetzen – zur Erkundung und Erschließung anderer Planeten. Vorläufig aber war er mein Untergebener, nur mein Untergebener. Nichts weiter.

Es ist nicht schwer zu erraten, welche Aufgabe ich Juli Michailowitsch übertrug.

An jenem Tag machte ich mich ungewöhnlich früh auf den Heimweg und überlegte, womit ich die Zeit totschlagen könnte. Da erblickte ich vor mir eine bekannte Gestalt. Juli Michailowitsch hatte es sehr eilig. Er hätte die Gravitatoren einschalten und fliegen können, aus irgendeinem Grunde aber tat er das nicht. Ich bemühte mich, ihn nicht aus den Augen zu verlieren, und überlegte mir zum erstenmal während unserer Bekanntschaft: Wie mag er sich unter uns fühlen? Völlig vorstellen konnte sich das wohl nur ein Kosmonaut, der schon einmal aus einem Raumschiff in den Kosmos hinausgetreten war, aber selbst mir bereitete der Gedanke Unbehagen. Natürlich verbot niemand Juli Michailowitsch, sich mit den anderen Syhomen zu treffen – zwei oder drei von ihnen waren auf der Erde geblieben, während die übrigen für die Menschen Venus und Mars erforschten. Den größten Teil des Tages aber mußte er mit uns verbringen.

Juli Michailowitsch bog in einen Boulevard ein und blieb vor einer Schule stehen. Ich ging näher heran und ließ mich neben einem alten Mütterchen auf einer Bank nieder.

Zwei Jungen liefen auf Juli Michailowitsch zu. Einer von ihnen schwenkte einen Gegenstand in der Hand. Die Jungen redeten gleichzeitig auf ihn ein. »Wir haben das Modell so gemacht, wie Sie gesagt haben, und es ist prima geworden!«

»Gehen wir heute angeln?«

»Vitka ist sauer, er war bisher unser bester Konstrukteur.«

»Ich sah, wie Juli Michailowitschs Augen aufleuchteten, erhob mich und entfernte mich unauffällig.

Kinder, dachte ich. Ein Material, das man beliebig kneten kann. Ein dankbarer Boden für neue Vorhaben und Ideen ... Das einzige, was wenigstens in gewissem Maße den Tod, das Freimachen des Platzes für den Nächsten, rechtfertigt. Er hat gefunden, was er braucht – unvoreingenommene Freunde.

Zwei Tage später brachte Juli Michailowitsch mir die Berechnungen und Zeichnungen.

»Sie können es nachprüfen lassen«, sagte er, »und alles dem experimentellen Labor übergeben.«

»Für eine Nachprüfung bleibt keine Zeit mehr«, bemerkte ich.

Zum erstenmal widersprach er mir mit finster zusammengezogenen Brauen: »Wenn aber ein Fehler drinsteckt, kostet die Schaffung mehrerer Modelle noch mehr Zeit.«

Natürlich mußte ich ihm recht geben, obwohl ich davon überzeugt war, daß wir keinen Fehler finden würden.

Wir prüften seine Berechnungen mehr der Form halber nach. Und als Semjon Alexandrowitsch ausrief: »Tatsächlich, hier ist ein Fehler, und zwar ein schwerwiegender!«, standen wir dem mehr als skeptisch gegenüber. Dann aber überprüfte Semjon Alexandrowitsch gemeinsam mit Grigori Gurjewitsch noch einmal alle Berechnungen, und ihre Gesichter wurden einander sehr ähnlich. Sie zerschmolzen geradezu in einem glückseligen Lächeln.

»Hier ist ein Fehler drin!« sagte Grigori Gurjewitsch triumphierend und faßte Semjon Alexandrowitsch um die Schultern.

»Worüber freut ihr euch eigentlich?« fragte ich, noch immer nicht recht an den Fehler glaubend.

Grigori Gurjewitsch schien meine Frage nicht gehört zu haben.

»Unser Syhomchen hat eine elementare Sache übersehen. Um sie zu berücksichtigen, muß man eben ein richtiger Mensch sein und kein Syhom.«

Ich schaute mir das Blatt an und entdeckte den Fehler auf den ersten Blick. Juli Michailowitsch hatte Flugphasen und Belastungen vorgesehen, denen der menschliche Organismus nicht gewachsen war. Dafür hatte er die Startgeschwindigkeit verringert. Ich schaute von den Zeichnungen auf und erblickte in der Scheibe des an der gegenüberliegenden Wand stehenden Schrankes mein Spiegelbild. Meine Visage zerschmolz zu einem genauso glücklichen Lächeln wie die Gesichter meiner Kollegen. Ich unterdrückte dieses Lächeln hastig, indem ich mich daran erinnerte, daß wir jetzt mit der Erledigung des Auftrages in Verzug kommen konnten.

Doch selbst das hatte wenig Wirkung.

»Juli Michailowitsch zu mir!« sagte ich zu meiner Sekretärin.

In sich zusammengesunken, mit rundem Rücken, so als wollte er sich kleiner machen, trat er bei mir ein. Sogar sein Gang war in letzter Zeit irgendwie zaghaft geworden.

Er machte den Eindruck, als fürchte er ständig, jemanden versehentlich anzustoßen.

Ich forderte ihn auf, Platz zu nehmen, und schaute ihm zum erstenmal furchtlos direkt in die Augen. Heute kam es mir nicht so vor, als durchschaute er mich ganz und gar, und es kostete mich keinerlei Mühe, freundschaftliche Gefühle für ihn zu empfinden. Vielleicht lag es daran, daß ich nun nicht mehr die Kluft spürte, die uns trennte: Sie war genau um die Größe seines Fehlers kleiner geworden.

»An der letzten Aufgabe müssen Sie noch ein wenig arbeiten«, sagte ich, mein Triumphgefühl unterdrückend.

»Wieso?« Er hielt den Kopf gesenkt, und ich sah deutlich seine mächtige, sich niemals in Falten ziehende Stirn.

»Sehen Sie ... Sie brauchen den Kopf nicht hängenzulassen. Aber Ihnen ist ein schwerwiegender Fehler unterlaufen. Ich werde Ihnen gleich alles erklären. Wir können dann gemeinsam überlegen, wie er am besten zu beseitigen ist.«

Seelenruhig breitete ich die Zeichnungen auf dem Tisch aus. Ich konnte mir nicht das Vergnügen versagen, ihm einen kleinen Vortrag über den Bau des menschlichen Organismus zu halten und einige einfache Wahrheiten zu verkünden, die wir Menschen längst begriffen hatten.

»Nicht der Mensch soll sich der Technik anpassen«, sagte ich, »sondern die Technik soll dem Menschen dienen. Das ist das Wichtigste, woran jeder Konstrukteur denken muß ...«

Denkbar nickend wiederholte er meine Worte. Beim Abschied drückte ich ihm, ohne mich sonderlich überwinden zu müssen, fest die Hand und wünschte ihm Erfolg.

Die Kunde von Juli Michailowitschs Fehler verbreitete sich mit Windeseile in der ganzen Abteilung. Die Einstellung zu ihm wandelte sich kraß. Fremdheit und Argwohn schwanden, und der eine oder andere rief ihn von nun an einfach beim Vornamen – Juli. Er schenkte seinen neuen Freunden ein offenes Lächeln und breitete verlegen die Arme aus, wenn die Rede auf den Stratoplan kam, so als wollte er sich im voraus für die Fehler entschuldigen, die ihm in Zukunft noch unterlaufen würden.

Am weitesten von allen ging Grigori Gurjewitsch in seinen Sympathiebezeigungen.

Er lud den Syhom zu seinem Geburtstag ein.

An jenem Abend war Juli Michailowitsch bezaubernd. Er tanzte der Reihe nach mit sämtlichen anwesenden Damen, darunter auch den Großmüttern und dem Schulmädchen Tassja. Er erzählte Witze und trank zwei Flaschen Schlehengeist, wovon er sogar einen kleinen Schwips bekam. Gegen mich verlor er zwei Schachpartien und gewann nur eine einzige. Mit einem Wort, er war ein ganz normaler Mensch – nicht mehr und nicht weniger.

Auf dem Heimweg unterhielten Lida und ich uns über Juli Michailowitsch und gelangten zu der einmütigen Feststellung, daß er ein ganz sympathischer Kerl sei.

Am nächsten Tag kam Juli Michailowitsch in mein Arbeitszimmer, um sich mit mir über die bestmögliche Anbringung der aufblasbaren Sitzkissen zu beraten. Ich nahm mir natürlich Zeit für Erklärungen. Wir entwarfen gemeinsam eine kleine Zeichnung, und erst als er gegangen war, fiel mir ein, daß ich vergessen hatte, ihm zu zeigen, wo die Hebel unterzubringen waren, und ich begab mich zu seinem Arbeitsplatz.

Als Juli Michailowitsch mich neben sich stehen sah, wurde er verlegen und suchte ein Blatt Papier zu verstecken. Dabei war er jedoch so nervös, daß das Blatt zu Boden fiel.

Juli Michailowitsch murmelte: »Ich hatte die Sitze schon entworfen, bevor ich zu Ihnen kam. Unsere Gedanken stimmten völlig überein.«

Ich hatte jedoch nicht umsonst einst als der beste Konstrukteur unseres Büros gegolten und konnte einen Entwurf auf den ersten Blick von einer fertigen Zeichnung unterscheiden.

»Kommen Sie mit, ich habe mit Ihnen zu reden«, sagte ich, und er folgte mir zerknirscht.

Ich ließ ihn vorangehen und schloß hinter uns fest die Tür meines Arbeitszimmers. Dann warf ich einen Blick auf seine großen Hände, die hilflos auf den Sessellehnen lagen.

»Sie haben einen Fehler begangen.«

»Ja, ja, das haben Sie mir schon erklärt«, stimmte er zu.

»Nein, nicht in den Zeichnungen. Sie haben die Menschen unterschätzt.«

Er wollte widersprechen, aber ich fiel ihm ins Wort. »Früher oder später wären wir sowieso dahintergekommen, daß der Fehler in den Zeichnungen nur vorgetäuscht war.«

Seine Augen bekamen einen so traurigen Ausdruck, daß ich unwillkürlich sagte: »Ich verstehe, daß Sie sich unter uns einsam fühlen und daß nicht Sie an dieser Einsamkeit schuld sind ...«

Dann fiel mir ein, daß man als Leiter nicht nur mit den Menschen fühlen, sondern daß man ihnen Ratschläge und Empfehlungen erteilen und sie anleiten muß.

Deshalb sagte ich: »Die Lüge ist kein Ausweg. Sie haben die Disziplin vergessen, die wahre, innere Disziplin.«

Ich wußte, daß es alles nicht das Richtige war, was ich sagte, konnte aber die nötigen Worte nicht finden. Vor dem Schweigen aber hatte ich Angst, weil ich dann an all das hätte denken müssen, wovon ich nicht sprechen konnte: von den Ursachen der Feindseligkeit, von meinen Kollegen und mir, von den unverdienten Prämien und der sogenannten Autorität des Leiters, von dem, was ich damals vor der Schule gesehen hatte.

»Sie haben recht«, sagte er. »In der Hauptsache haben Sie recht, und das ist schmerzlich. Aber sagen Sie mir, wo ich nach einem Ausweg suchen soll. Was soll ich tun, um so zu werden wie die anderen? Um die Feindseligkeit zu überwinden?«

Wir hatten an dasselbe gedacht, und er ließ den Kopf noch tiefer sinken.

»Ich kann kein Homo sapiens werden, obwohl ich im wesentlichen ein Mensch bin. Ich besitze alle menschlichen Qualitäten. Mein Gedächtnis sind die Bücher, die Archive und das Gedächtnis der Menschen, meine Erfahrungen sind die Erfahrungen der Menschen, und deshalb sind auch all meine neuen Gedanken die Gedanken eines Menschen. Alles an mir ist menschlich – außer dem Organismus. Auch Affen und Hunde haben fast denselben Organismus wie ihr Menschen ... Und trotzdem erkennt ihr sie nicht als euresgleichen an ...«

Er seufzte, schüttelte als Antwort auf seine eigenen Gedanken den Kopf und fuhr fort: »Und selbst wenn ich ein Homo sapiens werden könnte, müßten wir von neuem einen Syhom erschaffen, und alles begänne von vorn: die Feindseligkeit und das Problem unserer Beziehungen. Wieder würden Sie einen solchen Untergebenen nicht haben wollen. Wenn er aber verschwände, würden Sie ihn vermissen, weil die Menschen ihre Ziele weiterverfolgen müssen, selbst wenn es dazu nötig wäre, daß sie sich änderten. Eigentlich haben die Menschen längst begonnen, sich zu ändern, und der heutige Mensch unterscheidet sich vom Pithekathropus mehr als von einem Syhom. In dieser ewigen Wandlung und Vervollkommnung liegt die Größe des Menschen! Wenn ihr in mir doch ein euch ebenbürtiges Wesen, einen Kameraden sehen könntet ...« Juli Michailowitsch lächelte traurig. »Wenn man den Begriff Homo sapiens abkürzt und umdreht, ergibt sich übrigens fast der Name Syhom. Nur ein einziger Buchstabe ist anders ...«

Ich empfand aufrichtiges Mitleid mit ihm, aber die Kluft zwischen uns verringerte sich nicht.

Auch er war sich dessen bewußt.

»Ich werde weitersuchen ...«

Gibt es eine Brücke über die Kluft? Lohnt es sich, nach ihr zu suchen?

Er griff nach der Türklinke und sagte: »Sie und ich, wir kennen die Schwächen des Menschen und seine Stärke. Nur eine winzige Kleinigkeit müssen wir noch begreifen: Was ist eigentlich ein Mensch?«

3

Zu guter Letzt unternahm Juli Michailowitsch den Schritt, zu dem ich mich nicht durchringen konnte. Die Leitung hatte mich darüber informiert, daß der Syhom, falls er sich bei uns nicht einarbeiten sollte, das Recht hatte, um Versetzung einzukommen. In diesem Fall durfte ich ihn nur bis zum Abschluß der gemeinsam mit ihm begonnenen Arbeitsetappe zurückhalten.

Nun legte Juli Michailowitsch mir ein Blatt Papier mit seinem Versetzungsgesuch auf den Tisch, und mir blieb wohl nichts anders übrig, als darauf zu vermerken: »Mit der Versetzung einverstanden ...«

Der Syhom wird uns verlassen, und die Arbeit in der Abteilung wird so verlaufen wie früher ... Seine Anwesenheit wird mich nicht mehr bedrücken ...

Meine Stimme aber bebte, als ich den Syhom fragte: »Gibt es wirklich keinen anderen Ausweg?«

»Nein«, erwiderte Juli Michailowitsch.

»Vielleicht sollten Sie damit noch ein wenig warten ...«

»Es würde nur noch schlimmer werden. Sie dürfen nicht verlernen, mit Rechenmaschinen umzugehen.«

Mehr sagte er zum Glück nicht.

»Wann wollen Sie gehen?«

»Am liebsten morgen, wenn Sie nichts dagegen haben. Ich werde eine Station auf dem Mars einrichten.« Er sah und verstand meine Geste. »Schließlich wurde ich Ihnen nur vorübergehend zugeteilt. Meine Hauptaufgabe ist, wie auch die aller übrigen Syhome, die Erkundung anderer Planeten. Ihr Menschen werdet nachkommen, sie in Besitz nehmen und besiedeln, und wir werden weiterfliegen. Aber nicht das ist die Hauptsache. Wir werden uns verändern und nach der äußeren Form suchen, die für vernuftbegabte Wesen die angemessenste ist. Vielleicht wird das die Form eines Kugelblitzes oder einer Superplasmawolke sein. Um sich in sie zu verwandeln, muß man nicht unbedingt das Stadium des Syhoms durchlaufen. Vielleicht ist der Mensch imstande, seinen Organismus so weit zu verändern, daß er diese Form sofort, ohne Übergang, annehmen kann. Wenn uns das gelingt, können wir sagen, daß wir einen Teil unserer Schuld an euch zurückgezahlt haben ...«

»Ja, ja, Sie haben recht«, sagte ich ein wenig zerstreut, sprang auf und lief in meinem Arbeitszimmer auf und ab. Der Gedanke an den Regierungsauftrag ließ mir keine Ruhe.

Ich dachte entsetzt: Er hat sich also endgültig entschieden. Wir werden die »Lerche« ohne ihn fertigstellen müssen. Alle Termine werden platzen ... Ich warf einen Seitenblick auf Juli Michailowitsch und sah seine Lippen ungeduldig beben.

»Gut«, meinte ich hastig. »Wir werden darüber nachdenken ... Zunächst aber ist die ›Lerche‹ fertigzustellen. Vorläufig müssen Sie also noch bei uns bleiben ...«

Janusz A. Zajdel
Die Probe

Obwohl ich den Inhalt des Schreibens seit langem auswendig kannte, riß ich eilig den Briefumschlag auf. Schon seit über einer Woche wartete ich ungeduldig auf diesen Brief. Erregt trommelte ich mit den Fingern auf die Schreibtischplatte und las die drei kurzen Sätze zum drittenmal. Sie waren für mich die Erfüllung oder, besser gesagt, der Schlüssel zur Verwirklichung meiner heißesten Sehnsüchte.

»Ihre Bewerbung wurde angenommen. Wir bitten Sie, sich am 17. Juni um 12.30 Uhr zu einer Qualifikationsuntersuchung im Pavillon IV des Instituts für Kosmische Medizin einzufinden.

Die Untersuchungen werden ungefähr drei bis vier Tage dauern.«

Es war soweit ...

Unser Jahrhundert – die Ära der Bezwinger des außerirdischen Raums – hat viele junge Enthusiasten wie mich hervorgebracht ... Ich wußte, daß die Konkurrenz groß ist und die Auswahlprinzipien streng sind, aber was bedeuten schon Schwierigkeiten und Hindernisse für einen zwanzigjährigen Wirrkopf mit einem festen Glauben an seine Kraft und an seine Möglichkeiten. Nicht einmal die Tatsache, daß von allen meinen Bekannten, die es vor mir versucht hatten, nur Askel die Untersuchungen erfolgreich hinter sich gebracht hatte, konnte mich abschrecken. Daß Askel es geschafft hatte, ging jedenfalls aus dem Brief hervor, den er seinen Bruder geschrieben hatte. Askel war nie wieder bei uns aufgetaucht, er war im Schulungszentrum für Raumpiloten geblieben.

Alle anderen hatten sich nach Erhalt eines solchen Schreibens, wie ich es gerade in den Händen hielt, am festgelegten

Ort und zur festgelegten Zeit im Untersuchungszentrum eingefunden, waren aber nach drei, manchmal vier Tagen verbittert und enttäuscht zurückgekommen und hatten alle die gleiche, sehr unklare Geschichte erzählt: »Sie legen dich auf einen Tisch, geben dir eine Elektronarkose, und du schläfst ein. Dann wachst du wieder auf und hast das Gefühl, du hättest nur wenige Minuten genickt. Sie aber sagen dir, die Probe sei beendet, es täte ihnen sehr leid, aber ... und so weiter. Der Delinquent schaut auf das Elektrochronometer und stellt fest, daß drei ganze Tage vergangen sind.«

Wenn ich doch wenigstens eine Ahnung hätte, welche Kriterien bei dieser Probe entscheidend sind! Weiß der Teufel, was sie mit einem machen in den drei Tagen. Vielleicht wühlen sie in den toten Winkeln des Gehirns herum, holen irgendwelche Informationen aus einem heraus, suchen irgendwelche bestimmten psychischen Eigenschaften? Vielleicht untersuchen sie das Erinnerungsvermögen, den Intelligenzquotienten des Kandidaten. Ich habe von neuen Versuchen gehört, ein universales Cephaloskop zu bauen, aber das waren nur die ersten Schritte in dieser Richtung ...

Jetzt, da ich die Aufforderung vor mir hatte, beschlichen mich Zweifel und Ängste. Das allerschlimmste und entnervendste bei der ganzen Sache ist, dachte ich, daß ich in keiner Weise Einfluß auf die Entscheidung in meiner Angelegenheit nehmen kann. Das alles findet auf so geheimnisvolle Weise statt, daß man keine Möglichkeit hat, aktiv seine Qualifikationen zu beweisen. Daher ist es am besten, man läßt den Dingen ihren Lauf.

Ich versuchte mich zu trösten, indem ich mir einredete, daß es ja schließlich noch so viele interessante Betätigungsfelder hier in unserem Sonnensystem gäbe. Wozu sollte ich mich zu den Sternen drängen, wenn vielleicht andere sich viel besser für solche Flüge eigneten. Dann unterdrückte ich solche Gedanken jedoch, denn ich war fest davon überzeugt, daß sie nur meiner Feigheit und dem fehlenden Selbstvertrauen entsprangen ...

Die Gebäude von Kosmed standen am äußersten Rand der Stadt. An der vorletzten Haltestelle des Elektrobusses, direkt vor dem Tor des Instituts, stieg ich aus. Langsam und mit klopfendem Herzen ging ich die Parkallee entlang, die von alten Kastanienbäumen gesäumt wurde. Die Sonnenstrahlen drangen durch das dichte Blätterdach über mir und malten helle, runde Flecke auf den Schotter der Allee. Alle paar Schritte blieb ich stehen, um tief durchzuatmen und dadurch meine immer schneller fliegenden Pulse zu beruhigen. Vor mir, hinter hohen Hecken, leuchteten die Pavillons des Instituts. Rechts hinter ihnen lagen die Startbahn und die Abschußrampen für Stratosphärenraketen.

Am Ende der Allee erstreckte sich eine große, runde Rasenfläche, an deren Rand mehrere Fahrzeuge parkten: drei oder vier große Gyrobusse, zwei Miniopter und ein gewaltiger Heliocar – ein Fahrzeug, wie es in den Wüsten Afrikas eingesetzt wird. Der vierte Pavillon stand mit der Rückfront zur Startbahn, dahinter mußten die Flughallen sein. Das Gebäude war mehr als ein Dutzend Stockwerke hoch und wurde dennoch weit überragt vom Turm der Raketenabschußrampe.

Ich holte noch einmal tief Luft und setzte die Drehtür des Eingangs in Bewegung. Die Halle war leer, nur der automatische Portier fragte mich höflich nach meinen Wünschen. Ich zeigte ihm meine Vorladung und wurde von ihm informiert, daß ich mich im sechzehnten Stock, Zimmer 212 zu melden hätte. Lautlos schloß sich die Fahrstuhltür hinter mir, und wenig später stand ich schon in einem Gang, den seine floureszierenden Wände in ein angenehmes, orangefarbenes Licht tauchten.

Ich blickte auf die Uhr, sie zeigte 12.27 Uhr. Da ich gern superpünktlich bin, wartete ich noch einen Moment, ehe ich das Zimmer 212 zu suchen begann. Während ich den Korridor durchquerte, schaute ich mechanisch noch einmal zur Uhr, und plötzlich kam mir in den Sinn, daß, wenn ich nach der »Probe« erwachen würde, meine Uhr stehengeblieben sein würde. Sie unterscheidet sich nämlich von den heutzutage gebräuchlichen Elektrochronometern dadurch, daß sie nicht von einer Mikrobatterie gespeist, sondern von einer sogenannten Feder in Bewegung gehalten wird. Um sie am Gehen zu halten, muß man täglich einen Eingriff vornehmen, der seinerzeit »aufziehen« genannt wurde und der auf dem Spannen der bereits erwähnten Feder beruht. Solche Uhren – sie haben in unserer Zeit Seltenheitswert – wurden noch gegen Ende des vergangenen Jahrhunderts benutzt. Meine Uhr ist eine kostbare Antiquität, sie ist schon fast einhundertfünfzig Jahre alt und ein Andenken an meinen Urgroßvater. Ich hänge sehr an ihr und würde sie um nichts in der Welt gegen eine moderne eintauschen. Regelmäßig jeden Abend ziehe ich sie auf, und sie zeigt immer die genaue Zeit an, nicht schlechter als die neuen elektrischen Zeitmesser. Meine Verzweiflung war groß, als sich eines Tages herausstellte, daß die Feder gesprungen war. Zum Glück hat ein Bekannter von mir, einer von der Sorte Mechaniker, die alles können und sich in allem auskennen, sich geopfert und sie wieder repariert. Seit dieser Zeit dient sie mir treu bis zum heutigen Tag. Aber nun, da ich für einige Tage eingeschläfert werde, wird sie stehenbleiben.

Vor der entsprechenden Tür hielt ich inne. Sie war nur angelehnt, ich ging also hinein und blieb unentschlossen in der Mitte des Raumes stehen. Er sah halb wie ein Laboratorium und halb wie ein wissenschaftliches Arbeitszimmer aus. Auf mehreren Tischen waren verschiedene, mir bis dahin völlig unbekannte Apparate aufgebaut. In der Mitte stand jener berühmte »Tisch«. Er sah genauso aus wie jeder andere ganz normale Operationstisch. An der einen Wand, mit dem Rücken zum Eingang, saß ein Mann mit graumeliertem Haar über einen Schreibtisch gebeugt. Er drehte sich mit seinem ganzen Stuhl herum. Stark vergrößernde Kontaktlinsen gaben seinem Gesicht einen unwahrscheinlich herzlichen Ausdruck. Als er das Wort an mich richtete, bestätigte mir seine weiche und sanfte Stimme, daß ich es mit jemandem zu tun hatte, den man für gewöhnlich »eine Seele von Mensch« nennt.

»Ich bin Ardis.« Er streckte mir die Hand zur Begrüßung entgegen. »Und du bist Vedi, nicht wahr?«

»Stimmt genau«, antwortete ich und drückte seine weiche Hand.

Er neigte den Kopf zurück und betrachtete mich geraume Zeit.

»Nun ... gut ...«, sagte er langsam, »zieh dir bitte diese Kombination dort an.« Er wies auf einen enganliegenden Overall, der an einem Haken an der Wand hing.

»Leg dich auf diesen Tisch«, fügte er hinzu, als ich mit dem Umziehen fertig war. »Ich werde dich für die Dauer der Untersuchungen einschläfern. Das wird drei oder vier Tage dauern, aber ich hoffe, daß dir die Zeit nicht lang werden wird.« Er lächelte mich gutmütig an.

Dann stülpte er mir eine Art Helm über den Kopf oder eher etwas wie eine dicke Kappe aus weichem, schaumgummiartigem Material. Mit Hilfe zweier elastischer Bänder, die er um meinen Hals wickelte und mit einer Schnalle im Nakken festmachte, befestigte er dieses Gebilde an meinem Kopf. Ich fühlte, daß kühles Metall meine Schläfen berührte. Ardis griff hinter sich und nahm einen kleinen Gegenstand vom Tisch, der aussah wie ein elektrisches Massagegerät. Mit der flachen, kühlen Oberfläche dieses Geräts berührte er meine Stirn. Eine alles überlagernde Welle von Müdigkeit überflutete mich. Ardis' über mich geneigtes Gesicht verschwamm zu einem unscharfen rosa Fleck, der sich von der weißen Decke undeutlich abhob. Mit erlöschendem Bewußtsein nahm ich gerade noch wahr, daß Ardis meinen Helm mit der Hand berührte ...

Ich öffnete die Augen. Ardis stand über mich gebeugt und rüttelte mich sanft am Arm. »Schon vorbei, Vedi. Du kannst aufstehen und dich umziehen.«

Ich blickte ihn fragend an. Er lächelte unstimmig – teils mitleidig, teils wehmütig – und schüttelte den Kopf.

»Nein ...«, sagte er leise, »Ergebnis negativ«.

»Warum? fragte ich heftig, vielleicht etwas zu laut, und richtete mich auf.

Ohne die Hände von meinen Schultern zu nehmen, blickte er mir in die Augen.

»Mach dir nichts draus«, sagte er leise, »nicht nur du allein mußt eine solche Enttäuschung erleben.«

»Aber ... warum ... schließlich ...« Ich wollte ihn etwas fragen, war jedoch nicht in der Lage, die Frage zu formulieren.

»Frag nicht weiter. Und glaube nicht, daß du die einzige Chance deines Lebens vertan hast. Wirklich, da gibt es nichts zu bedauern!«

Seine Tröstungsversuche begannen mich aufzuregen. ›Mach dir nichts draus!‹ Leicht gesagt!

Schnell zog ich mich an.

»Kann man nichts machen, auf Wiedersehen und Entschuldigung«, sagte ich in möglichst gleichgültigem Ton.

»Da gibt es nichts zu entschuldigen. Auf Wiedersehen.«

Er sah mich an und lächelte auf seine eigenwillige Art.

Draußen schien die Sonne noch genauso wie in dem Moment, als ich hier eingetreten war. Mechanisch schaute ich auf die Uhr und blieb wie angewurzelt stehen. Sie zeigte 11.05 Uhr an und die Ziffern in dem kleinen Fensterchen den Einundzwanzigsten. Der Sekundenzeiger zog gleichmäßig seine Bahn.

Was hatte das zu bedeuten? Wer hatte die Uhr in den drei Tagen aufgezogen? Ardis? Wie sollte er auf die Idee gekommen sein, daß meine Uhr aufgezogen werden muß? Das war ganz unwahrscheinlich!

Die allerschlimmsten Vermutungen wirbelten in meinem Kopf, und ich rannte auf den gerade ankommenden Elektrobus zu.

Es gab nur eine Möglichkeit: Dieser Schuft von einem Mechaniker war nicht mit dem antiken Mechanismus fertig geworden und hatte im Inneren der Uhr einen einfachen Batteriemechanismus eingebaut; das Rädchen zum Aufziehen der Uhr hatte er nur an seinem Platz gelassen, um den Schein zu wahren! Das hatte mir gerade noch gefehlt!

Unter anderen Bedingungen hätte ich mir das vielleicht nicht so zu Herzen genommen, aber heute, da ich ohnehin

7

schon Sorgen im Kopf hatte, konnte dieses zweite Mißgeschick, zu einem Problem hochgespielt, mich meinen Kummer wenigstens für einen Moment vergessen lassen. Eine ganz normale Schutzreaktion des Unterbewußtseins …

Ich sauste wie ein ballistisches Geschoß in meine Wohnung, die Schubladen, in denen ich Werkzeug aufbewahre, kippte ich in der Eile auf den Fußboden. Dann ergriff ich den ersten besten spitzen Gegenstand und versuchte damit, den Boden der Uhr zu lösen. Die Klappe gab nicht nach, die Spitze des Werkzeuges rutschte ab, und fast hätte ich sie mir in die Hand gestochen. Endlich sprang der Deckel zurück. Aus dem Inneren der Uhr fiel ein kleiner runder Gegenstand, der in Form und Größe an eine kleine Münze erinnerte, aber ich starrte nur den Mechanismus an. Da war er! Alles befand sich an seinem Platz. Die Unruhe bewegte sich gleichmäßig. Gewissenhaft schloß ich die Uhr wieder und befestigte sie an meinem linken Handgelenk.

Erst jetzt bemerkte ich den runden opalisierenden Gegenstand am Rand meines Schreibtisches, er war dünn, fast durchsichtig, so als sei er aus einer Kristallplatte herausgeschnitten worden.

Das war sicher kein Teil meiner Uhr. Ich betrachtete das eigenartige perlmuttfarbene Ding durch die Lupe und beleuchtete es von den verschiedensten Seiten.

Was war das, zum Teufel? Schließlich ist eine Uhr, selbst eine so archaische, keine Muschel und produziert keine Perlen unter ihrem Deckel!

Plötzlich schien mir, als sähe ich die Umrisse von Buchstaben, wie mit der Spitze einer Stecknadel eingeritzt, die in rosafarbene Tinte getaucht worden war. Es gelang mir, sie zu entziffern: *Magnetmolekulare Spiralaufzeichnung.* Na bitte! Spiralförmige Aufzeichnung! Wenn ich gewußt hätte, was das eigentlich ist, dann wäre ich sehr zufrieden mit mir gewesen. Wenn das aber wirklich eine Aufzeichnung war, dann würde man sie wahrscheinlich abspielen können, ich mußte es einfach tun. Besonders deshalb, weil diese Aufzeichnung augenscheinlich in meine Uhr gelangt war, während ich im

Kosmed geschlafen hatte. Eine Aufzeichnung ... Was konnte das für eine Aufzeichnung sein? Vielleicht eine akustische?

Das Glück kam mir zu Hilfe, und fast ohne Schwierigkeiten fand ich einen Mikrofilm der »Physikalischen Nachrichten« von vor zwei Jahren. Ein gewisser Fobe beschrieb darin seine Entdeckung auf dem Gebiet der Tonaufzeichnungen, und zwar eine Aufzeichnung auf Kristallplättchen. Die Notiz war kurz und betraf eigentlich mehr die Theorie als die praktischen Lösungen und Verwendungsmöglichkeiten. Der Autor brachte seine Hoffnung zum Ausdruck, daß seine Entdeckung die Methoden der Tonaufzeichnungen revolutionieren würde.

Hier endete die Spur und tauchte auch in den folgenden Nummern der Zeitschrift nicht wieder auf. Bis heute ist nirgends auch nur eine Notiz zum Thema der magnetmolekularen Aufzeichnungen erschienen.

Ich stand vor der schwierigen Aufgabe, die Aufzeichnung auf der Grundlage der sehr spärlichen Informationen, die in der Notiz Fobes enthalten waren, hörbar zu machen. Nie zuvor hatte ich so ausdauernd an einem wissenschaftlichen Problem gearbeitet. Wenn ich bisher eine sehr blasse Vorstellung von der Elektroakustik gehabt hatte – mein Spezialgebiet sind Analogmaschinen –, dann bin ich jetzt auf diesem Gebiet ein Spezialist, der es mit allen aufnehmen könnte.

Nach zwei Wochen voller Versuche und Forschungen hatte ich es geschafft. Die Methode erwies sich als unwahrscheinlich simpel, wie die meisten genialen Erfindungen es sind, und nur darum ist es mir gelungen, sie nachzuvollziehen. Ich konstruierte eine primitive Abspielvorrichtung und legte mit vor Erregung zitternden Händen das geheimnisvolle Rädchen ein. Dann schaltete ich den Verstärker und den Minimotor ein. Vorsichtig näherte ich die Abtastsonde dem rotierenden Rädchen. Der Lautsprecher krächzte laut auf, und dann erklang in tiefem, langgezogenem Baß: »Wuundeere diich niicht ...«

Ich erhöhte die Drehzahl und erkannte zu meinem großen Erstaunen meine eigene Stimme, die jetzt in normaler Geschwindigkeit und in ihrer normalen Höhenlage erklang.

Wundere dich nicht, Vedi, daß du deine eigene Stimme hörst. Ja, du selbst sprichst zu dir – oder ich zu mir, das ist ja ein und dasselbe: ›Ich‹ bin ›du‹ und ›du‹ bist ›ich‹. Stellen wir das ein für allemal fest, damit alles seine Ordnung hat und die Verständigung besser klappt. Ich bin du, obwohl du nicht ich gewesen bist ... Du wirst alles selbst verstehen, wenn du die Geduld aufbringst, bis zum Ende zuzuhören. Ich werde der Reihe nach berichten. Erinnerst du dich ... Puh! Erinnere ich mich, oder erinnerst du dich? Erinnern wir uns? Nein, zum Teufel, schließlich sind wir ja nicht zwei Personen! Was soll's, Schluß mit der Grammatik ...

Erinnerst du dich, wie Ardis dich dort im Kosmed eingeschläfert hat? Wahrscheinlich erinnerst du dich. Und dann bist du erwacht. Das, was ich erzählen werde, hat eben gerade in der Zeit zwischen Einschlafen und Erwachen stattgefunden. Nachdem du eingeschlafen warst, erwachte ›ich‹, das heißt ›du‹, nur daß du dich nicht daran erinnern kannst.

Ich erwachte und war überzeugt davon, daß die Untersuchungen schon beendet seien. Ardis klärte mich über diesen Irrtum auf.

»Nein, nein«, sagte er beruhigend, als er sah, daß ich ihn nach dem Ergebnis fragen wollte, »das ist noch nicht alles!«

Ich schaute auf die Uhr. Seit ich mich auf den Tisch gelegt hatte, waren erst vier Minuten vergangen. Da ich nicht verstand, worum es eigentlich ging, führte ich mechanisch Ardis' Anweisungen aus. Er befahl mir, eigenartig aussehende Sandalen mit Schaumgummisohlen anzuziehen, und führte mich hinter den Vorhang zu einer kleinen Tür, die, wie sich herausstellte, die Tür eines Fahrstuhls war. Wir fuhren abwärts.

Im Halbdunkel der Halle, in der wir ankamen, konnte ich nach einiger Zeit die längliche Gestalt einer Stratosphärenrakete erkennen. Die Einstiegsluke war geöffnet.

Ardis half mir, die Sicherheitsgurte anzulegen, und schloß die Luke hinter mir. Ich befand mich in absoluter Dunkelheit, allein in einer engen Kabine. Etwas später spürte ich, wie die Rakete sich langsam aus der Flughalle bewegte, einen Moment auf der Abschußrampe manövrierte und dann in Bewegungslosigkeit erstarrte. Gleichzeitig leuchtete vor mir in roten Buchstaben die Aufschrift ACHTUNG! START! auf.

Ich fühlte die wachsende Beschleunigung. Die Aufschrift erlosch, und ich war wieder von Dunkelheit eingehüllt. Der Überdruck ließ langsam nach, ich flog mit gleichmäßiger Geschwindigkeit.

Ich begann darüber nachzudenken, was das eigentlich alles zu bedeuten habe. Wozu war ich eingeschläfert worden? Mir fiel die »Kappe« wieder ein, die immer noch auf meinem Kopf saß. Ob Ardis vergessen hatte, sie mir abzunehmen? Ich versuchte die Schnalle aufzumachen, es gelang mir jedoch nicht. Augenscheinlich durfte der Helm nicht abgenommen werden.

Nach einigen Flugminuten kündete eine neue rote Aufschrift die Landung an. Ich fühlte, wie die Rakete langsam und sanft auf der Landebahn aufsetzte. Wieder folgten ein Moment der Unbeweglichkeit, dann leichte Erschütterungen. Die Einstiegsluke wurde geöffnet, und vor ihrem Hintergrund sah ich die Umrisse eines großen Mannes. Der Raum, in dem sich die Rakete jetzt befand, war der Flughalle, von der aus ich gestartet war, zum Verwechseln ähnlich. Aber der Mann, der mich erwartete, war nicht Ardis.

»Ich heiße Mett«, sagte der Unbekannte und führte mich durch einen schmalen Gang, der von Leuchtstoffröhren nur spärlich beleuchtet wurde. Im Halbdunkel konnte ich sein Gesicht nicht erkennen, ich stellte nur fest, daß er sehr gebeugt ging und vielleicht vierzig Jahre alt sein konnte.

Mett stieß eine der vielen weißen Türen auf, und wir betraten ein Zimmer, das mit eigenartigen Apparaturen vollgestopft war – wie ich auf den ersten Blick festzustellen glaubte, waren es chemische Apparate. Auf den Tischen lagen chirurgische Werkzeuge ausgebreitet, der breite Schreibtisch war von Mikrofilmen bedeckt, sie waren auseinandergerollt und ineinander verschlungen. Außerdem befanden sich an der Wand eine riesige Schalttafel und zwei Fernsehmonitore.

Mett wies auf einen Sessel und schlug mir vor, etwas Kaltes zu trinken, denn die Hitze sei nicht auszuhalten. Es war wirklich sehr heiß, und darum nahm ich seinen Vorschlag gern an. Wir tranken schweigend einen hervorragenden Orangensaft.

»Kann ich das abmachen?« fragte ich nach einer Weile und wies auf meine Haube.

»Nein. Außerdem ist das auch gar nicht so einfach. Es ist durch einen Mechanismus verschlossen, den nur Ardis öffnen kann.«

»Und weshalb hat er mir das aufgesetzt?«

»Hm ... Ich glaube, das kann ich dir erklären: Das ist ein elektronischer Registrator deiner Gedächtnisspeicherung. Er zeichnet genau dasselbe wie dein Gehirn auf. Es geht dabei natürlich darum, daß keinerlei Informationen von hier nach draußen gelangen. Das ist ein Geheimnis, verstehst du?«

»Ach so, eine Art elektronischer Spitzel?« fragte ich bissig.

»Nein, nicht ganz so. Uns interessiert nicht, was du während deines Aufenthaltes bei uns denkst. Das ist deine Privatangelegenheit. Die Aufzeichnung deiner Gedächtnisspeicherung übergeben wir einem Automaten, der sie löscht, der, wenn man so sagen darf, aus deinem Gedächtnis das entsprechende Fragment »herausschneidet« wie aus einem Film. Wir werden nicht einmal wissen, was das gewesen ist. Wichtig ist nur, daß du keinerlei Erinnerungen von hier mitnimmst.«

Ach so ist das! dachte ich. Darum haben sie mich also im Kosmed eingeschläfert. Wenn sich herausstellen sollte, daß ich mich nicht zum Raumpiloten eigne, schläfern sie mich wieder auf diesem Tisch ein, und wenn ich erwache, werde ich nicht wissen, was hier mit mir geschehen ist. Eigentlich eine hervorragende Idee, aber ich weiß immer noch nicht, wozu diese übertriebene Vorsicht gut sein soll. Ob es darum geht, daß die neuen Kandidaten nicht schon vorher die Untersuchungsmethoden kennen?

»Also, bist du bereit?«

»Zu allem!« sagte ich schnell, so als hätte ich Angst, daß ein Zögern Einfluß auf seine Entscheidung haben könnte, von welcher, wie ich glaubte, mein künftiges Schicksal abhing …

»Gut, wir werden sehen«, sagte Mett langsam. »Vorerst führen wir die strukturellen Anfangsuntersuchungen durch. Das wird ungefähr eine Stunde dauern, danach hast du dann noch genügend Zeit zum Überlegen, während ich die Analysen mache.«

In der folgenden Stunde malträtierte er mich mit den verschiedensten Untersuchungen, nahm Blutproben, Gewebsproben und Hautproben. Als er fertig war, ging er mit mir in den anliegenden Raum zum Mittagessen.

Ich hatte den Eindruck, daß sich außer uns beiden niemand weiter im ganzen Gebäude befand. Während ich ein hervorragendes Menü verspeiste, fragte ich Mett: »Darf ich wissen, wo ich hier eigentlich bin?«

»Im Schulungszentrum für Raumpiloten.«

»Und wo sind sie? Machen sie heute alle einen Ausflug in den Kosmos?«

»Sie sind hier. Wenn die Zeit gekommen ist, wirst du sie noch zu sehen bekommen«, sagte Mett lächelnd.

Nach dem Mittagessen führte er mich in ein kleines Zimmer, in dem eine Liege stand, informierte mich darüber, daß sich das Badezimmer gleich nebenan befinde, und ging. Ich duschte warm und streckte mich auf der Liege aus. Dann zog ich noch meine Uhr auf und schlief ein, erschöpft von der Vielzahl der Eindrücke dieses Tages.

Mett weckte mich. Er sah aus, als habe er die ganze Nacht gearbeitet, seine Augen waren rot vor Übermüdung. Nach dem Frühstück führte er mich in sein Zimmer.

»Wie sind die Ergebnisse?« fragte ich neugierig, als er in dem Sessel neben mir Platz genommen hatte.

Er antwortete nicht; es schien fast, als habe er meine Frage nicht gehört. Dann drehte er an einem Knopf, einer der Bildschirme leuchtete auf, und es erschien darauf das Innere eines Raumes. Als das Bild deutlicher geworden war, sah ich eine Menschengruppe, die ähnliche Kombinationen trug wie ich. In ihrem Benehmen war etwas Eigenartiges. Ihre Augen leuchteten ungewöhnlich, waren irgendwie hervorgequollen und starrten leblos ins Leere. Halb auf dem Boden oder in den Sesseln liegend, schnappten sie mit weit aufgerissenen Mündern nach Luft, wie Fische auf dem Trockenen. Sie atmeten schnell und tief.

Es waren acht Männer, alle mit hervorragendem, athletischem Körperbau. Sie sahen unwahrscheinlich erschöpft aus.

»Wer ist das?« fragte ich und senkte automatisch die Stimme. »Wo befinden sie sich?«

Sie sind auf dem Weg in das Sternensystem des Prokyon«, antwortete Mett und sah mich von der Seite an. »Ein Meteor hat den Panzer ihres Raumschiffes durchschlagen. Der Druck ist gewaltig gesunken, zur Zeit beträgt er ungefähr ein Fünftel des normalen atmosphärischen Drucks.«

Ich starrte ihn überrascht an. Machte er sich über mich lustig? Soviel ich wußte, war von der Erde aus überhaupt noch keine interstellare Expedition gestartet! Als er meine Überraschung sah, fügte er hinzu: »Hab keine Angst, gleich wird es ihnen gelingen, das Leck zu flicken, und in einer halben Stunde hat sich der Druck wieder ausgeglichen.«

»Wie denn? Sie sind also wirklich …?«

»Nicht ganz. Jedenfalls sind sie davon überzeugt, daß es Wirklichkeit ist.«

»Dann ist das eine Art Training? Eine angenommene Situation, dieses Fünftel atmosphärischen Drucks?«

»Der Druck ist das einzige, was wirklich authentisch ist.«

Ich verstand gar nichts mehr. Machte er mir etwas vor? Scherzte er? Im Blickfeld des Bildschirmes tauchten noch zwei Personen auf. Mit schwankenden Knien gingen sie zu ihren Sesseln und fielen kraftlos darauf nieder. Die anderen wandten ihnen fragend ihre Gesichter zu. Einer der Ankömmlinge nickte. Der andere versuchte mit einem Tuch das Blut zu stillen, das ihm aus der Nase floß.

»Ich glaube, sie haben etwas zuviel gekriegt ...«, murmelte Mett und drehte an einem weiteren Knopf.

Auf dem Schirm erschien ein anderes Bild: Mehrere bärtige, schweißtriefende Männer quälten sich mit einer Reihe von Hebeln und Griffen herum. Ihre Bewegungen waren nervös, fast verzweifelt, so als würden sie mit einer tödlichen Gefahr kämpfen.

»Sie sind auf dem Weg zur Proxima Centauri in einen Gasnebel geraten«, erklärte Mett mit dem Tonfall eines Führers durch eine Gemäldegalerie. »Die Reibung hat das Schiff erhitzt, und jetzt herrscht dort eine Temperatur von ungefähr vierhundert Kelvin. Zu allem Unglück funktioniert die Klimaanlage nicht, und sie versuchen gerade, sie wieder in Gang zu bringen. Es wird ihnen gelingen, aber erst«, er blickte auf seine Uhr, »erst in elf Minuten.«

Mett schaltete den Bildschirm ab, ich blickte ihn betroffen an und wartete auf eine Erklärung. Da er jedoch keinerlei Anstalten machte, etwas zu sagen, fragte ich ungeduldig: »Vielleicht erklärst du mir endlich, was das zu bedeuten hat? Waren das nur Instruktionsfilme, oder sollte das eine Zerreißprobe für meine Nerven sein?«

»Im gewissen Sinne das eine wie das andere. Aber vor allem waren es Ereignisse, die in dem Moment, in dem du sie gesehen hast, stattgefunden haben.«

»In kosmischen Raketen? Lichtjahre von hier entfernt?«

»Nein, hier, man könnte sagen, hinter dieser Wand.«

»Es ist doch unmöglich, daß ein Mensch es unter solchen Bedingungen aushalten kann! Ich kann es nicht glauben, daß jemand sich ohne zwingende Notwendigkeit solchen Torturen aussetzt!«

»Ich stimme vollkommen mit dir überein. Ein *gewöhnlicher* Mensch würde in einer solchen Lage sicherlich seinen Geist aushauchen ...«

»Willst du sagen, daß das Training, die stufenweise Umgewöhnung des Organismus ...«

Mett winkte ungeduldig ab. »Nein, darum geht es doch gar nicht, auf diesem Weg kann man nicht einmal fünf Prozent des Widerstandsfaktors erreichen, den *sie* aufweisen.«

Verwirrt schwieg er eine Weile. Mit gedämpfter Stimme, fast zögernd, sprach Mett weiter: »Die Leute, die du gesehen hast, haben sich genau wie du freiwillig gemeldet, manche haben uns sogar sehr darum gebeten, sie aufzunehmen. Sie waren zu allen Mühen und Gefahren bereit. Es ist die Aufgabe unseres Instituts, Besatzungen für interstellare Expeditionen vorzubereiten, die vielleicht schon bald von der Erde aus gestartet werden. Eine solche Expedition, die Dutzende, manchmal Hunderte von Erdenjahren dauert, bedeutet für die Teilnehmer, selbst wenn man die relativistische Zeitdilatation berücksichtigt, im besten Fall zwanzig Jahre Flugdauer. Eine solch lange Zeit, voller Spannungen, Gefahren und harter Arbeit, fordert von der Besatzung eine ungewöhnliche psychische und physische Härte. Darum haben wir eine spezielle Methode zur Vorbereitung des Organismus darauf entwickelt.«

Er schwieg einen Moment und fuhr dann mit feierlicher Stimme, in der etwas Pathos mitschwang, fort: »Die Menschen, die du gesehen hast, sind *Silikanthropen*, Siliziummenschen. Dieser Name spricht für sich selbst. Es ist uns gelungen, siliziumorganische Verbindungen zu entwickeln, die den Kohlenstoffverbindungen im menschlichen Körper entsprechen. Silizisches Eiweiß, verstehst du? Und das haben wir nicht im Laboratorium durch chemische Synthese erreicht, sondern direkt im Organismus! Indem wir eine ganze Reihe von Impulsen geben, dem Körper entsprechende Substanzen zuführen, zwingen wir den Organismus, siliziumorganische Stoffe zu produzieren, aus denen dann stufenweise die einzelnen Zellen herausgebildet werden. Das silizische Eiweiß gerinnt erst bei einer Temperatur, die viel höher liegt als beim Kohlenstoff, es ist abwehrfähiger gegen die Wirkung von toxischen Giften, und einfache kohlenstofforganische Bakterien üben darauf keinerlei Wirkung aus. Viele Organe der Silikanthropen werden zurückgebildet, zum Beispiel das Verdauungssystem, denn diese Organismen ernähren sich fast ausschließlich von leicht umwandelbaren Kieselsäuren und Silikatfetten.«

Ich hörte ihm gespannt zu. Metts Enthusiasmus steigerte sich bei jedem seiner Worte und übertrug sich auch auf mich. Ihm war anzumerken, daß er sein ganzes Leben der Arbeit an diesem Problem gewidmet hatte. Was er sagte, erschien mir hervorragend. In meiner Phantasie sah ich mich schon in einer neuen, phantastisch widerstandsfähigen Körperhülle.

»Dauert eine solche ... Umformung lange?« fragte ich, als er für einen Moment schwieg.

»Ich sehe«, sagte er, »daß du Lust bekommen hast, daß dich eine solche Perspektive nicht abschreckt ... Das ist für mich sehr wichtig, vielleicht weniger für mich als für die Idee selbst.« Er verstummte, fügte dann jedoch eilig hinzu: »Es dauert ungefähr ein Jahr, manchmal anderthalb ... Das kommt auf die Eigenschaften des jeweiligen Organismus an. Manche Menschen eignen sich überhaupt nicht dafür.«

»Und ich?«

»Ich glaube schon. Ich habe noch nicht alle Ergebnisse der Analysen.«

»Wie lange lebt so ein Silikanthropus?«

Mett lächelte.

»Genau kann ich dir darauf nicht antworten, wir arbeiten ja erst acht Jahre an dieser Methode. Das heißt, die ältesten Silikanthropen leben jetzt sechs, sieben Jahre in dieser neuen Lebensform, aber nach unseren Berechnungen liegt die obere Grenze ungefähr bei zweihundert bis dreihundert Jahren.«

Das Elixier ewiger Jugend, dachte ich, und mir fielen die mittelalterlichen Alchimisten ein, die ihr ganzes Leben erfolglos nach diesem Wundermittel gesucht hatten.

Mett war in Gedanken versunken und krümmte sich dabei noch mehr, als würde ein schweres Gewicht auf seinen Schultern lasten.

»Erzählst du jedem, der wie ich hierherkommt, das alles?«

»Natürlich«, antwortete er schnell, aus seinen Gedanken gerissen. »Ihnen allen«, er machte eine unbestimmte Kopfbewegung, so als wolle er seine ganze Umgebung einschließen, »habe ich das auch erzählt. Das heißt, denen, die später gekommen sind. Zu Anfang konnte ich nur von Hypothesen, von Experimenten berichten. Aber es haben sich solche gefunden, die meinen Hypothesen Glauben geschenkt und sich der Umwandlung unterzogen haben ...«

»Gelingt die Umwandlung immer?«

»Bis jetzt ja! Ich sehe auch keinen Grund dafür, warum sie nicht gelingen sollte, natürlich muß man die entsprechenden Voraussetzungen schaffen und sich daran halten. Das ist jetzt schon kein Experiment mehr, sondern eine bis in alle Einzelheiten ausgearbeitete Methode.«

»Ich verstehe nicht, warum die Welt nichts von all diesen Erfolgen weiß!«

»Nun« – Mett zögerte mit der Antwort –, »es gibt viele Dinge, die aus diesen oder jenen Gründen nicht über die Mauern des Laboratoriums hinausdringen dürfen. Hier, wie diese Kleinigkeit zum Beispiel.« Er griff in eine Schublade und nahm ein flaches Kästchen heraus. »Sieh mal, hier legt man ein Kristallplättchen ein, schaltet ein und spricht. Das ist ein magnetmolekulares Fixophon mit Spiralaufzeichnung.« Die letzten Worte hatte er direkt in den Apparat gesprochen, den er dicht vor seinem Mund hielt. Dann schaltete er an diesem Kästchen irgend etwas um, und der Apparat wiederholte seine letzten Worte laut und deutlich.

»Auf ein solches Plättchen kann man eine zweistündige Rede aufnehmen«, fügte er noch hinzu und warf das Gerät in die Schublade zurück. »Es erfüllt ganz hervorragend die Aufgaben des Notizbuches. Um unsere Forschungsmaterialien geheimzuhalten, haben wir diese Erfindung nicht bekanntgemacht. Ein Geheimnis zur Geheimhaltung eines anderen Geheimnisses ... So ist das eben manchmal.«

Ich war von dem Fixophon begeistert und vergaß darüber für einen Moment, daß ich auf meine letzte Frage eigentlich gar keine richtige Antwort erhalten hatte. Wie es schien, hatte Mett das beabsichtigt, denn eilig machte er sich daran, weitere Untersuchungen an meiner Person durchzuführen. Wieder überließ er mich für zwei Stunden immer wechselnden Untersuchungsapparaten.

Bis zum Abend sprachen wir nicht mehr über die Silikanthropen. Ich hatte das Gefühl, daß Mett dieses Thema zu vermeiden suchte, darum fragte ich auch nicht weiter. Als ich mich schließlich niederlegte und zu schlafen versuchte, standen mir immer wieder die Menschen vor Augen, die ich früh auf Metts Bildschirm gesehen hatte. Ich sah sie ganz deutlich vor mir und konnte mich des Eindrucks nicht erwehren, daß sich auf ihren Gesichtern die menschlichste aller Ängste, die Angst vor dem Tod, gespiegelt hatte. Eine Vermutung drängte sich mir auf, die ich erfolglos zu unterdrücken versuchte. Und da fielen mir Metts Worte wieder ein: ›Sie sind überzeugt davon, daß es Wirklichkeit ist …‹ Waren sie das tatsächlich? Nein, das war ausgeschlossen!

Das war mein letzter Gedanke, bevor ich einschlief.

Am nächsten Morgen, beim Frühstück, fiel mir dieser Gedanke wieder ein.

»Hör mal, Mett«, sagte ich, »und was macht ihr mit dem Gehirn eurer Patienten? Verwandelt ihr das auch in Siliziumgewebe?«

Nur mit Mühe gelang es ihm, ein Zucken in seinem Gesicht zu beherrschen. Erst nach einer geraumen Zeit brachte er unsicher heraus: »Nein … Das ist uns noch nicht gelungen. Das Gehirn bleibt, wie es ist, es wird nur auf eine spezielle Art synthetisch ernährt, damit es sich in der siliziumorganischen Umgebung nicht fremd vorkommt.«

Ich fühlte, daß ich einen wunden Punkt getroffen hatte, und beschloß, die Attacke fortzusetzen: »Warum hast du mir, als du mir die wunderbaren Perspektiven eines hervorragenden Lebens als Silikanthropus auseinandersetztest, nicht gesagt, daß ein solcher Silikanthropus sich an seine gesamte Vergangenheit nicht erinnern kann?«

Er starrte mich mit weit aufgerissenen Augen an.

»Gut, ich werde dir alles darüber sagen. Wenn du es unbedingt wissen willst, werde ich es dir sagen, aber ich glaube nicht, daß deine Lust hierzubleiben sich dadurch vergrößert«, sagte er böse. »Wenn ich gewollt hätte, hätte ich schon längst einen folgsamen Silikanthropus aus dir machen können! Zieh das in Betracht, bevor du mir weiß Gott was vorwirfst! Vielleicht Mord an der menschlichen Persönlichkeit?

Es ist wahr«, sagte er nach einer ganzen Zeit, »sie erinnern sich an nichts aus ihrem früheren Leben. Ihr Lebenslauf wurde durch einen neuen, ihrer Situation angepaßten ersetzt. Versteh doch, das war unbedingt notwendig. Kannst du dir ein Leben vorstellen, ein zweihundertjähriges Leben, das mit der ganzen Menge der Erinnerungen belastet ist, die in der Unendlichkeit der kosmischen Leere wieder aufleben? Wie viele Konflikte, Zusammenbrüche, Selbstvorwürfe und Vorwürfe der ganzen Welt und den Menschen gegenüber könnte das bewirken! So wie es ist, muß es sein, es ist besser. Besser besonders für sie selbst. Denn nach ihrer Rückkehr werden sie doch keine der ihnen nahestehenden Personen wiederfinden, und die Welt, die sie antreffen, wird ihnen vollkommen fremd sein. Weißt du, was sie dort in ihren Raketen denken, die doch nie von der Erde abgehoben haben? Einige glauben, daß sie auf dem Weg sind, neue Welten zu erforschen, die anderen sind davon überzeugt, daß sie nach einer langen Reise zurückkehren. Und wir beobachten ihre Reaktionen in den verschiedensten Situationen, wir testen sie, damit später, während der wirklichen Expeditionen, nichts Unvorhergesehenes passieren kann. Der Kosmos birgt sicherlich viele Überraschungen, aber glaube mir, noch mehr Überraschungen birgt die menschliche Natur in sich und besonders die Natur eines Menschen, der unter völlig unbekannten, neuen Bedingungen auf sich selbst gestellt ist. Wir können das Training oder, wenn du es so nennen willst, das Experiment jederzeit unterbrechen. Wir können in ihrer Erinnerung die vorherigen Eindrücke löschen, ihnen neue vermitteln, ihnen eine neue ›Vergangenheit‹ machen und noch einmal von vorn beginnen.«

Er schwieg und starrte vor sich hin, so als überlegte er, ob er weitersprechen solle.

»Sie wußten also doch nicht *alles*?« fragte ich nach längerem Schweigen. »Und wenn sie jetzt erfahren würden, daß man sie entmenscht, sie ihrer Vergangenheit und ihrer Zukunft beraubt hat?«

»Wenn sie dazu noch entdecken würden, daß die Rückkehr zu einem normalen, menschlichen Leben für sie unmöglich ist ... Ja, deine Zweifel verfolgen auch mich. Um die Wahrheit zu sagen, ich möchte deine Meinung darüber wissen, und deshalb habe ich dir wohl auch alles bis zum Schluß erzählt ... Ein innerer Konflikt, verstehst du? Ich überlege schon lange, ob das, was ich mache, einen Sinn hat. Aber jetzt ist es schon zu spät, um umzukehren ... Außerdem sind es so viele, daß sie den künftigen Bedarf decken. Nur eines ist furchtbar: die Angst! Wenn du beim bloßen Gedanken daran, daß du zu einem Silikanthropus gemacht werden könntest, zutiefst empört bist – ich fühle es ganz genau, du brauchst es mir gar nicht zu bestätigen –, dann kann ich mir *ihren* Zorn ausmalen, er wäre dreihundertmal so groß, denn so viele sind es, und würde sich gegen die ganze Welt und an erster Stelle gegen mich richten. Eine kleine Havarie in dem Automaten, der den Raketenflug simuliert, würde genügen – und sie entdecken die Wahrheit ... Das Eingreifen eines Menschen von außerhalb, der sich der Situation nicht bewußt ist, würde genügen, und von einer Minute zur anderen wäre hier die Hölle los! Sie verfügen über technische Mittel, die in der Lage wären, die ganze Welt zu vernichten. Sie sind intelligent, gefährlich intelligent – so haben wir sie schließlich geschaffen, und sie könnten die Wahrheit sehr schnell entdecken. Verstehst du nun, warum du alles vergessen *mußt*, was du hier gehört hast? Ein unvorsichtiges Wort von dir könnte uns die menschliche Neugierde auf den Hals hetzen ...«

»Um die Wahrheit zu sagen, weiß ich eigentlich gar nicht, in welchem Teil der Welt wir uns hier befinden.«

»In Afrika, im Zentrum der Sahara.«

Nach all dem, was ich gehört hatte, fühlte ich mich sehr unwohl in meiner Haut. Heimlich lauschte ich, ob nicht von irgendwo schon die Geräusche eines Aufstandes der Silikanthropen drangen. Als würde er meine Unruhe teilen, erhob sich Mett von seinem Sessel und blickte auf den Korridor hinaus. Die Situation mußte noch gefährlicher sein, als man seinen Worten hatte entnehmen können.

In Sekundenschnelle faßte ich einen Entschluß: mit einer hastigen Bewegung zog ich die Schublade auf und versteckte ein Fixophon mit dem Aufnahmekristall in meiner Tasche. In der Schublade befanden sich mehrere solcher Geräte, und vielleicht würde Mett nichts merken, wenigstens bis morgen. Bevor er ins Zimmer zurückkam, hatte ich die Schublade wieder geschlossen. Es war gelungen! Etwas später nutzte ich seine Unaufmerksamkeit aus und nahm noch eine dünne Blutabnahmenadel vom Tisch.

»Morgen werde ich dich zum Kosmed zurückschicken«, sagte Mett zu mir.

Schnell verließ ich das Arbeitszimmer. Jetzt sitze ich gerade in der Badewanne (hier habe ich wenigstens mehr oder weniger die Sicherheit, daß mich niemand beobachtet) und erzähle dem kleinen kristallenen Plättchen meine Erlebnisse. Ich werde zur Information mit der in Blut getauchten Nadel einige Worte daraufschreiben. Das Plättchen werde ich in meiner Uhr verstecken. Sie werden bestimmt nicht auf die Idee kommen, dort nachzusehen. Ich kenne mich so gut, daß ich weiß, daß der Zustand meiner Uhr mir nach dem Erwachen keine Ruhe lassen wird: Sie wird gehen, obwohl ich drei Tage »geschlafen« habe. Ich werde versuchen, das Fixophon morgen wieder bei Mett zurückzulegen, damit ihm nichts auffällt. Vielleicht gelingt es mir auf diese Art, diese unwahrscheinliche Geschichte vor dem Vergessen zu bewahren ... Und vielleicht werde ich dann nicht mehr bedauern, daß man mich im Schulungszentrum für kosmische Piloten nicht angenommen hat ...

Ende der Aufzeichnung.

Ich bedauere es tatsächlich nicht ...

Die Nachmittagszeitungen berichteten heute:

»Das Forschungszentrum des Kosmischen Instituts in der Sahara wurde heute durch eine Thermonuklearexplosion völlig zerstört. Die Ursachen dieser Explosion sind zur Stunde noch nicht geklärt. Alle Bauten des Instituts wurden der Erde gleichgemacht. Bei dieser Katastrophe kam *ein Mensch*, ein wissenschaftlicher Mitarbeiter des Instituts, ums Leben.«

Ilja Warschawski
Keine beunruhigenden Symptome

1

»Seine Nieren gefallen mir gar nicht«, sagte Creps.

Leroi blickte zum Monitorbild. »Guter Durchschnitt. Es gibt schlimmere. Scheinen übrigens regeneriert zu sein. Was hat man denn voriges Mal mit ihnen gemacht?«

»Ich seh' gleich nach.« Creps beugte sich über die Nummernscheibe des Automaten und wählte eine Chiffre.

Leroi lehnte sich im Sessel zurück, brummte etwas.

»Wie bitte?« fragte Creps.

»Schon sechs Stunden. Wir müssen die Narkose beenden.«

»Und die Nieren?«

»Haben Sie die Information?«

»Ja. Totale Wiederherstellung des Nierenbeckens.«

»Zeigen Sie mal her!«

Creps wußte: Beim Antworten nahm sich der Chef Zeit. Also faßte er sich in Geduld.

Leroi legte den Streifen aus der Hand und runzelte verdrossen die Stirn.

»Wir müssen sie regenerieren. Geben Sie auch gleich ein genetisches Korrekturprogramm ein.«

»Sie glauben, daß ...«

»Unbedingt. Sonst wären sie in den fünfzig Jahren nicht derart verschlissen.«

Creps setzte sich an den Locher. Leroi schwieg, klopfte mit dem Bleistift auf den Tischrand.

»Die Temperatur in der Wanne ist um drei Zehntel Grad gestiegen«, meldete die Schwester.

»Geben Sie eine Tiefkühlung bis ...« Leroi zögerte. »Moment mal ... Wie weit sind Sie mit dem Programm, Creps?«

»Die Kontrollvariante ist in der Maschine. Konvergenz: dreiundneunzig Prozent.«

»Gut, wir riskieren es. Tiefkühlung zwanzig Minuten. Haben Sie verstanden? Zwanzig Minuten Tiefkühlung. Gefälle: ein halber Grad pro Minute.«

»Ja, verstanden«, erwiderte die Schwester.

»An die Erbmase geh' ich ungern 'ran«, sagte Leroi. »Man weiß nie genau, womit es endet.«

Creps wandte sich zum Chef hin.

»Wenn Sie mich fragen – ich finde das alles scheußlich, durch die Bank. Besonders die Gedächtnisinversion. Da würde ich nie zustimmen.«

»Ihnen schlägt es ja auch niemand vor.«

»Eben, eben! Haben eine Kaste von Unsterblichen ausgebrütet und dürfen jetzt Männchen vor ihnen machen.«

Leroi schloß müde die Augen. »Sie sind für mich ein Rätsel, Creps. Manchmal erschrecken Sie mich direkt.«

»Was ist denn an mir so schrecklich?«

»Ihre Beschränktheit.«

»Schönsten Dank ...«

»Minus sechs«, sagte die Schwester.

»Genug. Schalten Sie auf Regeneration um.«

An der Decke des OP flammten violette Lichtreflexe auf.

»Die Rückkopplung geben Sie auf die Matrix des Kontrollvariantenprogramms.«

»Gemacht«, sagte Creps.

»Erbanlagen«, murmelte Leroi. »Ich mag nicht drin rumfuhrwerken.«

»Ich auch nicht«, sagte Creps. »Überhaupt stinkt mich der ganze Kram an. Wozu das alles?«

»Sagen Sie mal, Creps, kennen Sie den Begriff ›Kampf ums Dasein‹?«

»Klippschule ...«

Leroi ließ ihn nicht ausreden.

»Ich meine was andres. Den Kampf ums Dasein, den die ganze biologische Gattung Homo sapiens führt.«

»Und deshalb muß man Monstren von Anno dazumal aufpolieren?«

»Wie kann man nur so stur sein, Creps? Wie alt sind Sie eigentlich?«

»Dreißig.«

»Und wie lange arbeiten Sie als Physiologe?«

»Fünf Jahre.«

»Und was haben Sie davor getrieben?«

Creps zuckte die Achseln.

»Sie wissen es doch«, sagte er.

»Gelernt?«

»Na, was denn sonst.«

»Also fünfundzwanzig Jahre schon verbraten. Aber wenn Sie was darstellen wollen, müssen Sie noch Mathematiker, Kyberniker, Biochemiker, Biophysiker werden, also noch viermal studieren. Rechnen Sie mal nach, wie alt Sie dann sind. Und wieviel Zeit geht außerdem drauf, um das zu erwerben, was man ganz bescheiden Erfahrung nennt, was aber eigentlich die durchs Leben erprobte Fähigkeit zum wissenschaftlichen Denken ist!«

Creps' Gesicht überzog sich mit roten Flecken.

»Sie meinen also ...«

»Ich meine gar nichts. Mit Ihren Leistungen als Assistent bin ich vollauf zufrieden. Aber was ist ein Assistent für sich allein genommen? Ein Nichts. Die Wissenschaft braucht Leiter; Leute, die was ausführen, finden sich immer. Die Lage wird immer schwieriger. Je weiter wir kommen, um so mehr Probleme gibt es, brennende, unaufschiebbare, von ihrer Lösung hängt womöglich die Existenz des Menschengeschlechts ab. Das Leben wartet doch nicht, es treibt einen ständig an: Arbeite, arbeite, von Jahr zu Jahr mehr, intensiver, produktiver, sonst kommt es zur Stagnation, zum Verfall – und Verfall ist Tod.«

»Sie haben wohl Angst, wir verlieren den Wettbewerb?« fragte Creps.

Ein spöttisches Lächeln huschte über Lerois schmale Lippen.

»Glauben Sie wirklich, Creps, mich interessiert, welches von den sozialen Systemen in der Welt siegt? Ich kenne meinen Preis. Und den zahlt jeder, für den ich gewillt bin zu arbeiten.«

»Gelehrter und Söldner?«

»Haben Sie was dagegen? Und wie jeder ehrliche Söldner halte ich zu der Fahne, unter der ich kämpfe.«

»Dann sollten Sie lieber vom Schicksal Donomagas sprechen und nicht von dem der ganzen Menschheit. Sie wissen doch – außerhalb unserer Landesgrenzen wird Ihre Methode abgelehnt. Und geben Sie zu, daß ...«

»Jetzt reicht's aber, Creps! Verschonen Sie mich mit Ihren banalen Sprüchen. Sagen Sie mir lieber, warum alle Welt hurra schreit, wenn wir einem Menschen den Herzmuskel erneuern, die Leber regenerieren, den Organismus verjüngen: Ach, wie menschlich, ach, wie human, was für ein immenser Sieg der Vernunft über die Natur! Aber kaum gehen wir ein bißchen tiefer, gleich zetern solche Typen wie Sie los: Einem Wissenschaftler das Gedächtnis invertiert – unerhört, pfui Teufel, ein schändlicher Eingriff! – Vergessen Sie nicht, daß unserer Experimente einen Haufen Geld kosten. Die Wissenschaftler, die unsere Klinik verlassen, müssen wirklich arbeitsfähig sein und keine aufgefrischten Greise mit verbrauchtem Gehirn.«

»Na gut«, lenkte Creps ein. »Vielleicht haben Sie recht. Kein Teufel ist so schrecklich, wie man ihn malt.«

»Vor allem dann nicht, wenn man ihm ein Engelsgehirn verpassen kann.« Leroi lachte amüsiert.

Der Timer klingelte.

»Zwanzig Minuten«, sagte unbeteiligt die Schwester.

Creps trat an die Maschine.

»Die Matrix des Kontrollprogramms zeigt Nullen.«

»Ausgezeichnet! Schalten Sie die Generatoren aus. Die Temperatur anheben – ein Grad pro Minute. Die Narkose beenden.«

2

Die Regenerationslösung kühlt angenehm den Körper, die Transformatoren summen leise, heiß pulsiert das Blut, es duftet nach Ozon, sanftes Lampenlicht ringsum.

Die Umwelt dringt mit Macht in den erwachenden Körper ein – die herrliche, vertraute, ewig neue Welt.

Clarence hob den Kopf.

Zwei schwarze Figuren in fersenlangen antiseptischen Kitteln beugten sich über die Wanne.

»Na, wie fühlen Sie sich, Clarence?« fragte Leroi.

Clarence reckte sich.

»Prächtig! Wie neugeboren!«

»So ist es ja auch«, brummte Creps.

Leroi lächelte.

»Sie möchten wohl gleich lostanzen?«

»Verdammt kräftig komm' ich mir vor! Berge könnt' ich versetzen!«

»Das schaffen Sie schon noch.« Leroi machte ein ernstes Gesicht. »Jetzt geht's erst einmal unter die Dusche und dann zur Inversion.«

Wer sagt, daß ein gesunder Mensch seinen Körper nicht spürt? Blödsinn! Es gibt keinen höheren Genuß, als zu fühlen, wie das eigene Herz schlägt, wie das Zwerchfell vibriert, wie die Luft bei jedem Atemzug die Luftröhre streichelt. Oder mit jeder Zelle der jungen, elastischen Haut das pralle Duschwasser aufzufangen und leise zu prusten – wie ein Motor im Leerlauf, ein Motor mit gewaltigen, noch ungenutzten Leistungsreserven. Teufel noch mal – ist das schön! Wirklich, ein Riesensprung, den die Technik in den fünfzig Jahren gemacht hat! Das hier ist mit der ersten Regeneration gar nicht zu vergleichen. Die war doch nur Flickwerk ... A-ha-ha, ist das eine Wohltat! – Und was sie mit Elsa gemacht haben – direkt ein Wunder! Bloß schlecht, daß sie auf die Inversion verzichtet hat. Frauen leben stets von der Vergangenheit, hüten die Erinnerungen wie Souvenirs. Wozu diesen Ballast mit sich rumschleppen? In der Zukunft liegt unser Leben! Kaste der Unsterblichen – gar nicht übel! Interessant, wie es nach der Inversion wird? Offen gesagt, in der letzten Zeit war mit dem Gehirn nicht mehr viel los: während des ganzen Jahres kein einziger Artikel. Hundert Jahre sind eben kein Pappenstiel. Macht nichts, jetzt werden sie alle staunen, was der alte Clarence noch fertigbringt!

Ein ausgezeichneter Gedanke: am fünfundsiebzigsten Hochzeitstag bei Elsa nicht nur körperlich, sondern auch geistig erneuert aufzutauchen …

»Das reicht, Clarence. Leroi erwartet Sie im Inversionsraum. Ziehen Sie sich das über!« Creps reichte Clarence einen dicken, flauschigen Bademantel.

3

Vor – zurück, vor – zurück pulsiert der Strom im Schwingkreis, der Rhythmus ist vorgegeben, vorgegeben …

Der Elektronenstrom stürzt von der Oberfläche des erhitzten Fadens und hastet, vom elektrischen Feld getrieben, ins Vakuum. Stopp! Jetzt ist das negative Potential auf dem Netz.

Eine unvorstellbar winzige Pause, und erneut strebt der ungeduldige Schwarm zur Anode. Vorgegeben ist der Rhythmus, der im Quarzkristall unhörbare Schallschwingungen erzeugt, … zigmal feiner als Mückengesumm.

Die stummen Ultraschallwellen eilen durch den Silberdraht, und eine Metallzecke bohrt sich in die Haut, stößt durch die Schädeldecke. Weiter, immer weiter, ins Allerheiligste, in das größte Wunderwerk der Natur, Gehirn genannt.

Da ist sie – die geheimnisvolle graue Masse: Spiegel der Welt, Behältnis von Freude und Leid, Hoffnung und Verzweiflung, Aufschwung und Niedergang, von genialen Erleuchtungen und Irrtümern.

Der im Sessel liegende Mann blickt zum Fenster. Das spiegelnde Glas reflektiert den Bildschirm mit der gigantischen Abbildung seines Gehirns. Er sieht die leuchtenden Bahnen der mikroskopischen Elektroden und Lerois Hände auf dem Schaltpult. Die ruhigen, sicheren Hände eines Wissenschaftlers. Weiter, weiter! befehlen diese Hände, noch fünf Millimeter. Vorsicht – ein Gefäß, man sollte es umgehen!

Clarence merkt, wie ihm ein Bein einschläft. Er bewegt sich, will die Stellung ändern.

»Ruhig, Clarence!« Lerois Stimme klingt gedämpft. »Halten Sie möglichst noch ein paar Minuten still. Ich hoffe, Sie empfinden nichts Unangenehmes?«

»Nein.« Wie soll er etwas empfinden, er weiß, sie ist völlig unempfindlich, diese graue Masse, der Analysator aller Arten von Schmerz.

»Gleich geht's los«, sagte Leroi. »Legen Sie sich möglichst bequem hin, Clarence!«

Gedächtnisinversion. Um sie zu realisieren, muß die Maschine alle Winkel des menschlichen Gehirns durchlöchern, die Erinnerungen entwirren und zu einer endlosen Kette aufreihen, das Unterbewußte durchdenken und entscheiden, was für immer entfernt werden kann und was bleiben muß. Entrümpelung des Lagers.

Am Schaltpult leuchtete ein grünes Lämpchen auf. Der Strom fließt in die Hirnrinde.

Verwirrt steht der kleine Junge vor einem zerschlagenen Marmeladenglas. Ein dicker brauner Brei zerläuft auf dem Teppich ...

Stopp! Sogleich wird der Empfindungskomplex in seine Bestandteile zerlegt und mit dem Programm verglichen. Was haben wir denn da? Angst, Ratlosigkeit, die erste Vorstellung von der Vergänglichkeit der Welt. Entfernen. Kaum hörbar klickt ein Relais. Ein Stromimpuls wird ins Gehirn entsandt, und die nervliche Erregung in diesem Abschnitt erlischt. Das Gedächtnis gewinnt Platz für wichtigere Dinge.

Eine Horde Jungs stürzt auf die Straße. Getuschel. Unter ihnen – ein riesiger Lümmel mit rotem Haarwust und abstehenden Ohren. Aber ja keine Angst zeigen! Und wenn's noch so schwer fällt. Die Beine sind wie aus Watte. Speiübel wird einem, man möchte abhauen. Sie sind schon fast 'ran. Drohendes Schwei-

gen, eine Visage mit gebleckten Zähnen, abstehende Ohren. Noch zwei Schritte. Da hebt der Riese die Faust ...

Löschen! Klick, klick, klick.

Ein Flußufer, auf dem Wasser – wippende Angelposen. Ein schwarzer Schatten. Ein Fuß im geflickten Stiefel. Weggeworfene Angeln, die mit der Strömung davontreiben. Roter Nebel vor den Augen. Ein Faustschlag in die verhaßte Fresse, noch einer und noch einer. Der besiegte, winselnde Feind, der sich das Blut übers Gesicht verschmiert ...

Millisekunden für die Analyse. Lassen! Siegesfreude, Glauben an die eigene Kraft braucht ein Wissenschaftler genausogut wie ein Boxer im Ring.

Feuerschein auf Tannenwipfeln. Von Jugend und Wein erhitzte Gesichter. Funkengarben stieben hoch, wenn Äste ins Feuer geworfen werden. Knisternde Flammen und ein Lied: »Zeig mir den Stern der Liebe ...« Elsas Gesicht. »Gehen wir, Clarence. Ich sehne mich nach Stille.« Trockenes Laub raschelt unter den Füßen. Ein weißes Kleid vor einem Baumstamm. »Wollen Sie mich nicht küssen, Clarence?« Der herbe Moosduft im Morgendämmer. Das Frühstück im kleinen Vorstadtrestaurant. Heiße Milch und knusprige Brötchen. »Wir bleiben für immer zusammen, nicht wahr, Liebling?«

Die Lämpchen auf dem Pult flammen auf und erlöschen. Die Liebe – gut! Beschwingt die Phantasie. Das übrige – entfernen! Klimbim, der zuviel Nervenverbindungen belegt. Klick, klick. Alles wird auf die Ausmaße eines Fotos im Familienalbum reduziert: *Ein weißes Kleid vor einem Baumstamm. »Wollen Sie mich nicht küssen, Clarence?«*

Der unsichtbare Strahl rast durch die Zellen des elektronischen Wandlers, schnüffelt in allen Verstecken der menschlichen Seele.

Was ist da noch? Strom ins zweiunddreißigste Elektrodenpaar! Lassen, löschen, lassen, löschen, löschen, klick, klick, klick.

Die erste Vorlesung. Der schwarze Anzug, von Elsa sorgfältig gebügelt. Leise Besorgnis in den blauen Augen. »Toi, toi, toi, mein Schatz!« Das gestufte Halbrund des Hörsaals. Die aufmerk-

samen, belustigten Gesichter der Studenten. Am Anfang – eine belegte, etwas brüchige Stimme. Einführung in die Funktionstheorie. Der offene Mund eines Studiosus in der ersten Reihe. Allmählich legt sich der Lärm. Kreidegeklopf an der Tafel. Die freudige Gewißheit, daß die Vorlesung glatt verläuft. Beifall, Glückwünsche der Kollegen. Wie lange ist das her! Siebzig Jahre! Am zwanzigsten September ...

Klick, klick. Es bleiben nur das Datum und ein Konspekt der Vorlesung, ganz kurz.

Weiter, weiter.

Guck mal, unser Sohn. Er sieht dir ähnlich, nicht?« Ein Rosenstrauß am Kopfende. Die Rosen sind aus dem Laden an der Brücke. Die blonde Verkäuferin hat sie eigens für ihn ausgesucht. »Frauen lieben schöne Blumen, ich bin überzeugt, sie werden ihr gefallen.«

Klick, klick. Fort mit den unnützen Erinnerungen, die das Gedächtnis belasten. Das Gehirn eines Mathematikers muß von sentimentalem Kram frei sein.

Elsas schriller, tierischer Schrei. Beileidstelegramme, Telefonanrufe, Scharen von Reportern auf der Treppe. »Die ganze Welt rühmt die Heldentat Ihres Sohnes.« In den Zeitungen auf der ersten Seite ein schwarzumrandetes Foto: ein junger Mann im Raumanzug an einer Raketengangway. Die stumme Menge in der Kirche. Die hagere Figur des Geistlichen. »Ewiges Gedenken den Bezwingern des Kosmos ...«

Die Lämpchen auf dem Pult flammen auf und erlöschen. Durch die Verzögerungsleitungen des Speichers eilen die Entladungen, bis zum äußersten ausgelastet sind die Blöcke der Logikkreise. Immer wieder wird das Resultat mit dem Programm verglichen und die logische Analyse wiederholt.

»Nanu, was tut sich denn da?« Leroi läßt kein Auge vom Pult. Offenbar kann sich die Maschine nicht entscheiden.

»Endlich, Gott sei Dank!« Erleichtert atmet Leroi auf, als er das gewohnte Klicken des Relais vernimmt. »Creps, überprüfen Sie morgen anhand der Bandaufzeichnung, was da mit dem Programm nicht stimmt.«

Klick, klick, klick.

»Ewiges Gedenken den Bezwingern des Kosmos.«

Klick. Noch eine Gedächtniszelle frei.

Millionen Analysen pro Minute. Ereignisse und Daten, Gesichter von Bekannten, gelesene Bücher, Bruchstücke von Filmen, Neigungen und Gewohnheiten, physikalische Konstanten, Tensoren, Operatoren, Formeln, Formeln, Formeln. All das ordnen und sortieren, Unnötiges streichen.

Klick, klick. Ein Mathematikergehirn muß über ein immenses Berufsgedächtnis verfügen. Aufnahmefähigkeit für mindestens fünfzig Jahre muß garantiert werden. Wer weiß, was noch alles kommt? Hinweg mit dem Ballast! Klick, klick.

Die Kurven auf den Oszillographenschirmen tanzen. Leroi ist nicht restlos befriedigt. Offenbar muß Schluß gemacht werden, das Gehirn ist müde.

»Genug!« weist er Creps an. »Rufen Sie die Pfleger, sie sollen ihn auf die Station schaffen.«

Creps drückt auf den Klingelknopf. Während sich die Pfleger um den fühllosen Körper mühen, schaltet er die Anlage aus.

»Schluß für heute?«

»Ja«, erwidert Leroi. »Ich bin groggy wie der Herrgott nach dem sechsten Schöpfungstag. Ein kleiner Bummel wär mir jetzt recht. Los, Creps, gehen wir in irgendein Kabarett. Nach dieser Schinderei können auch Sie eine Aufmunterung vertragen.«

4

Eins, zwei, drei. Links, links. Eins, zwei, drei. Zu gehen ist doch eine Lust! Einatmen, Pause, ausatmen, Pause. Puck, puck, puck, linker Herzvorhof, rechte Herzkammer, rechter Herzvorhof, linke Herzkammer. Eins, zwei, drei. Links, links.

Leicht und beschwingt schreitet Clarence die Straße entlang. Er blickt zur Uhr. Jetzt muß er verabredungsgemäß in die Uni. Auf einem Sprung bloß, zu Levis Seminar. Dann geht's heim, zu Elsa. Einatmen, Pause, ausatmen, Pause. Welch eine Vielfalt von Düften, Schattierungen, Formen. Das erneuerte Gedächtnis resorbiert begierig die Umwelt. Heißes Blut strömt durch die Arterien, verrieselt ins Labyrinth der Gefäße und kehrt auf seinen Kreiswegen zurück. Puck, puck, puck. Kleiner Kreis, großer Kreis, rechter Vorhof, linke Herzkammer, linker Vorhof, rechte Herzkammer, puck, puck, puck.

Einatmen, Pause, ausatmen, Pause.

Halt! Clarence bleibt überwältigt stehen. Auf grünem Laubgrund – rote Blütenblättchen, die unwahrscheinlich duften. Er sinkt in die Knie und beschnuppert wie ein Tier den Strauch.

In den Augen des vorübergehenden Mädchens leuchten Spott und unwillkürliches Entzücken. Er ist sehr schön, der Mann, der vor den Blumen kniet.

»Haben Sie etwas verloren?« fragt sie lächelnd.

»Nein, ich möchte mir nur den Duft einprägen. Wissen Sie, wie sie heißen, diese, diese ...« – verdammt! Ihm ist die Bezeichnung entfallen – »diese Pflanzen?«

»Blumen – wollen Sie sagen«, berichtigt sie ihn. »Es sind gewöhnliche rote Rosen. Haben Sie sie wirklich noch nie gesehen?«

»Nein, zufällig nicht. Danke. Aber jetzt merke ich es mir: rote Rosen.«

Er steht auf, streicht behutsam mit den Fingern über die Blütenblättchen und geht weiter.

Ein, zwei, drei. Links, links.

Das Mädchen blickt ihm verwundert nach. Ein sonderbarer Kauz, trotzdem – schade. Er hätte ruhig etwas netter sein können.

Rosen, rote Rosen, wiederholt er in Gedanken ...

Clarence öffnet die Hörsaaltür. Das Seminar hat schon begonnen. Levi, einem gestrengen Mops ähnlich, steht an der Tafel, die mit Gleichungen vollgekritzelt ist. Er dreht sich um und winkt Clarence zu, die Kreide in der Hand. Alle blicken auf Clarence. In der Tür drängeln sich Studenten.

Natürlich sind sie nicht wegen Levi hier. Der Held des Tages ist Clarence – ein Vertreter der Kaste der Unsterblichen.

»Entschuldigen Sie bitte die Verspätung«, sagt er und setzt sich auf seinen Platz. »Bitte, fahren Sie fort.«

Rasch überfliegt er die Tafel. Anscheinend versucht der Alte, das Langrensche Theorem zu beweisen. Amüsant.

Levi tritt an die andere Tafel.

Clarence spürt die vielen Blicke nicht. Er rechnet etwas im Kopf nach. Er ist gespannt wie ein Rennpferd vor dem Start.

Aha, ich hab's! Aber ruhig Blut, noch mal überprüfen. So, ausgezeichnet.

»Schluß damit!«

Levi wendet sich erstaunt um.

»Sagten Sie etwas, Clarence?«

Um Clarence Mund spielt ein blendendes, unerbittliches Lächeln.

»Ich sagte: Schluß damit! Im zweiten Glied ist eine versteckte Unbestimmtheit. Bei der Behandlung mit partiellen Ableitungen verwandelt sich Ihre Gleichung in eine Identität.«

Er tritt an die Tafel, wischt achtlos alles weg, was Levi entwickelt hat, schreibt ein paar Zeilen hin und unterstreicht mit Schwung das Resultat.

Levis Gesicht wird zu einem Bratapfel, den man zu spät aus der Röhre genommen hat. Eine Weile starrt er an die Tafel.

»Danke, Clarence ... Ich überlege mir, was da zu tun ist.«

Da holt Clarence zum entscheidenden Schlag aus. Im Saal – prickelnde Stille.

»Am besten täten Sie daran, die Finger von einer Arbeit zu lassen, der Sie nicht gewachsen sind.«

Knockout.

Wieder marschiert er die Straße entlang. Eins, zwei, drei; links, links; einatmen, Pause, ausatmen, Pause. *Der besiegte, winselnde Feind, der sich das Blut übers Gesicht verschmiert. Ein Bratapfel, zu spät aus der Röhre genommen.* Siegesfreude,

Glauben an die eigene Kraft braucht ein Wissenschaftler genausogut wie ein Boxer im Ring.

Eins, zwei, drei; einatmen, Pause, ausatmen, Pause; eins, zwei, drei, links, links.

5

»Olaf!«

In der Tür – die strahlende, bezaubernde Elsa. Wie jung und schön sie ist – Aphrodite, aus dem Regenerationsschaum geboren.

Ein weißes Kleid vor einem Baumstamm. »Wollen Sie mich nicht küssen, Clarence?«

»Servus Liebling!« Das ist ein Kuß, wie ihn Eheleute am Tag ihrer brillantenen Hochzeit tauschen.

»Na, laß dich mal anschauen. Großartig siehst du aus. Jetzt muß ich wohl eine Leibgarde dingen, die dich vor den Studentinnen schützt.«

»Unsinn! Bei so einer Frau …«

»Laß, du verwühlst mir die Frisur.«

Er wandert durch die Zimmer, sieht sich die Bücher im Schrank an, die Nippsachen auf Elsas Tischchen, betrachtet interessiert die Möbel, die Wände. All das ist ihm vertraut und fremd zugleich. Als hätte er es im Traum gesehen.

»Dein neuer Schwarm?« fragt er beim Anblick eines Fotos, auf dem ein junger Mann im Raumanzug an einer Raketengangway zu sehen ist.

Elsa starrt ihn entsetzt an.

»Olaf, was redest du da!«

Clarence zuckt die Achseln.

»Ich gehöre nicht zu den Männern, die auf die Bekannten ihrer Frauen eifersüchtig sind, aber du mußt doch zugeben: Die Masche, Konterfeis von Verehrern überm Bett aufzuhängen, ist mehr als komisch. Was guckst du mich so entgeistert an?«

»Weil … weil das Henry ist … unser Sohn. Mein Gott! Erinnerst du dich denn an nichts?«

»Ich erinnere mich sehr gut an alles, aber Kinder hatten wir keine. Wenn du trotzdem auf diesen Wandschmuck nicht verzichten willst, mußt du dir schon was Gewitzteres einfallen lassen.«

»Großer Gott!«

»Nicht doch, Liebling.« Clarence beugt sich zu seiner schluchzenden Frau. »Meinetwegen, soll es hängenbleiben, wenn du Spaß dran hast.«

»Geh weg! Bitte, Olaf, geh weg! Laß mich allein, ich flehe dich an!«

»Gut, ich bin im Arbeitszimmer. Wenn du dich beruhigt hast, ruf mich.«

Ereignisse und Daten, Gesichter von Bekannten, gelesene Bücher, Bruchstücke von Filmen, physikalische Konstanten, Tensoren, Operatoren, Formeln, Formeln, Formeln. Ein weißes Kleid vor einem Baumstamm. »Wollen Sie mich nicht küssen, Clarence?« Rote Rosen, das Langrensche Theorem, ein Bratapfel, zu spät aus der Röhre genommen, Siegesfreude … Nein, er versteht wirklich nicht, was in Elsa gefahren ist.

Ein festlich gedeckter Tisch. Neben einer Flasche alten Weins ein Hochzeitskuchen: Zwei Täubchen aus Krem halten die Zahl 75 in ihren Schnäbeln.

»Schau mal – meine Überraschung: Der Wein ist auch fünfundsiebzig Jahre alt.«

Gott sei Dank, Elsa scheint sich beruhigt zu haben. Aber wieso fünfundsiebzig?

»Das ist sehr lieb, aber es stimmt nicht ganz. Ich bin doch nicht fünfundsiebzig, sondern hundert, und du, wenn ich mich recht entsinne, auch.«

Wieder dieser seltsame, bestürzte Blick.

Er schneidet ein großes Stück Kuchen ab und füllt Wein in die Kelche. »Auf die Unsterblichkeit!«

Sie stoßen an.

»Ich möchte«, sagte Clarence kuchenkauend, »daß du noch in diesem Jahr zur Inversion gehst. Dein Gehirn ist überlastet. Deshalb denkst du dir Ereignisse aus, die es nicht gegeben hat, verwechselst die Daten und bist über die Maßen nervös. Wenn du willst, ruf' ich gleich morgen Leroi an. Die Operation ist kinderleicht.«

»Olaf« – Elsas Augen flehen, hoffen, gebieten –, »heute ist der dreiundzwanzigste August, erinnerst du dich wirklich nicht, was vor fünfundsiebzig Jahren an diesem Tag geschah?«

Ereignisse und Daten, Gesichter von Bekannten, Tensoren, Operatoren, Formeln, Formeln, Formeln …

»Am dreiundzwanzigsten August? Ich glaube, da hab' ich meine letzte Prüfung gemacht. Ja, natürlich! Bei Elgart, drei Fragen, die erste …«

»Hör auf!«

Elsa rennt aus dem Zimmer, das Taschentuch an die Augen gedrückt.

Ja … Clarence schenkt sich Wein nach. Arme Elsa! Sie muß unbedingt gleich morgen zu Leroi!

Als Clarence das Schlafzimmer betritt, liegt Elsa bereits im Bett.

»Beruhige dich, Liebling. Deshalb mußt du doch nicht gleich weinen.«

Er faßt sie um die bebenden Schultern.

»Ach, Olaf! Was haben sie nur aus dir gemacht! Du bist wie ein Fremder, überhaupt nicht mehr du selbst. Warum hast du dich drauf eingelassen? Alles, aber auch alles hast du vergessen!«

»Du bist einfach übermüdet. Du hättest die Inversion nicht ablehnen sollen. Dein Gehirn ist überlastet, hundert Jahre – das ist kein Pappenstiel!«

»Ich hab' Angst vor dir, wie du jetzt bist.«

»Wollen Sie mich nicht küssen, Clarence?«

6

Das Unglück vergiftete mit seinem bösen Hauch den Duft der Rosen, sprengte die ebenmäßigen Reihen der Gleichungen. Das Unglück drang in seinen Traum ein, leise, leise. Es war hier, ganz nah. Mit geschlossenen Augen legte Clarence die Hand auf die Schulter seiner Frau.

»Elsa!«

Er versuchte, ihre starren Augenlider zu öffnen, mit seinem Atem das steinerne Gesicht zu erwärmen, den kleinen Flakon aus den steifen Fingern zu winden.

»Elsa!«

Niemand kann einen Stein zum Leben erwecken.

Clarence riß den Hörer von der Gabel ...

»Morphiumvergiftung«, sagte der Arzt und zog sich den Mantel an. »Der Tod ist vor zirka drei Stunden eingetreten. Den Totenschein hab' ich aufs Telefonbuch gelegt – auf das Tischchen dort. Da hab' ich Ihnen auch die Nummer des Beerdigungsinstituts notiert. Die Polizei verständige ich selber. Einwandfrei Selbstmord. Ich meine, man wird Sie in Ruhe lassen.«

»Elsa!« Er kniete vor dem Bett und streichelte die kalte, weiße Stirn. »Verzeih mir, Elsa! Mein Gott, was war ich doch für ein Kretin! Die Seele zu verkaufen! Wofür! Um ein Computer zu werden und diesen Dummkopf Levi fertigzumachen ...« *Ein Bratapfel, zu spät aus der Röhre genommen. Siegesfreude, das Langrensche Theorem, Tensoren, Operatoren, Formeln, Formeln, Formeln ...* Diesen Dummkopf ...

Clarence setzte sich aufs Bett und nahm vom Tischchen ein weißes Blatt.

Um zwölf klingelte das Telefon.

Clarence hob ab.

»Ja, bitte?«

Er saß immer noch auf dem Bett, am Telefontischchen.

»Hallo, Clarence! Hier Leroi. Wie haben Sie die Nacht verbracht?«

»Die Nacht verbracht?« echote Clarence geistesabwesend und drehte in den Händen den Totenschein, dessen Rückseite über und über mit mathematischen Symbolen beschrieben war. »Ausgezeichnet hab' ich die Nacht verbracht.«

»Und das Befinden?«

»Prächtig!« Die Gleichungen hatten nicht alle auf dem Totenschein Platz gefunden, in schlanken Zeilen bedeckten sie auch die herausgerissenen Notizseiten des Telefonbuchs. Ein paar durchgestrichene und zerknüllte Blätter lagen auf der Decke und auf dem Kissen, am Kopf der Toten. »Hören Sie, Leroi, rufen Sie mich zwei Stunden später an, ich bin jetzt sehr beschäftigt. Ich glaube, ich habe einen Beweis für das Langrensche Theorem gefunden.«

»Viel Erfolg!«

Leroi lachte und legte auf.

»Na, wie steht's?« fragte Creps.

»Bestens. Die Operation ist rundum gelungen. Keine beunruhigenden Symptome.«

Ilja Warschawski
Schaben

Ich habe keine Lust aufzuwachen. Ich weiß genau, mache ich die Augen auf, fängt das Karussel wieder von vorne an. Eine Umdrehung in vierundzwanzig Stunden. Tagaus, tagein, Monat um Monat und Jahr für Jahr. Im Schlaf kann man die Welt formen, wie es einem gerade gefällt: sie nach eigenem Gutdünken zuschneiden und mit den wunderlichsten Gestalten besiedeln, die Zeit aufhalten oder sie mir nichts, dir nichts zurückdrehen.

Im Schlaf bin ich der Herr der Welt, doch am Tage ... Aber es lohnt ja nicht, Gedanken daran zu verschwenden. Man soll zehn Minuten mit geschlossenen Augen liegenbleiben und sich ausschließlich angenehme Dinge vorstellen. Ein blödes Rezept. Mit anderen Worten, nicht an das denken, was einen in Wirklichkeit erwartet. Nicht an den anbrechenden Tag, nicht an das Manuskript auf dem Tisch. Am besten an gar nichts denken! Eine uralte, naive Weisheit, kindliche Vorstellung von der Allmacht der menschlichen Psyche. Der bewußte Strohhalm für den Ertrinkenden. Der Teufel hol den Strohhalm! Die Rettungstechnik macht schließlich auch Fortschritte.

Ich strecke die Hand aus und angele nach den Kontakten auf dem Tisch. Schwupp, einen ins Genick, zwei ans Handgelenk und einen auf den Bauch.

Wer bist du, mein Wohltäter, der du mir Mut und Ruhe schenkst? Vielleicht füllte deine Asche schon lange eine Urne. Und alles, was von dir geblieben ist, steckt in der Magnetaufzeichnung dieser Emotionen, vervielfältigt zu Millionen Exemplaren. Du hast den Menschen ein wertvolles Erbe hinterlassen, die morgendliche Unbeschwertheit. Du besaßest einen heiteren Sinn, eine ausgezeichnete Verdauung und ein unermüdliches Herz. Dein Appetit war beneidenswert, du hattest was übrig für Sport und geistreichen Witz. Und du gingst auch nicht achtlos an den Frauen vorüber. Deine Bioströme spannen meine Muskeln. Sie jagen das Blut durch die Gefäße und zwingen mich zu diesem idiotischen Grinsen.

Hoppla, das Leben ist herrlich! Benutzen Sie allmorgendlich den elektrischen Biostimulator Alpha!

Ein Klicken des Relais. Jetzt ist der Apparat für vierundzwanzig Stunden abgeschaltet. Man müßte das Schloß aufbrechen, das Relais herausnehmen und ein paar Tage hintereinander in diesem paradiesischen Zustand verbleiben. Zum Teufel den Rest – die ungeschriebenen Manuskripte, die ungetreuen Weiber und vor allem euch, meine Herren Eierköpfe! Hoffnung der Menschheit! Hört ihr? Zum Teufel mit euren Problemen und Problemchen!

Mit einem Messerchen versuche ich den schwarzen Kasten zu öffnen, doch das Gehäuse besteht aus massivem Plast. Nirgends auch nur der kleinste Schlitz. Nichts zu machen.

Also schauen wir uns an, was in der Welt passiert.

Auf dem Bildschirm Reklame und Werbung, Werbung und Reklame.

Eßt mehr, trinkt mehr, wechselt häufiger Kleider, Schuhe und Möbel! Gehen Sie mit der Mode, die Mode ist der Spiegel der Zeit. Meine Damen, bemühen Sie sich um die Gunst der Herren! Meine Herren, achten Sie auf Ihr Äußeres! Besuchen Sie das Central-Kaufhaus mit dem größten und besten Angebot an verschleißfreudigen Waren. Wir geben unbegrenzten Kredit. Hängen Sie Ihr Herz nicht an Dinge. Bedenken Sie: Jedesmal, wenn Sie Ihren ausgedienten Anzug tragen, stören Sie den Arbeitsrhythmus des Großen Fließbands. Einmaliger Gebrauch der Gegenstände! In den Müll mit ihnen! Kaufen Sie, kaufen Sie, kaufen Sie!

Resümee: zehnstellige Zahlen, ins Unendliche ziehende Fließbänder, Berge von Fressalien, unvorstellbare Mengen an Waren. Die Zeiger an den Armaturbrettern des Energiesystems stehen unterhalb des grünen Eichstrichs. Konsumieren und noch einmal konsumieren! Dem Großen Fließband droht der Übergang zum geschlossenen Zyklus!

Zweites Programm: für unsere Frauen. Gebären ist nützlich, gebären ist angenehm, gebären ist notwendig. Sie suchen den Sinn des Lebens? Er liegt in den Kindern! Das Neue am Ehegesetz: Jede Patriotin von Donomaga schenkt mindestens fünf Kindern das Leben!

Wir können den Verbrauch nur steigern, wenn ...

Genug. Ich schalte das dritte Programm ein.

Die Sensation des Jahrhunderts: Der denkende Gorilla Max hält eine Pressekonferenz ab. Der plumpe Körper ist in einen karmesinroten, hochgeschlossenen Kittel gehüllt. Ein hochmütiges, abgespanntes Gesicht. Die schweren Lider halten die Augen halbverschlossen. Auf dem unwahrscheinlich großen Schädel ist noch die rosige Narbe der jüngsten Operation zu erkennen.

Der Kommentator sieht neben Max mickrig und grämlich aus.

»Sagen Sie bitte, Max«, fragt der Korrespondent einer Presseagentur, »welche Perspektiven sehen Sie für Operationen dieser Art?«

Max rafft sich zu einem Grinsen auf und bleckt seine scharfen Hauer. »Hätten die Operationen nicht die gewünschten Ergebnisse gezeitigt, denke ich, hätte ich wohl nicht die Ehre, heute und hier mit Ihnen zu plaudern.«

Die Kamera zeigt in Totale die an einzelnen Tischen sitzenden, eifrig mitschreibenden Journalisten.

»Ich fürchte, Sie haben mich nicht ganz richtig verstanden. Ich meinte, hm, hm, die Perspektiven für die Menschheit insgesamt sozusagen.«

»Ich arbeite für die Menschheit«, klingt dumpf die Antwort. »Sie glauben doch nicht am Ende ...«

»Entschuldigen Sie, Max«, unterbricht der Kommentator, »ich erlaube mir, die Frage meines Kollegen zu präzisieren. Halten Sie es für möglich, daß derartige Operationen irgendwann einmal an Menschen durchgeführt werden?«

Max zuckt die Schultern. »Die Frage sollte denen gestellt werden, die Operationen ausgeklügelt haben. Fragen Sie die Eierköpfe!«

Lachen im Saal.

»Und dennoch«, beharrt der Korrespondent, »uns interessiert Ihr Standpunkt.«

Maxens Lippen beben. Für ein paar Sekunden ruht sein Blick starr auf dem Korrespondenten. Dann löst sich aus seiner Kehle ein durchdringendes Gebrüll. Mit geballten Fäusten versetzt er sich ein paar heftige Schläge vor die Brust. Der Kameramann hat wohl die Nerven verloren, denn die Kamera fährt schleunigst zurück.

»Aber, aber, Max.« Der Kommentator reicht ihm ein Büschel Bananen. »Das ist doch kein Grund zur Aufregung.«

Während Max die Bananen kaut, herrscht im Studio absolute Stille. Deutlich höre ich Maxens Schnaufen und Schmatzen.

»Entschuldigen Sie.« Max schließt seinen Kittel, der ihm aufgegangen war. »Wo waren wir stehengeblieben?«

»Ob solche Operationen einmal an Menschen ausgeführt werden können«, hilft ihm der Kommentator auf die Sprünge.

»Das scheint eher eine ethische als eine wissenschaftliche Frage zu sein. Um ein Superhirn zu entwickeln, müßten zwei von drei Personen sterben. Geht es um das Leben von Tieren, dann sind Ihre Eierköpfe nicht besonders zimperlich. Ich weiß nicht, ob sie genügend Courage besäßen, handelte es sich um Menschenleben.«

Er spricht ziemlich dreist von den Eierköpfen. Der Kommentator fühlt sich offensichtlich nicht recht wohl in seiner Haut und versucht, das Gespräch in andere Bahnen zu lenken.

»Vielleicht sagen Sie uns, woran Sie im Augenblick arbeiten?«

Ein pfeilschneller Blick schießt unter wulstigen Brauen hervor. Für einen winzigen Moment schwankt er. Ehrenwort, dieser Gorilla ist klüger, als ich dachte. Sein Grinsen sagt alles.

»Ich fürchte, das ist nicht so einfach. Ich bin ein schlechter Popularisator, und das Problem geht sicher über das Verständnis von Menschen mit gewöhnlichem genetischem Code hinaus. Erklären Sie einmal einem Affen die Gesetze des Versbaus.«

Bravo, Max, bravo!

»Also.« Der Kommentator ist am Ende seines Lateins. »Gibt es noch Fragen?«

Auf dem Bildschirm sieht man jetzt eine Rundfunkreporterin in Großaufnahme.

»Entschuldigen Sie, Max, aber vielleicht erscheint Ihnen meine Frage zu ... Ich meine, vielleicht halten Sie sie für zu ... für ...« Sie ist aus dem Konzept gekommen.

»Zu intim«, kommt ihr der Kommentator zu Hilfe.

»Ja, genau, zu intim.« Sie atmet erleichtert auf. »Ihre Vergangenheit. Immerhin kann man sie nicht völlig außer acht lassen. Die tierischen Instinkte. Haben Sie nicht manchmal den Wunsch ...«

Max nickt. »Ich habe verstanden. Wir befinden uns allesamt im Banne der Instinkte. Da gibt es kein Entrinnen. Spüren Sie zuweilen in der Nacht, wenn Sie mit Ihrem Gatten allein sind, nicht auch das Verlangen, den Instinkten freien Lauf zu lassen? Ist Ihnen da nicht auch mal so?«

Die Journalisten wiehern los, der Kommentator hält sich den Bauch vor Lachen. Allein das Gesicht des Gorillas zeigt keine Bewegung.

Die Reporterin ist rot bis an die Haarwurzeln geworden.

Eine feine Sache so ein Farbfernseher. Ich weide mich geradezu an den Nuancen der Röte auf dem Gesicht dieser dummen Pute.

»Ich bin noch ... Jungfrau«, stößt sie mühsam hervor.

Jetzt bricht auch Max in lautes Lachen aus. »Um so mehr.« Er holt aus seiner Kitteltasche ein Tuch hervor und wischt sich die Augen. »Um so mehr, die unbefriedigten Instinkte machen einem am meisten zu schaffen.«

Der Kommentator versucht zu retten, was zu retten ist.

»Vielen Dank, Max. Ich möchte mich bei Ihnen im Namen der Fernsehzuschauer bedanken, die dieses Interview, so hoffe ich, mit großem Interesse verfolgt haben.«

Ich schalte ab. Zeit zu frühstücken.

Nummero zwölf: Diätfrühstück für Fettleibige. Aus unerfindlichen Gründen reicht mir die eiserne Hand anstelle der üblichen zwei Gerichte und einem Glas Tee immer neue Teller. Ich versuche, die Tür des Automaten zuzuschlagen. Vergebens. Also wieder ein neuer Trick. Ob du willst oder nicht, du steigerst den Verbrauch.

Ich kann nicht behaupten, die Sachen schmeckten nicht. Die Speisen sind nach Rezepten erfahrener Feinschmecker zubereitet, dennoch vergeht mir nach dem zweiten Bissen der Appetit. Mich macht die Riesenmenge einfach rasend. Ich schiebe alles von Tellern 'runter aufs Tablett, verrühre den Matsch und schütte ihn in den Utilisator. Ich gebe mir Mühe, nicht an die Rechnungen zu denken, die mir am Monatsende ins Haus flattern. Patriot sein ist alles. Die automatischen Fließstraßen müssen ausgelastet werden. Ein Fließband im geschlossenen Zyklus ist tatsächlich etwas Ungeheuerliches. So etwas wie ein Schriftsteller, der nicht weiß, worüber er schreiben soll.

Da wir gerade beim Schriftsteller sind, mein Teurer, mach dich an deine obligatorischen zwei Seiten Tagespensum. Wo waren wir stehengeblieben?

Zehn Minuten starre ich blicklos auf das Blatt Papier vor mir und überlege. Vielleicht tue ich auch nur so, als überlege ich.

Nein, zuerst das Wichtigste. Ich gehe zum Informator und rufe den Hauptposten.

»Ja, bitte?«

»Ich brauche eine Auskunft. Wievielmal wurde in der Literatur beschrieben, daß der Held die Heldin liebt, sie seine Gefühle aber nicht erwidert und zu einem anderen geht?«

»Innerhalb welcher Periode?«

»Von Aischylos bis heute.«

Offensichtliche Verwirrung auf der anderen Seite. Ich höre, wie der Diensthabende den Auftrag weitergibt.

»Hallo, Teilnehmer.«

»Ja.«

»Wir sind nicht in der Lage, eine solche Auskunft zu geben. Die Informationsmenge überschreitet das Speicherungsvermögen der Maschinen.«

»Nun, dann also für das letzte Jahrhundert.«

»Warten Sie bitte.«

Ich warte geduldig.

»Die Auskunft liegt morgen, dreiundzwanzig Uhr, vor. Paßt Ihnen dieser Termin?«

»Na gut. Eigentlich unwichtig zu wissen, der wievielte Epigone man ist.«

»Wie bitte?«

»Nichts. Ich habe nur laut gelacht. Sie können den Auftrag als annulliert betrachten!«

»Gut.«

Die beiden Seiten werden weder heute geschrieben noch morgen, noch in Ewigkeit. Amen.

Ehrlich, ich fühle mich erleichtert. Jetzt fehlt nur noch die Entscheidung, wie der Tag verbracht werden soll.

Ich gehe zum Spiegel und beäuge mich vom Scheitel bis zur Sohle. Flott sehe ich aus. In einer Welt des vor Langeweile strotzenden Überflusses sind geflickte Latschen, an den Knien ausgebeulte Hosen und durchgescheuerte Jackettärmel das Zeichen eines erlesenen Snobismus. Ich verneige mich vor meinem Spiegelbild und gehe hinaus auf die Straße.

Die obere Ebene gehört den Fußgängern. Dort befinden sich die Geschäfte, deshalb liegt ein derartiges Getöse in der Luft. Hunderte Lautsprecher überreden zum Kauf irgendwelcher Waren.

An der Kreuzung stehen ein paar junge Mädchen.

Wenn die Bestrebungen anhalten, den Körper möglichst unbedeckt spazierenzuführen, hat das große Fließband bald gar nichts mehr zu tun.

Die Mädchen versuchen mit allen Mitteln, die Aufmerksamkeit der ziellos flanierenden Burschen auf sich zu lenken. Die gehen jedoch mit versteinerten Gesichtern vorüber. Fast alle kauen auf einer widerwärtig klebrigen Masse herum. Wie es heißt, ein wirkungsvolles Schlankheitsmittel.

Ich mustere die Gesichter der Vorübergehenden und versuche herauszukriegen, was eigentlich geschehen ist. Ich kann über die Welt, in der ich lebe, nicht schreiben, weil ich sie einfach nicht kenne.

Leere, satte Visagen, erloschene Blicke, Apathie auf der ganzen Linie.

Übrigens, ganz so ist es nicht. Von einer Minute zur anderen verwandelt sich die Menge. Jede Bewegung erstirbt, die auf der Stelle still gewordenen Menschen starren gierig auf Bildschirme. Ein Fußballspiel beginnt. Minuten später übertönen wildes Geschrei und ein ohrenbetäubendes Pfeifkonzert selbst die kreischenden Reklamelautsprecher.

In einem solchen Tollhaus kann ich nicht mehr denken, und ich betrete das erstbeste Geschäft. Dort ist es leer und verhältnismäßig still. Sehr bequeme Sessel stehen herum. Die Klimaanlage spendet angenehm kühle Luft.

Ich möchte so gern wenigstens etwas begreifen. Vor nicht allzulanger Zeit glaubte ich noch, es wäre das wichtigste, den Wettbewerb im Verbrauch zu gewinnen. Automation und Überfluß. Wieviel lange Jahre haben wir uns vor diesen beiden Idolen verneigt!

Fressen, fressen und nochmals fressen. Konfliktloser Kapitalismus! Möge jeder soviel fressen, wie er kann, und die Frage »Haben oder nicht haben?« verliert ihren Sinn. Das Fassungsvermögen des Magens macht alle gleich in diesem automatisierten Paradies. Und nun, die Mägen sind übervoll. Wie soll's weitergehen? Weiter? Wir und die Eierköpfe. Wieder zwei Klassen. Intellektuelle Ungleichheit. Niemals zuvor trat sie so scharf zutage. Für die Eierköpfe sind wir weiter nichts als Schweine am Trog, Objekt eines sozialen Experiments. Uns trennen nicht bloß die Mauern des Forschungszentrums. Ich habe irgendwann einmal einen Roman von

Wells gelesen. Dort lenkte ebenfalls eine Elite von Wissenschaftlern die Welt. Doch anders. Niemand vermochte sich vorzustellen, daß die Besitzunterschiede zu derart krasser intellektueller Ungleichheit führen, daß sich alles derart verkompliziert und die moderne Wissenschaft nur noch Genies zugänglich ist. Bisweilen glaube ich, wir werden von Marsmenschen regiert. Auf zehn Millionen Menschen kommt ein Genie. Die Eierköpfe machen sie immer mit Erfolg ausfindig. Als Einjährige kommen die Glücklichen ins Forschungszentrum. Irrtümer sind fast ausgeschlossen, das genetische Horoskop soll, wie man sagt, bombensicher sein. Und was soll ein Mensch tun, der nicht als Genie geboren wird?

Ich stehe auf und schlendere zum Ausgang.

»Sie haben nichts erworben?« gellt es in meinen Ohren. Die Geschäftsautomaten funktionieren fehlerlos.

Ich gehe zu einer Vitrine, stecke meine Bankkarte in den Kasten unter das Fotoelement und wähle aufs Geratewohl eine Krawatte mit einem verzwickten Muster.

»Sie wird Ihnen ausgezeichnet stehen.«

Ich schmeiße die Krawatte weg und gehe über die Treppe hinunter auf die Fahrbahn.

Ein paar Minuten stehe ich unentschlossen vor der langen Autoschlange, dann setze ich mich in einen kleinen Wagen.

»Wohin?« Eine Leuchtschrift taucht vor mir am Steuerpult auf. Ich weiß keine Antwort. Gleichzeitig drücke ich auf alle vorhandenen Knöpfe und Tasten.

Im Pult knackt es, und die Leuchtschrift blinkt wieder auf.

»Ach du«, sage ich, »so was nennt sich nun Automat und kommt nicht einmal mit einer solchen Kleinigkeit zu Rande.«

Ich betätige den erstbesten Knopf, und der Wagen setzt sich in Bewegung. Mir scheint, als führe er durch eine ausgestorbene Stadt. Auf der Fahrbahn nicht ein einziger Wagen. In Donomaga hat es schon seit langem niemand mehr eilig.

Ich drücke nacheinander auf alle Knöpfe. Der Wagen fährt ohne Ziel durch die Straßen.

Plötzlich nimmt seine Geschwindigkeit zu. Um die Ecke braust eine rote Limousine mit dem Symbol des Forschungszentrums. Ich sehe gerade noch den auf einem Kissen liegenden Mann. Eine riesige, kahle Stirn, ein kleines, fliehendes Kinn, Zeichen der Degeneraten.

Noch eine halbe Stunde. Die sinnlose Fahrerei geht mir allmählich auf die Nerven, doch ich bringe nicht den Willen zu einem Entschluß auf.

Ich überlege, daß der Wagen, wenn man ein paar Widerstände aus dem Pult risse, die Richtung verlöre. Und dann … Plötzlich kommt mir die Erleuchtung; ich spiele schon den ganzen Tag Blindekuh mit mir selbst.

Ich wähle eine Nummer auf der Scheibe und beuge mich über das Mikrofon: »Lili!« Ich flüstere, denn ich schäme mich der Worte, die ich sage: »Lili, du lastest auf mir wie ein Fluch. Ich bringe dich um, wenn ich nicht sofort zu dir kommen darf.«

Vor der Haustür steht die rote Limousine. Ich stelle meinen Wagen daneben ab und fahre zur zweiten Etage hinauf.

Lili öffnet mir selbst. Sie sieht erregt aus.

»Guten Tag, Liebster.« Sie küßt mich zerstreut auf den Mund. »Ich habe eine Überraschung für dich.«

Ich ahne, was das für eine Überraschung ist.

Die rote Limousine plus Lilis ungeheuren Ehrgeiz. Der Vorgaben sind genug, um die Gleichung mit einer Unbekannten zu lösen.

»Ich bin gespannt!«

Ich bin tatsächlich gespannt. Ich habe noch nie einen Eierkopf aus der Nähe gesehen.

Er sitzt im Sessel am Fenster. Ich erkenne ihn auf Anhieb. Neben ihm sitzt Toni.

»Macht euch bekannt. Mein ehemaliger Mann«, sagt Lili.

Das bin ich.

Ehemaliger Mann, ehemaliger Schriftsteller, was noch?

»Er ist Schriftsteller«, setzt Lili hinzu, »und ein begabter obendrein.«

Was denn sonst? Bei ihr muß alles von bester Qualität sein, selbst der ehemalige Mann.

Toni winkt freundlich mit der Hand. Er ist schon ziemlich voll. Wo er wohl den Schnaps aufgetrieben hat?

Ich gehe auf den Eierkopf zu, stolpere aber über Tonis ausgestreckte Beine. Die Feierlichkeit des Zeremoniells ist hin. Der erste Mann stolpert über den zweiten, ein Gaudi.

»Loy«, sagt der Eierkopf. Er hält es nicht einmal für nötig, sich aus dem Sessel zu erheben.

Ich drücke seine feuchte, fleischige Hand und stelle mich ebenfalls vor.

»Möchtest du einen Tee?« fragt Lili.

»Lieber was Kräftigeres.«

Toni legt den Finger auf die Lippen.

»Vor mir brauchen Sie sich nicht zu genieren«, sagt Loy. »Alle Gesetze haben statistischen Charakter, auch das Alkoholverbot. Gewisse Abweichungen sind immer zulässig.«

Lili holt die Flasche aus dem Schrank und mixt einen Cocktail.

Das erste Glas reicht sie Loy, doch der schüttelt ablehnend den Kopf. Toni schnauft zufrieden. Wer nicht will, der hat schon, um so mehr bleibt für uns.

»Haben Sie Svens letzten Roman gelesen?« fragt Lili den Eierkopf. »Er stand einmal hoch im Kurs.«

Loy guckt mich mit einem schweren, schläfrigen Blick an. Es sieht aus, als hätte er mitgekriegt, daß es um mich geht.

»Ich lese keine Belletristik«, sagte er, »doch wenn man einen Schriftsteller kennenlernt, möchte man unwillkürlich lesen, was er geschrieben hat.«

Lili atmet hörbar auf und nimmt ein Buch vom Regal. Ob sie es wohl selbst gelesen hat?

Loy hat kurze Hände, Spinnenpfoten. Als er nach dem Buch greift, fürchte ich, er würde es zum Munde führen und ihm alle Säfte aussaugen.

So ist es auch wirklich. Mit schnellen, schroffen Bewegungen blättert er die Seiten um, für den Bruchteil einer Sekunde verweilt sein Blick, dann blättert er weiter.

»Ich glaube kaum, daß es Sie interessiert«, sage ich und nehme ihm das Buch fort. »Eine Liebesgeschichte aus unserer Zeit.«

»Sie irrren«, unterbricht er mich. »Das Problem der sexuellen Erziehung der Jugend steht heutzutage an erster Stelle. Wir haben das SYSTEM für einhundert Jahre im voraus programmiert. Jährlicher Bevölkerungszuwachs mindestens fünf Prozent. Korrekturen sind jetzt ausgeschlossen. Die Tatsache, daß die Menschen keine Kinder wollen, kann zu katastrophalen Folgen führen.«

Erst in diesem Moment wird mir klar, was mich seit dem frühen Morgen quält. Ich muß Lili eins auswischen. Sie in die Achillesferse, die empfindlichste Stelle, treffen. Nein, solch eine Möglichkeit darf nicht vergeben werden!

»Wirklich, Toni, warum schafft ihr euch kein Kind an, du und Lili?‹

Lili beißt sich auf die Lippen. Sie ist gespannt wie eine Sprungfeder.

»Ich bin doch impotent«, meint Toni gutmütig. »Wissen Sie das etwa nicht?«

Ein Schuß ins Schwarze. Loy wendet sich erstaunt an Lili.

»Es ist ausgesprochen modern, einen Impotenten zu heiraten«, sagt sie leicht dahin. »Das erspart einem eine Menge scheußlicher Pflichten!«

Lili mochte die Rache schon immer schnell und mitleidlos.

Loy versteht nichts mehr.

»Aber wollen Sie etwa kein Kind?«

»Ich habe keine Lust, einen Versager zur Welt zu bringen. Davon gibt es bei Gott, mehr als genug.«

»Aber es gibt doch immer eine Chance.« Loy stellt sich stur.

»Eine solche Chance reicht mir nicht. Ich brauche wenigstens fünfzig Prozent Gewißheit, mein Lieber. Toni hat mir mal erzählt, im Altertum wären die Götter vom Olymp herabgestiegen und hätten sich irdische Mädchen genommen. So wurden die Heroen gezeugt. Stimmt's, Toni?«

Toni nickt. Seine Augen hängen gebannt an der Karaffe. Dort ist noch ein Rest an Trinkbarem. Ich fülle sein Glas und warte, was weiter wird.

Die Anspielung ist so durchsichtig, daß selbst Loy sie versteht. Er schwankt.

»Das empfiehlt sich nicht allzusehr. Genialität ist, wie jede andere Abweichung von der Norm, mit einem Fehler im genetischen Material verbunden. Dabei entstehen auch andere Veränderungen des genetischen Codes. Bisweilen ein letales Gen ...«

Er spricht von seiner Genialität so, als handele es sich um einen Leistenbruch.

»Oh, Sie sind ziemlich vorsichtig.« In Lilis Stimme schwingt eine Note mit, von der mir übel wird. »Das Ziel rechtfertigt das Risiko. Gefalle ich Ihnen etwa nicht?«

Das ist nun schon, weiß der Teufel, was.

Loy schnurrt wie ein vollgefressener Kater. Gleich wird er sich belecken.

»Hm, man könnte ja einmal das genetische Horoskop unseres Nachkommen zusammenstellen.«

Lili wirft mir einen triumphierenden Blick zu.

Die Pause zieht sich in die Länge.

»Los, spielen wir eine Partie Schabenrennen«, schlägt Toni vor.

»Toni ist Historiker«, erläutert Lili. »Er gräbt immer irgendwas Interessantes aus.«

Toni holt eine Schachtel vom Tisch und entnimmt ihr zwei Schaben. Eine ist weiß, die andere dunkelblau markiert.

»Wählen Sie«, schlägt er mir vor.

»Wo haben Sie denn die Dinger her?« frage ich.

»Aus dem entomologischen Museum. Ich habe dort einen Freund.«

Ich nehme die weiße Schabe.

Toni legt ein Holzbrett auf den Tisch.

Loy beobachtet uns mit herablassender Neugier, als wären wir selbst komisches, harmloses Ungeziefer.

Das Spiel gestaltet sich mit wechselndem Erfolg. Nach einigen Zügen gebe ich Toni meine Schabe zurück.

»Keine Lust mehr?« fragt er.

Ich nicke. Mir ist so elend zumute. Noch ein kleines bißchen, und ich fange an zu heulen. Ich finde es scheußlich, daß Lili … Dann schon lieber Max. Bloß nicht dieser Loy.

»Das kommt daher, weil wir ohne Einsatz spielen. Stellen Sie sich vor, der Verlierer müßte ins Nebenzimmer gehen und sich aufhängen. Das Spiel gewänne sofort an Spannung.«

»Ich habe einen Gedanken.« Lili lacht. »Versuch es, Sven. Ein Ritterturnier um den Besitz einer Dame. Sehr elegant.«

Wie sehr sie mich doch haßt!

Ich würde es ganz gern probieren, doch Toni tut mir leid. Das Risiko für ihn. Er ist ein ganz passabler Bursche, im großen und ganzen. Wenn es um Loy ginge. Ich stiege sofort drauf ein.

Was tut man nicht alles, damit es einen Eierkopf weniger gibt.

»Na, schön.« Ich schiebe das Brett zu Loy hinüber. »Suchen Sie sich eine Schabe aus.«

»Ich beteilige mich nie an Glücksspielen«, sagt er trocken. »Ihr Vergnügen ist die reinste Idiotie. Haben Sie wirklich keine vernüftigeren Hobbys?«

Toni explodiert plötzlich: »Was habt ihr uns denn noch gelassen?«

Loy zuckt die Schultern.

»Ich weiß nicht, was Sie wollen.«

»Arbeit«, schreit Toni. »Können Sie denn nicht begreifen, daß auch gewöhnliche Sterbliche arbeiten möchten?«

»Arbeiten Sie etwa nicht?«

»Ja, ich arbeite.« Er kippt seinen Cocktail in einem Zug hinunter und beruhigt sich etwas. »Ich habe eine Monographie über das achtzehnte Jahrhundert geschrieben. Doch wer braucht sie? Wer liest sie? Was für einen Sinn hat es überhaupt, in der ganzen Scheiße rumzuwühlen, wenn ich nicht klarkomme mit dem, was um mich herum vorgeht? Womit beschäftigt ihr euch in eurem verfluchten Forschungszentrum? Was für Überraschungen habt ihr noch für uns in petto? Mein Gott. Mitunter denke ich, wir sind allesamt in einem riesigen Irrenhaus eingesperrt. Es gibt doch noch Menschen auf dieser Welt. Können Sie mir verraten, weshalb wir uns von der übrigen Welt mit einer undurchdringlichen Mauer absperren? Wenn ihr selbst nicht weiterwißt, dann lernt gefälligst von den anderen. Die ganze Welt lebt anders.«

»Von den Kommunisten gibt's für uns nichts zu lernen«, antwortet Loy hochmütig. »Der Stand der Produktion, den wir erreicht haben ...«

»Ich habe keine Ahnung von der Produktion, doch ich glaube, ihr Stand dort ist nicht niedriger«, sage ich. »Darum geht es auch gar nicht, um die Menschen geht es. Was habt ihr aus den Menschen gemacht?«

»Hat die Automation sie vielleicht nicht von schwerer körperlicher Arbeit befreit?«

»Hat sie. Von allem hat sie uns befreit. Doch sie hat uns nichts dafür gegeben. Vielleicht sind wir deswegen nicht mehr menschenähnlich.«

»Unsinn.«

Ich verspüre keine Lust mehr zum Streiten.

»Ich habe mich sehr gefreut, dich wiederzusehen, Lili«, sage ich. »Mach's gut.«

»Leb wohl, mein Lieber.«

»Servus Toni. Wir kommen noch zu unserem Spielchen.«

Loy erhebt sich ebenfalls. Er küßt Lili die Hand und nickt Toni flüchtig zu.

Wir gehen zusammen hinaus.

»Laufen wir ein Stückchen«, schlägt Loy vor. »Ich möchte etwas mit Ihnen besprechen.«

Ich ahne, was er mit mir besprechen möchte.

Loy stellt den Hebel am Steuerpult seines Wagens auf

»Rückfahrt« ein, und wir steigen zur Fußgängerhochstraße hinauf.

Er kommt sofort zur Sache: »Ich möchte von Ihnen gern ein paar Angaben über Lili. Sie kennen sie doch gut.«

»Niemand kennt die Seele einer Frau.«

Mich selbst schreckt die Gemeinheit dieser Worte.

»Ich habe nur drei Monate mit ihr geschlafen«, setze ich hinzu. Auch das stinkt nach hundertprozentigem Kretinismus.

Loy mißt mich mit einem schnellen Blick, der unter seinen buschigen Brauen hervorschießt. Genauso hat Max die Reporterin angesehen.

Ich vergehe fast vor Scham. Im tiefsten Innern jubiliere ich jedoch, daß ein Gespräch zu diesem Thema nicht zustande kommt.

Den ganzen Stadtbezirk haben wir schweigend durchwandert.

An der Kreuzung gibt es ein Gedränge. Eine gleichgültig-satte Menge beobachtet schweigend eine Kolonne vorüberziehender junger Leute. Sie tragen ein Transparent mit der Losung: Eierköpfe, denkt euch eine Beschäftigung für uns aus! Offensichtlich Studenten.

»Begreifen Sie, was die wollen?« fragt Loy mich.

»Sie sollten es besser wissen«, antworte ich.

»Ihnen stehen alle Annehmlichkeiten des Lebens zur Verfügung«, fährt er nachdenklich fort. »Sie leiden keinen Mangel, können sich beschäftigen, womit sie wollen, selbstverständlich im Rahmen ihrer Kräfte und Möglichkeiten.«

»Eben, das ist es ja«, sage ich. »Die Möglichkeiten schmelzen ununterbrochen zusammen. Sicher befürchten sie, daß ihnen in absehbarer Zeit selbst das bißchen, welches ihr ihnen noch gelassen habt, von euren Affen abgenommen wird.«

»Affen?« fragt Loy. »Nein, die sind für anderes da.«

»Wofür, wenn ich fragen darf?«

Loy hat es nicht eilig mit seiner Antwort. Die letzten Reihen der Demonstranten haben uns überholt, und wir gehen hinunter.

»Laien«, sagt Loy. »Laien fallen immer auf Sensationen herein. Wie die Fliegen auf den Honig. Ihre Vorstellung von denkenden Affen ist pure Phantasterei. Das Superhirn nichts weiter als eine simple Arbeitsmaschine. Kein Unterschied zu jeder beliebigen Rechenanlage. Es hat doch keinen Sinn, zu erfinden, was die Natur schon von sich aus geschaffen hat. Vervollkommnen kann man sie jedoch immer. Im Moment brauchen wir diesen Max bei der Lösung eines bestimmten Aufgabenkomplexes noch. Wird die Aufgabe verändert, muß man eben nach etwas Neuem suchen.«

»Keine Ahnung«, sage ich, »das sind böhmische Dörfer für mich. Mich als Schriftsteller erschrecken die Gorillas einfach. Übrigens, ich habe sie nie aus der Nähe gesehen.«

»Wollen Sie sich die Viecher angucken? Ich kann das arrangieren, obwohl das Zentrum nur ungern die Genehmigung zum Besuch des Zwingers erteilt.«

»Das kann ich mir denken. Wahrscheinlich kein Anblick für Nervenschwache.«

»Nein, darum geht es nicht. Die Affen werden unnötig abgelenkt«, sagt er.

Fünf Tage darauf trudelt die Genehmigung ein. Aus unerklärlichen Gründen gilt sie für zwei Personen.

Loy möchte wahrscheinlich vor Lili brillieren, und ich rufe sie an.

»Ich kann heute nicht«, sagt sie. »Wenn es dir nichts ausmacht, kommt Toni mit.«

Wir stoppen den Wagen vor den Toren des Zentrums. Eine Tafel tut allen kund und zu wissen, daß die Durchfahrt mit öffentlichen Verkehrsmitteln kategorisch verboten ist.

Wir stecken unseren Passagierschein in einen kleinen schwarzen Kasten und geraten auf der Stelle in eine andere Welt.

Dichte Bäume mit überhängenden, üppigen Kronen, mit rotem Sand bestreute schmale Wege, in dichtem Grün versteckte weiße Villen, völlige Stille.

Wären nicht die bei unserem Näherkommen aufleuchtenden Wegweiser, so könnte man glauben, um einige Jahrhunderte zurückversetzt worden zu sein.

Die Wegweiser führen uns zu einem großen einstöckigen Gebäude, das von einem hohen Zaun umgeben ist.

Die kleine Pforte ist verschlossen. Ich drücke auf den Klingelknopf, und nach einigen Minuten erscheint ein hagerer, großer Mann in blauem Kittel. Eingehend und mit offensichtlicher Unzufriedenheit betrachtet er unseren Passierschein.

»Na, dann treten Sie ein.«

Wir folgen ihm. Der Gestank des Tierhauses dringt in unsere Nasen. Der Hof ist mit Käfigen vollgestellt, in denen kleine Äffchen toben.

»Die Arbeitszimmer dürfen nicht betreten werden«, sagt unser Begleiter.

»Wir haben eine Genehmigung.«

»Dort wird gerade gearbeitet. Während der Arbeit darf niemand 'rein.«

»Hier auf dem Passierschein steht es doch schwarz auf weiß«, beharre ich.

»Es ist gleich Mittagspause, dann können Sie hinein.«

Es bleibt uns nichts weiter übrig, als zu warten. Aus Langerweile gucken wir uns die Äffchen an.

»Was sollen die hier?« fragt Toni und zeigt auf die Käfige.

»Keine Ahnung, ich bin nur der Wärter. Ich habe sie zu füttern. Was weiter mit ihnen geschieht, geht mich nichts an.«

»Hol sie der Teufel«, sagt Toni. »Fahren wir nach Hause, Sven.«

»Wann ist denn Mittagspause?« frage ich.

»Gleich, ich läute sofort.«

Eine Glocke ertönt. Die Äffchen unterbrechen ihr Kreischen und stürzen zu den Gittern. Unwillkürlich bemächtigt sich meiner eine unbeschreibliche Erregung.

Die massiven Türen öffnen sich, und heraus spazieren fünf Gorillas.

Die Äffchen in den Käfigen gebärden sich mit einem

Male wie toll. Sie kreischen, schlagen wild mit den Armen durch die Gegend und spucken durch die Gitterstäbe.

Die Gorillas schreiten gemächlich vorüber, sie schauen hochmütig in ihren grellen Kitteln drein und wiegen sich leicht im Gehen. Sie besitzen eine eigenartige Ähnlichkeit mit Loy.

Die Gorillas marschieren vorüber, ohne uns auch nur eines einzigen Blickes zu würdigen, und verschwinden in einem kleinen Haus am Ende des Hofes.

»Aus«, sagt der Wärter. »In einer Stunde kommen sie zurück. Wenn Sie Lust haben, können Sie ja warten.«

»Kommen Sie, Sven. Hier kommt der gesunde Menschenverstand nicht mehr mit.«

Abgespannt und wütend treten wir den Rückweg an. Toni pfeift durch die Zähne. Er geht mir auf die Nerven.

Der Weg biegt zur Hauptallee ein. Dort steht ein Pärchen eng umschlungen. Ich erkenne sie auf Anhieb.

»Ziehen Sie den Hut, Sven«, sagt Toni gespreizt. »Wir wohnen heute einem hervorragenden Experiment bei, das die erweiterte Reproduktion der Eierköpfe einleitet.«

Ich drehe mich um und schlage ihm mit voller Wucht meine Faust in die grinsende Visage.

»Sie Idealist, Sven«, sagt Toni und wischt sich das Blut von den Lippen. »Sie unverbesserlicher Idealist. Und richtig zuschlagen können Sie auch nicht. Wennschon, dann gleich ein Schlag, von dem keiner mehr aufsteht. Schriftsteller!«

Ich nähere mich dem Paar, balle die Fäuste und verfluche mich, niemals genug Corage zu besitzen, um die Hand gegen eine Frau zu erheben. Toni tritt zurück, ich höre seinen pfeifenden Atem hinter mir.

Lili bemerkt uns zuerst. Ihre vor Glück trunkenen Augen strahlen.

»Ihr könnt uns beglückwünschen, Jungs«, sagt sie. »Es klappt alles ausgezeichnet. Auch das Horoskop ist einsame Klasse!«

Wir schweigen.

Loy hakt sie unter.

Lili wendet sich an Toni: »Ich bin in zehn Tagen wieder da. Besauf dich bitte nicht sinnlos.«

Wir beide sehen ihnen nach. Als sie das Tor erreicht haben, sagt Toni: »Fahren wir zu mir. Ich habe eine volle Flasche zu Hause.«

Drei Tage sind nur vergangen, doch mir scheint, als seien wir inzwischen um ein Dutzend Jahre älter geworden.

Ich fliege fort, Toni begleitet mich.

»Hier ist der Brief für Thorn«, sagt er und reicht mir ein Kuvert. »Thorn wird Sie bestimmt aufnehmen. Ihm fehlen immer Leute. Die Archäologie gehört schließlich nicht zu den offiziell anerkannten Wissenschaften. Die arbeiten dort mit dem Spaten.«

»Danke, Toni«, sage ich. »Doch ehrlich gesagt, es ist mir völlig Wurst, womit sie dort graben. Mich interessiert etwas anderes.«

»Alles Blödsinn«, sagt Toni. »Zwanzigstes Jahrhundert. Unbegreiflich, was Sie da lockt.«

»Ich weiß es selber nicht. Ich möchte einfach zur Vergangenheit zurückkehren. Ich möchte verstehen, wann und wo der schicksalsschwere Fehler gemacht worden ist. Vielleicht schreibe ich einen historischen Roman.«

»Das tun Sie ja doch nicht.« Toni grinst. »Sie wissen es selbst, daß Sie keinen schreiben.«

Ich blickte zur Uhr. Höchste Zeit.

»Leben Sie wohl, Toni.«

»Servus, Sven.« Er umarmt mich.

Ich steige die Gangway hinauf. Toni sieht von unten zu mir herauf.

»Kommen Sie bald wieder, Sven!«

»Ich komme wieder«, rufe ich, doch der Motorenlärm schluckt meine Worte. »In sechs Monaten bin ich wieder da.«

Ich verkalkulierte mich um genau ein Jahr.

Ich habe kaum die Schwelle meines Hauses betreten, da überwältigt mich auch schon das Gefühl, die eineinhalb Jahre hätten gar nicht existiert. In der Welt geht alles seinen alten Gang.

Als erstes rufe ich Toni an.

»Seien Sie gegrüßt, Sven«, sagt er. »Ich freue mich, daß Sie wieder in der Stadt sind.«

»Das kann ich von mir gerade nicht behaupten«, antworte ich. »Wie geht es Ihnen?«

Toni druckst.

»Hören Sie«, sagt er nach einer kurzen Pause, »wo sind Sie im Augenblick?«

»Zu Hause.«

»Vielleicht kann ich auf einen Sprung vorbeikommen?«

»Bitte schön, gern.«

Zehn Minuten später klingelt es an der Tür.

»Da sind Sie ja, Sie Teufelskerl, Sven«, sagt er und setzt sich in einen Sessel. »Sie sind einfach nicht wiederzuerkennen.«

»Ich habe zehn Kilo abgenommen«, brüste ich mich.

»Beneidenswert. Was macht Thorn?«

»Thorn ist ein feiner Kerl – und seine Jungs auch.«

»Werden Sie schreiben?«

»Wahrscheinlich doch. Über vieles muß ich allerdings noch nachdenken.«

»So.«

Ich möchte nach Lili fragen, aber statt dessen stelle ich die idiotische Frage: »Was machen die Schaben?«

Toni grinst übers ganze Gesicht.

»Ich habe inzwischen einen ganzen Marstall zusammen. Einige Exemplare sind herrlich, einfach herrlich.«

Irgendwie fühlen wir uns beide nicht recht wohl in unserer Haut.

»Schade, daß ich nichts Trinkbares habe«, sage ich. »Doch während der Expedition ...

»Ich trinke nicht.« Toni unterbricht mich. »Ich habe es aufgegeben.«

»Das hätte ich nicht gedacht. Sind Sie etwa krank?«

»Sehen Sie, Sven« – und er blickt zu Boden –, »in Ihrer Abwesenheit ist manches passiert. Lili hat ein Kind.«

»Na und? Sie wollte es doch«, sage ich. »Ich hoffe, ihr Ehrgeiz ist nun befriedigt.«

Er legt die Stirn in Falten.

»Ich weiß nicht, wie ich es Ihnen erklären soll. Sie erinnern sich doch, da war dieses Horoskop.«

»Und ob ich mich erinnere.«

»Na sehen Sie, nach dem Horoskop hätte alles wunderbar klappen müssen. Ein Junge mit ungewöhnlichen Fähigkeiten.«

»Und?«

»Geboren wurde ein Mädchen, ein Kretin, dazu noch mißgestaltet.«

Mir ist, als schlüge die Decke über mir zusammen.

»Mein Gott«, flüstere ich, »die arme Lili. Was soll jetzt werden? Wie konnte das geschehen?«

Toni zuckt die Schultern.

»Ich habe keine Ahnung. Vielleicht sind die genetischen Horoskope überhaupt Blödsinn, vielleicht liegt es aber auch an den Stimulatoren. Sie fressen dort im Zentrum nämlich alle möglichen Stimulatoren zur Anregung der Gehirntätigkeit in unheimlichen Dosen in sich hinein.«

Ich kann es einfach nicht fassen.

»Und Li? Ich stelle mir vor, wie ihr zumute ist.«

»Sie wissen doch, Lili kann Mitleid nicht ausstehen. Sie ist eine sehr, sehr zärtliche Mutter.«

»Und Loy? Kommt er sie besuchen?«

»Selten, höchst selten. Er arbeitet wie ein Verrückter. Irgendwas haut bei ihm da draußen nicht hin. Er ist schon völlig entnervt, schläft nächtelang nicht.«

»Sagen Sie, Toni, ob ich Lili wohl sehen kann? Was meinen Sie?«

»Natürlich«, antwortet er, »deshalb bin ich doch hergekommen. Ich wollte Sie nur vorher warnen.«

»Guten Tag, Sven«, sagt Lili. »Da bist du also wieder.«

Sie hat sich ein wenig verändert, ist nur ein bißchen schlanker geworden.

»Ja«, sage ich, »ich bin wieder da.«

»Bist du weit rumgekommen?«

»O ja.«

»Wirst du schreiben?«

»Ich denke schon.«

Schweigen.

»Vielleicht sollten wir wie in alten Zeiten ein Spielchen machen«, sagt Toni. »Schauen Sie sich unsere hübschen Tierchen einmal an. Extraklasse.«

»Danke. Ich habe keine rechte Lust. Vielleicht das nächste Mal«, sage ich.

»Nimm deine Schaben«, sagt Lili, »ich kann sie nicht ertragen.«

Erst in diesem Augenblick bemerkte ich ihr abgespanntes Gesicht.

Aus dem Nebenzimmer tönen irgendwelche miauenden Laute herüber. Lili springt auf. Auch ich mache unwillkürlich eine Bewegung. Sie dreht sich zu mir um. Aus ihren Augen sprechen Haß und Verachtung.

»Rühr dich nicht von der Stelle, du Schuft«, schreit sie mich an.

Ich setze mich wieder hin.

Ihr Zorn verfliegt schnell.

»Laß gut sein«, sagt sie. »Egal, komm schon.«

»Vielleicht sollte ich es lieber nicht, Li«, sage ich leise.

»Mach die Milch warm«, sagt sie zu Toni. »Komm, Sven.«

In dem Bettchen liegt ein winziges, faltiges Gesichtchen. Die weitgeöffneten Augen bedeckt ein matter hellblauer Schleier.

»Schau.« Sie nimmt die Decke weg, und mir wird übel.

»So, jetzt weißt du es«, sagt Lili.

Während sie die Windeln wechselt, starre ich in die andere Ecke.

»Komm«, sagt Lili, »Toni füttert sie.«

Ich greife nach ihrer Hand. »Lili!«

»Laß das!« Sie entreißt mir ihre Hand. »Um Gottes willen, hör auf. Reicht dir das noch nicht?«

Wir gehen ins Wohnzimmer zurück.

»Weißt du, ich wäre wahrscheinlich wahnsinnig geworden, wäre Toni nicht. Er kümmert sich sehr um uns.«

Ich sitze und finde, daß sie recht hat: Ich bin wirklich ein gemeiner Schuft. Alles hätte anders sein können, hätte ich damals ...

Toni kommt zurück.

»Sie ist eingeschlafen«, sagt er.

Lili nickt.

Wir wissen nichts zu sagen. Wahrscheinlich denken wir an das gleiche.

»Bist du weit herumgekommen?« fragt Lili noch einmal.

»Ja, es war ziemlich interessant.«

»Wirst du schreiben?«

»Wahrscheinlich.«

Lili kratzt über den Bezugsstoff des Sessels. Sie lauscht. Ich spüre, daß meine Anwesenheit wie eine Bürde auf ihr lastet, doch ich habe keine Kraft, aufzustehen und zu gehen.

Ich lasse sie nicht aus den Augen, wie sie plötzlich erbleicht. »Loy?«

Ich blicke zur Tür. Dort steht Loy. Offensichtlich betrunken. Er hat ein schmutziges Hemd an, bis zum Gürtel offen, seine Füße stecken in geflickten Hausschuhen. Sein Mund ist zu einem idiotischen Grinsen verzerrt, über sein Kinn rinnt Speichel.

Was ist passiert, Loy?«

Loy lacht. Sein wabbliger Bauch wippt im Takt unter der eingefallenen, behaarten Brust.

»Das ist ein Gaudi.«

Er geht zur Liege und läßt sich fallen. Sein Körper krümmt sich vor unbändigem Lachen.

»Ein Gaudi. Max hat in einer Woche rausbekommen, worüber ich Idiot mir fünf Jahre den Kopf zerbrochen habe. Im Zentrum ist was los. Ein Affe!«

Mir ist kotzelend zumute. Wahrscheinlich ist das die Furcht, die die Ratte zwingt, das sinkende Schiff zu verlassen. Ich höre, wie der Bezugsstoff vom Sessel reißt. Nichts wie fort!

»Loy.« Lili legt ihre Hand auf seinen zitternden Nacken. Zum erstenmal vernehme ich echte Zärtlichkeit in ihrer Stimme. »Nicht doch, Loy, verzweifle doch nicht, immerhin bleiben ...«

»Die Schaben«, ruft Toni. »Es bleiben die Schaben. Ihren Einsatz, meine Herrschaften.«

Alexander Lomm
Der Skaphander Ahasvers

I

Als Doriel Redshan, wie man so sagt, auf dem letzten Loch pfiff, daß heißt, als er gezwungen war, Biolia und den kleinen Arkif zu verlassen, um ihnen nicht das letzte Stück Brot wegzuessen, lief er dem alten Valmosk in den Weg; er traf ihn im Park, im herbstlich kalten Park auf einer Bank.

Der ist ja tausendmal unglücklicher als ich! sagte sich Redshan, und neben dem natürlichen Mitleid regte sich in ihm so etwas wie Genugtuung: Ich bin also nicht der letzte auf dieser Welt!

Der Alte bot tatsächlich einen traurigen Anblick: Seine Kleidung bestand nur aus Lumpen, das Gesicht mit den schmutzigen Borsten des seit langem unrasierten Bartes war ganz ausgemergelt, die tränenden Augen waren rot umrändert, und die hageren, sehnigen Hände hielten krampfhaft einen knorrigen Stock umklammert. Man erriet unschwer, daß er sich schon viele Tage nicht satt gegessen und immer gerade dort übernachtet hatte, wo sich eine Gelegenheit dazu bot.

Das einzige, was in keiner Weise zu dem elenden Aussehen des Alten paßte, war sein Hund – eine große, rassige, gut genährte Dogge mit glattem, glänzendem dunkelgrauem Fell. Sie lag halb unter der Bank und hatte den klugen Kopf auf ihre mächtigen Vorderpfoten gelegt. Es gab keinen Zweifel, daß diese stolze Dogge dem Alten gehörte. Zu vertrauensvoll schmiegte sie sich an die ausgetretenen, schmutzigen Schuhe des Armen.

Mit einem flüchtigen Blick auf das seltsame Paar setzte sich Redshan vorsichtig auf das äußerste Ende der Bank, rauchte die eben aufgelesene Kippe einer »Trino«-Zigarette zu Ende und wandte sich mit der in solchen Fällen üblichen Frage an den Alten: »Na, Kumpel, es sieht wohl schlecht aus, wie?«

Der Alte drehte sich langsam zu ihm um, betrachtete ihn aufmerksam von den zerfransten Hosen bis zum fettigen Hutboden und streckte ihm plötzlich seine zitternde Hand mit den gekrümmten Fingern entgegen.

»Valmosk«, sagte er dabei mit dumpfer, heiserer Stimme.

»Wie?« fragte Redshan.

»Ich heiße Valmosk, Professor Valmosk!« wiederholte der Alte nachdrücklich.

Redshan wurde verlegen und errötete, drückte aber trotzdem die ihm entgegenkommende Hand und nannte seinen Namen.

»Arbeitslos?« fragte Valmosk.

»Ja, schon über ein Jahr«, gestand Redshan.

»Obdachlos?«

»Ja, das heißt fast ... jedenfalls gehe ich nicht nach Hause, bevor ich nicht etwas gefunden habe.

»Haben Sie Hunger?«

»Ja, doch, zum Teufel!« knurrte Redshan und geriet plötzlich ob dieser dummen Frage in Wut. »Arbeitslos, hungrig, Frau und Sohn im Stich gelassen! Noch etwas? Außerdem böse, böse wie ein Hund!«

Auf den Alten machte dieser kraftlose Wutausbruch nicht den geringsten Eindruck. Als Redshan seinen Zigarettenstummel aufgeraucht und sich etwas beruhigt hatte, stellte ihm Valmosk eine neue Frage: »Aber leben möchte man doch, nicht wahr?«

»Hören Sie auf, sich über mich lustig zu machen«, knurrte Redshan und bedauerte bereits, daß er sich mit dem schwatzhaften Alten eingelassen hatte.

»Ich mache mich nicht über Sie lustig«, krächzte Valmosk, »ich frage aus rein sachlichen Gründen. Sie wollen doch leben, Redshan?«

»An sich habe ich es satt. Wenn Biolia und der kleine Arkif nicht wären ... Aber ehrlich gesagt, ich möchte schon.

Sehr sogar!« entgegnete Redshan mit einer ihn selbst überraschenden Offenheit.

»Dann kommen Sie mit!« sagte Valmosk und erhob sich mühsam, indem er sich auf seinen Stock stützte.

»Wohin?« fragte Redshan ganz verdattert.

»Zu mir. Da können Sie sich einiges ansehen. Vielleicht gefällt es Ihnen.«

Damit machte sich der seltsame Alte schlurfend auf den Weg; sein Stock stieß in gleichmäßigen Abständen auf das feuchte Pflaster. Die prächtige Dogge kroch unter der Bank hervor und folgte ihm. Einige Augenblicke sah Redshan ihnen nach; dann machte er eine verzweifelte Handbewegung.

»Ach was, mag kommen, was will! Wir haben nichts zu verlieren!«

Rasch holte er den Alten ein und ging neben ihm her.

2

Sie verließen den Park nicht durch das Haupttor, das auf eine belebte Straße führte, sondern durch eine schmale Dienstpforte am gegenüberliegenden Ende. Dahinter lag ein riesiges unbebautes Gelände, das zum Teil als Schrottplatz benutzt wurde; daran schloß sich ein Vorstadtbezirk mit einem Gewirr von engen Straßen und Sackgassen an. Hier hatten einstmals reiche Leute gewohnt. Nach dem Kriege jedoch, als viele Häuser zerstört waren, verödete diese Gegend und bedeckte sich allmählich mit den Notunterkünften der städtischen Armut.

Unweit vom Weg wühlte ein Rudel streunender Hunde in einem Abfallhaufen. Jedes beliebige dieser räudigen Geschöpfe hätte besser zu dem abgerissenen Alten gepaßt als die prächtige Dogge. Redshan staunte von neuem über die stolze Haltung und den ruhigen, majestätischen Gang des prachtvollen Hundes. Er wollte Valmosk fragen, woher er das kostbare Tier habe, doch da waren sie schon bei der Meute angelangt.

Als die streunenden Hunde die Dogge erblickten, erhoben sie ein wütendes Gebell. Einige große, struppige Exemplare trennten sich von dem Rudel und näherten sich dem Weg. Es sah aus, als wollten sie über die Dogge herfallen und sie in Stücke reißen. Redshan, der die Dogge beobachtete, stellte an ihr ein eigentümliches Verhalten fest.

Das schöne Tier ließ sich nämlich durch das wütende Gebell seiner halbwilden Artgenossen überhaupt nicht beirren. Es blickte unverwandt geradeaus und schritt mit der unerschütterlichen Gelassenheit eines englischen Lords neben seinem Herrn einher. Nicht einmal seine Ohren zuckten, wie es sonst Hundeart ist. Erst als Valmosk den Vagabunden mit dem Stock drohte, nahm die Dogge von ihnen Notiz, doch wiederum mit einem solchen Gleichmut, als ginge sie der ganze Lärm überhaupt nichts an. Darauf zogen sich die Hunde zurück, bellten aber immer noch voller Wut, obgleich es offenbar nicht der Stock des Alten war, der sie von einem Angriff zurückhielt. Vielmehr spürten sie in dem Benehmen der Dogge irgendeine undeutliche Gefahr und konnten sich deshalb nicht entschließen, eine Balgerei mit ihr zu beginnen. Um so hysterischer gebärdeten sie sich von weitem und setzten alles daran, die Dogge einzuschüchtern.

Schließlich hatten die drei das Ödland hinter sich gelassen. Der Weg führte jetzt durch eine enge, holprige Gasse.

»Sagen Sie, Professor, wie kommt es, daß sich Ihr Hund so seltsam benimmt?« fragte Redshan den Alten.

»Er interessiert sich eben für nichts«, erwiderte Valmosk kurz angebunden.

»Wie ist das möglich? Ist er vielleicht taub?«

»Ja, taub und stumm.«

»Wie schade! Ein so prächtiges Tier! Und wie heißt die Dogge, Verehrtester?«

»Einstmals hieß sie Rongi. So wurde sie vor langer Zeit gerufen, etwa vor vierzig Jahren. Jetzt hat sie überhaupt keinen Namen mehr!«

»Vor vierzig Jahren? Sie wollen mir doch nicht weismachen, daß dieser Hund schon vierzig Jahre alt ist!« rief Redshan empört.

»Er ist sechsundvierzig Jahre alt«, antwortete Valmosk.

»Reden Sie kein dummes Zeug! So lange leben Hunde nicht!«

Der Alte blieb stehen und warf Redshan einen Blick zu, in dem Ärger und Gereiztheit zu lesen waren.

»Alles zu seiner Zeit«, knurrte er böse. »Bei mir zu Hause werden Sie alles erfahren. Bis dahin enthalten Sie sich aller groben Bemerkungen!«

»Schon gut«, beruhigte ihn Redshan, »ich kann warten, bis Sie mir alles erklären.«

Dann gingen sie weiter.

3

Das Gebäude, von dem Valmosk nicht ohne Stolz sagte: »Dies ist mein Haus!«, war eine gewaltige, düstere Ruine mit ausgeschlagenen Fensterscheiben, einem zerfallenen Dach und noch weiteren Spuren der Zerstörung, die Zeit und Unwetter angerichtet hatten. Die Ruine stand in einem geräumigen Hof, der voller Abfälle lag und ganz und gar verlottert war.

»Hier wohnen Sie, Verehrtester?« rief Redshan aus, als sie den Hof betraten und der Alte sorgfältig die wacklige eiserne Pforte hinter sich abschloß.

»Ja, Redshan, hier wohne ich«, antwortete Valmosk würdevoll, als hätten sie nicht eine jämmerliche Ruine vor sich, sondern einen eleganten Palast. Dann setzte er hinzu: »Vor einem halben Jahrhundert war dieses Haus Gegenstand des Neides vieler reicher Leute aus unserer Stadt! Man nannte es ›Villa Valmosk‹.«

»Vor einem halben Jahrhundert? Das ist ja das Doppelte meines Alters! Fürchten Sie sich gar nicht, darin zu wohnen? Es kann doch jeden Moment einstürzen!«

»Es ist solider, als Sie denken, Redshan. Haben Sie keine Angst, kommen Sie herein!«

Der Alte öffnete die hohe, eisenbeschlagene Tür, die unheilvoll in den Angeln kreischte, und führte den Gast ins Haus. Rongi schritt gelassen hinterdrein.

Vorerst befanden sie sich in einem hohen Vestibül, dessen völlige Leere Redshan in Erstaunen versetzte. Hier herrschte Halbdunkel. Nur dort, wo die Scheiben des hohen Fensters eingeschlagen waren, drang dürftiges Licht in den Raum; an manchen Stellen waren die eisernen Läden noch unversehrt. Der Fußboden war mit Kehricht, den Bruchstücken einer Statue und Papierhaufen übersät. Von der zerbröckelnden, einst mit Struktur versehenen Decke hingen ganze Girlanden aus Staub und Spinnweben herab.

Ohne Redshan Gelegenheit zu geben, sich im Vestibül gründlich umzuschauen, führte Valmosk ihn weiter. Sie betraten einen Kreuzgang, an dessen Ende sich ein ovales Fenster abzeichnete, dem das Glas fehlte. Feuchter Zugwind wehte durch den Gang. Noch vor dem Fenster bog Valmosk zu einer Treppe ab, die steil nach unten führte. Auf dem ersten Absatz tastete er nach einem Schalter, und gleich darauf flammten zahlreiche staubige Lämpchen auf. Nach dem fünften Treppenabsatz führte der Alte Redshan wiederum einen langen Korridor entlang; dann öffnete er eine gußeiserne Tür, machte abermals Licht und stieg über eine neue Treppenflucht noch tiefer in den Keller hinab, von wo den beiden feuchte Kälte entgegenschlug. Endlich öffnete Valmosk die letzte Tür und führte den Gast in ein kleines Zimmer, das von einem alten Kristalleuchter erhellt wurde.

»So, das ist mein Appartement! Machen Sie es sich bequem, Redshan!« krächzte der Alte. Er war ganz außer Atem geraten und ließ sich erschöpft auf den alten Diwan fallen, der rechts an der Wand stand.

Rongi legte sich daneben auf den nackten Fußboden. Redshan blickte sich neugierig um und sank dann auf einen wackligen Stuhl. Nach einigem Suchen fand er in seiner Tasche eine »Trino«-Kippe und fing an zu rauchen. Das beruhigte ihn etwas, und er betrachtete die Wohnung des seltsamen Professors noch aufmerksamer.

Das erste, was er staunend bemerkte, war eine weitere Tür. Sie befand sich am Ende der linken Wand. Redshan hatte angenommen, die Wohnstätte Valmosks läge am Ende dieses Labyrinths von Korridoren und Treppenfluchten. Jetzt überzeugte er sich davon, daß dem nicht so war. Was sich wohl dort hinter der Tür befand? Vielleicht weitere Korridore und Treppen, die noch tiefer hinabführten? Was war das nur für ein seltsames Haus, diese halbverfallene »Villa Valmosk«!

Außer dem Diwan und dem Stuhl befanden sich in dem Zimmer noch ein Tisch, der voller Speisereste lag, ein schwarzer Elektrokocher auf einem Schemel, ein Haufen Lumpen in der Ecke hinter dem Diwan und ein Schrank mit einem Dutzend staubiger Bücher und Mappen. Das alles trug den Stempel furchtbaren Elends, in das der Besitzer des einst reichsten Hauses der Gegend geraten war.

Valmosk saß auf dem Diwan und rang nach Greisenart heftig um Atem. Rongi lag ganz still da und glich eher einem Bildwerk als einem lebendigen Hund.

Nachdem sich Redshan im Zimmer umgesehen hatte, wandte er sich der Dogge zu. Jetzt flößte ihm dieser erstaunliche Hund außer brennender Neugier auch noch ein geheimes Entsetzen ein. Wahrscheinlich spielte das ganze Milieu dabei mit. Redshans Nerven waren erregt, und so war es nicht weiter verwunderlich, daß er plötzlich zusammenzuckte und fast aufgeschrien hätte, als es rechts von ihm raschelte und aus der dunklen Ecke, wo der Haufen alter Lappen lag, ein riesiger Siamkater hervorschlich. Redshans Herz trommelte wie verrückt. Um sich etwas zu beruhigen und den Angstanfall zu unterdrücken, lockte er den Kater: »Miez, miez, miez! Komm her, Kätzchen!«

Aber der Kater reagierte nicht auf den Ruf. Er ging gravitätisch zu der Dogge, schaute sie aus seinen menschlichen Äuglein an, sprang dann auf den Diwan, blickte dem Hausherrn ins Gesicht und verschwand ebenso plötzlich wieder in seiner Ecke.

Redshan wollte ihn noch einmal hervorlocken, doch da

vernahm er die heisere Stimme Valmosks: »Geben Sie sich keine Mühe, Redshan! Der Kater Flipp ist genauso taub und stumm wie Rongi! Gedulden Sie sich, ich ruhe mich nur ein wenig aus, dann kommen wir zur Sache.«

4

Der Alte schlief eine geschlagene Stunde. Währenddessen rauchte Redshan alle seine Kippen und Tabakkrümel auf, die er aus seinen Taschen geschüttelt hatte. Der Rauch im Zimmer wurde jedoch nicht dichter. Wahrscheinlich gab es hier ungeachtet der fehlenden Fenster doch noch eine Entlüftung. Als Redshan keinen Tabak mehr hatte, bekam er Hunger. Er stand auf und ging zum Tisch, in der Hoffnung, dort etwas Eßbares zu finden.

Unter verschimmelten Brotkrusten, Kartoffelschalen und anderen Abfällen lag ein Stück Käse, das in ein relativ sauberes Stück Papier eingewickelt war. Redshan biß gierig hinein. Aber er hatte das erste Stück noch nicht zerkaut, als er hinter seinem Rücken ein böses, verdrießliches Knurren hörte: »Rühren Sie mein Essen nicht an! Sie sind nicht zum Abendbrot hier! Ich habe selbst nichts zu beißen!«

»Hören Sie auf, den Bettler zu spielen, Professor!« antwortete Redshan, angestrengt den Käse kauend. »Schließlich müssen Sie doch auch Ihre Tierchen mit irgend etwas füttern! Wie gut genährt sie sind!«

Da erhob sich Valmosk vom Diwan und trat an den Tisch. Er schnupperte an dem Papier, das Redshan fortgeworfen hatte, und fragte vorwurfsvoll: »Haben Sie meinen Käse aufgegessen, Redshan?«

»Ja, Verehrtester, und ich verspüre nicht die geringsten Gewissensbisse. Sollten Sie ihn für Rongi aufgehoben haben, so muß Ihre wunderschöne Dogge heute einmal ohne Käse zu Abend essen!«

»Rongi und Flipp brauchen keine Nahrung«, sagte der Alte leise. »Es sind schon über vierzig Jahre vergangen, seit sie zum letzten Male etwas gefressen haben! Ich dagegen? Man kann sich den Berg Lebensmittel kaum vorstellen, den ich in dieser Zeit mit meinen Zähnen zermahlen habe! Bisweilen, Redshan, beneide ich diese Kreaturen.«

»Wieso brauchen sie keine Nahrung?« rief Redshan, verblüfft über diese neue Entdeckung.

Der Alte antwortete nicht. Er griff sich eine trockene Kruste vom Tisch und saugte gierig daran. Ganz in diese Beschäftigung vertieft, kehrte er auf den Diwan zurück. Redshan glaubte einen Geisteskranken vor sich zu haben. In der Tat bargen die Worte und das Benehmen des Alten sehr viel Seltsames und Absonderliches. Nachdem er sich etwa fünf Minuten an der Kruste gelabt hatte, nahm er sie plötzlich wieder aus dem Mund und wies damit auf den wackligen Stuhl, auf dem Redshan eben noch gesessen hatte.

»Das ist schon lange her. Sehr lange ...«, murmelte er und schloß verträumt die Augen. »Sie können sich nicht vorstellen, Redshan, wer vor siebenunddreißig Jahren auf diesem Stuhl gesessen hat! Nicht einmal im Traum würden Sie daraufkommen! Erm Grunsoll hat da in eigener Position gesessen, der reichste Mann der Welt! Ja, ja, der Milliardär Erm Grunsoll! Allerdings nicht der heutige Erm Grunsoll der Fünfte, sondern sein seliger Großvater, Erm Grunsoll der Dritte. Er saß auf diesem Stuhl wie auf einem Thron und sagte immer wieder: ›Nein, Valmosk, das ist nichts für mich!‹ Dann ging er, und mit ihm gingen fünfhundert Millionen Surem, die ich Rechtens für mein Eigentum halten durfte. Seitdem bin ich ein Bettler. Aber ich komme schon wieder zu Geld. Ich werde noch einmal von goldenem Geschirr essen und in Luxusautos fahren! Wenn sich nur ein Mensch findet, der einen wirklichen Herzenswunsch hat! Sie zum Beispiel, Redshan, Sie haben mein letztes Stück Käse gegessen. Wenn ich Sie frage: ›Können Sie mir meinen Käse zurückgeben?‹, werden Sie sagen: ›Nein Valmosk, das kann ich nicht! Ich bin auch nur ein Bettler!‹ Aber das ist nicht wahr! Sie können mir nicht nur dieses jämmerliche Stück Käse zurückgeben, Sie sind imstande, mir alle meine Reichtümer zurückzuholen! Sie können alle Menschen glücklich machen, die Sie lieben, und jeden bestrafen, den Sie hassen! Es genügt, wenn Sie nur einen einzigen Satz sagen: ›Ja, Valmosk, das möchte ich.‹ Nur diesen Satz, ja …« Valmosk hielt mit seiner seltsamen Rede inne und befaßte sich wieder mit der Brotrinde. Eine merkliche Unruhe befiel ihn. Nach einer Minute des Schweigens warf er plötzlich die Brotrinde auf den Tisch und erhob sich.

»Kommen Sie, Redshan! Ich werde Ihnen wunderbare Dinge zeigen. Und dann reden wir weiter.«

Bei diesen Worten gab er seinem prächtigen Hund einen kräftigen Fußtritt. Rongi erhob sich, schritt majestätisch in die Ecke und jagte dort den Kater Flipp hervor. Nun öffnete der Alte jene Tür, hinter der Redshan neue finstere Korridore und Treppen vermutet hatte. Er knipste die Lampe an, und die Türöffnung erstrahlte in grellem weißem Licht. Rongi und Flipp schritten gelassen hindurch. Valmosk deutete mit feierlicher Gebärde vorwärts. »Treten Sie ein, Doriel Redshan! Dort erwartet Sie etwas Außerordentliches!«

Redshan blickte dem Alten über die Schulter durch die offene Tür. Was er sah, verschlug ihm den Atem.

5

Hinter der Tür lag ein großer Saal, der durch ein Dutzend Neonlampen in helles Tageslicht getaucht war. In strenger Ordnung standen da Schränke voll glänzender Geräte aus Glas und Nickel, Tische mit Marmorplatten und große komplizierte Apparate mit und ohne Haubenüberzug. Alle Gegenstände blitzten vor Sauberkeit. Redshan verlor sich in Vermutungen: Was ist das? Ein Laboratorium? Eine Werkstatt? Eine chemische Abteilung? Zunächst enthielt er sich jedoch aller Fragen.

Valmosk ließ Redshan vorausgehen und schloß die Tür hinter sich gut zu. Dann rieb er sich die erstarrten Hände, ließ seinen Blick zufrieden durch den Saal schweifen und sagte: »Beginnen wir mit Rongi!«

Er packte den Hund am Genick und drehte ihn wortlos mit der Schnauze einem der Apparate zu, der in seiner Konstruktion an eine Guillotine erinnerte. Es war ein Tisch mit einem daraufstehenden eisernen Rahmen. Im unteren Teil zeigte der Rahmen eine runde Ausbuchtung, oben funkelte ein Stahlmesser von erschreckenden Ausmaßen mit einer scharf geschliffenen Schneide.

Der Hund sprang gelassen auf die Marmorplatte des Tisches und legte seinen Kopf in die runde Ausbuchtung. Redshan schlug das Herz unwillkürlich rascher, und seine Hände bedeckten sich mit Schweiß. Valmosk drückte ruhig auf den Hebel. Blitzartig sauste das schwere Messer herab, seine Schneide fiel mit einem dumpfen Schlag auf den Hals des Hundes. Redshan schien es, als sei dem Hund der Kopf vom Rumpf getrennt worden. Doch das war eine optische Täuschung – er nahm das Erwartete für bereits geschehen. In Wirklichkeit zuckte der Hund nicht einmal, denn das Messer hatte ihm keinerlei Schaden zugefügt. Der Alte riß den Hebel herum, das Messer ging wieder hoch, dann sauste es abermals herab, jedoch auch diesmal ohne Erfolg.

»Und jetzt stecken Sie einmal anstelle des Hundes diese Eichenbohle hier in die Ausbuchtung!« befahl Valmosk.

Rongi sprang vom Tisch und schüttelte sich nicht einmal. Redshan steckte die runde Eichenbohle, die einen Durchmesser von zwanzig Zentimetern hatte, in die Ausbuchtung. Das Messer sauste funkelnd herab und durchschnitt die Bohle, als wäre sie aus Wachs.

»Passen Sie weiter auf!« krächzte Valmosk ungeduldig.

Er griff nach dem Hund und zerrte ihn zu einem großen Kübel. Der Hund begriff sogleich, was von ihm verlangt wurde, sprang in den Kübel und kauerte sich nieder. Dann öffnete Valmosk über dem Kübel einen Hahn, aus dem eine durchsichtige Flüssigkeit herausschoß. Ein scharfer Geruch schlug Redshan in die Nase, und er wich zurück.

»Gehen Sie zur Seite! Das ist hochprozentige Salzsäure!« rief Valmosk und drückte unter heftigem Husten auf einen Knopf. In der über dem Kübel angebrachten Haube begann ein starker Ventilator zu surren und saugte die giftigen Dämpfe ab.

Bald konnte man sich dem Kübel nähern und hineinblikken. Die Säure stieg rasch höher, bis sie den roten Strich erreicht hatte. Bewegungslos und mit weitgeöffneten Augen lag Rongi in der Flüssigkeit und blickte ruhig auf die Menschen, die sich über ihn neigten.

»Wollen Sie sich selbst überzeugen?« fragte Valmosk mit einem schiefen Lächeln.

Ohne eine Antwort abzuwarten, brachte er plötzlich eine lebende weiße Maus zum Vorschein. Mit einer langen metallenen Zange tauchte er sie für einen Augenblick in die Flüssigkeit.

»Sehen Sie!«

Redshan wurde übel.

Nachdem der Alte die Salzsäure aus dem Kübel abgelassen hatte, wusch er Rongi mit irgendeiner Lösung ab und bedeutete ihm durch ein Zeichen, den Kübel zu verlassen. Die Dogge sprang aus dem todbringenden Gefäß und legte sich abseits nieder, als sei nichts vorgefallen.

»Und jetzt nehmen wir uns Flipp vor!« sagte Valmosk. »Wir könnten an ihm die gleichen Operationen vornehmen wie an Rongi, aber das lohnt nicht. Mit Flipp werde ich Ihnen etwas anderes zeigen!«

Er nahm den Kater, legte ihn in einen großen Tiegel und warf noch zahlreiche Eisenstücke hinzu. Dann betätigte er einen Hebelschalter. Rasch erwärmte sich der Tiegel. Nach einiger Zeit schmolz das Eisen und fing an zu kochen. Valmosk reichte Redshan eine Schutzbrille.

»Sehen Sie! Sehen Sie!«

Redshan blickte in den Tiegel und war fassungslos: In dem kochenden Eisen, dessen unerträgliche Glut ihm das Gesicht versengte, rekelte sich der glatte siamesische Kater und schwamm gemächlich umher. Nicht einmal die Schnurrbarthaare waren angebrannt!

Nachdem sich Redshan an dem ungewöhnlichen Schauspiel satt gesehen hatte, bewegte Valmosk den Hebelschalter, ließ das flüssige Metall in eine geschlossene Form laufen und kühlte den Tiegel mit kalter Luft ab; erst dann gestattete er dem Kater herauszuspringen.

»Ich könnte Ihnen noch eine ganze Reihe ähnlicher Versuche vorführen, Redshan, aber dies dürfte schon überzeugend genug gewesen sein!« erklärte Valmosk.

»Ja. Ja, natürlich!« stimmte Redshan hastig zu. »Aber mir ist noch nicht ganz klar, wovon Sie mich eigentlich überzeugen wollen, verehrter Professor!«

Nur von einem, Redshan, nur von einem! Ich möchte Sie davon überzeugen, daß diese Tiere absolut unverletzbar, daß Sie unsterblich sind! Man kann sie in den Feuerschlund eines Vulkans werfen, man kann Berge auf sie herabstürzen lassen – sie werden es nicht fühlen! Selbst eine Wasserstoffbombe wäre nicht imstande, ihnen Schaden zuzufügen! Sie brauchen weder Nahrung noch Luft noch Wärme! Die Erde wird untergehen, die Sonne erlöschen, die Galaxis wird sich in Staub auflösen, diese beiden aber werden durch den kosmischen Raum fliegen, so wie Sie sie jetzt vor sich sehen! Weder der Zufall noch die Zeit, noch Katastrophen haben Macht über sie! Sie sind unsterblich, und ich habe sie unsterblich gemacht, ich, Professor Valmosk!«

»Wie haben Sie denn das zustande gebracht?«

»Wie? Gut, ich will es Ihnen erzählen ...«

6

Der Alte jagte seine erstaunlichen Zöglinge in das schmutzige Zimmer zurück und folgte ihnen dann mit Redshan. Er legte sich auf den Diwan und wies dem Gast den einzigen Stuhl an. Auf einmal hatte der Alte wieder die Brotkruste in der Hand, die er wahrscheinlich vom Tisch genommen hatte. Er saugte mit einem solchen Genuß daran, daß Redshan das Wasser im Munde zusammenlief. Valmosk begann seine Darlegung: »Ich habe mein ganzes Leben nur einem einzigen Problem gewidmet, Redshan, dem Problem der Unsterblichkeit! Ich trachtete nicht nach der Verlängerung des Lebens, nicht nach einer relativen Unsterblichkeit mit der Möglichkeit eines zufälligen Todes, sondern nach der absoluten Unsterblichkeit, die den Tod vollständig und für immer ausschließt.« Der Alte schmatzte nachdenklich und fuhr fort: »Und zwar habe ich, als ich mich mit diesem Problem zu beschäftigen begann, folgende Überlegungen angestellt: Der Mensch ist eine fiktive Einheit! Er ist es nur in der eigenen Vorstellung, genauer, im eigenen Bewußtsein. In Wirklichkeit ist er unlösbar mit seiner biologischen Umwelt verbunden, von der er ganz und gar abhängig ist. Der Tod liegt in ihm selbst begründet, er ist ein unabänderliches Gesetz der Biosphäre, in der sich der Mensch entwickelt und in der er bis heute lebt. Um tatsächlich eine Einheit zu werden, muß der Mensch seine Abhängigkeit von der Biosphäre aufheben und sich von ihr gänzlich isolieren! Wenn er so zu einer absoluten Einheit geworden ist, erwirbt er gleichzeitig die absolute Unsterblichkeit. Drücke ich mich verständlich aus, Redshan?«

»Durchaus, Professor. Man kann darüber natürlich streiten, aber fahren Sie nur fort.«

»Da gibt es nichts zu streiten! Ich habe den Beweis für die Richtigkeit meiner Thesen erbracht. Hören Sie weiter! In der Isolierung erblickte ich also das Gesetz der Unsterblichkeit. Dieses Gesetz wiederum hat mir die Idee des Skaphanders eingegeben. Das war gar nicht weiter schwierig. Ein Mensch, der in ein fremdes, gefährliches Milieu einzudringen beabsichtigt, benutzt schon seit langem verschiedene Arten von Schutzanzügen. So gibt es Unterwasserskaphander, feuerfeste Skaphander, Strahlenschutz- und Raumanzüge. Da die irdische Biosphäre dem Menschen unweigerlich den Tod bringt, ist sie ebenfalls als eine feindliche Umwelt zu betrachten, von der er sich durch einen Schutzanzug isolieren muß. Es war mir natürlich klar, daß der Unsterblichkeitsskaphander ungleich komplizierter und vollkommener sein mußte als jeder beliebige andere Schutzanzug. Schließlich hatte er den Menschen nicht nur vor der Biosphäre zu isolieren, sondern mußte ihm auch als undurchdringlicher

Schutzpanzer dienen. Kurzum, die Aufgabe war sehr kompliziert. Ich hatte sie jedoch im Prinzip begriffen und kam der endgültigen Lösung immer näher. Ich erkannte, daß der Schutzanzug der absoluten Unsterblichkeit keine äußere Hülle sein durfte, die man nach Wunsch an- und ablegen konnte, sondern in einer komplizierten Bearbeitung des lebenden Organismus bestehen mußte. Eine derartige Bearbeitung ist ein nicht mehr rückgängig zu machender Prozeß. In Details möchte ich mich hier nicht einlassen. Sie würden sie ohnehin nicht verstehen. Ich sage nur soviel, daß der Kontakt der Außenwelt mit dem Organismus vollständig und für immer gebrochen wird. Der Verkehr mit der Welt erfolgt nur noch mit Hilfe des Sehvermögens ...«

»Daß heißt, Rongi und Flipp ...«

Jawohl, Rongi und Flipp sind die ersten Geschöpfe, die aus diesem Leben nicht in die ewige Nacht des Nichts eingegangen sind, sondern in die absolute Unsterblichkeit!«

7

Redshan war tief beeindruckt von Valmosks Ausführungen. Er hatte sogar seinen quälenden, unerträglichen Hunger vergessen. Kein Wunder! Denkt man denn noch an Essen, wenn sich vor einem so staunenswerte Perspektiven auftun? Aber wie hatte der Alte, nach einer so genialen Entdeckung, in dieses entsetzliche Elend geraten können? Und warum hatte er sich nicht unsterblich gemacht wie Rongi und Flipp? Redshan fuhr sich mit der Zunge über die vor Aufregung trockenen Lippen und fragte: »Haben Sie noch nicht versucht, einen Menschen auf dieselbe Weise zu bearbeiten, verehrter Professor?«

»Einen Menschen? Für wen sonst hätte ich das alles tun sollen, wenn nicht für die Menschen? Aber ich habe Ihnen doch schon von Erm Grunsoll dem Dritten erzählt. Als ich den Konstruktionsplan ausarbeitete, wurde mir klar, daß der Unsterblichkeitsgenerator mein gesamtes Vermögen verschlingen würde. Dabei war ich damals beileibe nicht arm,

Redshan! Allein an Bargeld besaß ich fünf Millionen Surem! Außerdem ein Dutzend Mietshäuser, drei Güter und ein eigenes Gerätewerk. Aber ich wollte nichts riskieren. Ich trat mit Erm Grunsoll in Verbindung und bot ihm für fünfhundert Millionen die absolute Unsterblichkeit an. Leider konnte ich ihm außer Plänen und Kostenanschlägen noch nichts weiter vorweisen. Erm erklärte sich einverstanden, stellte mir aber im voraus kein Geld zur Verfügung. Er sagte, daß er bezahlen würde, sobald er unsterblich geworden sei. Mir genügte sein Wort. So begann ich mit dem Bau des Generators auf meine eigenen Kosten. Er wurde in den Kellern dieses Hauses hergestellt, unter dem Versuchslaboratorium, das Sie gesehen haben. Ich hatte fünfhundert Menschen beschäftigt, darunter über hundert Spezialisten. Niemand wußte, was und mit welchem Zweck dort gebaut wurde, aber ich zahlte gut, und alle waren zufrieden. Allmählich verschlang der Bau mein gesamtes Barkapital, dann die Häuser, die Güter und schließlich auch noch das Werk. Als der Unsterblichkeitsgenerator fertiggestellt war und an Rongi und Flipp ausprobiert werden konnte, war ich zum Bettler geworden. Ich lud Erm zu mir ein und zeigte ihm alles. Hund und Kater wurden fünfundzwanzig verschiedenen Operationen unterzogen. Erm verbrachte zwei ganze Tage hier und studierte alles sehr eingehend, dann setzte er sich auf den Stuhl, auf dem Sie jetzt sitzen, und sagte: ›Nein, Valmosk, eine solche Unsterblichkeit ist nichts für mich.‹ Das war vor achtunddreißig Jahren ...«

Der Alte versank in tiefes Grübeln, und es schien, als hätte er seinen Gast vergessen.

»Und dann? Haben Sie wirklich niemals ...«, hob Redshan an, aber der Alte wurde sofort lebhaft und unterbrach ihn: »Was sagen Sie, niemals? Tausendmal habe ich versucht, Klienten zu gewinnen! Ich habe Schulden gemacht und Inserate in Zeitungen aufgegeben! Ich mag mich nicht daran erinnern! Entweder hielt man mich für einen Scharlatan, oder man lehnte die Unsterblichkeit schroff ab, sobald man mein Prinzip begriffen hatte! Die Menschen sind dumm, Redshan! Sie jagen nur ihren Vergnügungen nach und wollen eine Unsterblichkeit, die es ihnen ermöglicht, bis in alle Ewigkeit zu essen, zu trinken, zu lieben, zu schwätzen, Musik zu hören und an Blumen zu riechen! Meine Unsterblichkeit aber hat nichts zu bieten als ewiges Leben, ewige Aktivität und ewiges Nachdenken.«

Warum haben Sie sich dann nicht selbst unsterblich gemacht, verehrter Valmosk?«

Bei dieser Frage sah Redshan den Alten scharf an. Valmosk antwortete nicht sofort. Er saugte nachdenklich an der Kruste und blickte traurig zur Decke empor.

Dann begann er schuldbewußt und leise: »Sie haben ein Recht darauf, die Wahrheit zu erfahren, Redshan. Ich konnte mich nicht für die absolute Unsterblichkeit entscheiden. Es mag ein Vorurteil sein, aber es ist stärker als ich. Ich liebe das Leben mit all seinen Freuden und Genüssen. Mit der absoluten Unsterblichkeit würde ich mich all dessen berauben. Wenn Sie ebenfalls …«

»Nein, nein!« rief Redshan eilig. »Ich habe in meinem Leben keine Freuden erfahren! Ich bin bereit! Wenn es schon so weit gekommen ist, Professor … Aber vielleicht haben Sie noch Vorbehalte? Sie schenken mir die Unsterblichkeit doch sicherlich nicht aus reiner Menschenliebe? Sie stellen doch gewiß Bedingungen?«

»Ja, Redshan, ich stelle Bedingungen. Sie zahlen mir zurück, was ich für den Bau des Generators ausgegeben habe. Fünfhundert Millionen Surem – das ist der Preis für das Stück Käse, den sie bei mir gegessen haben!«

»Fünfhundert Millionen? Woher soll ich die nehmen?«

»Wer unsterblich ist, kommt an alles heran. Alle Schätze der Welt gehören Ihnen, Redshan! Sie können sie vom Grunde des Ozeans heraufholen oder aus dem Innern der Vulkane! Machen Sie sich deswegen keine Sorgen, ich zeige Ihnen, wie und wo Sie das Gold herbekommen!«

»Dann bin ich bereit, Valmosk!«

»Ausgezeichnet! Unsere Zeit ist kostbar. Gehen wir!«

8

Eine Woche später saß Redshan abermals auf dem wackligen Stuhl in Valmosks Zimmer. Der Alte hatte ihn soeben aus dem Keller heraufgeführt, wo er sich genau sieben Tage lang im Unsterblichkeitsgenerator aufgehalten hatte. An diese Tage hatte Redshan keine Erinnerungen mehr – sein Bewußtsein war abgeschaltet gewesen. Als sie durch den Saal, in dem die Tierversuche gemacht worden waren, zurückkehrten, stutzte er. Er besann sich, wie Flipp in dem geschmolzenen Eisen geschwommen war, und davon wurde ihm übel.

Aufatmend ließ sich Redshan auf den Stuhl fallen, den er nur mit Mühe erreicht hatte. Sein Kopf war voller Geräusche, aber es waren innere Geräusche, hervorgerufen durch die einschneidende Umstellung des gesamten Organismus. Sein Herz preßte sich schmerzhaft zusammen, der ganze Leib brannte wie Feuer. Er hätte schreien und stöhnen mögen, aber sein Mund war ihm für immer verschlossen.

Der Alte nahm ein Blatt Papier, schrieb darauf ein paar Worte und hielt es Redshan vor die Augen. Die Buchstaben verschwammen und hüpften hin und her, doch endlich konnte Redshan den Text entziffern: »Wie fühlen Sie sich, mein Freund?«

Den Bleistift mit ungelenken Fingern umklammernd, kritzelte Redshan die Antwort: »Schlecht! Ich werde wahrscheinlich sterben!«

Valmosk schrieb daraufhin: »Seien Sie stark! Das ist eine ganz natürliche Reaktion. Rongi und Flipp fühlten sich nach dem Verlassen des Generators ebenfalls nicht gut. Das verging jedoch rasch! Verspüren Sie irgendein Bedürfnis? Hunger oder Durst?«

Redshan erwiderte: »Ich weiß nicht. Wahrscheinlich bin ich vor Hunger so schwach. Ich habe ja vor der Operation nichts weiter gegessen als das Stück Käse!«

Valmosk wandte ein: »Der Hunger spielt jetzt keine Rolle mehr. Durch den Generator ist Ihr Organismus in ein vollständiges Gleichgewicht gebracht worden: Überflüssiges ist Ihnen weggenommen, Fehlendes ergänzt worden. Mit der

Zeit wird Ihre Energie auf Kosten der nun entbehrlich gewordenen Organe zunehmen. Gehirn und Nervensystem werden sich kräftigen und größere Stabilität gewinnen. Ihr Denkvermögen wird ungewöhnlich klar und genau werden. Zunächst müssen Sie allerdings einiges aushalten! Denken Sie daran: Sie haben die ganze Ewigkeit vor sich, niemand kann Ihnen jetzt noch etwas anhaben!«

Redshan beharrte jedoch auf seinen Worten: »Mir ist schlecht, Alter! Ich muß mich hinlegen! Überlassen Sie mir Ihren Diwan!«

»Legen Sie sich auf den Fußboden!« antwortete Valmosk. »Für Sie ist es jetzt gleichgültig, wo Sie liegen, ob auf einem Federbett oder auf Pflastersteinen!«

Redshan glitt vom Stuhl und streckte sich auf dem Fußboden aus. Seine Augen schlossen sich nicht, ja zwinkerten nicht einmal. Alles um sich herum nahm er nur verschwommen und entstellt wahr, wie durch fließendes Wasser. Rongi trat zu ihm und schaute ihm ins Gesicht. Der Blick des Hundes war klug und traurig. Redshan kam es sogar vor, als spräche aus ihm echtes menschliches Mitgefühl. Mühsam hob er den Arm, streichelte der Dogge den Kopf und sagte in Gedanken: »Nun bin ich genauso geworden wie du, Rongi! Was wird uns die Zukunft bringen?«

Der Hund ging fort und legte sich wieder auf seinen Platz neben dem Diwan.

Redshan wurde von einem seltsamen Gefühl des Vergessens befallen. Er sah zwar noch alles, hörte aber auf, die Umwelt zu begreifen. Traumphantasien überwältigten ihn und wechselten mit schwarzen Abgründen von Bewußtlosigkeit. Er warf sich wie im Fieber hin und her, seine Fäuste zitterten, und mit dem Kopf stieß er gegen den Fußboden. Valmosk wußte nicht, was er mit ihm machen sollte. Er konnte ihm in keiner Weise helfen. Schließlich nahm er von dem Haufen in der Ecke eine Handvoll Lumpen und deckte Redshan damit zu. Nach wenigen Minuten hatte sich Redshan beruhigt und sank in einen tiefen Schlaf.

Der erschöpfte Alte legte sich wieder auf den Diwan und

hüllte sich in seinen zerrissenen Mantel. Erneut lutschte er an seiner Brotkruste und blickte gespannt zu Redshan. Als dieser endlich in völlige Bewußtlosigkeit fiel, stieß er seinen Hund an und fragt trübsinnig: »Sollte er es wirklich nicht aushalten? Sollte wirklich alles vergebens gewesen sein? Ach, Rongi, warum sind wir beide nur so unglücklich?«

Die Dogge wedelte zur Antwort nicht einmal mit dem Schwanz. Aus ihrem Blick sprach nichts als tiefe Gleichgültigkeit.

9

Fünf Stunden später wachte Redshan auf. Das erste, was er mit vollem Bewußtsein wahrnahm, war eine tiefe Stille und undurchdringliches Dunkel. Körperlich aber verspürte er eine ungewöhnliche Leichtigkeit; ihm war, als ob er sich nur abzustoßen brauchte, um wie ein Vogel in der Luft zu schweben. Er hatte jedoch keine Lust, weiterhin so bewegungslos dazuliegen. Rasch sprang er auf die Beine, die Lappen fielen ihm vom Kopf, und sogleich schlug ihm das Licht des staubigen Leuchters in die Augen. Er blickte sich im Raum um, und sogleich erinnerte er sich wieder an alles.

Der Alte auf dem Diwan schlief. Redshan ging zu ihm und rüttelte ihn ohne Umstände wach. Er sah, wie Valmosk die Augen aufschlug und die Lippen bewegte; offenbar sagte er etwas.

Ich muß lernen, das Gesprochene von den Lippen abzulesen, dachte Redshan, suchte sich Papier und Bleistift und schrieb schwungvoll: »Ich fühle mich ausgezeichnet! Vorerst möchte ich mich von meiner Unverwundbarkeit überzeugen, und dann gehe ich an die Arbeit! Stehen Sie auf, Verehrtester!«

Der Alte las es, nickte befriedigt und schrieb eilig: »Ich gratuliere Ihnen zu Ihrer Unsterblichkeit, Doriel Redshan! Sie werden außergewöhnliche Dinge sehen! Sie werden meinen Namen im gesamten Universum berühmt machen! In einigen Milliarden Jahren werden Sie der Beherrscher des

Weltalls sein! Damit Sie sich aber von Ihrer Unverletzbarkeit überzeugen können, wollen wir zunächst ins Laboratorium gehen!«

Sie begaben sich in den benachbarten Saal, und hier zeigte der Professor der Reihe nach auf alle Apparate. Auf die Guillotine verzichtete Redshan, auf den Kübel mit Salzsäure ebenfalls. Bei dem Tiegel nickte er zustimmend. Valmosk brach ein paar Metallstücke aus der Gußform, legte sie in den Tiegel und schaltete den Hebel ein. Redshan sah beharrlich zu, wie das Eisen im Tiegel heiß und dann allmählich flüssig wurde.

Als das Metall anfing zu kochen, Blasen schlug und Feuerfunken versprühte, hielt Redshan vorsichtig die Hand daran. Er spürte nicht die geringste Hitze. Immer näher und näher kam er der brodelnden Masse, bis er endlich hineinfaßte. Nichts – kein Schmerz, keine Wärme, nur der merkliche Widerstand der Flüssigkeit. Da steckte Redshan den Arm in das kochende Metall und plätscherte darin herum, als sei es gewöhnliches lauwarmes Wasser.

Ganz begeistert zog er seine Arme zurück, so daß eine funkelnde Kaskade von Spritzern aufsprühte, und wollte Valmosk umarmen. Der Alte jedoch wich entsetzt vor ihm zurück und deutete auf seine Arme. Redshan begriff, daß er ihm um ein Haar schlimme Verbrennungen zugefügt hätte. Er verspürte indes großes Mitteilungsbedürfnis und wollte so schnell wie möglich über seine Empfindungen sprechen. So griff er nach Bleistift und Papier, die in seinen Händen jedoch momentan aufflammten und restlos verbrannten. Valmosk schüttelte vorwurfsvoll den Kopf, brachte neues Papier und einen Bleistiftstummel und schrieb: »Verlieren Sie nicht den Verstand, Redshan! Die Oberfläche ihrer Arme ist auf tausend Grad erhitzt! Kühlen Sie sie mit Wasser ab, bevor Sie irgend etwas anrühren! Sonst stecken Sie das ganze Haus noch in Brand!«

Redshan las die Zeilen und trat sogleich an ein Gefäß mit Wasser. Als er seine Arme hineintauchte, schoß aus dem Gefäß eine regelrechte Dampfsäule empor. Er kühlte sich ab, und als er sich überzeugt hatte, daß seine Arme nicht mehr glühten, nahm er Valmosk den Bleistift aus der Hand und schrieb: »Kann ich von zu grellem Licht erblinden?«

»Nein«, antwortete Valmosk. »Wie Sie selbst gesehen haben, hat Flipp in dem geschmolzenen Metall gebadet, ohne daß sein Sehvermögen auch nur im mindesten gelitten hätte. Merken Sie sich: Selbst das Licht superheißer Sterne ist nicht imstande, Sie zum Erblinden zu bringen!«

»Gut, Professor, ich glaube Ihnen.«

»Wollen Sie sich noch einem weiteren Versuch unterziehen? Ich habe da noch eine Presse von tausend Atmosphären Druck. Ein Prachtstück! Oder wie wär's mit der Vakuumkammer?«

»Nein, das genügt. Ich möchte jetzt arbeiten. Sagen Sie mir, woher ich das Gold holen soll. Ich möchte mit Ihnen abrechnen, Valmosk, und Ihnen so schnell wie möglich Ihre fünfhundert Millionen für Ihr Stückchen Käse zurückgeben!«

»Gott sei Dank! Meine Qualen haben ein Ende! Gehen wir zum Tisch, Redshan, ich muß Ihnen ausführliche Anweisungen geben!«

Sie kehrten in das Zimmer zurück. Valmosk räumte einen Teil des Tisches leer und beschrieb, wie das Gold zu gewinnen sei; Redshan befaßte sich indessen mit Flipp und Rongi. Es interessierte ihn sehr, ob sie in ihm einen ihresgleichen erkennen würden oder nicht.

10

In den nächsten Wochen führte Redshan mit Hingabe die Instruktionen Valmosks aus. Er begann mit dem allereinfachsten: Er hob die Schätze, die zusammen mit den Schiffen im Meer versunken waren.

Redshan gefiel es, auf dem Meeresgrund entlangzuschlendern, in jenen ungeheuren Tiefen, die nicht einmal von den vollkommensten Bathyskaphen erreicht wurden. Vor ihm tat sich eine märchenhafte Welt bisher nie erblickter Tiere auf, die sich in diesem Reich der ewigen Dunkelheit und der ewigen Stille unter den kilometerdicken Wassermassen Millionen von Jahren unverändert erhalten hatten.

Unter den alten Seewegen machte er sich auf die Suche nach versunkenen Schätzen und fand sie in unübersehbarer Menge. Für den Anfang schüttete er auch etwas für sich in einen eisernen Kasten und trug ihn ans Ufer, für die Hauptfracht aber charterte Valmosk ein Schiff, das die von Redshan erbeuteten Tonnen Gold in vielen Fahrten abtransportierte.

Valmosk war bei jeder Fahrt dabei und achtete aufmerksam darauf, daß niemand aus der Mannschaft das Ziel der Unternehmung erriet. An einer Winde wurde eine gußeiserne Taucherglocke ins Wasser hinabgelassen. Die Stahltrossen wurden manchmal bis zu einer Länge von zehn Kilometern abgewickelt. Es kam auch vor, daß sie rissen. Dann wurde das abgerissene Ende zum größten Erstaunen der Matrosen mit einem Senkblei zu Wasser gelassen; durch ein Wunder fanden sich die Enden der Trossen wie von selbst, wurden in der namenlosen Tiefe durch eine Klemmvorrichtung vereinigt, und die verlorene Taucherglocke wurde wieder an Deck gehievt. Entladen wurde sie im Kielraum von zwei Vertrauensleuten Valmosks.

Einen Monat lang kam Redshan überhaupt nicht an die Oberfläche. Die Unterwasserarbeit ermüdete ihn nicht im geringsten. Sie erschien ihm eher wie ein Vergnügen. In den Pausen zwischen den Fahrten unterhielt er sich aufs beste und genoß seine völlige Unabhängigkeit. Gegen seine Heldentaten verblaßten alle Hirngespinste müßiger Phantasten und alle Mythen und Legenden über zauberkräftige Recken des Altertums. Für ihn selbst aber waren es gar keine Heldentaten, sondern lediglich aus Langeweile geborene Streiche.

So nahm er einmal den Kampf gegen mehrere gigantische Kalmare auf, die er, nachdem er eine Weile mit ihnen gespielt hatte, langsam, aber sicher mit einem ganz gewöhnlichen Dolch tötete. Ein anderes Mal ließ er sich von einem ungeheuren Fisch mit tausendzähnigem Rachen verschlingen, dann schlitzte er ihm den Bauch auf und stieg unversehrt wieder heraus. Um ihn herum spielte sich schweigend ein gnadenloser Kampf ab: Die einen Ungeheuer fraßen die anderen und wurden anschließend Opfer noch furchtbarerer Geschöpfe. Nur Redshan stand außerhalb dieses ewigen Kampfes und kam sich vor wie der unumschränkte Herrscher über den Ozean.

Als die Taucherglocke wieder einmal herabgelassen wurde, brachte sie an einem Haken einen kleinen Anker mit in die Tiefe. Es war das verabredete Zeichen für die Einstellung der Arbeit. Redshan war ärgerlich und böse. Er hatte keine Lust, das Unterwasserreich zu verlassen, das mit seinem Schweigen der eigenen ewigen Ruhe glich. Er wollte es aber mit Valmosk nicht verderben, da er an Land noch einiges zu regeln hatte. So unterdrückte er seinen Ärger und stieg in die Taucherglocke, den Deckel der Luke fest von innen verschließend.

Diesmal wurde die Bathysphäre im Laderaum nicht geöffnet. Valmosk befahl, Kurs auf den Hafen zu nehmen. Das Schiff wendete und schlug in Richtung auf die heimatliche Küste ein. Über dem Ozean tobten herbstliche Stürme. Die Mannschaft steckte bis über beide Ohren in Arbeit. Die rätselhafte Taucherglocke war ganz vergessen. Valmosk selbst lag der Länge nach in seiner Kajüte und litt unter einem schweren Anfall von Seekrankheit.

Nach der Ankunft im Hafen leitete Valmosk die Löscharbeiten auf dem Schiff, entlohnte die Mannschaft reichlich und ging dann erst in den Kielraum hinab, wo Redshan in der Taucherglocke schmachtete. Mühsam schraubte der Alte den schweren Deckel ab, leuchtete in das Innere der Bathysphäre und half Redshan beim Aussteigen.

Der Unsterbliche war unbekleidet, er trug lediglich einen Gürtel mit einem Dolch in der Scheide und einer elektrischen Lampe. Aber seine Nacktheit störte ihn nicht, er spürte ohnehin keine Kälte. Valmosk führte ihn zu sich in die Kabine, wo Kleider für ihn bereitlagen, die der neuesten

Mode entsprachen. Redshan zog sich rasch an, setzte sich an den Tisch und griff nach Bleistift und Papier.

»Wie sieht das weitere Programm aus, Valmosk?« schrieb er schwungvoll.

»Zunächst ist nichts weiter vorgesehen«, antwortete der Professor. »Ich werde jetzt die Restaurierung meines Hauses in Angriff nehmen, Sie aber können sich ausruhen. Später werden wir eine Reise in das Erdinnere unternehmen. Dort wird es dann noch interessanter sein als auf dem Meeresgrund, Redshan!«

»Gut«, willigte der Unsterbliche ein. »Beschäftigen Sie sich mit Ihren Angelegenheiten. Ich will mich mit den meinen befassen. Es ist höchste Zeit für mich, daß ich meine Familie aufsuche und sie irgendwo unterbringe. Wieviel können Sie mir dafür vorschießen, Valmosk?«

»Soviel Sie wollen, lieber Redshan! Genügen Ihnen vorläufig zehn Millionen?«

»Ja, das ist genug. Fürs erste wenigstens. Schreiben Sie den Scheck aus!«

11

Drei Monate waren vergangen, seit Redshan seine Familie verlassen hatte. Während der ganzen Zeit hatte er nichts von sich hören lassen. Biolia hielt sich durch Gelegenheitsarbeiten über Wasser, beschäftigte sich mit ihrem zweijährigen Arkif und wartete geduldig auf die Rückkehr ihres Mannes. Sie kannte seinen Charakter und wußte, daß er keine Nachricht geben würde, wenn er nicht irgend etwas erreicht hatte.

Eines Nachts wurde Biolia durch ein Klopfen an der Tür geweckt. Sie sprang aus dem Bett, eilte im Nachthemd zur Tür und fragte: »Wer ist dort?«

Niemand antwortete. Das Klopfen wiederholte sich, zunächst einfach, dann im Takt des Marsches aus dem »Troubadour«, den Redshan immer so gern pfiff.

Biolia ahnte sofort, wer da Einlaß begehrte, und zitterte vor Freude.

Sie drehte den Schlüssel herum, nahm die Kette ab und öffnete die Tür. Auf der Schwelle stand Doriel Redshan. Aber war das ihr Doriel? Woher hatte er die teure Kleidung! Doch was interessiert sie schon die Kleidung! Natürlich war es ihr lieber Doriel, sein schönes männliches Gesicht, seine ruhigen, liebevollen Augen!

»Liebster!« stöhnte Biolia leise und warf sich ihrem Mann an die Brust.

Redshan nahm sie auf die Arme, schlug die Tür hinter sich mit dem Fuß zu und trug sie ins Zimmer.

Eine Minute lang stand er mitten im Raum, hielt seine Frau auf den Armen und sah sie zärtlich und traurig zugleich an. Ohne sie zu küssen, wie sie es erwartete, legte er sie vorsichtig auf das Bett nieder. Dann setzte er sich wortlos auf den Stuhl, zog Notizblock und Füllhalter hervor und schickte sich an, etwas aufzuschreiben.

»Dor, was ist mit dir?« flüsterte Biolia flehend, erschreckt durch das unverständliche Schweigen des Mannes.

Statt einer Antwort reichte ihr Redshan den Notizblock. Biolia nahm ihn ungläubig entgegen und las folgende Zeilen: »Erschrick nicht, Biolia! Es ist alles in Ordnung! Ich bin reich geworden, ein wahrer Krösus; dafür habe ich meine Fähigkeit eingebüßt, zu sprechen und zu hören. Das geschah, damit ihr beide, du und Arkif, niemals mehr Not leiden müßt. Schreib mir auf, wie es dir und unserem Kleinen geht.«

Er reichte ihr den Füllhalter und forderte sie durch ein Zeichen zum Schreiben auf. Biolia aber stieß einen Schrei aus, ließ den Notizblock zu Boden fallen und stürzte zu ihrem Mann. Mit fiebernden Bewegungen betastete sie ihn, streichelte sein Gesicht und seine Hände, küßte ihn wie rasend und vergoß bittere Tränen. Bald spürte sie, daß seine Hände und sein Gesicht kalt wie Eis waren. In ihrem Herzen regte sich ein schrecklicher Verdacht. Mit einem Ruck riß sie seinen Mantel auf und legte ihr Ohr an seine Brust, dorthin, wo sein Herz schlagen mußte. Aber nichts regte sich dort, kein Atemzug, und das Herz schwieg, als ob es gar nicht da wäre.

»Du bist tot! Du bist ein Gespenst!« schrie Biolia, sie floh vor ihrem Mann und verkroch sich in die hinterste Ecke des Bettes. Ihre Augen wurden weit und füllten sich mit wildem, abergläubischem Entsetzen.

Der kleine Arkif wurde in seinem Bettchen wach und fing an, laut zu weinen. Biolia stürzte zu ihm, preßte ihn an ihre Brust und versteckte sich mit ihm wieder in ihrer Ecke. Sie betete laut und murmelte irgendwelche unzusammenhängenden Beschwörungen.

Redshan schaute sie bekümmert an. Eine Weile stand er unentschlossen da, seine Arme hingen hilflos herab. Er begriff den Grund ihres Entsetzens, war aber zunächst fassungslos, weil er nichts dergleichen erwartet hatte. Endlich hob er den Notizblock vom Boden auf, setzte sich wieder an den Tisch und schrieb eine lange Erklärung.

Unterdessen hatte sich Biolia etwas beruhigt. Das Gespenst ihres Mannes war trotz allem zu materiell, seine Augen waren lebendig und voller Güte. Nein, Dor würde ihr nichts Böses antun! Dor liebte sie, liebte auch Arkif! Deshalb griff sie hastig nach dem dichtbeschriebenen Blatt, das Redshan ihr entgegenhielt; sie war überzeugt, nun endlich die ganze Wahrheit zu erfahren.

Und sie erfuhr alles.

Wieder gab es Tränen, wieder strich Biolia ihrem Mann über das Gesicht, und abermals küßte sie ihn. Dann brachte sie ihm seinen Sohn. Der Junge erkannte den Vater und streckte ihm die Ärmchen entgegen, aber Redshan wagte nicht, ihn zu streicheln; er fürchtete, den Jungen durch die eisige Berührung zu erschrecken.

Schließlich nahm Biolia den Bleistift und schrieb: »Ich brauche nichts, Liebster! Wir wollen betteln und darben, wenn du nur wieder so wirst wie früher! Überlaß alles deinem Professor, wenn er dich nur wieder so macht wie früher und dir dein früheres Leben zurückgibt!«

Redshan schüttelte traurig den Kopf und antwortete: »Biolia, das ist unmöglich! Als ich in die Operation einwilligte, dachte ich nur an dich und unseren Jungen. Ich hoffte, euch aus diesem verfluchten Elend zu befreien. Jetzt ist es zu spät! Verzage nicht, ich liebe dich trotzdem, nur dich und niemanden sonst! Ich werde dich besuchen! Und später, wenn ich mit Valmosk abgerechnet habe, bleibe ich für immer bei euch!«

Er schrieb das alles aufrichtigen Herzens hin, ohne noch selbst zu begreifen, daß er nicht mehr Biolias Mann war, daß er sie nicht mehr lieben konnte. Ihr aber war das bereits klar, und sie weinte hemmungslos, als sei er wirklich schon gestorben. Für sie war er ein Gespenst geworden, kalt und unerreichbar. Davon hatte sie die Berührung seiner kalten Hände überzeugt, sein Grabesschweigen und seine steinerne Brust, die nicht mehr atmete und in der kein Herz mehr schlug.

12

Man sprach wieder über das Haus des alten Valmosk. Mit der Ruine, die bereits auf der Abbruchliste stand, war ganz unerwartet eine Verwandlung vor sich gegangen.

Den ganzen Winter über hatte man Baumaterialien auf den Hof gebracht und Gerüste aufgebaut. Im Frühjahr begann die Generalüberholung, und mitten im heißesten Sommer wurden die Gerüste entfernt, und das Haus erstrahlte in neuem Glanz wie ein Märchenpalast. Der alte Valmosk hatte sich während der Bauarbeiten im besten Hotel der Stadt einquartiert und feierte nun seinen Einzug in das renovierte Haus. Zu dem Mittagessen, das er aus diesem Anlaß gab, waren viele bekannte Bürger und Würdenträger der Stadt erschienen, unter ihnen auch Erm Grunsoll der Fünfte, der reichste Mann der Welt.

Ein Heer ausgesuchter Lakaien servierte auf silbernem und goldenem Geschirr hervorragend zubereitete Speisen. In Kristallpokalen funkelten kostbare Weine.

Professor Valmosk war nicht wiederzuerkennen. Er hatte sich nicht minder verwandelt als das Haus: Sein Gesicht war glatt und strahlte vor Zufriedenheit; sein Haar war nach der letzten Mode geschnitten, er war tadellos rasiert und hatte sich mit den exquisitesten Parfüms besprüht; der schwarze Frack und das schneeweiße Vorhemd verliehen ihm ein elegantes und vornehmes Aussehen; an seinen Fingern trug er gleißende Brillantringe.

Valmosk eröffnete das Bankett mit einer kurzen Rede voll rätselhafter Anspielungen. Er sprach von der göttlichen Vorsehung, die ihm geholfen hätte, aus der Strähne von Mißerfolgen herauszukommen und in die gute Gesellschaft zurückzukehren, in der er früher keineswegs den letzten Platz eingenommen hätte. Er erinnerte sich an seine Freundschaft mit Erm Grunsoll dem Dritten und sprach in dem Zusammenhang einen geheimnisvollen Satz aus, wonach er dem Hause Grunsoll die alte Ehrenschuld verzieh, die sich einschließlich Zinsen heute auf eine Summe von siebenhundert Millionen Surem belaufe. Die Gäste staunten, Erm Grunsoll der Fünfte aber, der rechts vom Hausherrn auf dem Ehrenplatz saß, lachte verächtlich, beugte sich zu seiner Nachbarin hinüber, der Baronesse Milguas, und sagte laut: »Unser liebenswürdiger Hausherr ist, wie es scheint, ganz ausgelassen vor Freude. Von der Vergangenheit hat er nur noch recht nebelhafte Vorstellungen!«

Die Baronesse kicherte, Valmosk aber errötete und verhaspelte sich am Schluß seiner Rede.

Während Dessert und Kaffee im Blauen Salon und im Rauchzimmer gereicht wurden, erörterten die Gäste, die sich in einzelnen Gruppen zusammengefunden hatten, was wohl mit der erlassenen Schuld von siebenhundert Millionen gemeint gewesen sei und was die Bemerkung Erm Grunsolls des Fünften bedeutete. Die größte Gruppe versammelte sich um den uralten Vistorm, der vor einem halben Jahrhundert Bürgermeister der Stadt gewesen war. Der rüstige Neunzehnjährige schwadronierte laut über den erfolglosen Handel mit der Unsterblichkeit, durch den Valmosk einst ruiniert worden sei.

»Ich wette zehn Millionen gegen eine, daß es Valmosk doch noch gelungen ist, seine idiotische Unsterblichkeit irgendeinem vertrauensseeligen ausländischen Einfaltspinsel aufzuschwatzen!« krähte Vistorm mit seiner feuchten Aussprache.

Unsterblichkeit, Unsterblichkeit, Unsterblichkeit ... Die einen hatten etwas darüber gehört, andere etwas gelesen. Man plapperte Vistorms Version nach, doch die allgemeine Ansicht ging dahin, daß Valmosk einfach eine Erbschaft gemacht hätte.

Trotz dieser kleinen Unstimmigkeit verlief der Empfang reibungslos, wenn man die seltsame Episode außer acht läßt, die sich kurz vor Schluß zutrug.

Irgendwo tauchte unter den Gästen plötzlich ein seltsamer junger Mann auf, den niemand kannte. Er war gut gebaut, tadellos gekleidet und setzte manch einen durch sein Benehmen in Erstaunen. Der Butler hatte seine Ankunft nicht gemeldet. Der junge Mann erschien am Arm des Hausherrn, ging langsam durch alle Säle, betrachtete die Gäste mit unverhohlener Neugierde und verschwand dann wieder, ohne ein Wort gesagt oder jemanden begrüßt zu haben.

Als Valmosk den seltsamen Unbekannten hinausbegleitet hatte und in die Gesellschaft zurückkehrte, wurde er von den Damen umringt, die ihn um die Wette nach dem »schönen Stummen« ausfragten. Valmosk zuckte die Achseln, klimperte mit seinen Fingerringen, lächelte nach allen Seiten, gab keine befriedigende Antwort. Nur Vistorm bekam eine mehr oder weniger wahrheitsgemäße Erklärung. Der ehemalige Bürgermeister zog den Professor nämlich beiseite und fragte ihn geradeheraus: »Ist das der Mann, der Ihnen die Unsterblichkeit abgekauft hat, Valmosk?«
Professor Valmosk nahm Vistorm vertraulich beim Arm und erwiderte halblaut: »Ja, Alterchen, das ist der Unglückliche, der nie sterben wird. Er ist der einzige Erdenmensch, der Sonne und Milchstraße, ja sogar den Herrgott selbst überleben wird!«

»Was hat das gekostet?«

»Mich hat es ein Stückchen Käse gekostet!«

Vistorm machte große Augen und entfernte sich rasch.

13

Als die Gäste gegangen waren und die Dienstboten schnell noch die Säle aufgeräumt und sich dann zur Ruhe begeben hatten, suchte Valmosk den unterirdischen Teil des Hauses auf, jenen Raum, den er unlängst noch selbst bewohnt hatte und in dem nunmehr Redshan, Rongi und Flipp hausten. Die Renovierung des Hauses hatte sich auf die tiefgelegenen Keller nicht erstreckt. Hier war alles so verwahrlost wie früher.

Redshan saß auf dem Diwan und hatte das Gesicht mit den Händen bedeckt. Rongi lag auf seinem Platz und starrt auf den staubigen Leuchter; Flipp hatte sich nach alter Gewohnheit in der dunklen Ecke hinter einem Haufen Lumpen versteckt.

Valmosk trat ein und warf die Tür hinter sich zu. Der Leuchter wackelte kaum merklich. Rongi wandte den Kopf und blickte den Hausherrn an. Redshan rührte sich nicht. Er hatte noch immer den Abendanzug an, in dem er sich vor kurzem Valmosks Gäste angeschaut hatte. Achtlos versetzte der Professor dem Hund einen Fußtritt, griff Redshan bei den Haaren und bog ihm mit einer raschen Bewegung den Kopf zurück.

Redshan sah Valmosk ruhig an und gab durch ein leichtes Nicken zu verstehen, daß er sein Kommen zur Kenntnis genommen hatte.

Da sagte Valmosk und bewegte dabei deutlich die Lippen: »Doriel, hören Sie mich aufmerksam an! Sie haben zwei Monate auf dem Grunde des Ozeans zugebracht, drei Monate im Innern der Erde und haben in dieser Zeit märchenhafte Schätze zutage gefördert. Sie haben mir hundertmal mehr gegeben, als ich in den Unsterblichkeitsgenerator investiert habe. Was beabsichtigen Sie nun weiter zu tun?«

Der Unsterbliche verfolgte aufmerksam die Lippenbewegungen des Alten und verstand jedes Wort. Er holte einen Notizblock mit Goldschnitt sowie einen kostbaren Füllhalter aus der Tasche und schrieb auf ein sauberes Blatt: »Ich weiß nicht, Valmosk, was ich tun soll. Ihnen habe ich alles hundertfältig vergolten, und meine Familie ist versorgt. Meine Frau und mein Sohn wohnen in einer eigenen Villa und verfügen über sehr gut laufende Einkünfte aus dem Kapital, das ich für sie auf einer Bank eingezahlt habe. Ich hatte Feinde, die ich haßte und die ich zu vernichten trachtete. Das könnte ich jetzt tun, doch nun habe ich keine Lust mehr, mich mit Feinden abzugeben. Ich kann alles erreichen, Valmosk, aber ich benötige nichts! Als ich auf dem Grund des Ozeans war, gefiel es mir dort, und ich glaubte dort viele Jahrtausende zubringen zu können. Und im Schoße der Erde, in diesem wunderbaren Brodeln feuriger Lava, kämen mir sogar Millionen Jahre erträglich vor. Jetzt aber erscheint mir alles eintönig und sinnlos.«

Valmosk entgegnete: »Gleichgültigkeit ist die einzige Krankheit, von der ein Unsterblicher heimgesucht werden kann. Vertreiben Sie sie, Doriel! Es gibt unendlich viele Zerstreuungen für Sie. Sie können sämtliche Bücher lesen, die jemals von Menschenhand geschrieben wurden, Sie haben genügend Zeit dazu! Sie können sich alle Kulturdenkmäler der Welt ansehen und sie sogar zu Ihrem Eigentum machen! Mehr noch, Sie könnten selbst Schriftsteller, Maler oder Bildhauer werden – Sie haben genügend Zeit, um alle Talente in sich zu entwickeln! Oder nehmen Sie sich die Wissenschaften vor, und werden Sie der gelehrteste und weiseste aller Menschen! Wenn Sie Ehren, Ruhm und unbegrenzte Macht begehren, so ist Ihnen auch das alles zugänglich. In zwei- bis dreihundert Jahren können Sie sich zum ewigen Herrscher der Erde aufschwingen. Mit einem Wort, tun Sie, was Sie wollen! Nur überlassen Sie sich nicht der Melancholie, der Gleichgültigkeit und der Langeweile!«

Redshan schrieb: »Was soll mir das alles, Valmosk? Ich fühle, wie meine Wünsche erlöschen. Die Menschen interessieren mich nicht mehr, und ihre Sorgen sind mir fremd geworden. So sitze ich da und sinne: Wer bin ich? Lebe ich, oder bin ich tot? Vielleicht hat Biolia recht, wenn sie mich für ein Gespenst hält? Schließlich ist doch nur derjenige lebendig, der von seiner Geburt an auf den Tod zugeht und danach trachtet, in dieser kurzen Zeitspanne soviel wie möglich zu tun. Ich bin geboren, werde aber niemals sterben; ich brauche mich nicht zu beeilen! Folglich lebe ich im Grunde gar nicht! Nur Tote verharren in einem absoluten Zustand. Bin ich also ein Toter? Ich befinde mich mitten unter lebendigen Menschen, bewege mich, fühle, nehme meine Umwelt wahr, kann etwas tun und und kann diese Umwelt nach meinem Geschmack umwandeln! Wer bin ich also? Schweigen Sie! Sie wissen es ebenfalls nicht! Sie haben die Unsterblichkeit geschaffen, können sich aber nicht im entferntesten vorstellen, was das ist! Wissen Sie, Valmosk, woran ich mich erinnere? Sie glauben vielleicht, an mein früheres Leben, an die Expeditionen unter Wasser und ins Innere der Erde? Nein, ich denke an den Geschmack des Käses, den ich bei Ihnen gegessen habe, bevor ich unsterblich wurde! Das war der letzte und deutlichste Eindruck, den ich aus meinem sterblichen Leben mit herübergenommen habe, und er bleibt mir, er wird mich Millionen von Jahren verfolgen! In dieser Minute würde ich meine Unsterblichkeit bedenkenlos gegen die Möglichkeit eintauschen, ein Stückchen Käse zu essen! Schweigen Sie! Ihr Generator ist unvollkommen! Indem er die Unsterblichkeit verleiht, müßte er gleichzeitig die Erinnerung an die Vergangenheit auslöschen, das heißt, er müßte dem Menschen sein menschliches Wesen nehmen. Doch jetzt hat das alles nichts mehr zu sagen. Für mich, Valmosk, begehre ich nichts, für Sie aber könnte ich noch einiges tun. Mich verwundert und belustigt Ihre Gier nach dem gewöhnlichen Leben, von dem Ihnen nicht mehr als vielleicht noch zehn, fünfzehn Jahre verbleiben! Sie trachten nach Reichtum und Macht! Wollen Sie, daß ich Erm Grunsoll den Fünften um seine idiotischen Milliarden bringe und sie Ihnen gebe?«

Valmosk dachte bei sich: Mag er tun, was er will, wenn er sich nur nicht der Langeweile überläßt. Diese Langeweile könnte von einem Anfall von Raserei abgelöst werden, und dann ist er imstande, etwas anzustellen, was ihn selbst nicht mehr froh werden läßt. Die Menschheit wird schließlich nicht viel verlieren, wenn das Haus Grunsoll aufhört zu existieren.

Laut sagte er: »Ausgezeichnet, Doriel! Erm Grunsoll hat sich auf dem gestrigen Bankett eine recht unverschämte Bemerkung gegen mich herausgenommen. Er verdient einen kleinen Denkzettel. Geben Sie ihm den!«

14

Eine hohe gesellschaftliche Stellung hat viele unangenehme Verpflichtungen im Gefolge. Valmosk drehte sich wie ein Eichhörnchen im Tretrad: Visiten, Empfänge, Begegnungen, geschäftliche Gespräche. Während all dieser Hasterei vergaß er eine Zeitlang ganz die neue Aufgabe, die Redshan übernommen hatte. Erst einen Monat später fiel sie ihm wieder ein. Er erschrak über seine Sorglosigkeit und rief sofort seinen Verwalter an: »Wie stehen die Aktien des Hauses Grunsoll? Was hört man darüber?«

»Was soll man denn hören, Euer Gnaden?« fragte der Verwalter interessiert zurück.

»Ach, nichts Bestimmtes, ich frage nur so ...«

»Dann kann ich Ihnen auch nichts weiter sagen. Das Haus Grunsoll ist so stabil wie noch nie!«

Valmosk legte den Hörer auf und eilte durch die Korridore und Treppen hinab in den Keller.

Als er das »Asyl der Unsterblichen« betrat (so nannte er jetzt seine ehemalige Wohnstätte), sah er Redshan auf dem Diwan sitzen. Der Unsterbliche starrte vor sich hin und dachte anscheinend über etwas nach. Auf seinen Knien hatte sich diesmal der Kater Flipp niedergelassen, Rongi lag zu seinen Füßen.

Beim Anblick Valmosks rührte sich die Gruppe der Unsterblichen nicht einmal. Der Professor schüttelte Redshan kräftig ein paarmal hin und her, mußte aber infolge des aufgewirbelten Staubes sogleich heftig niesen.

Redshan kam langsam zur Besinnung und sah Valmosk fragend an.

»Warum sind Sie noch nicht fort, um Ihr Versprechen einzulösen, Redshan?« brüllte der Alte, wobei er die Lippen unheimlich bewegte.

Redshan zuckte teilnahmslos die Achseln.

»Na, antworten Sie doch endlich. Hol Sie der Teufel! Wo haben Sie Ihren Notizblock und den Füllfederhalter?«

Er zog Redshan die Schreibutensilien aus der Tasche und drückte sie ihm in die Hand. Der nahm sie und schrieb: »Sind Sie böse, Professor?«

»Da fragen Sie noch? Warum haben Sie das Urteil immer noch nicht vollstreckt, das Sie selber über Erm Grunsoll den Fünften verhängt haben? In was für eine Lage bringen Sie mich in der Öffentlichkeit? Ich habe das Ende des Hauses Grunsoll vorausgesagt! Vor einem Monat schon! Wollen Sie, daß ich als Lügner und Großsprecher dastehe? Was haben Sie hier den ganzen Monat getan?«

»Ich wußte nicht, daß schon ein ganzer Monat vergangen ist«, schrieb Redshan in aller Ruhe. »Mir ist, als wären Sie erst vor einer halben Stunde fortgegangen! Wie schnell doch die Zeit verfliegt, Valmosk. Ich wundere mich über Sie. So vergeht im Handumdrehen auch eine ganze Ewigkeit. Aber regen Sie sich nicht auf, das kann Ihnen in Ihrem Alter nur schaden. Heute werde ich mich unbedingt mit Grunsoll befassen. Er wird wie eine Seifenblase platzen, an allen Börsen der Welt wird es zum Krach kommen! Im Ozean, Valmosk, habe ich gewaltige Kalmare getötet. Und erinnern Sie sich an den Vulkan, durch den ich in die Erde eingedrungen bin? Er war fünfhundert Jahre lang untätig gewesen. Ich habe ihn zu neuem Leben erweckt, und nun tobt und brodelt er bis zum heutigen Tage. So geht es mir auch mit den Menschen. Ich könnte Throne wie Kleingeld verteilen. Ich könnte aber auch Industriekönige zerquetschen wie Küchenschaben. Gehen Sie, Valmosk, und stören Sie mich nicht bei meinen Angriffsvorbereitungen! Es macht nichts, daß schon ein Monat vergangen ist. Heute werde ich die versäumte Zeit bestimmt aufholen.«

»Gut, Doriel, ich glaube Ihnen«, sagte Valmosk, als er die

letzten Zeilen gelesen hatte. »Ich glaube, daß Sie Ihr Versprechen einlösen und meine Reputation retten werden. Um Ihnen dabei nicht im Wege zu stehen, gehe ich auf Reisen. Ich hoffe, daß Erm Grunsoll der Fünfte bis zu meiner Rückkehr ruiniert ist und seine Milliarden in meinen Besitz übergegangen sind. In einem halben Jahr bin ich wieder da, Doriel. Ich wünsche Ihnen viel Erfolg!«

15

Überzeugt, daß Doriel die Sache diesmal gründlich anfassen werde, machte sich Professor Valmosk noch am gleichen Tag auf die Reise. Es war sehr angenehm, daß er keine großen Vorbereitungen benötigte: Er griff zum Telefonhörer, bestellte sich eine Kajüte in einem Transatlantikdampfer, steckte sein Scheckbuch ein und machte sich auf den Weg.

Seinen Butler wies er an, die überflüssigen Dienstboten vorübergehend auszubezahlen und keinerlei Unbefugte ins Haus zu lassen. Dem Verwalter befahl er, die Vermögenslage Erm Grunsolls des Fünften aufmerksam zu verfolgen.

Valmosk bereiste die ganze Welt und unterhielt sich blendend. Genau nach einem halben Jahr kehrte er nach Hause zurück. Er hatte bereits aus den Zeitungen erfahren, daß die Grundfesten des Hauses Grunsoll nicht erschüttert waren, sondern sich durch weitere Milliarden noch gefestigt hatten.

Böses ahnend, ging Valmosk zunächst zu Redshans junger Frau. Er traf sie in tiefer Trauer an. Nachdem er ihr ausführlich den Zustand des Unsterblichen beschrieben hatte, sagte er: »Sie müssen mir helfen, ihn wachzurütteln, Biolia. Er muß sich mit irgend etwas befassen. Seine Depression birgt drohende Gefahren in sich! Eines Tages steht er auf und richtet Entsetzliches an! Das kann mit einer weltweiten Katastrophe enden!«

Nach kurzem Nachdenken antwortete Biolia: »Professor Valmosk, ich halte Sie für den Mörder meines Mannes. Ich hasse Sie! Ich werde Ihnen aber trotzdem helfen. Nicht

Ihretwegen, sondern meinem Sohn und allen anderen Menschen zuliebe.«

Valmosk machte eine knappe Verbeugung und führte Biolia zu seinem Wagen.

Das Herz der jungen Frau krampfte sich schmerzhaft zusammen, als sie in die finsteren Kellerräume Valmosks hinabstieg. Es kam ihr vor, als ob sie sich in einem Grabgewölbe befände. Valmosk öffnete eine Tür nach der anderen und führte Biolia schließlich in das »Asyl der Unsterblichen«.

Dort war es finster. Wahrscheinlich waren die Glühbirnen im Leuchter durchgebrannt. Mit einer starken Taschenlampe leuchtete der Professor den Raum ab. Biolia schrie auf, als sie die Gruppe der Unsterblichen erblickte. Sie saßen in derselben Pose da, in der Valmosk sie ein halbes Jahr zuvor verlassen hatte; aber der Schmutz, die Spinnen und die Mäuse hatten sie bis zur Unkenntlichkeit verändert.

Gesicht, Haare und Kleidung Redshans waren von einer dicken Staubschicht bedeckt. Zwischen seiner Brust und dem Kater Flipp hing ein dichtes Spinnennetz. Auf Rongis Rücken hatten Mäuse ihr Nest gebaut.

Redshans Augen standen offen, waren jedoch ebenfalls von grauem Staub bedeckt. Auf das Licht schienen sie nicht zu reagieren. Valmosk nahm ein Tuch aus der Tasche und rieb Redshan den Staub vom Gesicht, als sei er kein Mensch, sondern eine steinerne Statue. Und wie eine Skulptur blieb der Unsterbliche völlig bewegungslos.

Valmosk rüttelte ihn lange Zeit und leuchtete ihm mit der Taschenlampe ins Gesicht. Endlich löste sich Redshan aus seiner Erstarrung und warf einen Blick auf die Ankömmlinge. Biolia erkannte er sofort. Doch das belebte ihn nicht im mindesten. Mit unendlich langsamen Bewegungen suchte er in seiner Tasche nach Notizblock und Füllhalter. Die Tinte im Füller war ausgetrocknet. Redshan legte ihn auf den Tisch und nahm einen Bleistift. Er deutete Valmosk durch ein Zeichen an, ihm zu leuchten, und schrieb folgendes nieder: »Liebe Biolia, warum bist du gekommen? Hat dich dieser verrückte Alte hergebracht? Laß dich nicht mit ihm ein! Und Sie, Valmosk, belästigen Sie mich nicht unnötigerweise! Wenn die Zeit gekommen ist, werde ich Sie schon rufen. Erm Grunsoll ist zum Tode verurteilt. Genügt Ihnen das nicht? Grunsoll stirbt, und Sie werden auch sterben! Hören Sie auf mit Ihren Dummheiten! Sie haben alles, was Sie brauchen!«

Biolia las den Zettel und brachte mit ihrer nervösen, kleinen Handschrift folgende Antwort zu Papier: »Dor, Liebster, nimm dich zusammen! Was geschehen ist, ist nicht mehr rückgängig zu machen, doch weshalb läßt du mich und Arkif im Stich? Warum soll ich Trauer tragen, wo du noch lebst? Komm mit mir, Dor! Unser Sohn wartet auf dich! Du bist sein Vater, du mußt mir helfen, Arkif zu erziehen! Raffe dich auf, Dor! Du bist doch nicht tot, du kannst Gutes tun, und das ist genug, damit du den Geschmack am Leben nicht verlierst!«

Dieser leidenschaftliche Appell Biolas ließ Redshan kalt. Seine Antwort war kurz und kategorisch: »Ich brauche nichts, Biolia. Ich habe keine Wünsche mehr. Aber ich möchte nicht zusehen, wie du alterst und stirbst und wie unser Sohn altert und stirbt! Ich will nicht auf der Erde umherwandern wie auf einem einzigen Friedhof! Wen soll ich lieben? Alle sterben! Alle! Leb wohl, Biolia! Leben Sie wohl, Valmosk!«

Der Professor leuchtete ihm mit der Taschenlampe ins Gesicht und sagte deutlich artikuliert: »Gut, dann werden wir uns nicht mehr wiedersehen, Doriel. Entschuldigen Sie mich vor den Nachkommen, von denen Sie hier vielleicht in tausend oder zehntausend Jahren aufgefunden werden! Ich weiß jetzt, daß der Mensch die Unsterblichkeit nicht braucht. Leben Sie wohl, Doriel. Lassen Sie Ihre unsterblichen Kameraden Rongi und Flipp nicht allein. Sie werden Ihnen bestimmt viele Jahrtausende verschönen, wenn Sie von diesem Dahindämmern einst genug haben und sich aufmachen, unsere so unbeständige und doch so herrliche Welt zu durchstreifen. Für diese Zukunft wünsche ich Ihnen guten Mut und edle Absichten. Zunächst aber wünsche ich Ihnen angenehme Träume, Doriel Redshan! Angenehme Träume und erträgliche Langeweile!«

Redshan hörte ihm aufmerksam zu, nickte dann aber nur kaum merklich. Valmosk wischte sich noch einmal den Staub von Rongi und Flipp und verabschiedete sich von ihnen mit einem bekümmerten Blick in ihre weitgeöffneten Augen, die von tiefer Gleichgültigkeit gegen alles auf der Welt erfüllt waren. Dann verließ er den Keller und führt die hysterisch schluchzende Biolia mit sich nach oben.

Bald darauf befahl Valmosk, alle Eingänge zu dem Kellergewölbe fest zuzumauern; damit waren der Unsterblichkeitsgenerator und mit ihm Doriel Redshan, Rongi und Flipp für immer begraben.

Niemand hat auf Erden je wieder etwas von ihnen gehört.

Wiktor Żwikiewicz
Ruf auf der Milchstraße

Er hatte seinen Blaster über die Schulter gehängt und bewegte sich im Schatten der Mauern. Mit rhythmischen, federnden Schritten ging er vorwärts, schaute sich nicht um, auch eilte sein Blick den Füßen nicht sehr weit voraus. Die schwarzglänzenden Wände vermochten nicht, durch Reflexion des scharlachroten Himmels seine Pupillen zu beleben, seine Gesichtszüge zu glätten, denen die Zeit eine Maske tödlicher Ermattung verliehen hatte.

»Bleib stehen, Rudier.«

Mechanisch ging er noch eine Zeit weiter, immer langsamer, schließlich blieb er stehen und blickte sich um. Leere. In der windstillen Luft verengte die Straßenschlucht die Perspektive mit ihren hohen Häuserwänden ohne Fenster und Türen.

»Das ist keine Einbildung, Rudier. Du hörst uns.«

Er stand unbeweglich da, den Finger am Abzug des Blasters und den Kolben fest gegen die Hüfte gestemmt.

»Ich wußte, daß ihr da seid«, sagte er.

Schweigen – so als würde ein Unsichtbarer den Sinn dieser Worte überdenken.

»Du wußtest, daß wir da sind?«

»Schon lange.«

Er macht einen Schritt vorwärts und starrte dabei aufmerksam in das rötliche Halbdunkel. Die glatten Mauerreihen wurden von den Kanten der einzelnen Häuserblöcke unterbrochen, auf ihrer glänzenden Oberfläche vervielfachten sie das verzerrte Spiegelbild seines Gesichts.

»Schließlich bin ich doch nur hierhergekommen, um die zu finden, die hier zurückgeblieben sind. Ich habe fest daran geglaubt, daß ich sie finden würde.«

»Wen?«

»Euch.«

Unter halbgeschlossenen Lidern beobachtete er die Häuserkanten über seinem Kopf. Sie hoben sich vom Himmel in einer fehlerlosen, reinen Linie ab.

»Du irrst dich, Rudier. Wir sind nicht die, die du suchst.«

Verwundert blickte er die Straße entlang. Einen Moment zögerte er, dann streckte er die Hand aus und wies auf die strahlenförmig auseinanderlaufenden Sackgassen.

»Ich suche die, die diese Stadt gebaut haben«, sagte er.

»Damals waren wir nicht hier.«

»Wer seid ihr sonst, warum versteckt ihr euch vor mir?«

»Etwas Geduld, Rudier. Bald wirst du uns sehen.«

»Geduld ... einfach gesagt, nach so vielen Jahren des Wartens ...«

Er brach ab, fühlte, daß seine um den Kolben des Blasters gekrampfte Hand feucht wurde. Irgendwo tief in seiner Brust regte sich eine plötzliche Furcht vor dem Unsichtbaren und gleichzeitig die Angst, daß die Stimme nur eine Einbildung gewesen sein könnte und er im Halbdunkel der ausgestorbenen Stadt wieder allein sein würde.

»Woher ...«, sagte er und runzelte die Augenbrauen, »woher kennt ihr meinen Namen?«

»Wir wissen alles über dich.«

»Und wer seid ihr?«

Er wich zurück, bis er die kühlen Mauern in seinem Rükken fühlte.

»Ich heiße Nezer.«

»Orst.«

»Paldan.«

»Ihr seid drei?«

Dort, irgendwo, wurde mit einer Antwort gezögert.

»In gewissem Sinne.«

»Warum kann ich euch nicht sehen?«

»Weil zwei Flugstunden zwischen uns liegen.«

Rudier schwankte, als wäre er mit der Faust voll in den Magen getroffen worden.

»Ihr seid im All?«

Er stieß sich von der Mauer ab und trat in die Mitte der Straße, mit nach oben gerichtetem Kopf und weit ausgebreiteten Armen.

»Hier … hört ihr? Ich bin hier!«

Die Straßen nahmen den die Stille durchbrechenden Schrei auf, mit ersterbendem Echo trugen sie ihn bis hoch unter den Himmel, der wie eine scharlachrote Wunde die Mauerreihen teilte.

»Ich bin hier! Hört ihr? Holt mich von hier fort!«

Er entsicherte den Blaster und richtete ihn mit zitternden Händen auf den Spalt zwischen den Mauern. Eine Serie von Lichtimpulsen brachte genau über ihm, im Zenit, eine violette Blase hervor, aus der von innen heraus ein totenbleiches Feuer leuchtete. Der Widerschein bohrte sich in seine Augenlider, und ein heißer Hauch legte sich ihm auf Gesicht und Hände, aber er versuchte noch immer, die Blitze zu einem Signal eines längst in Vergessenheit geratenen Codes zu reihen. In einer Kaskade von Funken fielen brennende Brocken auf den Boden, der Strahlenblitz hatte sie aus den Mauerrändern geschnitten. Rudier war geblendet, und rote Kreise wirbelten ihm vor den Augen. Er versuchte, den hitzeabstrahlenden Mauern zu entrinnen, aber vergeblich – die Füße waren wie am Erdboden festgewachsen. Ratlos gab er seine Bemühungen auf, dämpfte seinen fliegenden Atem und wartete, bis der Purpur des pulsierenden Blutes unter seinen Lidern abgeklungen war. Schließlich wagte er, die Augen wieder zu öffnen, unsicher und voller Angst.

Die schwarzen Steine waren verschwunden. Statt dessen umrankten blaßrosa Kletterpflanzen die Mauern, blitzschnell hatten ihre Wurzeln im Bürgersteig Fuß gefaßt. Die unheimliche Expansion der wogenden Pflanzen aus dem toten Gestein schien die ganze Umgebung erfaßt zu haben, aber ein Blick zurück genügte, und Rudier verstand, daß diese Befreiung eines versteckten Lebenspotentials von einer unsichtbaren Kraft auf einen geringen Teil der Stadt beschränkt wurde. Hinter dieser Grenze befand sich noch immer die dämmrige, wie aus einem Riesenbrocken Steinkohle gehauene Schlucht.

Rudier senkte den erhitzten Lauf des Blasters. Er fand sich im Zentrum eines Kreises, den die von seiner Waffe ausgestrahlte Hitze gezogen hatte. Groß, linkisch stand er da in dem an seinem ausgemergelten Körper herabhängenden Raumanzug.

Langsam und unwillig begann er die ihm schon bis zur Brust reichenden Stengel auseinanderzubiegen. Sie waren weich, fühlten sich warm an und gaben dem Druck seiner Hand sofort nach. Größeren Widerstand leisteten sie erst kurz über dem Boden, dort, wo seine Füße in einem Dikkicht von Schlingpflanzen gefangen waren. Auf der von den Strahlen des Blasters durchpflügten Wand erstarrten schwere, trotz der großen Hitze schon schwarz werdende Gesteinstropfen. Und nur am unteren Ende der anwachsenden Tropfen wurde das Schwarz matt, verblaßte immer mehr, um an der Stelle seiner größten Durchsichtigkeit eine riesige Blumendolde freizugeben.

»Hörst du uns, Rudier?«

Obwohl er die Stimme erwartet hatte, erschauerte er.

»Ja«, antwortete er und unterdrückte ein Würgen in seiner Kehle. »Seid ihr von der Erde?«

»Aus dem System.«

»Ich verstehe nicht. Seid ihr Menschen?«

»Seit du die Erde verlassen hast, sind viele Jahre vergangen.«

»Richtig. Zuerst die Anabiose.« Er schüttelte den Kopf. »Dann bin ich so viele Jahre von Stadt zu Stadt geirrt, in der Hoffnung, jemanden zu finden, der mir zur Rückkehr verhilft. Sagt mir, wie ist sie jetzt, die Erde?«

»Wir wissen es nicht, Rudier.«

Er zog sich hinter den blaßrosa Kreis zurück, der immer kleiner wurde, ebenso schnell welkte, wie er vor kurzem aus dem Stein gewachsen war.

»Was bedeutet das?« fragte er. »Woher seid ihr?«

»Das System – das sind Hunderte bewohnter Planeten,

unter denen die Erde nur einer von vielen ist. Wir waren niemals dort.«

»Das ist absurd. Schließlich seid ihr Menschen! Ich irre mich doch nicht?«

»Nein. Nur unterscheiden wir uns etwas voneinander.«

»Wie seid ihr?«

Sie schwiegen.

»Ich verstehe, die Zeit verändert alles ...«, begann Rudier wieder zu sprechen, um die in seiner Brust pulsierende Unruhe zu unterdrücken. »Ich selbst bin auch nicht mehr so widerstandsfähig wie früher ... Dieser Planet hat mich erledigt, und ich träume von nichts anderem, als noch einmal eine Steppe und einen richtigen Wald zu sehen, noch einmal am Ufer eines Flusses zu sitzen ... Wenn noch etwas davon übrig ist. Jeder Mensch wird älter und hat die Sehnsucht, sich auszuruhen.«

»Wir nicht, wir bleiben immer funktionstüchtig, bis zum Ende.«

»Und darin besteht der Unterschied zwischen uns?«

»Die Umwelt, die dir eine entsprechende Existenz garantierte, war die Erde oder eine daraus isolierte Folgeeinrichtung, begonnen mit der Raumstation bis zu deinem hermetischen Raumanzug. Wir haben diese einengende Barriere längst überschritten. Wir sind Bewohner der Meerestiefen und der Methanozeane, wir bevölkern Welten, die niemals zuvor der Fuß eines Menschen berührt hat. Wir sind überall, sogar im kosmischen Raum.«

»Wie ... wie seht ihr aus?« fragt Rudier gegen seinen Willen, denn eigentlich wollte er das um nichts in der Welt wissen.

»Deine Angst ist unbegründet. Äußerlich unterscheiden wir uns kaum von dir, nur daß unser rekonstruierter Organismus eine diametral andere Biomolekularstruktur hat und andere mechanisch-kybernetische Eigenschaften ...«

»Wie konntet ihr das tun?«

»Dich leiten die moralischen Normen deiner Epoche, Rudier. Du vergißt, daß die Wissenschaft und Technik in den

Händen vernunftbegabter Wesen nur ein Werkzeug der Evolution ist. Die Welt der Tiere und Pflanzen hat Milliarden von Jahren zur Verfügung, in denen das Spiel des blinden Zufalls regiert, aber von dem Moment an, in dem der Verstand auftaucht, muß die Evolution ihre Taktik ändern. Es genügt dann nicht mehr, nur Zeit zu haben, die es erlaubt, ohne Eile nach neuen Lösungen zu suchen. Das Wissen und die Fähigkeit, bewußt zu handeln, sind Eigenschaften des Verstandes, seine Umwelt ist sowohl die Biosphäre des ganzen Planeten als auch der Organismus des vernunftbegabten Lebewesens selbst. Kann man also das eine verändern und vor dem Eingriff in das andere zurückschrecken?«

»Nein, ihr werdet mich nicht überzeugen«, sagte Rudier und biß die Zähne zusammen.

»Du behauptest das, obwohl du genau weißt, daß man ähnliche Abhängigkeiten bis ins Unendliche extrapolieren kann. Schließlich kann nicht einmal das Gehirn, als Hauptmotor des Bewußtseins, von einem gewissen Punkt an noch die Menge der Informationen speichern, die für die weitere Entwicklung der Persönlichkeit und der Gesellschaft nötig sind, und es kann auch die Produktivität der Denkprozesse nicht vergrößern. Man muß also neue Lösungen suchen, damit es auf dieser Etappe nicht zu einer Stagnation der Entwicklung kommt.«

»Und ihr habt sie gefunden?«

»In unserer Welt wurde dieses Problem gelöst, indem die Psychen der Einzelwesen unserer Art zu einem übergeordneten System gekoppelt wurden. Das erlaubt es uns, sofort über die Informationen der gesamten Zivilisation zu verfügen und auch solche Probleme zu lösen, mit denen nur die summarischen Fähigkeiten des logischen Denkens, der Vorstellungskraft oder auch dessen, was wir Intuition zu nennen pflegen, fertig werden.«

»Einen Moment ...«, unterbrach Rudier.

Er versuchte krampfhaft, sich an etwas zu erinnern. Wenige Schritte von ihm entfernt löste sich der Kreis auf, in dem vor kurzem die Wachstumsexplosion der rosa Kletterpflanzen stattgefunden hatte, und wurde von der Straße verschluckt. »Deshalb habt ihr also, als ich euch fragte, ob ihr drei seid, geantwortet: ›In gewissem Sinne‹?«

»Ja. Natürlich hätte auch einer von uns mit dir Kontakt aufnehmen können, aber es ist bequemer, wenn es das System tut, das hier im All durch die psychischen Funktionen eines jeden von uns fixiert ist.«

»Ich unterhalte mich also die ganze Zeit nicht mit einem einzelnen von euch, sondern mit dem System?«

»Natürlich.«

Rudier stand in sich zusammengesunken auf der wieder völlig glatten Oberfläche des Gehsteiges, sogar die Staude roter Orchideen war spurlos verschwunden.

»Hast du noch eine Frage?« hörte er sie sagen.

Er wollte gleich verneinen, hob jedoch nur den Kopf etwas höher. »Vielleicht noch eine letzte«, sagte er langsam. »Wer seid ihr?«

»Wir verstehen dich nicht, Rudier?«

»Wenn ihr keine Menschen seid, müßt ihr doch irgend etwas anderes sein.«

»Wir sind Menschen, Rudier.«

»Eigenartig ... Was bin dann ich? Außer unserem Aussehen haben wir, wie behauptet, nichts gemeinsam. Wenn ihr also Menschen seid, dann kann ich kein Mensch sein ... und umgekehrt.«

Er drehte sich auf dem Absatz um und ging mit schnellen Schritten vorwärts, ohne darauf zu achten, daß die eben gehörten Worte in ihm noch nachklangen, ohne zu versuchen, sie zu unterdrücken. Es genügte, nicht mehr an sie zu denken, und sie zerfielen zu einem kaum wahrnehmbaren Gemurmel, so als würde der Wind trockene Blätter, die fast schwerelos sind, über den Sand wirbeln.

Er ging in der Mitte der leeren Straße, in einer Fahrbahnrinne zwischen den Häuserblöcken, die immer neue Durchgänge freigaben, setzte seine Wanderung in Richtung Stadtrand unbeirrt fort. Plötzlich erhob sich hinter den Gebäuden eine himmelhohe Wand, schwarz und spiegelnd. Diese

Mauer mit ihrem gekerbten Rand umgab die ganze Stadt wie eine mittelalterliche Festung. Die Gebäude der Stadt standen in gewisser Entfernung von dieser Wand. Die glänzende Platte, aus der sie aufragten, bildete übergangslos eine senkrechte glatte Fläche ohne Tore und natürliche Spalten. Nur an einer Stelle waren die Mauern wie unter ihrer eigenen Last zusammengefallen; sie waren jedoch nicht zu einem Haufen loser Brocken zusammengestürzt, sondern seltsam eingesunken, wie durch eine innere Instabilität der Steinstruktur, und eröffneten dadurch einen Zugang zu der toten Stadt, die man einst ohne Tore erbaut hatte.

Rudier ging auf diese Bresche zu, seine Schuhe wirbelten Staubwölkchen feinen Rußes auf. Automatisch blickte er über die Schultern zurück und empfing noch einmal die Stadt mit seinem Blick.

»Auch deine Zeit wird kommen«, flüsterte er und ging zwischen den Mauerresten weiter.

Als er auf der anderen Seite angelangt war, klopfte er sich gewissenhaft die Schuhe an einem vertrockneten Grasbüschel ab. Der Himmel verschmolz sein Scharlachrot mit der violetten Heide, die, wohin man auch sah, das flache Tal überwucherte. Nur weit am Horizont verriet ein dunkler Streifen die Existenz einer weiteren Stadt. Die eintönige Ebene verdeckte den steinernen Grund mit lila Gewächsen wie mit einem Schimmelteppich, den von unten her die Hügel der einsamen Inselstädte durchstießen.

»Wohin willst du gehen, Rudier?« hörte er.

Er stand hochaufgerichtet, seine blicklosen Augen schienen das plötzlich aufgetauchte Hindernis »Wohin?« anzustarren. Er schwieg.

»Du hörst und verstehst uns doch? Warum genügt dir das nicht, um einzusehen, daß uns gar nicht so viel trennt? Wo immer wir auch sind, wie immer wir auch sind, solange wir uns verstehen, sind wir alle Menschen.«

»Was wollt ihr von mir?«

»Informationen. Du hast viele Jahre hier gelebt, du hast viel kennengelernt und mußt viel verstehen.«

»Und was gebt ihr mir dafür?«

»Du wirst zurückkehren können, wohin immer du willst.«

»Glaubt ihr? Dieser Ort existiert nicht mehr.«

»Das mußt du selbst entscheiden. Uns interessiert dieser Planet, wir sind nicht zufällig hier.«

»Was wollt ihr finden? Ruinen von Städten? Solltet ihr nicht die Regel des Kosmos kennen, daß man außer Planeten, die tot sind seit ihrem Bestehen, meistens nur Ruinen findet?«

»Aber das da sind keine Ruinen.«

»Wirklich nicht? Wer von uns hat denn eigentlich so viele Jahre hier verbracht?«

»Hör zu, Rudier. Vor kurzem hast du selbst noch die Bewohner gesucht, du warst nicht sicher, daß diese Stadt völlig entvölkert ist.«

»Schade, daß wir uns nicht früher begegnet sind, vielleicht hättet ihr mir einen Ratschlag erteilt, was man nach einer Raketenkatastrophe machen kann, wenn nicht bei den Bewohnern des Planeten Hilfe zu suchen. Zumal hier tatsächlich eine Zivilisation existiert hat.«

»Warum sprichst du darüber in der Vergangenheit? Wir haben Beweise für Aktivitäten dieser Wesen, Aktivitäten neueren Datums, die den Kontakt mit anderen Zivilisationen des Universums bezwecken.«

»Wie kommt es zu dieser Überzeugung?«

»Ganz einfach. Es existiert ein Träger energetischen Potentials oder auch eine Quanterscheinungsform der Biogenese. Die Abhängigkeiten können wir nicht genau präzisieren: Ist das Leben das Ergebnis dieses ›Lebensquants‹ oder umgekehrt? Allgemein nehmen wir an, daß so, wie die charakteristischen Prozesse des Wachstums, der Fortpflanzung oder der Anpassung an die Umweltbedingungen Erscheinungen des Lebens überhaupt angesehen werden können. Wir verfügen über eine Apparatur zur Registrierung solcher Erscheinungen und konnten dadurch im kosmischen Rauschen ein Strahlungsband ausmachen, das ein Resultat von Organisationsprozessen der Materie auf dieser Ebene ist.«

»Ich nehme an, daß ihr, wenn ihr über eine derartige Apparatur verfügt, bereits im Weltraum feststellen konntet, daß Leben auf diesem Planeten existiert?«

»Mehr noch, wir haben Aktivitäten von vernunftbegabten Wesen registriert.«

»Wie sollen diese Aktivitäten aussehen?«

»Die Strahlung dieses Planeten wird bewußt moduliert.«

»Unmöglich!«

»Eher nicht sehr wahrscheinlich. Das ändert jedoch nichts an der Tatsache, daß die Zivilisation dieses Planeten eine einzigartige Signalisation geschaffen hat, indem sie in den Modulationsmechanismus der Strahlung die Biosphäre des gesamten Planeten einbezogen hat, die lebende Materie aller Mikroorganismen, Pflanzen und Tiere. Es gibt keine universalere Art einer Informationsübermittlung über die eigene Existenz als die Einbeziehung mathematischer analysierbarer Zeichen in den Strahlungspuls, der schon in sich selbst eine Emission des Lebens ist.«

»Sie versuchen also« – Rudier blickte in Richtung Stadt – »schon seit vielen, vielleicht seit Tausenden Jahren Kontakt zu vernunftbegabten Wesen aus anderen Welten aufzunehmen? Warum konnte ich dann acht Jahre lang keinen Kontakt mit ihnen bekommen, nicht einmal einen Funken des Interesses von ihrer Seite bemerken?«

»Du hast sie niemals zu Gesicht bekommen? Du weißt nicht, wo sie sein könnten?«

»Die Sache ist so, daß ich sie nicht finden kann, obwohl ich fest davon überzeugt bin, daß sie nicht einfach so weggehen und das alles hier zurücklassen konnten. Ich weiß genau, daß noch vor hundert, zweihundert Jahren die Straßen dieser Stadt von pulsierendem Leben erfüllt waren. Sie waren hier und sind plötzlich verschwunden, aber nicht ins All. Sie haben die Atmosphäre ihres Planeten niemals verlassen. Die Richtung ihrer Entwicklung ist dem Menschen völlig fremd, ich war nicht in der Lage, die Symbolik ihrer Wissenschaft und Kultur zu verstehen. Wenn es mir wenigstens gelungen wäre, in das Innere ihrer Gebäude vorzudringen ...«

»Warum haben sie keine Eingänge?«

»Ich weiß es nicht. Vielleicht hat dieses verfluchte lebende Gestein alle Öffnungen vernarbt, als die Bewohner verschwunden sind.«

»Eine sonderbare Welt.

»Ihr werdet selbst sehen, wie sonderbar sie ist«, sagte Rudier. »Es gibt hier keine Winde, weil es keine Nacht gibt, keine Tageszeiten, keine Temperaturschwankungen. Der Planet kreist um einen roten Zwerg, der ihm weder Licht noch Wärme spendet. Die scharlachrote Lumineszenz dringt ununterbrochen aus den niedrigen Wolken, die den Himmel mit einer undurchdringlichen Schicht überziehn, und Wärme spendet der Boden selbst. Aus diesen Wolken regnet es nicht, nirgends fließen Flüsse. Die Pflanzen wachsen aus dem nackten Gestein, als wären sie ein Teil von ihm, und die schwarzen Steine schlucken die tierischen Abfälle schneller, als der Sauerstoff der Luft sie zersetzen kann. Wenn ich doch in das Innere des Planeten schauen, die Wände durchdringen könnte … Wozu haben sie Städte ohne Tore gebaut?«

»Wir werden es zusammen versuchen, Rudier.«

»Vielleicht habt ihr mehr Glück. Aber ihr müßt euch beeilen. Dieses Gestein … es zerfällt, bröckelt mit jedem Jahr, mit jedem Tag.«

In der absoluten Stille brachte ein leises Rauschen, wie der schüchterne Hauch eines Windes, die Luft in Bewegung. Dann kehrte wieder Stille ein.

»Das ist seltsam, Rudier. Auch die Stimme, die wir aus der Entfernung einiger Parsek empfangen haben, jenes von den intelligenten Wesen der Biosphäre des ganzen Planeten modulierte Signal, wurde immer schwächer. Wir haben Beobachtungen durchgeführt und festgestellt, daß es seit einigen Jahren erlischt.«

Voller Angst blickte sich Rudier nach dem hinter ihm aufragenden tauben und mächtigen Felsmassiv um.

»Das ist das Ende!« sagte er. »Wann werdet ihr hier sein?«

»Wir sind schon da.«

Er drehte sich ruckartig um und machte einen Schritt nach vorn, die Hand ausgestreckt. Zwischen den milchigrosa Streifen, die das unbewegliche Grasmeer durchbrachen, standen drei große Gestalten, sie sahen aus wie nackt, ihre Körper wurden von einem Quecksilberglanz umhüllt. Rudier wollte die Gesichter dieser Menschen näher betrachten, aber durch die hastige Bewegung waren seine Augen geblendet, und er konnte vor dem scharlachroten Hintergrund des Himmels ihre Züge nicht unterscheiden.

Die Sterne waren wieder an ihrem alten Platz, sie hatten die Milchstraße wie einen Turban im Raum ausgebreitet. Rudier umfing sie mit einem gierigen Blick und fühlte sich unter dem blauen Himmel der Heimat näher. Dabei war die Entfernung dorthin nicht geringer geworden; nichts bedeutete im Verhältnis zu den Dutzenden Lichtjahren dieser erste Schritt unter dem Vorhang der Wolken hervor, die sich jetzt unter ihm ausbreiten und das Oval des Planeten in Purpur hüllten.

»Hörst du uns, Rudier?«

Das war eine Stimme von dort unten.

»Ich höre euch. Ich habe die ganze Zeit gewartet.«

Er liegt unbeweglich auf dem Boden einer riesigen Schale, die bis an den Rand mit der Perspektive des kosmischen Raums angefüllt ist.

»Ein Glück, daß es hier keinen Wind gibt … alles bröckelt.«

»Was macht ihr?«

»Wir dringen in ihre Welt ein. Das ist die letzte Chance für eine Kontaktaufnahme.«

»Geht ihr alle drei?«

»Nur Orst und Paldan, zwei genügen.«

Rudier bewegt sich im Mittelpunkt einer Kristallkugel, mit jeder Bewegung, mit jedem Gedanken verändert er den Verlauf silberner Fäden, die wie auf gespannten Saiten die Elemente dieser Raumkonstruktion auffädeln. Er spürt den eigenen Körper nicht, ist im selben Augenblick überall, wie ein aus dem Schädel herauspräpariertes Gehirn erreicht er mit seinen Neuritenfasern die entferntesten Winkel des Raumschiffs. In den Stromkreisen unsichtbarer Maschinen findet er die Unfehlbarkeit mathematischer Abstraktionen, dennoch quälen ihn menschliche Zweifel. Er braucht nach gar nichts mehr zu fragen. Das System enthält nur ein Bewußtsein, aber dieses Etwas namens Rudier wehrt sich noch, versucht seine Eigenständigkeit zwischen den Mechanismen aufrechtzuerhalten, sich den Schein einer Welt zu bewahren, die es nicht mehr gibt, und hat Angst vor dem Aufgehen im Bewußtsein dieses Systems.

Er versucht seinen Gedanken eine andere Richtung zu geben, indem er immer neue Parabolantennen ausfährt. Elektronische Sensoren irren den galaktischen Äquator entlang und suchen nach einem Signal ähnlich dem Ruf, der das Raumschiff hierhergeführt hat. Es ist gekommen, aber zu spät, um den Untergang des scharlachroten Planeten zu verhindern, es wird auch genauso überraschend wieder fortfliegen. Es wird sich auf der Trajektorie entfernen, die durch seinen gegenwärtigen Standort gekennzeichnet wird und durch jenen anderen Ort, der nicht länger die mythische Erde ist, sondern das System.

»Nichts, Rudier?«

»Nichts. Ich suche weiter.«

Die drei, die sich jetzt dort unten befinden, werden bald zurückkommen und mit ihrem Raumschiff wegfliegen – vorwärts. In der gesellschaftlichen Hierarchie ihrer Zivilisation sind sie eine Abteilung Aufklärer, die einer nachfolgenden Kolonisationswelle den Weg ebnet. Die Dynamik der kosmischen Expansion erfordert das. Für sie gibt es kein Zurück – sie sind die Vorposten. Nach ihnen kommen andere, aber die kosmischen Aufklärer sind schon wieder einen Schritt weiter, einen Schritt, der nach Dutzenden Lichtjahren gemessen wird. Und daran ändert auch nichts, daß der blinde Zufall ihnen jemand wie Rudier in den Weg stellt. Sie werden ihm eine Zelle ihres Raumschiffs überlassen, einen automatischen Teil des Ganzen, der in sich selbst ein ganzes Raumschiff ist, damit er ihn, die Gesetze von Raum und Zeit mißachtend, schneller als das Licht zu dem Ort bringt, aus dem einmal er und seine Urväter hervorgegangen sind.

Rudier kreist im Raum und wartet. Ausgebreitet auf Dutzende Kilometer, saugt er mit jedem Atom des Raumschiffkörpers die Strahlung der Sterne ein, durchkämmt die letzten Winkel des Himmels in der Hoffnung, eine Strahlung aufzufangen, die wenigstens ein einziges »Lebensquant« in sich trägt. Das ist alles, was er für sie tun kann – das nächste Ziel ihrer unendlichen Wanderung auszumachen. Aber der Himmel schweigt. Sie hatten ja auch viele Jahre hindurch gesucht, bis sie eine austrocknende Quelle gefunden hatten. Warum also sollte ihm das Glück hold sein?

Der unter ihm dahinfließende scharlachrote Ozean ist verblaßt, grau geworden.

»Orst und Paldan haben sich der Transformation unterzogen.«

Er erkennt die Stimme Nezers, der geblieben war.

»Wenn du willst, schau es dir an.«

Rudier hat Angst, aber der Wunsch, die Welt, die ihm so viele Jahre seines Lebens gestohlen hat, zu verstehen, siegt über die Furcht; sein von den anderen Sinnen isolierter Blick wandert automatisch nach unten, durchdringt die sumpfige Wolkenwand, und Rudier sieht die Oberfläche des Planeten mit den Augen des Menschen, der vor der steinernen Mauer steht.

»Bist du das, Nezer?«

»Ja, ich.«

Vor ihm ist die senkrechte Mauerfläche. Zwei menschliche Gestalten stehen mit weit ausgebreiteten Armen an der schwarzen Spiegelwand, die eine mit dem Gesicht im Inneren, die andere mit dem Gesicht nach außen, zwei halb in den Stein eingetauchte Körper, so als hätte man mit einem senkrechten Schnitt einen Menschen halbiert und die beiden Teile nebeneinander an die Mauer gelehnt.

Rudier möchte sich nach hinten werfen, sich vor dem abwesenden Blick des Gesichts, das geblieben ist, verstecken. Nezer jedoch bleibt stehen.

»Ruhig!« sagt er in die Stille hinein. »Du weißt doch ...«

Ruhig ... als ob das Wissen etwas bedeuten würde gegenüber der Angst vor der schwarzen Magie, von der die drei nichts ahnen. Es ist also wahr, daß ihre Körper Steine durchdringen können und ihr Bewußtsein andere Persönlichkeiten in sich aufsaugen, durch das Neuronenlabyrinth fremder Sinne wandern, sich in elektronische Schaltkreise und monokristalline Maschinen transformieren kann. Aber man braucht Zeit, um sich daran zu gewöhnen, sich diese Veränderungen, die aus einer jahrhundertelangen Evolution der ganzen Gesellschaft resultieren, anzueignen. Und was sind die Mauern der Stadt, mit denen er so viele Jahre gelebt hat, anderes, wenn nicht das gigantische System einer Phantommaschine, erzeugt aus einem monokristallinen Gestein, das Milliarden von Wesen in sich eingesaugt und ihre Psyche in molekulare Stromkreise einer phantomatischen Welt transformiert hat? Das sind nur zwei extreme Modelle der Zivilisation: die menschliche, die mit ihrer Expansion die gesamte Sphäre des Makrokosmos umschließt, sich unaufhaltsam auf Tausende von Lichtjahren ausdehnt; andererseits die Zivilisation dieses Planeten, die die submolekulare Schwelle der Materie überschritten hat auf der Suche nach Bedingungen, die eine beliebige Kreation der Welten erlaubt, modelliert durch Mechanik und Quanten-Elektrodynamik.

Und es besteht dabei nur ein grundlegender Unterschied: Der Mensch hat es vermocht, die neue Umwelt zu assimilieren, in psychischen und materiellen Kategorien, die Wesen dieses Planeten hingegen haben das Element einer perfekten Symbiose nicht beachtet, sie hat ihre Welt, jede Pflanze, jedes Tier, sogar die Steine in einem präzisen Mechanismus der Materienumwandlung eingeschlossen, der die einzelnen Glieder der Biosphäre ineinander verzahnt. Es braucht nur ein Glied zu fehlen, und alles fällt in sich zusammen. Darum haben sie, als sie ins Gelobte Land hinübergingen, modelliert in einem Quantenhomöostat einer phantomatischen Welt, das ursprüngliche Bild ihrer Welt zum Untergang verurteilt und mit ihm sich selbst, denn es ist ihnen nicht gelungen, die Bindungen der Mikro- und Makrowelt, verkörpert in der Struktur der Steine, vollkommen zu lösen. Wenn also heute der lebende Stein bei der geringsten Berührung bröckelt, dann geschieht das nach dem Gesetz der determinierten Hysteresis, und die zwei Gestalten, ausgebreitet in einem der wenigen erhalten gebliebenen Spiegel, sind die einzige Brücke zwischen zwei Polen der Welt.

Der, dessen Gesicht außen geblieben ist, heißt Orst.

»Du kannst dich mit Paldan koppeln.«

»Nein, nein ...« Rudier fürchtet sich noch immer. »Erzähl es mir lieber ... Sind sie da?«

»Ja, Paldan versucht, mit ihnen Kontakt aufzunehmen.«

»Wie sieht ihre Welt aus?«

»Schau selbst.«

Das Gesicht in der Wand öffnet die Augen mit Pupillen, so tief wie Brunnen, die ihn in einen bodenlosen Abgrund ziehen. Der Tunnelgang, der den Raum durchbricht, weicht zur Seite, und der Blick erreicht eine schneeweiße Ebene.

»Bist du es, Paldan?«

»Ja, ich.«

Milchigweiße, opalisierende Ströme türmen sich zu Katarakten von innen heraus leuchtender Perspektiven, sie formen gigantische, geöffnete Perlmuscheln. Im wirbelnden Tanz weißer Nebel fallen sie nieder, breiten ihre Flügel aus wie vom Licht geblendete weiße Motten mit Flügelschultern, Flügelaugen, Flügelgesichtern ... Und schon ist nichts vorhanden als diese Gesichter und die ausgestreckten Hände, weiße Erscheinungen, die in einem Schattenreigen hinter dem Horizont schweben.

»Sie haben ja menschliche Gesichter!«

»Nein, Rudier. Was immer du siehst, alles ist nur die Interpretation deiner anthropomorphen Phantasie. Hier gibt es keine Formen.«

»Dennoch scheinen sie menschlich.«

Die wächsernen Gestalten wirbeln in besessener Trance

absoluten Weißes, das in einem immer dichter werdenden Schneetreiben diese Welt verdeckt und mit immer neuen Wellen aus den vielschichtigen Weiten des Raumes herniedersinkt. Mit einer blinden Determination drängen sie vorwärts, immer weiter, dorthin, wo in einer grauen Schleife des Horizonts noch immer ein verblassender Geysir leuchtende Röte verbreitet. Und obwohl es schwer ist, in diesem phantasmagorischen Kaleidoskop etwas Menschliches zu entdekken, sind da die Mimik, die Gesten, die Bewegungen …

»Paldan, sie fliehen doch!«

»Ich weiß, ihre Welt stirbt. Sie versuchen, der Leere zu entfliehen.«

Eine plötzliche Unruhe trübt Rudier den Blick. Der Impuls kommt von dort, wo in der Kabine des über dem Planeten schwebenden Raumschiffs der wirkliche Rudier geblieben ist, er befiehlt zurückzukommen, den Blick von der Molekularstruktur des Steines unter der Wolkendecke loszureißen.

»Ihre Welt stirbt genauso schnell, wie die Steine bröckeln«, stellt Paldans Stimme fest. »Wenn wir wüßten, weshalb das geschieht – vielleicht könnten wir dann noch helfen.«

»Paldan! Etwas ist geschehen, hörst du mich?«

»Vielleicht gelingt es mir zu verstehen.«

»Komm zurück, Paldan!«

Der schwarze Schacht weicht. Ein Augenpaar ist weit geöffnet. Eine senkrechte Wand und darin zwei gekreuzigte Gestalten. Ein scharlachroter Wirbel durchdringt die Luft, läßt den Boden unter sich, und wieder flattert ein Funken in der gewölbten Schale des Himmels.

Und plötzlich dringt durch die Stille ein kaum wahrnehmbares Seufzen. Das ist ein aus dem kosmischen Rauschen aufgefangenes Signal eines biosphärischen Senders. Seinem verebbenden Rhythmus folgt ein leiseres, aber gleichsam weniger erschöpftes Echo. Rudier versteht noch nicht, aber die Bioströme des Systems durchlaufen den Mechanismus des Schiffes, erreichen die Blöcke der Radartechnik, und ein unfehlbarer Sinn zeigt die Richtung an, wählt einen von Milliarden Sternen aus.

»Da ist es! Ich habe es gefunden!«

Rudier will rufen, den dreien da unten die Neuigkeit mitteilen, als sein Blick auf dem Diskus des Planeten erstarrt. Rudier versteht plötzlich den wahren Grund seiner Rückkehr. Das war nicht diese Stimme; es genügt, nach unten zu blicken:

Das Massiv der Wolken, beständiger als Stein, war geborsten, hatte die Ebene des Planeten enthüllt. Auf der bräunlich gewordenen Oberfläche erhoben sich die Krater der Stadt. Sie standen scheinbar unbeweglich, aber eine Bö vom Pol her verwusch sie und zog sie in Windrichtung sonderbar auseinander. Immer dichter werdende schwarze Streifen breiteten ihre Arme über der toten Ebene aus, der Wind wirbelte den Staub auf, in den die Mauern der Stadt zerfielen.

Rudier starrt stumpfsinnig vor sich hin, er sieht nichts mehr außer den wächsernen Gesichtern, außer dieser Prozession von Wesen, die sich selbst zu einem Dasein im Winde verwehender Kristalle verdammt haben. Ein Reigen verblassender Schatten und ... Paldan!

»Paldan! Pal-daaan!«

Über die Oberfläche des Planeten braust das Auge eines Zyklons. Die schwarzen Streifen kriechen immer schneller, wie die Ausstülpungen einer Unterschlupf suchenden Amöbe.

»Nezer! Orst! Warum befehlt ihr ihm nicht zurückzukommen?«

In dem immer stärker werdenden Gestöber bröckelt das Steinmassiv, zerfällt ein Haus nach dem anderen und fliegt als Ruß durch die Luft. Die Auflösungslawine erreicht die letzte Spiegelwand und nimmt ihr mit einem Hauch ihre makellose Glätte.

»Nicht sie ... hört ihr ...« Eine Stimme dringt durch das Heulen des Sturmes. »Sie wissen nichts von den Signalen ... Versteht ihr? Sie haben sie nie moduliert, sie wissen nichts von der Strahlung der lebenden Materie ... merkt es euch ...

das ist sehr wichtig … sie haben nie ein Signal ausgesandt! Nicht sie …!«

Rudier wirft sich in den Wirbel der Atmosphäre und reißt mit Nezers Händen den einen der beiden Körper, der noch nicht mit den Steinen zu Staub zerfallen ist, aus den berstenden Mauern.

Er schüttelt den Ohnmächtigen.

»Warum ist er geblieben?«

Orst bewegt tonlos die kalkweißen Lippen, aus dem Rauschen der Bioströme im Bewußtsein des Systems erklingen artikulierte Worte: »Er wollte es so … Er konnte sie nicht allein lassen.«

Eine magnetische Blase des Raumschiffsystems reißt mit den Armen eines Kraftfeldes zwei Menschen von der Oberfläche des Planeten, und der Wind verweht die Spuren ihrer Füße, als wäre niemals jemand dort gewesen. Nur der Staub schwebt über dem Boden, wie schwerer, schwarzer Rauch.

Nach dem Sturm kehrt Ruhe ein. Eine absolute Bewegungslosigkeit und eine durch nichts gestörte Stille, da niemand etwas ändern kann, nichts hinzufügen und nichts wegnehmen aus dem Szenarium, das die Naturgewalten aufgeführt haben. Die Stille ist für jene, die es überstanden haben, schonungslos. Man kann nur schweigend, mit blicklosen Augen in den Raum starren, der mit der Umarmung einer toten Leere eine weitere tote Welt begrüßt hat.

Rudier lauscht. Irgendwo, am anderen Ende des Raumschiffs, spürt er unterbewußt die Nähe der beiden, die ein eigenständiges System bilden. Ohne ihn. Ihre Wege führen in entgegengesetzte Richtungen. Bald wird der Sumpf des Raumschiffs eine gläserne Kugel auswerfen, wie einen Fischrogen, eine Miniatur des Mutterschiffes, die er hinlenken kann, wo er will, also dorthin, wohin er Angst hat zurückzukehren. Dennoch wird er es tun, trotz der Unruhe, die seinen Herzschlag beschleunigt beim bloßen Gedanken an den Namen dieses Planeten.

Nezer und Orst werden weiterfliegen. Sie kehren niemals

um. Sie werden durch die Stürme der Milchstraße hindurch von einer sonderbaren Stimme gerufen. Irgendwo unter all den Sternen stirbt noch eine Welt unbekannter Blumen, Bäume und Vögel. Vielleicht werden sie dieses Mal zur rechten Zeit kommen, und es wird ihnen gelingen, das Geheimnis von Paldans letzten Worten zu lüften: »Sie haben nie ein Signal gesandt ...« Wenn nicht die intelligenten Wesen dieses Planeten die Strahlung der lebenden Materie moduliert haben, wer war es dann? Wer hatte noch Macht über die Stimme der gesamten Biosphäre, die mit symbiotischen Fesseln alles Lebende dem Bewußtsein des Systems ähnlich gemacht hatte? Keine Zelle des menschlichen Körpers ist in sich intelligent, kein Blatt, keine Blume, kein Stein haben ein Bewußtsein ... Der scharlachrote Planet kann nichts mehr verraten. Die Antwort darauf muß woanders gesucht werden, auf der Ebene der galaktischen Ekliptik, wo noch eine eigenartige Stimme ruft, wo auch eine Welt stirbt: vielleicht eine Welt dunkelroter Wiesen, märchenhafter Vögel und singender Bäume.

Rudier schüttelte den Kopf, versuchte die aufdringlichen Gedanken zu verscheuchen. Es war Zeit. Schon geriet das Innere des Schiffes in Bewegung, neue Ströme durchbrachen die Synchronisation der Kraftfelder in den Spanten der gläsernen Sphären, weckten ein gleichmäßiges Geräusch wie von sich nähernden Schritten.

Rudier erzitterte. Zwei Augenpaare schauten ihn mit demselben Ausdruck im Blick aus dem Halbdunkel an.

»Ihr seid gekommen ...«, sagte er. »Ich mag keinen langen Abschied, aber ich danke euch.«

Als wollte er sich rechtfertigen, streckte er ihnen die Hand entgegen.

»Verzeiht mir, ich kann nicht mitkommen. Solche wie ich müssen irgendwann zurückkehren ...« Er lächelte blaß. »Und euch wünsche ich viel Erfolg. Vielleicht werden wir ...«

Er wollte sagen »uns irgendwann wieder begegnen«, aber er wußte genau, daß er sie zum letzten Mal sah. Die beiden

Menschen standen ihm in himmelblauer Phosphoreszenz gegenüber, unter dem die Wände durchdringenden Blick der Sterne, im fahlen Licht konnte er ihre Gesichter nicht erkennen.

»Wir sind gekommen, um dir zu sagen, warum gerade du das nächste Ziel unserer Reise gefunden hast«, hörte er ihre Stimme. »Das war nicht nur ein Glücksfall, denn wir haben schon viel länger gesucht.«

»Reiner Zufall, jemand mußte es ja sein. Früher oder später hättet auch ihr …«

»Nein, wir schauen nie rückwärts.«

Er sah sie verwundert an.

»Wir kehren mit dir um, Rudier.«

»Wohin?« fragte er, denn er verstand noch immer nicht.

»Wir kehren zur Erde zurück.«

Rudier hob den Kopf und suchte mit den Augen die Milchstraße.

»Und dort …« Er wußte nicht, was er sagen sollte. »Dort …«

Plötzlich verstummte er. Er hatte verstanden. Sie waren wieder zu dritt.

Sewer Gansowski

Der Tag des Zorns

Vorsitzender der Kommission: Sie lesen in einigen Sprachen, haben Kenntnisse auf dem Gebiet der höheren Mathematik und sind fähig, gewisse Arbeiten zu tun. Glauben Sie, daß Sie das zum Menschen macht?
Otark: Selbstverständlich. Oder wissen die Menschen mehr?
(Aus dem Verhörprotokoll eines Otarks. Unterlagen der Staatlichen Kommission.)

Die beiden Reiter ließen das dicht mit Gras bewachsene Tal hinter sich und stiegen einen Berg hinan. Voran ritt auf einem buckelnasigen graufarbenen Hengst der Förster, ihm folgte auf einer Fuchsstute Donald Betley. Die Stute stolperte auf dem steinigen Pfad und ging auf die Knie. Betley, der seinen Gedanken nachhing, wäre beinah gestürzt, weil der Sattel – ein englischer Reitsattel mit nur einem Bauchgurt – nach vorn gerutscht war.

Der Förster wartete oben auf ihn.

»Achten Sie darauf, daß sie nicht mit hängendem Kopf geht, sie stolpert.«

Betley biß sich auf die Unterlippe und warf dem Förster einen verdrossenen Blick zu. Verdammt, das hätte Miller ihm auch früher sagen können! Er war jedoch auch auf sich wütend, weil die Stute ihn zum besten gehalten hatte. Sie hatte beim Satteln den Bauch aufgeblasen, so daß der Bauchgurt dann lose hing.

Er zog die Zügel so fest an, daß das Pferd tänzelte und zurückwich.

Der Pfad wurde jetzt wieder eben. Sie ritten über das Hochplateau, und vor ihnen erhoben sich die mit Nadelbäumen bewaldeten Gipfel.

Die Pferde gingen in langem Schritt, manchmal fielen sie von allein in Trab und versuchten, einander zu überholen. Wenn die Stute die Führung übernahm, konnte Betley die wettergebräunten, glattrasierten, hageren Wangen des Försters sehen, dessen mürrischer Blick auf den Weg gerichtet war. Miller schien seinen Begleiter völlig vergessen zu haben.

Ich bin zu direkt, dachte Betley. Das schadet mir. Fünfmal habe ich schon versucht, ihn in ein Gespräch zu ziehen, aber er antwortet mir entweder einsilbig oder sagt überhaupt nichts. Er verachtet mich. Ein redseliger Mann ist für ihn ein Schwätzer, dem man seine Achtung versagt. Die Leute hier in dieser Einöde haben einfach kein Maß für die Dinge. Ein Journalist, denken sie, was ist das schon. Erst recht ein Journalist wie ... Na schön, lasse ich ihn ebenfalls links liegen. Was tut's?

Allmählich besserte sich Betleys Stimmung jedoch. Er war ein Glückspilz und fand, das Leben müsse anderen ebensolchen Spaß machen wie ihm. Die Verschlossenheit des Försters wunderte ihn zwar, aber Feindseligkeit empfand er für den Mann deswegen nicht.

Das Wetter, das sich am Morgen schlecht angelassen hatte, heiterte jetzt auf. Der Nebel zerstreute sich. Die trübe Wolkendecke riß auf. Rasch huschten große Schatten über die dunklen Wälder und Schluchten, was den rauhen, wilden und irgendwie freien Charakter der Gegend nur unterstrich.

Betley tätschelte dem Pferd den feuchten, nach Schweiß riechenden Hals.

»Dich haben sie wohl nachts mit gefesselten Vorderbeinen weiden lassen, deswegen bist du gestolpert. Na, wir raufen uns schon noch zusammen.«

Er ließ dem Pferd die Zügel schießen und holte den Förster ein.

»Mister Miller, sind Sie eigentlich in dieser Gegend geboren?«

»Nein«, sagte der Förster, ohne sich Betley zuzuwenden.

»Wo dann?«

»Weit von hier.«

»Aber Sie leben hier schon lange?«

»Ja.« Jetzt wandte sich Miller dem Journalisten zu. »Sie sollten lieber leiser sprechen. Sonst hören sie uns noch.«

»Wer – sie?«

»Die Otarks natürlich. Einer hört uns und sagt es den anderen weiter. Oder einfacher: sie belauschen uns, überfallen uns und reißen uns in Stücke ... Es wäre überhaupt besser, sie wüßten nicht, warum wir unterwegs sind.«

»Überfallen sie häufig Menschen? Die Zeitungen schreiben, solche Fälle seien selten.«

Der Förster schwieg.

»Fallen sie nur über einen her?« Betley sah sich unwillkürlich um. »Oder schießen sie auch? Haben Sie überhaupt Schußwaffen? Gewehre oder Maschinenpistolen?«

»Sie schießen sehr selten. Ihre Hände eignen sich nicht dazu ... Pfui Deibel, Hände ... Pfoten sind das! Sie kommen schlecht mit Waffen zurecht.«

»Pfoten, aha«, wiederholte Betley. »Demnach halten Sie hier die Ortaks nicht für Menschen?«

»Wer? Wir?«

»Ja. Die Leute, die hier ansässig sind.«

Der Förster spuckte aus. »Natürlich nicht. Kein Mensch tut das hier.«

Er sprach stockend. Aber Betley hatte seinen Vorsatz, sich mit Fragen zurückzuhalten, schon vergessen.

»Sagen Sie, haben Sie sich schon einmal mit ihnen unterhalten? Ist es wahr, daß sie gut sprechen können?«

»Die alten schon. Die es schon gab, als das Versuchszentrum noch in Betrieb war ... Die jungen weniger gut. Trotzdem sind die jungen gefährlicher. Weil sie klüger sind, ihr Kopf ist zweimal so groß wie bei den alten.« Der Förster hielt plötzlich das Pferd an. In seiner Stimme war Bitterkeit. »Hören Sie, das Gespräch führt zu nichts. Es ist alles umsonst. Ich habe schon dutzendmal solche Fragen beantwortet.«

»Was ist umsonst?«

»Unsere ganze Exkursion. Es kommt nichts dabei heraus. Alles wird bleiben, wie es ist.«

»Aber wieso denn? Mich hat eine einflußreiche Zeitung hergeschickt. Ich habe große Vollmachten. Das von uns gesammelte Material wird der Senatskommission unterbreitet werden. Wenn sich herausstellt, daß die Otarks wirklich so gefährlich sind, wird man Gegenmaßnahmen ergreifen. Sie wissen doch, daß man diesmal beabsichtigt, Truppen gegen sie einzusetzen.«

»Es kommt trotzdem nichts dabei heraus.« Der Förster seufzte. »Sie sind nicht der erste, der hier angereist kommt. Nächstes Jahr wird wieder einmal jemand kommen, und auch er wird sich wieder nur für die Otarks interessieren. Nicht für die Menschen, die gezwungen sind, mit ihnen zu leben. Und jeder fragt: ›Stimmt es, daß die Otarks Geometrie studieren? Ist es wahr, daß es die Otarks gibt, die die Relativitätstheorie verstehen?‹ Als ob das von irgendeiner Bedeutung wäre! Als ob man sie deswegen nicht vernichten müßte!«

»Aber dazu bin ich ja hier«, setzte Betley zu einer Erklärung an, »um Material für die Kommission zu sammeln. Das ganze Land wird dann erfahren, daß ...«

»Ja, glauben Sie denn, die anderen hätten kein Material gesammelt?« unterbrach ihn Miller. »Und außerdem ... Wie wollen Sie denn die hiesigen Verhältnisse überhaupt verstehen? Dazu muß man hier leben. Nur für kurze Zeit angereist kommen ist eine Sache, aber immer hier leben, das ist etwas anderes. Ach! Wozu drüber reden? Reiten wir weiter.« Er ruckte an den Zügeln. »Wir haben jetzt die Stelle erreicht, bis wohin die Otarks sich schon vorwagen. Bis zu diesem Tal.«

Der Journalist und der Förster standen am Rand eines Steilhangs. Wie eine Schlange wand sich der Pfad unter den Hufen der Pferde abwärts. Tief unter ihnen lag das von Gebüsch überwucherte Tal, ein schmales, steiniges Flüßchen durchschnitt es. Gleich dahinter ragte wie eine Wand der Wald, und noch darüber, in unübersehbarer Ferne, glänzten die schneebedeckten Hänge des Hauptkammes.

Das Gelände war von hier aus auf Dutzende von Kilometern zu übersehen, aber nirgends konnte Betley Anzeichen von Leben entdecken, keinen rauchenden Schornstein, keinen Heuschober. Die Gegend schien ausgestorben zu sein.

Die Sonne verkroch sich hinter den Wolken, es wurde mit einemmal kalt, und Betley verspürte plötzlich ganz und gar keine Lust, dem Förster hinunter ins Tal zu folgen. Fröstelnd zog er den Kopf zwischen die Schultern. Er dachte an seine gemütliche zentralbeheizte Stadtwohnung, an die hellen, ebenfalls warmen Räume der Redaktion. Aber dann riß er sich zusammen. Blödsinn! Ich bin schon ganz woanders gewesen. Wovor sollte ich mich fürchten? Ich bin ein ausgezeichneter Schütze, mein Reaktionsvermögen ist großartig. Wen, wenn nicht mich, hätten sie hierherschicken sollen? – Als er sah, daß Miller sein Gewehr von der Schulter nahm, tat er dasselbe.

Die Stute setzte auf dem schmalen Pfad vorsichtig ein Bein vor das andere.

Als sie die Talsohle erreicht hatten, sagte Miller: »Wir werden nebeneinander reiten und möglichst nicht sprechen. Gegen acht müssen wir Staglicks Farm erreicht haben. Dort übernachten wir.«

An die zwei Stunden ritten sie schweigend nebeneinanderher. Den Mount Bear umritten sie so, daß rechter Hand von ihnen die ganze Zeit über die Waldwand war und links die Schlucht, deren spärliches und niedriges Gebüsch niemandem Unterschlupf bot. Sie durchquerten das steinige Flüßchen und gelangten auf eine verlassene Straße, die Asphaltdecke war gerissen, in den Ritzen wuchs Gras.

Sie waren noch nicht weit gekommen, als Miller plötzlich sein Pferd anhielt und lauschte. Dann stieg er hastig ab, kniete sich hin und legte das Ohr auf den Boden.

»Da stimmt irgend etwas nicht«, sagte er und stand auf. »Jemand verfolgt uns. Runter vom Weg!«

Betley stieg ab, und sie führten die Pferde durch den Straßengraben in ein Erlendickicht.

Kurz darauf hörte auch der Journalist Hufschlag. Er kam näher. Der Reiter ritt in vollem Galopp.

Dann erspähten sie durch das welke Laub ein graues Pferd, auf dem in plumper Haltung ein Mann in gelben Hosen und Regenmantel saß. Er ritt so dicht vorbei, daß Betley gut sein Gesicht erkennen konnte: Diesen Mann hatte er schon einmal gesehen. Er erinnerte sich sogar, wo es gewesen war. Gestern abend in der Stadt hatte in der Nähe der Bar eine Gruppe von fünf oder sechs Männern herumgestanden, alle breitschultrig und auffallend gekleidet.

Und alle hatten sie ein und dieselben Augen. Träge, halbgeschlossene, dreist blickende Augen. Betley kannte diese Augen – Ganovenaugen.

Der Reiter war kaum vorbeigeprescht, als Miller auf den Weg sprang.

»He!« rief er.

Der Mann zügelte sein Pferd und hielt an.

»He, warte!«

Der Reiter sah sich um und schien den Förster zu erkennen. Einige Augenblicke lang blickten sie einander in die Augen. Dann winkte der Mann ab, wendete und jagte weiter.

Der Förster blickte ihm nach, bis der Hufschlag in der Ferne verstummt war. Dann schlug er sich plötzlich aufseufzend mit der Faust gegen den Kopf.

»Jetzt ist alles im Eimer. Jetzt erst recht.«

»Was ist los?« fragte Betley, der ebenfalls aus dem Gebüsch hervortrat.

»Ach, nichts ... Bloß, daß unser Vorhaben nun geplatzt ist.«

»Aber warum denn?« Der Journalist sah den Förster fragend an und stellte verwundert fest, daß er Tränen in den Augen hatte.

»Jetzt ist alles aus«, sagte Miller, wandte sich ab und rieb sich dem Handrücken die Augen. »Ach, die Schweine! Diese Schweine!«

»Hören Sie mal!« Betley verlor langsam die Geduld. »Wenn Sie durchdrehen – bitte schön, dann lohnt es sich wahrhaftig nicht, weiterzureiten.«

»Durchdrehen!« rief der Förster. »Sie glauben, ich drehe durch? Dann sehen Sie mal da!«

Er zeigte auf einen Tannenzweig mit großen roten Zapfen, der in zirka dreißig Meter Entfernung über den Weg hing.

Noch hatte Betley nicht begriffen, weshalb er sich diesen Zweig ansehen sollte, als ein Schuß krachte und ihm Pulverrauch ins Gesicht schlug – der alleräußerste, einzeln hängende Tannenzapfen plumpste auf den Asphalt.

»Von wegen ich drehe durch.« Miller ging in den Erlenhain und holte sein Pferd.

Noch vor Dunkelheit erreichten sie die Farm.

Aus dem unfertigen Holzhaus trat ein großer schwarzbärtiger Mann mit zottigen Haaren. Schweigend beobachtete er, wie der Förster und Betley ihre Pferde absattelten. Danach erschien eine Frau auf der Vortreppe, ihr Gesicht war flach und ausdruckslos, das rötliche Haar ungekämmt. Ihr folgten drei Kinder. Zwei Jungs von acht oder neun Jahren und ein ungefähr dreizehnjähriges Mädchen, dünn wie ein Strich.

Die fünf schienen sich über die Ankunft Millers und des Journalisten nicht zu wundern, sie zeigten weder Freude noch Verdruß. Sie standen nur schweigend da und schauten. Dieses Schweigen gefiel Betley nicht.

Beim Abendessen versuchte er, ein Gespräch anzuknüpfen.

»Erzählen Sie mal, wie werden Sie hier mit den Otarks fertig? Machen sie Ihnen sehr zu schaffen?«

»Wie?« Der schwarzbärtige Farmer legte die Hand hinters Ohr und warf Betley einen Blick über den Tisch zu. »Wie?« schrie er. »Sprechen Sie lauter, ich höre schwer.«

So ging es geraume Weile; der Farmer kehrte hartnäckig seine Schwerhörigkeit heraus und begriff nicht, was man von ihm wollte. Zu guter Letzt breitete er die Arme aus. Ja, Otarks gebe es hier. Ob sie ihn störten? Nein, ihn persönlich nicht. Und was die anderen anginge, da wisse er nicht Bescheid. Da könne er nichts sagen.

Mitten im Gespräch stand das strichdünne Mädchen auf, hüllte sich in ein Tuch und ging wortlos hinaus.

Sobald die Teller leergegessen waren, holte die Farmersfrau zwei Matratzen aus dem Nebenzimmer und bereitete das Lager für die Ankömmlinge.

Miller gebot ihr Einhalt: »Bitte, wir übernachten besser im Schuppen.«

Wortlos richtete sich die Frau auf. Ihr Mann erhob sich hastig.

»Warum? Schlafen Sie hier im Haus.«

Aber der Förster hatte die Matratzen schon genommen und brachte sie hinaus.

Der Farmer begleitete sie mit einer Laterne in den Schuppen. Ein Weilchen sah er noch zu, wie sie sich einrichteten. Er machte ein Gesicht, als wolle er etwas sagen, hob dann aber nur die Hand, kratzte sich den Kopf und ging.

»Wozu das alles?« fragte Betley. »Dringen denn die Otarks auch in Häuser ein?«

Miller hob ein dickes Brett vom Boden auf und stemmte es gegen die schwere Tür, er prüfte sogar nach, ob das Brett auch nicht wegrutschen konnte.

»Hauen wir uns aufs Ohr«, sagte er. »Man muß mit allem rechnen. Manchmal dringen sie auch in die Häuser ein.«

Der Journalist setzte sich auf seine Matratze und schnürte sich die Schuhe auf.

»Sagen Sie, es gibt hier noch richtige Bären? Keine Otarks, sondern richtige wilde Bären? In diesen Wäldern hier muß es doch noch viele geben?«

»Keinen einzigen gibt es mehr«, antwortete Miller. »Als die Otarks aus dem Versuchszentrum ausbrachen und die Insel verließen, vernichteten sie zuallererst die Bären. Auch den Wölfen haben sie den Garaus gemacht. Es hat hier Waschbären gegeben, Füchse – alles ausgerottet. Sie haben sich aus dem zerstörten Zentrum Gift beschafft und damit auch Kleintiere vergiftet. Überall hier wimmelte es von den verendeten Wölfen. Die Wölfe haben sie aus irgendeinem Grunde nicht gefressen. Dafür die Bären, restlos. Manchmal fressen sie ja sogar ihre eigenen Artgenossen.«

»Ihre eigenen Artgenossen?«

»Natürlich, schließlich sind sie keine Menschen. Bei ihnen muß man auf alles gefaßt sein!«

»Sie halten demnach die Otarks für Tiere?«

»Nein.« Der Förster schüttelte den Kopf. »Für Tiere halten wir sie nicht. Nur in den Städten streiten sie, ob es Menschen oder Tiere sind. Wir hier wissen: Sie sind weder das eine noch das andere. Früher war das so: Es gab Menschen, und es gab Tiere. Das war alles. Jetzt gibt es noch etwas Drittes – die Otarks. Das ist einmalig, solange die Menschheit besteht. Die Otarks sind keine Tiere – das wäre noch gut –, aber Menschen sind sie natürlich auch nicht.«

»Sagen Sie« – Betley spürte das Banale seiner Frage, stellte sie aber trotzdem –, »ist es wahr, daß sie anstandslos die höhere Mathematik beherrschen?«

Der Förster drehte sich jäh zu ihm um.

»Hören Sie, lassen Sie endlich die Mathematik aus dem Spiel. Hören Sie auf damit! Ich persönlich gebe keinen Pfifferling für jemanden, der sich in der Mathematik auskennt. Jawohl, das stimmt, die höhere Mathematik ist für die Otarks ein Kinderspiel! Aber was bedeutet das schon? Ein Mensch muß man sein, das ist es.«

Er wandte sich wieder ab und biß sich auf die Lippen.

Er ist mit den Nerven fertig, dachte Betley. Und nicht zu knapp. Ein kranker Mann.

Aber der Förster hatte sich schon beruhigt, er schämte sich für sein Aufbrausen. Nach kurzem Schweigen fragte er: »Entschuldigen Sie, haben Sie ihn gesehen?«

»Wen?«

»Nun, das Genie: Fiedler.«

»Fiedler? Ja, ich hab' ihn gesehen. Mich sogar mit ihm unterhalten vor meiner Abreise hierher. Im Auftrag der Zeitung.«

»Sie wickeln ihn dort sicher in Zellophanpapier, nicht wahr? Damit er nur ja keinen Tropfen Regen abbekommt.«

»Ja, Sie schirmen ihn ab.« Betley erinnerte sich daran, wie sie seinen Ausweis kontrolliert und ihn an der Mauer, die das Wissenschaftliche Zentrum umgibt, durchsucht hatten.

Dann noch eine Paßkontrolle und noch eine Durchsuchung vor dem Eingang zum Institut. Zum drittenmal hatten sie ihn gefilzt, bevor er den Garten betreten durfte, wo er mit Fiedler zusammentraf. »Sie bewachen ihn. Aber er ist ja auch wirklich ein genialer Mathematiker. Dreißig Jahre war er, als er seine ›Korrekturen zur allgemeinen Relativitätstheorie‹ machte. Ein außergewöhnlicher Mensch, oder etwa nicht?«

»Und wie sieht er aus?«

»Wie er aussieht?«

Der Journalist war verwirrt. Er stellte sich Fiedler vor, wie dieser in seinem weitgeschnittenen weißen Anzug in den Garten trat. Seine Figur hatte etwas Plumpes. Breites Bekken, schmale Schultern, kurzer Hals ... Es war ein merkwürdiges Interview, Betley hatte das Gefühl, selbst interviewt zu werden. Fiedler antwortete zwar auf seine Fragen, doch irgendwie unernst. Als mache er sich über den Journalisten lustig und überhaupt über die ganze Welt der gewöhnlichen Menschen dort hinter den Mauern des Wissenschaftlichen Zentrums. Er stellte selbst Fragen. Ziemlich törichte allerdings. Allerlei Unsinn, wie zum Beispiel: Betley, lieben Sie Möhrensaft? Als sei dieses Gespräch ein Experiment, als studiere er, Fiedler, den gewöhnlichen Menschen.

»Er ist mittelgroß«, sagte Betley. »Die Augen sind klein. Haben Sie ihn denn nicht zu Gesicht bekommen? Er ist doch mehrmals hiergewesen, am See und im Versuchszentrum.«

»Zweimal war er hier«, antwortete Miller. »Aber mit einem so großen Begleitschutz, daß gewöhnliche Sterbliche auf einen Kilometer nicht an ihn herankamen. Damals hielt man die Otarks noch hinter einer Umzäunung, und Richards und Klein arbeiteten mit ihnen. Klein wurde später gefressen. Und dann, als die Otarks ausgebrochen waren, ließ sich Fiedler hier nicht mehr sehen. Was meint er denn jetzt zu den Otarks?«

»Zu den Otarks? Ein sehr interessantes wissenschaftliches Experiment, sagte er. Sehr aussichtsreich. Zur Zeit aber befasse er sich nicht damit, sondern mit kosmischen Strahlen. Außerdem, sagte er noch, bedaure er die Opfer, die es gegeben habe.«

»Warum ist das alles bloß getan worden? Wofür?«

»Nun, wie soll ich Ihnen das erklären?« Betley dachte nach. »In der Wissenschaft heißt es doch immer: ›Was wäre, wenn?‹ Und aus dieser Fragestellung heraus wurden schon viele Entdeckungen gemacht.«

»Wie meinen Sie das: ›Was wäre, wenn man einen stromführenden Leiter in ein Magnetfeld brächte?‹ Man tat es und erfand – den Elektromotor ... Kurz und gut, ein Experiment.«

»Ein Experiment ...« Miller knirschte mit den Zähnen. »Feines Experiment – Menschenfresser haben sie auf uns losgelassen. Und jetzt denkt kein Aas mehr an uns. Seht zu, wie ihr fertig werdet! Fiedler spuckt auf die Otarks, und auf uns auch. Aber die Otarks haben sich hier zu Hunderten vermehrt, und niemand weiß, was sie gegen die Menschen im Schilde führen.« Er verstummte und seufzte. »Auf so einen Einfall zu kommen! Tiere herzustellen, die klüger sind als die Menschen! Die sind völlig übergeschnappt dort in den Städten. Erst Atombomben und jetzt so was. Wahrscheinlich wollen sie das ganze Menschengeschlecht ausrotten.«

Miller erhob sich, nahm das geladene Gewehr und legte es neben sich auf die Erde. »Hören Sie, Mister Betley. Wenn irgend etwas sein sollte, wenn jemand klopft oder eindringt – bleiben Sie liegen, rühren Sie sich nicht von der Stelle. Sonst schießen wir uns in der Dunkelheit gegenseitig über den Haufen. Also, schön liegenbleiben, ich weiß schon, was ich zu tun habe. Ich bin darauf eingefuchst, beim geringsten Unruhegefühl werde ich wach, wie ein Hund.«

Als Betley am Morgen aus dem Schuppen trat, schien die Sonne so klar und war das vom leichten Regen gewaschene Grün so frisch, daß ihn die nächtlichen Gespräche nur noch schreckliche Märchen dünkten.

Der schwarzbärtige Farmer arbeitete schon auf dem Feld, sein Hemd leuchtete als weißer Fleck auf der anderen Flußseite drüben. Einen Augenblick lang glaubte der Journalist, dies sei vielleicht das Glück – mit der Sonne aufzustehen, die Sorgen und Aufregungen des vertrackten Stadtlebens nicht zu kennen, nur mit dem Spaten und den braunen Erdschollen zu tun zu haben.

Aber der Förster rief ihn sehr bald in die Wirklichkeit zurück; mit dem Gewehr in der Hand und trat er hinter dem Schuppen hervor.

»Kommen Sie, ich will Ihnen etwas zeigen.«

Sie gingen um den Schuppen herum und befanden sich im Garten an der Rückseite des Hauses. Hier führte sich Miller merkwürdig auf. Gebückt lief er durch ein Gesträuch und hockte sich in dem Graben am Kartoffelfeld nieder. Dann bedeutete er dem Journalisten durch Zeichen, dasselbe zu tun.

Im Graben umgingen sie den Garten. Einmal hörten sie aus dem Haus die Stimme der Frau, konnten jedoch nicht verstehen, was sie sagte.

Miller blieb stehen.

»Sehen Sie, da.«

»Was ist?«

»Sie haben doch gesagt, Sie sind ein Jäger. Sehen Sie hin!«

Auf einer Kahlstelle zwischen Grasbüscheln war deutlich der Abdruck einer fünfgliedrigen Tatze zu erkennen.

»Ein Bär?« fragte Betley optimistisch.

»Wieso ein Bär? Bären gibt es hier schon lange nicht mehr.«

»Dann ein Otark?«

Der Förster nickte.

»Die Spur ist ganz frisch«, flüsterte der Journalist.

»Von der letzten Nacht«, sagte Miller. »Sie ist feucht, sehen Sie? Demnach war er noch vor dem Regen im Haus.«

»Im Haus?« Betley fühlte, wie es ihm kalt über den Rükken lief, als berühre ihn etwas Metallisches. »Im Haus drin?«

Der Förster gab keine Antwort, er nickte in Richtung Graben, und sie machten sich schweigend auf den Rückweg.

Am Schuppen wartete Miller, bis Betley zu Atem gekommen war. »Ich habe das gestern schon vermutet. Als der Farmer sich schwerhörig stellte. Er wollte einfach, daß wir lauter sprechen, daß der Otark uns hören konnte. Der Otark saß im Nebenzimmer.«

Der Journalist spürte, daß seine Stimme heiser klang, als er fragte: »Was sagen Sie da? Das bedeutet ja, die Leute verbünden sich hier mit den Otarks? Gegen die Menschen!«

»Pst, leise«, sagte der Förster. »Was heißt verbünden? Staglick hatte keine andere Wahl, der Otark kam und blieb. Das passiert öfter. Ein Otark kommt und legt sich beispielsweise auf das zurechtgemachte Bett im Schlafzimmer. Manchmal jagt er die Leute auch aus dem Haus und nimmt ein oder zwei Tage in Besitz.«

»Und die Leute? Die dulden das? Warum schießen sie nicht auf die Otarks?«

»Schießen! Wenn im Wald die anderen Otarks sind? Der Farmer hat Kinder, er hat Vieh auf der Weide und ein Haus, das man anzünden kann ... Die Hauptsache aber sind die Kinder. Die Otarks können sich ein Kind greifen. Man kann doch nicht immer ein Auge auf die Kleinen haben ... Außerdem haben sie allen Leuten hier die Gewehre weggenommen. Gleich zu Anfang. Im ersten Jahr.«

»Und die Leute haben sich das widerstandslos gefallen lassen?«

»Was hätten sie tun sollen? Wer sein Gewehr nicht hergab, hat es später bereut ...«

Miller sprach nicht zu Ende, er starrte plötzlich auf ein dichtes Weidengestrüpp, das sich ungefähr fünfzehn Schritt von ihnen befand.

Alles Weitere spielte sich in zwei, drei Sekunden ab.

Miller riß das Gewehr hoch und legte den Finger an den Abzug. Im selben Moment tauchte aus dem Gestrüpp eine braune Masse hoch, große Augen funkelten böse und erschrocken. Eine Stimme ertönte: »He, schießt nicht! Nicht schießen!«

Instinktiv packte der Journalist Miller bei der Schulter.

Ein Schuß krachte, aber die Kugel riß nur einen Zweig ab. Die braune Masse duckte sich, rollte wie eine Kugel durch den Wald und verschwand zwischen den Bäumen. Ein paar Augenblicke hörte man noch, wie Zweige knackten, dann aber war es still.

»Verdammt!« Der Förster drehte sich wütend um. »Warum haben Sie das gemacht?«

»Er hat wie ein Mensch gesprochen ...«, flüsterte der erbleichte Journalist. »Bat, nicht zu schießen.«

Einen Moment lang sah der Förster Betley wütend an, dann wich sein Zorn einer müden Gleichgültigkeit. Er ließ das Gewehr sinken.

»Na ja, vermutlich ist man beim erstenmal ziemlich beeindruckt.«

Sie vernahmen ein Geräusch hinter sich und drehten sich um.

Es war die Farmersfrau.

»Kommen Sie ins Haus«, sagte sie. »Der Tisch ist gedeckt.«

Während der Mahlzeit taten alle so, als sei nichts geschehen.

Nach dem Frühstück half ihnen der Farmer beim Satteln der Pferde. Schweigend nahmen sie Abschied.

Als sie ein Stück geritten waren, fragte Miller: »Was haben Sie eigentlich für einen Plan? Ich werd' nicht ganz schlau daraus. Man hat mir gesagt, ich soll Sie durch die Berge begleiten, weiter nichts.«

»Einen Plan hab' ich nicht ... Ja, ich will einfach durch die Berge ziehen. Land und Leute kennenlernen – je mehr, desto besser. Auch die Otarks will ich kennenlernen, wenn es mir gelingt. Kurzum, ein bißchen das Milieu erschnuppern.«

»Haben Sie es auf dieser Farm schon erschnuppert?«

Betley zuckte die Schultern.

Der Förster zügelte jäh das Pferd. »Leise ...«

Er lauschte gespannt.

»Es läuft jemand hinter uns her ... Auf der Farm muß etwas passiert sein.«

Ehe Betley dazu kam, über das hervorragende Gehör des Försters zu staunen, ertönte hinter ihm ein Schrei: »He! Miller, he!«

Sie wendeten die Pferde, und ihnen entgegen stürzte atemlos der Farmer. Er wäre beinahe gefallen, hätte er sich nicht gerade noch an Millers Sattelbogen festgehalten.

»Der Otark hat sich Tina genommen und zur Elchschlucht geschleppt.«

Der Farmer schnappte nach Luft, von seiner Stirn fielen Schweißtropfen.

Mit einem Griff hob der Förster den Farmer in den Sattel. Sein Hengst preschte vorwärts, Dreckbatzen spritzten unter den Hufen hoch.

Nie hätte Betley gedacht, daß er zu Pferde mit so rasender Geschwindigkeit durch unebenes Gelände jagen könnte. Mulden, umgestürzte Baumstämme, Gestrüpp, Gräben sausten unter ihm dahin, verschmolzen in wilder Folge. Ein Zweig riß ihm die Mütze vom Kopf, er merkte es nicht einmal.

Im übrigen hing dies nicht von ihm ab. Sein Pferd wollte im wilden Wettkampf nicht hinter dem Hengst zurückbleiben. Betley umschlang den Hals des Tieres. Ihm war, als würde er jeden Moment erschlagen werden.

Sie rasten durch den Wald, über eine große Lichtung, einen Hang hinauf, holten die Frau des Farmers ein und stiegen dann hinab in die große Elchschlucht.

Hier sprang der Förster vom Pferd und lief, begleitet von dem Farmer, einen schmalen Pfad entlang, der zu einer lichten Kiefernschonung führte.

Der Journalist warf seiner Stute die Zügel über die Kruppe und eilte Miller hinterher. Während er lief, vermerkte er automatisch, wie sehr sich der Förster verändert hatte. Keine Spur mehr von der früheren Unentschlossenheit und Apathie. Millers Bewegungen waren leicht und gesammelt, ohne jedes Zögern wechselte er die Richtung, übersprang er Gräben, lief er gebückt unter niedrigen Zweigen hindurch. Er bewegte sich, als sei die Spur eines Otarks durch einen fetten Kreidestrich vorgezeichnet.

Eine Zeitlang konnte Betley das Tempo mithalten, dann fiel er zurück. Sein Herz hämmerte in der Brust, er rang nach Luft und fühlte ein Brennen in der Kehle. Er wurde langsamer, verlor Miller aus den Augen, dann hörte er plötzlich vorn Stimmen.

An der schmalsten Stelle der Schlucht stand der Förster, das Gewehr auf einen dichten Nußstrauch gerichtet. Hier war auch der Vater des Mädchens.

Laut und deutlich sagte der Förster: »Laß sie frei. Sonst töte ich dich.« Er sprach in Richtung des Gebüschs.

Zur Antwort ertönte ein Brüllen, in das sich Kinderweinen mischte.

»Sonst töte ich dich«, wiederholte der Förster. »Ich werde mein Leben wagen, um dich aufzuspüren und zu töten. Du kennst mich.«

Wieder war ein Brüllen zu hören, dann eine Stimme, doch keine menschliche, es klang eher wie von einer Grammophonplatte, die Wörter waren alle zu einem zusammengezogen: »Und wenn ich sie freilasse, tötest du mich nicht?«

»Nein«, sagte Miller. »Dann kommst du mit dem Leben davon.«

Im Gebüsch wurde es still. Man hörte nur Schluchzen.

Dann knackten Zweige, etwas Weißes wurde sichtbar. Das strichdünne Mädchen trat aus dem Gebüsch. Eine Hand war blutig, sie hielt sie mit der anderen.

Schluchzend und ohne aufzublicken, ging sie schwankenden Schrittes an den drei Männern vorbei nach Hause.

Die drei folgten ihr mit dem Blick.

Der schwarzbärtige Farmer sah Miller und Betley an. Seine geweiteten Augen hatten so etwas Stechendes, daß der Journalist ihrem Blick nicht standhielt und den Kopf sinken ließ.

Über Nacht blieben sie in einem kleinen, verlassenen Waldhüterhaus. Bis zum See mit der Insel, auf der sich einst das Versuchszentrum befunden hatte, waren es nur noch ein paar Wegstunden, aber Miller lehnte es ab, weiterzureiten.

Es war schon der vierte Tag ihrer Exkursion, und der Journalist spürte, daß sein erprobter Optimismus Risse bekam. Wenn ihm früher etwas Unangenehmes widerfuhr, hatte er immer einen Spruch parat: »Und trotzdem ist das Leben eine verdammt schöne Sache.« Aber jetzt begriff er, daß dieser Spruch seine Wirkung nur tat, wenn man in einem komfortablen Zug von einer Stadt in die andere reiste oder durch eine Glastür in das Vestibül eines Hotels trat, um dort jemand Prominentes zu treffen. Im Falle des Farmers war dieser Spruch höchst unpassend.

Der ganze Landstrich hier schien von einer Krankheit infiziert zu sein. Die Leute waren apathisch und wortkarg. Selbst die Kinder lachten nicht.

Einmal fragte er Miller, warum die Farmer nicht von hier weggingen.

Miller erklärte ihm darauf, alles, was die Einheimischen hier besäßen, sei ihr Grund und Boden. Und den zu verkaufen sei zur Zeit nicht möglich. Er habe wegen der Otarks seinen Wert verloren.

»Aber warum fahren Sie selbst nicht weg?« fragte Betley.

Der Förster biß sich sinnend auf die Lippen, dann antwortete er: »Trotz allem bin ich hier irgendwie von Nutzen. Die Otarks fürchten mich. Ich besitze nichts, keine Familie, kein Haus. Mir kann man nicht beikommen. Mit mir muß man sich auseinandersetzen. Aber das ist riskant.«

»Die Otarks haben also Achtung vor Ihnen?«

Miller hob verständnislos den Kopf.

»Die Otarks? Aber nein, wie kommen Sie darauf? Die können keine Achtung empfinden. Sie sind doch keine Menschen. Sie empfinden nur Angst. Und das ist richtig so. Denn meine Aufgabe ist es, sie zu töten.«

Die Otarks wußten das und nahmen das Risiko dennoch auf sich. Beide, der Förster wie der Journalist, fühlten das genau. Sie hatten den Eindruck, als schließe sich um sie herum allmählich ein Ring. Dreimal hatten die Otarks schon auf sie geschossen. Ein Schuß war aus dem Fenster eines verlassenen Hauses abgegeben worden, die anderen beiden aus dem

Wald. Nach allen drei Fehlschüssen entdeckten sie »Bärenspuren«. Überhaupt stießen sie immer öfter auf die Spuren der Otarks.

In dem Waldhüterhäuschen gab es einen kleinen, aus Stein gemauerten Herd, sie machten Feuer und bereiteten das Abendessen zu. Betrübt vor sich hin schauend, rauchte der Förster seine Pfeife.

Die Pferde hatten sie gegenüber angebunden, sie waren durch die offene Tür des Häuschens zu sehen.

Verstohlen musterte der Journalist den Förster. Von Tag zu Tag war seine Achtung für diesen Mann gestiegen. Miller war ungebildet und hatte sein ganzes Leben in den Wäldern verbracht. Gelesen hatte er so gut wie nichts, und man hätte wohl keine zwei Minuten lang mit ihm ein Gespräch über Kunst aufrechterhalten können. Dennoch wußte der Journalist, daß er sich keinen besseren Freund wünschen konnte. Der Förster urteilte stets gesund und selbständig; wenn er nichts zu sagen hatte, schwieg er. Anfangs hatte Betley ihn nervös gefunden und auffallend lasch, jetzt wußte er, daß dies von der lange währenden Sorge um die Bevölkerung dieses großen verödeten Landstriches herrührte, dem die Gelehrten das Unglück beschert hatten.

Miller kränkelte in den letzten zwei Tagen. Ihn plagte das Sumpffieber. Von der hohen Temperatur hatte sich sein Gesicht mit roten Flecken bedeckt.

Das Feuer im Herd knisterte, plötzlich fragte der Förster: »Sagen Sie, ist er jung?«

»Wer?«

»Dieser Wissenschaftler. Fiedler.«

»Ja, er ist jung«, antwortete der Journalist. »Dreißig ungefähr. Älter kaum. Warum fragen Sie?«

»Schlecht, daß er jung ist«, sagte der Förster.

»Warum?«

Miller schwieg.

»Das sind die Begabten, die sortieren sie gleich aus und bringen sie isoliert unter. Sie werden verhätschelt. Dabei kennen sie das Leben überhaupt nicht, können nicht wie

Menschen empfinden.« Er seufzte. »Zuallererst muß man Mensch sein, erst dann Wissenschaftler.«

Er erhob sich.

»Zeit zum Schlafen. Wir müssen abwechselnd Wache halten, sonst murksen uns die Otarks die Pferde ab.«

Dem Journalisten fiel die erste Wache zu.

Die Pferde zupften sich Heu aus dem großen Vorjahrsschober.

Betley setzte sich, das Gewehr über den Knien, auf die Schwelle der Hütte.

Die Dunkelheit senkte sich rasch herab wie eine Decke. Allmählich gewöhnten sich seine Augen an die Finsternis. Der Mond ging auf. Der Himmel war klar und bestirnt. Einander zuzwitschernd, flog irgendwo da oben ein Schwarm kleiner Vögel vorüber, die, im Unterschied zu ihren größeren Artgenossen, aus Angst vor Raubvögeln nachts auf Fang zogen.

Betley erhob sich und machte einen Rundgang um die Hütte. Dichter Wald säumte die Lichtung, auf der das Häuschen stand, und darin lag die Gefahr. Zur Sicherheit überprüfte Betley, ob der Gewehrhahn gespannt war.

Er begann die Ereignisse der letzten Tage, die Gespräche, die Personen in seinem Gedächtnis zu ordnen und darüber nachzudenken, wie er von den Otarks berichten würde, sobald er in die Redaktion zurückgekehrt war. Dann ging ihm noch durch den Kopf, daß der Gedanke an die Rückkehr eigentlich ständig in seinem Unterbewußtsein lebte und alles, was er hier mitmachen mußte, in einem ganz besonderen Licht erscheinen ließ. Selbst als sie dem Otark nachsetzten, der das Mädchen entführt hatte, verlor er nie ganz die Gewißheit, daß es für ihn, wie unheimlich es hier auch sein mochte, eine Rückkehr gab.

Ich kann zurück, sagte er sich. Aber Miller? Und die anderen?

Dieser Gedanke war jedoch allzu grausam, als daß er sich hätte entschließen können, ihn jetzt zu Ende zu denken.

Er setzte sich in den Mondschatten des Häuschens und sann über die Otarks nach. Die Überschrift eines Zeitungsartikels fiel ihm ein: »Verstand ohne Güte.« Das kam dem nahe, was der Förster gesagt hatte. Für ihn waren die Otarks keine Menschen, weil sie kein »Mitgefühl« hatten. Verstand ohne Güte. Ist das möglich? Kann es Verstand ohne Güte überhaupt geben? Was hat Priorität? Ist Güte nicht eine Folge des Verstands? Oder umgekehrt? Es gilt als erwiesen, daß die Otarks ein besseres logisches Denkvermögen haben als die Menschen, daß sie befähigt sind, besser zu abstrahieren, daß sie ein besseres Vorstellungsvermögen und ein besseres Gedächtnis haben. Gerüchten zufolge sollen einige Otarks aus der ersten Gruppe im Kriegsministerium gehalten werden, wo sie an der Lösung irgendwelcher Sonderaufgaben sitzen. Aber man benutzt ja auch »denkende Maschinen« zur Lösung diverser Sonderaufgaben. Worin besteht hier der Unterschied?

Ihm fiel ein, daß einer der Farmer zu ihm und Miller geäußert hatte, er habe vor kurzem einen fast unbehaarten Otark gesehen, worauf der Förster ihm geantwortet hatte, die Otarks bekämen in letzter Zeit immer mehr Ähnlichkeit mit den Menschen. Wenn sie nun wahrhaftig die Welt erobern? Wenn nun der *Verstand* ohne *Güte* stärker ist als der menschliche Verstand?

Aber das dauert noch eine Weile, dachte Betley. Wenn es überhaupt so weit kommt. Ich jedenfalls erlebe es nicht mehr, ich sterbe vorher.

Aber die Kinder! durchfuhr es ihn jäh. In was für einer Welt werden sie leben – in der Welt der Otarks oder in der Welt der kybernetischen Roboter, die ebenfalls inhuman sind und, wie einige behaupten, den Menschen auch an Klugheit übertreffen?

Er sah plötzlich seinen kleinen Sohn vor sich, der ihn fragte: »Papa, hör mal. Wir hier – das sind doch wir, stimmt's? Und sie – das sind sie. Aber sie denken auch von sich, daß sie – wir sind?«

Die Kinder werden heutzutage allzu früh erwachsen, dachte Betley. Mit sieben Jahren habe ich nicht solche Fragen gestellt.

Hinter ihm knackte ein Zweig. Der Junge verschwand aus seiner Vorstellung.

Betley sah sich beunruhigt um und lauscht. Nein, alles in Ordnung.

Eine Fledermaus hatte im Schrägflug vibrierend die Lichtung überquert.

Betley richtete sich auf. Der Förster verheimlicht etwas vor mir, dachte er. Er hat mir zum Beispiel noch nicht gesagt, wer der Reiter war, der uns am ersten Tag auf der verlassenen Straße überholt hat.

Er lehnte sich wieder rücklings an die Wand des Häuschens. Erneut tauchte sein Sohn vor ihm auf, wieder mit einer Frage.

»Papa, wo kommt das alles her? Die Bäume, die Häuser, die Luft, die Menschen?«

Er begann dem Jungen die Evolution des Weltalls zu erklären, dann spürte er plötzlich einen heftigen Stich im Herzen, und er wurde sich wieder der Wirklichkeit bewußt.

Der Mond war untergegangen. Es tagte schon ein wenig.

Die Pferde standen nicht mehr auf der Lichtung. Richtiger, eines war verschwunden, und das andere lag im Gras, drei graue Schatten umwimmelten es. Der eine Schatten richtete sich auf, und der Journalist erblickte einen großen Otark mit schwerem, massigem Kopf, gefletschtem Rachen und riesigen, im Halbdämmer blitzenden Augen.

Dann war irgendwo ganz nahe Geflüster zu hören: »Er schläft.«

»Nein, er ist schon aufgewacht.«

»Geh zu ihm hin.«

»Dann schießt er.«

»Wenn er das könnte, hätte er es längst getan. Entweder schläft er oder ist vor Angst erstarrt. Geh zu ihm hin.«

»Geh selber.«

Der Journalist war wirklich vor Angst wie gelähmt. Es war wie im Traum. Er begriff, daß ein Unglück heraufgezogen war, doch er konnte keine Hand, keinen Fuß rühren.

Wieder ein Flüstern: »Aber der andere, der schießt.«

»Er ist krank. Er wird nicht aufwachen ... Also los, geh jetzt, hörst du!«

Angestrengt schielte Betley zur Seite. Hinter der Hausecke hervor kam ein Otark. Er war allerdings klein, einem Schwein ähnlich.

Der Journalist riß sich aus seiner Erstarrung und drückte auf den Abzug. Zwei Schüsse krachten hintereinander, zwei Kartätschen peitschten in den Himmel.

Betley sprang auf, das Gewehr fiel ihm aus den Händen. Er stürzte zur Haustür, schlug sie zitternd hinter sich zu und drückte die Klinke hoch.

Der Förster stand und hielt das Gewehr schußbereit. Seine Lippen bewegten sich kaum, als er sprach, und der Journalist erahnte die Frage mehr, als daß er sie hörte: »Die Pferde?«

Betley nickte.

Vor der Tür waren Geräusche zu hören. Die Otarks stemmten irgend etwas von draußen dagegen.

Eine Stimme ertönte: »He, Miller! He!«

Der Förster lief zu dem kleinen Fenster und steckte das Gewehr hinaus. Im Nu war eine schwarze Pfote vor dem hell werdenden Himmel zu sehen; er konnte die Doppelbüchse gerade noch rechtzeitig zurückziehen.

Draußen wurde zufrieden gelacht.

Die langgezogene Grammophonstimme sagte: »Jetzt ist es aus mit dir, Miller.«

Andere Stimmen mischten sich ein:

»He, Miller, red mit uns ...«

»He, Förster, sag was Bedeutendes, du bist schließlich ein Mensch, hast klug zu sein ...«

»Miller, sprich dich aus, ich werde dich dann widerlegen ...«

»Unterhalt dich mit uns, Miller. Nenn mich bei meinem Namen. Ich heiße Philipp ...«

Der Förster schwieg.

Betley ging mit unsicheren Schritten zum Fenster. Die Stimmen waren ganz nahe, hinter der Bretterwand. Tiergeruch schlug herein – nach Blut, Kot und noch etwas anderem.

Der Otark, der Philipp hieß, sagte unmittelbar unter dem Fenster: »Du bist der Journalist, nicht wahr? Als was bist du hier?«

Betley hustete. Seine Kehle war ausgetrocknet.

Dieselbe Stimme fragte weiter: »Warum bist du hierhergekommen?«

Es wurde still.

»Bist du hergekommen, um uns zu vernichten?«

Wieder trat einen Augenblick Stille ein, dann redeten die Stimmen erregt durcheinander: »Natürlich, sie wollen uns ausrotten ... Erst aber haben sie uns gemacht, und jetzt wollen sie uns vernichten ...«

Ein Brüllen erhob sich, dann Lärm. Betley hatte den Eindruck, als prügelten die Otarks aufeinander ein.

Dann übertönte die Stimme dessen, der sich Philipp nannte, alle anderen: »He, Förster, warum schießt du nicht? Du schießt doch sonst immer? Red mit mir.«

Irgendwo von oben krachte plötzlich ein Schuß.

Betley drehte sich um.

Der Förster war auf den Herd geklettert, hatte die mit Stroh gedeckten Dachsparren auseinandergeschoben und geschossen.

Er schoß noch einmal, lud sofort nach und gab erneut einen Schuß ab.

Die Otarks liefen auseinander.

Miller sprang vom Herd.

»Jetzt müssen wir uns Pferde besorgen. Sonst können wir einpacken.«

Sie besichtigten die drei toten Otarks.

Der eine, noch jung, war wirklich fast unbehaart, nur im Nacken wuchs ihm Fell.

Betley hätte sich beinah übergeben, als Miller die Otarks im Gras umdrehte. Er riß sich zusammen, hielt sich die Hand vor den Mund.

»Merken Sie sich, es sind keine Menschen«, sagte der Förster. »Obwohl sie sprechen können. Sie fressen Menschen. Und sich selber auch.«

Betley sah sich um. Es war taghell. Die Lichtung, der Wald, die getöteten Otarks – alles kam ihm für einen Moment unreal vor. Ist das möglich? Stehe ich, Donald Betley, wirklich hier? fragte er sich.

»Hier an der Stelle wurde Klein von einem Otark aufgefressen«, sagte Miller. »Einer von uns, ein Hiesiger, hat es erzählt. Er war im Versuchszentrum als Raumpfleger angestellt. An jenem Abend hielt er sich zufällig im Zimmer nebenan auf und hörte alles mit an ...«

Der Journalist und der Förster waren auf der Insel und befanden sich im Haupttrakt des Wissenschaftlichen Forschungszentrums. Sie hatten am Morgen von den niedergemetzelten Pferden die Sättel abgeschnallt und die Insel über den Damm erreicht. Nur ein Gewehr war ihnen noch geblieben, Betleys Doppelflinte hatten die flüchtenden Otarks mitgenommen. Nach Millers Plan mußten sie, solange es noch hell war, zur nächsten Farm gelangen und sich dort Pferde besorgen. Aber der Journalist hatte sich bei ihm für die Besichtigung des verlassenen Versuchszentrums eine halbe Stunde Zeit ausbedungen.

»Er hörte alles mit«, wiederholte der Förster. »Es war abends, gegen zehn. Klein überprüfte eine Apparatur und hantierte mit elektrischen Leitungen, wobei er sich mit dem Otark unterhielt, der auf dem Fußboden saß. Sie erörterten ein physikalisches Problem. Der Otark war einer von den ersten, die hier gezüchtet worden waren, und galt als der Klügste. Er konnte sogar in fremden Sprachen sprechen ... Unser Bursche nun wischte im Nebenzimmer den Fußboden und war Zeuge ihres Gesprächs. Nach einer Weile trat Schweigen ein, etwas polterte zu Boden. Und plötzlich hörte der Bursche einen Aufschrei Kleins. In diesem Aufschrei lag so viel Entsetzen, daß dem Burschen vor Angst die Beine weich wurden. Dann ertönte der markerschütternde Schrei: ›Hilfe!‹ Der Bursche warf einen Blick ins Zimmer und sah, wie

Klein, sich windend, am Boden lag und der Otark an ihm nagte. Vor Grauen stand der Bursche wie versteinert. Erst als der Otark sich auch an ihn heranmachen wollte, schlug er die Tür zu.«

»Und weiter?«

»Die Otarks töteten noch zwei Laboranten und flüchteten. Fünf oder sechs blieben jedoch, als wäre nichts geschehen. Als die Kommission aus der Hauptstadt eintraf, unterhielten sie sich mit ihr. Sie wurden dann weggebracht. Später stellte sich heraus, daß sie im Zug noch einen Menschen gefressen hatten ...«

In dem großen Labor war alles unberührt geblieben. Auf den langen Tischen standen staubbedeckte Reagenzgläser, die Leitungen der Röntgenapparaturen waren von Spinnweben überzogen. Lediglich die Fensterscheiben waren zerschlagen, und durch die Öffnungen krochen die Zweige wildwuchernder Akazien.

Miller und der Journalist verließen den Haupttrakt.

Betley, der sehr gern noch die Bestrahlungseinrichtungen besichtigen wollte, bat den Förster noch um fünf Minuten Zeit.

Der Asphalt auf der Hauptstraße der verlassenen Siedlung war von Gras und jungem, schon kräftigem Buschwerk überwachsen. Die Sicht war herbstlich weit und klar. Es roch nach fauligem Blattwerk und nassem Holz.

Auf dem Platz blieb Miller plötzlich stehen.

»Hören Sie nichts?«

»Nein«, antwortete Betley.

»Ich muß immer daran denken, wie sie uns alle gemeinsam in der Hütte belagert haben«, sagte Miller. »Das ist noch nie vorgekommen. Sie handeln sonst immer einzeln.«

Er lauschte abermals.

»Wenn sie uns nur keine Überraschung bereiten. Besser, wir verziehen uns schleunigst von hier.«

Sie gingen zu einem ebenerdigen runden Gebäude mit schmalen, vergitterten Fenstern. Die massive Tür war halb geöffnet, der Betonfußboden an der Schwelle mit einem feinen Teppich aus Waldmulm bedeckt – rötlichen Tannennadeln, Staub, Gnitzenflügelchen.

Vorsichtig betraten sie den ersten Raum. Eine weitere massive Tür führte in einen niedrigen Saal.

Sie sahen hinein. Ein Eichhörnchen mit buschigem Schweif huschte wie ein Feuerball über einen Holztisch und entwischte durchs Fenstergitter.

Einen Augenblick lang sah der Förster ihm nach. Er lauschte, das Gewehr umpreßt, dann sagte er: »Nein, so geht das nicht.« Und wich eilig zurück.

Aber zu spät.

Von draußen drangen Geräusche herein, die Eingangstür schloß sich schmatzend. Lärm ertönte, als ob die Tür mit einem schweren Gegenstand verbarrikadiert würde.

Miller und der Journalist sahen sich kurz an, dann stürzten sie zum Fenster.

Betley schaute hinaus und taumelte zurück.

Auf dem Platz und in dem geräumigen, ausgetrockneten Bassin, das hier aus unbekanntem Grund einmal angelegt worden war, wimmelte es von Otarks. Es waren ihrer Dutzende und aber Dutzende, und immer neue kamen hinzu, wie aus dem Boden gestampft. Über der Menge ein Stimmengewirr, nicht von Menschen, nicht von Tieren, Schreie, Brüllen.

Betley und Miller schwiegen bestürzt.

Ein junger Otark erhob sich unweit von ihnen auf die Hinterpranken. In den Vorderpranken hielt er etwas Rundes.

»Ein Stein«, flüsterte der Journalist, der immer noch nicht wahrhaben wollte, was da vor sich ging. »Er will damit werfen.«

Aber es war kein Stein.

Der runde Gegenstand kam angeflogen, blitzte neben dem Fenstergitter grell auf, worauf bitterer Rauch aufquoll.

Der Förster machte ein paar Schritte rückwärts. Sein Gesicht hatte einen ungläubigen Ausdruck. Das Gewehr entglitt seinen Händen, er griff sich an die Brust.

»Verdammter Hund!« sagte er und betrachtete seine blutbeschmierten Finger. »Diese verdammten Hunde! Sie haben mich fertiggemacht.«

Erbleichend machte er noch ein paar unsichere Schritte, dann sank er auf die Knie, lehnte sich gegen die Wand.

»Sie haben mich fertiggemacht.«

»Nein!« rief Betley. »Nein!« Er zitterte wie im Fieber.

Miller hatte die Zähne zusammengebissen und wandte ihm das bleiche Gesicht zu.

»Die Tür!«

Der Journalist eilte zum Ausgang. Es war zu hören, wie draußen wieder etwas Schweres gegen die Tür gewälzt wurde.

Betley schob erst den einen, dann den anderen Riegel vor. Zum Glück war hier alles so angelegt, daß man von innen sicher absperren konnte.

Er kehrte zum Förster zurück.

Miller lag an der Wand, die Hände auf die Brust gepreßt. Ein nasser Fleck auf seinem Hemd wurde größer und größer. Er lehnte es ab, sich verbinden zu lassen.

»Ist ja doch egal«, sagte er. »Ich spüre, das Ende ist da. Hab' keine Lust, mich lange zu quälen. Fassen Sie mich nicht an.«

»Aber man wird uns zu Hilfe kommen!« rief Betley.

»Wer denn?«

Die Frage klang so brutal, so unverhüllt hoffnungslos, daß es den Journalisten kalt überlief. Sie schwiegen einige Zeit, dann fragte der Förster: »Erinnern Sie sich, wir haben doch am ersten Tag einen Reiter gesehen?«

»Ja.«

»Er war unterwegs, die Otarks zu warnen, daß Sie kommen. Sie hatten Verbindung unter sich, die Ganoven aus der Stadt und die Otarks. Deshalb haben sich die Otarks auch zusammengeschlossen. Das braucht Sie gar nicht zu wundern. Mir ist klar: Selbst wenn vom Mars irgendwelche Kraken landen sollten, finden sich noch Leute, die sich mit den Ungeheuern einlassen.«

»So ist es«, flüsterte der Journalist.

Die Zeit bis zum Abend zog sich für die beiden ohne Veränderungen hin. Millers Kräfte schwanden schnell. Die Blutung hatte aufgehört. Anrühren ließ er sich noch immer nicht. Der Journalist saß neben ihm auf dem Steinfußboden.

Von den Otarks wurden sie nicht belästigt, sie machten keinen Versuch, durch die Tür einzudringen, warfen auch keine Granate mehr. Der Stimmenlärm draußen ebbte bald ab, bald lebte er wieder auf.

Als die Sonne untergegangen war und es kühler wurde, bat der Förster um etwas zu trinken. Der Journalist gab ihm Wasser aus der Feldflasche und rieb ihm das Gesicht mit Wasser ab.

»Vielleicht ist es gut, daß die Otarks erschienen sind«, sagte der Förster. »Jetzt wird es endlich klarer werden, was das ist – der *Mensch.* Jetzt werden wir erkennen, daß der *Mensch* nicht nur ein Wesen ist, das Rechnen lernen und Geometrie studieren kann. Sondern etwas anderes. Die Wissenschaftler sind sehr, sehr stolz auf ihre Wissenschaft. Aber die Wissenschaft ist längst noch nicht alles.«

Miller starb in der Nacht, der Journalist lebte noch drei Tage.

Den ersten Tag dachte er nur an Rettung; Verzweiflung und Hoffnung wechselten einander ab. Einige Male schoß er durch das Fenster, darauf rechnend, jemand würde die Schüsse hören und ihm zu Hilfe kommen.

Gegen Abend begriff er, daß diese Hoffnungen illusorisch waren. Sein Leben kam ihm vor wie zwei Teile, die nichts miteinander zu tun hatten. Am meisten peinigte ihn die Vorstellung, daß keinerlei Logik oder Kontinuität die beiden Teile miteinander verband. Das eine Leben war das glückliche, vernünftige, ungemein erfolgreiche Leben eines Journalisten, es hatte sein Ende gefunden, als er zusammen mit Miller aus der Stadt in die bewaldeten Berge des Mount Bear ritt. Dieses erste Leben war durchaus nicht dazu angetan, daß er hier auf der Insel, in diesem gottverlassenen Versuchszentrum, umkam.

In seinem zweiten Leben war alles möglich und auch wieder nicht. Es bestand ganz aus Zufällen. Und es hätte auch überhaupt nicht zu sein brauchen, dieses Leben. Er hätte ablehnen können hierherzufahren, er war nicht gezwungen gewesen, den Auftrag eines Redakteurs anzunehmen, hatte die freie Wahl gehabt. Zum Beispiel hätte er, statt sich mit den Otarks zu befassen, nach Nubien fliegen und sich dort der Erhaltung altägyptischer Kulturdenkmäler widmen können.

Ein dummer Zufall hatte ihn hierhergeführt. Und gerade das war das Unheimliche.

Einige Male schob er die Gedanken an das, was mit ihm geschehen war, beiseite, wanderte durch den Saal, berührte die von der Sonne erhellten Wände, die staubigen Tische.

Die Otarks schienen das Interesse an ihm verloren zu haben. Es waren nur noch wenige auf dem Platz und in dem Bassin. Manchmal zettelten sie eine Prügelei unter sich an, und einmal sah Betley mit ersterbendem Herzen, wie sich die Meute auf einen Artgenossen stürzte, ihn zerfetzte und auffraß.

Nachts kam er plötzlich zu der Feststellung, an seinem Untergang sei allein Miller schuld. Angewidert zog er den toten Förster in den vorderen Raum, direkt zur Tür.

Ein oder zwei Stunden brachte er auf dem Fußboden zu und flüsterte immer wieder vor sich hin: »O Gott, warum ich? Ausgerechnet ich?«

Am zweiten Tag ging sein Wasservorrat zur Neige. Durst peinigte ihn. Er war sich jetzt völlig klar, daß es keine Rettung geben konnte, und wurde ruhig. Wieder begann er über sein Leben nachzudenken, doch jetzt sah er es anders. Ihm fiel der Streit ein, den er gleich am Anfang der Exkursion mit dem Förster gehabt hatte. Miller hatte ihm gesagt, die Farmer würden nicht mit ihm reden. »Warum nicht?« fragte Betley. – »Weil Sie im Warmen, im Geborgenen leben«, antwortete Miller. »Weil Sie zu den Oberen gehören. Zu denen, die sie verraten haben.« – »Wieso gehöre ich zu den Oberen?« fragte Betley aufgeregt. »Ich verdiene nicht viel mehr Geld als sie.« – »Na und?« wandte der Förster ein. »Sie haben eine leichte Arbeit, beinahe eine Sonntagsarbeit. Während die Menschen hier all die Jahre über gestorben sind, haben Sie Artikelchen geschrieben, in Restaurants getafelt, kluge Gespräche geführt ...«

Ja, Miller hatte recht. Sein Optimismus, auf den er immer so stolz gewesen ist, war letztlich eine Vogel-Strauß-Philosophie. Er hatte vor dem Schlechten dieser Welt einfach den Kopf in den Sand gesteckt. Während er in den Zeitungen von Hinrichtungen in Algier oder dem Hunger in Indien las, überlegte er, wie er zu mehr Geld kommen und seine große Fünfzimmerwohnung neu möblieren könnte, oder wie es zu erreichen sei, daß bei dieser oder jener einflußreichen Persönlichkeit sein Ansehen um einen weiteren Teilstrich auf der Bewertungsskala nach oben kletterte. Während er alle Probleme von sich schob und so tat, als gäbe es das alles nicht, schossen Individuen wie die Otarks, Otark-Menschen sozusagen, die protestierende Menge nieder, spekulierten mit Brot, bereiteten heimlich den einen neuen Krieg vor.

Von diesem Standpunkt aus gesehen, war sein ganzes Leben plötzlich doch sehr eng mit dem verknüpft, was jetzt geschah. Niemals war er gegen das Übel dieser Welt aufgetreten, nun bekam er seine Strafe dafür ...

Am zweiten Tag versuchten die Otarks einige Male, durch das Fenster ein Gespräch mit ihm anzuknüpfen. Er gab keine Antwort.

Ein Otark sagte: »He, komm heraus, Journalist, wir tun dir nichts.«

Worauf ein anderer hämisch lachte.

Betley dachte wieder über den Förster nach.

Jetzt sah er ihn schon anders. Eigentlich war der Förster ein Held. Ehrlich gesagt, der einzige wirkliche Held, dem Betley je begegnet war. Allein, ohne jede Unterstützung, hatte er den Kampf gegen die Otarks aufgenommen und war unbesiegt gestorben.

Mit Anbruch des dritten Tages bekam der Journalist Fieber. In seinen Fieberträumen glaubte er, er sei in die Redaktion zurückgekehrt und diktiere der Stenographin den Artikel.

Der Artikel trug die Überschrift: »Was eigentlich ist der Mensch?«

Laut diktierte er: »In unserem Jahrhundert hat die Wissenschaft eine erstaunliche Entwicklung durchgemacht, und manchmal will es scheinen, als sei sie in der Tat allmächtig. Stellen wir uns einmal vor, es sei ein künstliches Hirn geschaffen worden, doppelt so leistungsfähig wie das menschliche Hirn, doppelt so funktionstüchtig. Kann sich ein Wesen, ausgestattet mit diesem Hirn, mit vollem Recht für einen *Menschen* halten? Was macht uns denn wirklich zu dem, was wir sind? Die Fähigkeit zu lesen, zu analysieren, logisch zu interpretieren, oder ist es nicht etwas, das wir durch die Gesellschaft erworben haben, das im Zusammenhang steht mit dem Verhältnis einer Persönlichkeit zur anderen und mit dem Verhältnis des Individuums zum Kollektiv? Nehmen wir zum Beispiel die Otarks ...«

Seine Gedanken verwirrten sich ...

Am selben Tag morgens ertönte eine Explosion. Betley fuhr aus seinem Fieberschlaf. Ihm war, als sei er aufgesprungen und halte das Gewehr schußbereit. In Wirklichkeit lag er jedoch kraftlos auf dem Boden.

Die Schnauze eines Tieres tauchte vor ihm auf. Plötzlich wurde ihm qualvoll klar, wem Fiedler ähnlich sah: einem Otark!

Dieser Gedanke verflüchtigte sich jedoch rasch. Betley fühlte nicht mehr, wie sie ihn marterten, für den Bruchteil einer Sekunde dachte er noch, daß die Otarks in Wahrheit gar nicht so schrecklich seien, daß es alles in allem in dieser verlassenen Gegend höchstens ein- oder zweihundert von ihnen gäbe. Man würde schon mit ihnen fertig werden. Aber die Menschen! Die Menschen ...

Er wußte nicht, daß die Nachricht von Millers Tod schon in der ganzen Gegend bekannt war und die Farmer in ihrer Verzweiflung die verborgenen Gewehre ausgegraben hatten.

Andrzej Czechowski
Die Rekonstruktion

Zur großen Pause nach der Geschichtsstunde ging ich mit Rino auf den Hof. Wir hatten etwas über »Die erste Rekonstruktion und ihre moralischen Aspekte« gehört und schon in der Stunde diskutiert. Es war abzusehen, daß wir auch die ganze Pause hindurch nichts anderes tun würden.

Am Zaun unter der großen Kastanie blieben wir stehen. Die Schultore öffneten sich, und in Zweierreihen kamen die aus der ersten Klasse auf den Hof. Sie verteilten sich über den Sportplatz und begannen »Letzter Mensch« zu spielen. Die Regeln waren einfach, man ging im Kreis und sang dabei:

Keiner weiß, woher er kam,
keiner weiß, wozu.

Wir nahmen unser Gespräch wieder auf. Im Lehrbuch hieß es: »Schon damals lagen die Vorteile der Rekonstruktion auf der Hand. Nichtsdestoweniger waren die Humanisten bereit, ›auf allen vieren in den Wald zurückzukehren‹, wenn sie damit nur ihr Menschenbild hätten retten können.« Rino behauptete, das sei nicht wahr: Die Konservativen hätten unmöglich derart töricht sein können. Ich versuchte ihn zu überzeugen, daß sie es doch waren.

»Nimm nur diesen Don Quichotte«, sagte ich. »Zu seiner Zeit waren die Windmühlen längst bekannt. Aber er dachte, es wäre ein Feind. Oder nimm diesen Aristoteles.«

Rino warf ein, das sei etwas ganz anderes. »Sie müssen einen Grund gehabt haben«, sagte er nachdenklich. »Ich glaube, es ging ihnen um das Herz. Hast du ihre Bücher gelesen? Sie haben andauernd über Gefühle und über Herzen geschrieben.«

»Was hatte das Herz mit Gefühlen zu tun?« fragte ich.

»Woher soll ich das wissen? Mal schlug es so, mal so.«

Uns wurde allmählich klar, daß wir zu keinem Ergebnis kamen. Rino setzte sich unter den Baum, um seinen Oxygenator zu regulieren. Die Kleinen spielten mit Hingabe. Sie gingen und sangen:

Auch ein Kopf war noch dabei,
schwankte und verdrehte sich;
Arme zwei und Beine zwei,
und er war ganz KÖRPERLICH.

Rino schwieg, also schlug ich das Lehrbuch auf und sah mir die farbigen anatomischen Tafeln an. Auf einer war der Mensch vor der Rekonstruktion zu sehen, alle überflüssigen Organe waren blau dargestellt. Eine weitere Abbildung zeigte seine typischen Defekte, und man sah besser gar nicht hin. Auf der nächsten Seite war der gegenwärtige Mensch abgebildet, in drei Ansichten und einem Querschnitt, außerdem Projekte für die nächsten Rekonstruktionen. Ich zeigte sie Rino.

»Am besten gefällt mir der letzte Entwurf von Ford«, sagte er. Ich dachte bei mir, daß ich jene vergangenen Zeiten wohl nie begreifen würde. Das ist natürlich nicht meine Schuld: Damals konnte einfach noch niemand richtig logisch denken. Mir fiel ein, daß ausgerechnet diejenigen, die am meisten über ihre Gebrechen gejammert hatten, sich nicht ändern lassen wollten, als es zur Rekonstruktion kam. Vielleicht gefiel ihnen die Rekonstruktion gerade darum nicht, weil sie unbedingt nötig war; die nächsten Rekonstruktionen dagegen werden einfach der Annehmlichkeit dienen. Schließlich kam mir der letzte Mensch in den Sinn, aber ich verbannte den Gedanken an ihn sofort wieder; dieses Thema war moralisch zweifelhaft.

Die aus der ersten Klasse waren schon bei der letzten Strophe:

Damit hatte er kein Glück.
Lange irrte er umher,
endlich fand er einen Strick,
– hier brachen alle in Gelächter aus –

UND DANN GAB ES SIE NICHT MEHR!

Arkadi und Boris Strugazki
Der Wald

Erstes Kapitel

Candide erwachte, und sein erster Gedanke war: Übermorgen gehe ich fort. Da wurde in der Ecke des Raumes auch Nawa in ihrem Bett unruhig und fragte: »Du schläfst nicht mehr?«

»Nein«, antwortete er.

»Dann laß uns miteinander reden«, schlug sie vor. »Wir haben seit gestern abend kein Wort mehr gesprochen. Einverstanden?«

»Einverstanden.«

»Zuerst will ich wissen, wann du fortgehst.«

»Das weiß ich noch nicht«, sagte er. »Bald.«

»Das sagst du immer: bald. Mal bald, mal übermorgen, du denkst vielleicht, das wär' ein und dasselbe. Das heißt nein, inzwischen hast du ja sprechen gelernt. In der ersten Zeit dagegen hast du immer die Wörter verwechselt, das Haus mit dem Dorf, das Gras mit den Pilzen, sogar die Schatten und Menschen hast du durcheinandergebracht, und manchmal hast du plötzlich etwas vor dich hin gemurmelt, das überhaupt nicht zu verstehen war, niemand von uns hat was verstanden ...«

Er schlug die Augen auf und starrte die niedrige, kalkfleckige Decke an. Dort zogen Arbeitsameisen entlang. Sie bewegten sich in zwei gleichförmigen Kolonnen – von links nach rechts die beladenen, von rechts nach links die unbeladenen. Vor einem Monat war es umgekehrt gewesen. Von rechts nach links die mit dem Pilzgeflecht, von links nach rechts die ohne Last. Und einen Monat später würde es abermals umgekehrt sein, vorausgesetzt, sie bekämen keinen anderen Befehl. Denn zu seiten der Kolonnen standen in weiten Abständen groß und schwarz die Signalgeber, standen reglos, die langen Antennen stets in Bewegung, und harrten der Befehle. Vor einem Monat, dachte Candide, bin ich auch schon mit dem Gedanken erwacht, übermorgen fortzugehen, doch wir sind nirgendwohin aufgebrochen. Und irgendwann früher, vor langer Zeit bereits, bin ich gleichfalls aufgewacht, um übermorgen endlich fortzugehen, aber natürlich sind wir nicht fortgegangen. Doch wenn wir auch diesmal nicht aufbrechen, mach' ich mich allein auf den Weg. Gewiß, diesen Vorsatz hab' ich auch früher schon gehabt, diesmal aber werde ich ihn unbedingt in die Tat umsetzen. Gut wäre es, sich sofort aufzumachen, keinem ein Wort zu sagen, niemanden zu überreden, bloß könnte man das nur mit klarem Kopf tun, nicht jetzt. Gut wäre es auch, sich ein für allemal vorzunehmen: Sobald du mit klarem Kopf erwachst, stehst du augenblicklich auf, gehst du auf die Straße hinaus, fort in den Wald und gibst niemandem Gelegenheit, das Wort an dich zu richten. Denn das ist sehr wichtig: Niemand soll Gelegenheit haben, das Wort an dich zu richten, dich zu überreden, so lange auf dich einzusprechen, bis dir alles furchtbar weh tut, vor allem die Stelle über den Augen, bis es dir in den Ohren dröhnt, bis dir übel wird, ganz schwindlig in Hirn und Knochen. Doch Nawa spricht ja schon ...

»... und so kam es«, berichtete Nawa, »daß uns die Schatten nachts führten, nachts aber können sie fast nichts sehen, sind so gut wie blind, das wird dir jeder sagen, und wenn's der Bucklige ist, obwohl er nicht von hier stammt, er kommt aus einem Dorf, das mit unserem benachbart war, nicht mit diesem hier, in dem wir beide jetzt leben, sondern mit dem, wo ich vorher wohnte, zusammen mit meiner Mutter, weshalb du den Buckligen also nicht kennen kannst! In seinem Dorf ist jetzt alles von Pilzen überwuchert, eine Attacke der Pilzflechte, das aber ist nicht jedermanns Sache, und der Bucklige hat das Dorf sofort verlassen. Er sagt, dort habe die *Besetzung* stattgefunden, und die Leute hätten im Dorf nichts mehr verloren. So ist das ... Damals aber schien der Mond nicht, und wahrscheinlich kamen sie vom Weg ab und drängten sich alle zu einem Haufen zusammen, wir mittendrin. Und dann wurde es auf einmal furchtbar heiß, so daß man kaum Luft bekam ...«

Candide schaute zu ihr hin. Sie lag auf dem Rücken, die Arme unter dem Kopf verschränkt, ein Bein über das andere gelegt, und rührte sich nicht, nur ihre Lippen bewegten sich ununterbrochen, und im Halbdämmer blitzten von Zeit zu Zeit ihre Augen auf. Als der Alte hereinkam, sprach sie weiter; der Alte setzte sich an den Tisch, zog den Topf zu sich heran, schnupperte geräuschvoll, schnorchelnd, und begann zu essen. Candide erhob sich und wischte sich mit den Handflächen den Nachtschweiß vom Körper. Der Alte schmatzte, kleckerte und ließ kein Auge von dem großen Trog, der zum Schutz gegen den Schimmel mit einem Dekkel versehen war. Candide nahm ihm den Topf weg und stellte ihn neben Nawa, damit sie aufhörte zu reden. Der Alte fuhr sich über die Lippen und sagte: »Hat nicht geschmeckt. Wo man jetzt auch hinkommt, es schmeckt nicht. Und der Pfad, den ich immer benutzte, ist inzwischen völlig zugewachsen. Dabei bin ich ihn immer so oft gegangen, sei's zur Dressur oder einfach zum Baden. Ich war damals oft baden, es gab dort einen See, der jetzt freilich nur noch ein Sumpf ist, es wurde gefährlich, hinzugehen. Aber der eine oder andere scheint es trotzdem zu tun, woher kämen sonst die vielen Ertrunkenen? Und dann das Schilfdickicht. Ich kann fragen, wen ich will, wo in diesem Dickicht die Pfade herkommen, niemand weiß es. Na, wozu auch. Was habt ihr denn dort in dem Trog? Wenn es zum Beispiel eingemachte Beeren wären, würd' ich sie essen, ich liebe eingemachte Beeren. Wenn's dagegen Reste von gestern sind, die brauch' ich nicht, die könnt ihr selber essen.« Er legte eine Pause ein, ließ den Blick von Candide zu Nawa wandern und wieder zurück. Ohne eine Antwort abzuwarten, fuhr er fort: »Dort aber, wo sich jetzt das Schilf breitgemacht hat, ist nichts mehr mit Säen. Früher wurde gesät, weil's für die *Besetzung* notwendig war, alles wurde zur Tönernen Lichtung geschafft. Jetzt schafft man's zwar auch noch hin, läßt es aber nicht dort, sondern bringt es wieder zurück. Ich hab's ihnen gesagt, daß sie das nicht dürfen, aber sie begreifen einfach nicht, was das heißt: nicht dürfen. Hat mich der Dorfälteste doch im Beisein aller gefragt: Warum nicht? Ein paar Schritte entfernt, ungefähr da, wo du jetzt bist, ach was, noch näher, stand Faust, daneben der Horcher, und dort, wo Nawa ist, saßen die Kahlen Brüder. Und sie alle hörten zu, wie er mich das fragte. Ich gab zur Antwort, wie kannst du bloß so reden, wir sind doch nicht allein ... Sein Vater war ein unheimlich kluger Mann, wenn er überhaupt sein Vater war, manche behaupten das Gegenteil, und die beiden haben auch tatsächlich keine Ähnlichkeit. Wieso, fragte nun er wieder, darf ich nicht so reden, wenn alle dabei sind, wieso nicht?«

Nawa erhob sich, drückte Candide den Topf in die Hand und begann sauberzumachen. Candide fing zu essen an. Der Alte schwieg, sah ihn, während er auf seinen Lippen herumkaute, eine Zeitlang an und sagte dann: »Euer Essen ist noch nicht gar, so was kriegt doch keiner 'runter.«

»Und wieso nicht?« fragte Candide, um ihn zu reizen.

Der Alte kicherte.

»Ach du, Schweiger«, sagte er. »Du solltest besser still sein, Schweiger. Oder mir erzählen, wonach ich dich schon so lange frage: Tut es sehr weh, wenn sie einem den Kopf abschneiden?«

»Was geht's dich an?« rief Nawa. »Warum läßt du ihn nicht in Ruhe?«

»Schreit 'rum«, konstatierte der Alte. »Schreit mich einfach an. Hat noch kein einziges Kind geboren, aber schreit 'rum. Warum bringst du kein Kind zur Welt? Wie lange lebst du nun schon mit dem Schweiger zusammen, ohne zu gebären! Alle kriegen Kinder, bloß du nicht. Das darf man nicht. Weißt du überhaupt, was das heißt: nicht dürfen? Das heißt: Es ist unerwünscht, wird nicht gutgeheißen. Wird aber etwas nicht gutgeheißen, so bedeutet das eben, nicht dürfen. Was man darf, ist noch nicht so genau 'raus, aber was man nicht darf, darf man eben nicht. Das müssen sich alle hinter die Ohren schreiben, um so mehr du, die in einem fremden

Dorf lebt und den Schweiger zum Mann bekommen hat. Schon möglich, daß er einen fremden Kopf auf den Schultern hat, einen angenähten, doch der Körper ist gesund, und du hast nicht das Recht, das Kinderkriegen zu verweigern, du darfst es nicht. Womit nochmals bewiesen ist, daß dieses ›Nicht-Dürfen‹ dasselbe bedeutet wie höchst unerwünscht sein …«

Nawa, aufgebracht und beleidigt, schnappte sich den Trog vom Tisch und verschwand mit ihm in der Vorratskammer. Der Alte schaute ihr nach und fügte schniefend hinzu: »Wie sollte denn dieses ›Nicht-Dürfen‹ sonst verstanden werden? Es kann doch nur soviel wie schädlich bedeuten.«

Candide aß zu Ende, stellte den leeren Topf geräuschvoll vor den Alten hin und trat hinaus auf die Straße. Das Haus war über Nacht stark zugewuchert, im dichten Gestrüpp ringsum zeichnete sich nur die schmale Spur ab, die der Alte getreten hatte, sowie ein kleiner Flecken vor der Türschwelle, wo er, unruhig hin und her rutschend, gesessen und gewartet hatte, bis sie erwachten. Die Straße war bereits gesäubert; das grüne, armdicke Knieholz, das gestern aus dem Astgeflecht überm Dorf hervorgewuchert war und vor dem Nachbarhaus Wurzeln geschlagen hatte, war abgesägt, mit Gärmasse übergossen worden, bereits nachgedunkelt und starb nun ab. Ein scharfer, appetitlicher Duft stieg von ihm auf, und die Nachbarskinder, die sich um den Knorren versammelt hatten, rissen das rötlichbraune Fruchtfleisch heraus, stopften sich den Mund mit den saftigen, spritzenden Stücken voll. Als Candide vorbeikam, rief das älteste von ihnen mit vollem Mund: »Schweiger, Schweiger!« Doch die anderen fielen nicht mit ein – sie waren beschäftigt. Außer ihnen befand sich niemand auf der orangenen Straße, in deren hohem rotem Gras die Häuser versanken und die auch wieder düster wirkte und, weil die Sonne durchs Walddach sengte, von schwachen grünen Flecken bedeckt war. Vom Feld drang ein Singsang ungeordneter, gelangweilter Stimmen herüber: »He, he, he – nur zu, immer sä', sä' mal links, sä' mal rechts …« Im Wald hallte das Echo wider.

Vielleicht war es aber auch gar nicht das Echo. Vielleicht waren es die Schatten.

Hinkebein hockte natürlich zu Hause und massierte sich das Bein.

»Setz dich«, sagte er freundlich zu Candide. »Ich hab' hier schönes weiches Gras für die Gäste hingestreut. Man erzählt, daß du fortgehst?«

Wieder, dachte Candide, wieder geht alles von vorn los.

»Tut wohl immer noch weh?« fragte er, während er Platz nahm.

»Das Bein? Ach wo, es ist einfach angenehm so. Tut gut, wenn man drüberstreicht. Und wann willst du nun weg?«

»Na, wie wir's abgesprochen haben. Wenn du mitkommst, von mir aus gleich übermorgen. Aber wie ich sehe, hast du keine Lust mitzukommen. Da muß ich mir erst jemanden suchen, der den Wald kennt.«

Hinkebein machte vorsichtig das Bein lang und sagte belehrend: »Von hier aus mußt du links abbiegen und direkt aufs Feld zugehen. Immer am Feld entlang, an den zwei Steinen vorbei, dann siehst du schon den Weg, er ist nur wenig zugewachsen, weil es dort eine Menge Findlinge gibt. Dieser Weg führt an zwei Dörfern vorbei, das eine ist ausgestorben und von Pilzen überwuchert, so daß niemand mehr darin wohnt, im anderen dagegen leben Sonderlinge, dort ist zweimal das blaue Gras durchgegangen, seither sind sie krank, du brauchst sie gar nicht erst anzusprechen, sie begreifen sowieso nichts, es ist, als wären sie ihr Gedächtnis losgeworden. Hinter dem Dorf der Sonderlinge liegt dann rechter Hand deine Tönerne Lichtung. Du siehst also, du brauchst keinerlei Begleiter, findest ganz allein ans Ziel, ohne jede Mühe.«

»Bis zur Tönernen Lichtung komm' ich schon«, stimmte Candide zu, »doch wie weiter?«

»Wohin denn noch?«

»Durch den Sumpf, wo früher die Seen waren. Erinnerst du dich, du hattest mir etwas von einem steinigen Weg erzählt.«

»Keine Ahnung, was für einen Weg du meinst. Den zur Tönernen Lichtung? Aber ich versuch' dir doch die ganze Zeit klarzumachen, daß du links abbiegen mußt, bis zum Feld gehn, an den zwei Steinen vorbei ...«

Candide ließ ihn ausreden und sagte: »Den Weg zur Tönernen Lichtung kenne ich jetzt. Den finde ich. Aber ich muß noch weiter, das weißt du doch. Ich muß unbedingt in die *Stadt*, und du wolltest mir den Weg dorthin zeigen.«

Hinkebein schüttelte teilnahmslos den Kopf.

»In die *Staaadt* will er also! – Ja doch, ich weiß ... Aber bis zur *Stadt* kommst du nicht, Schweiger. Zur Tönernen Lichtung ja, da ist's einfach: an den zwei Steinen vorbei, durch das Pilzdorf, dann durch das der Sonderlinge, und schon hast du rechter Hand die Tönerne Lichtung. Oder, sagen wir, zum Dickicht. Halt dich von hier aus rechts, geh durch den lichten Wald, am Brotsumpf vorbei und dann immer der Sonne nach. Wie die Sonne, genauso du. Drei Tage Weg sind's, drei Tage. Aber wenn dir so viel dran liegt – gehen wir eben zusammen. Wir haben früher unsre Töpfe von dort geholt, wenigstens solange wir hier noch keine pflanzten. Das Dickicht kenne ich gut, du hättest gleich sagen sollen, daß du ins Dickicht willst. Was sollen wir da erst bis übermorgen warten, schon morgen früh brechen wir auf, wir brauchen nicht einmal Proviant mitzunehmen, wenn wir doch am Brotsumpf vorbeikommen ... Du redest immer so furchtbar wenig, Schweiger. Kaum fängt man an, dir zuzuhören, hast du den Mund schon wieder zugemacht. Aber ins Dickicht gehn wir. Gleich morgen früh brechen wir auf ...«

Candide hörte ihn bis zu Ende an, dann sagte er: »Ich muß aber gar nicht ins Dickicht, Hinkebein. Ins Dickicht muß ich nicht.«

Hinkebein hörte aufmerksam zu und nickte. »Ich muß in die *Stadt*«, fuhr Candide fort. »Wir beide haben schon oft darüber gesprochen. Gestern hab' ich dir gesagt, daß ich in die *Stadt* muß. Vorgestern hab' ich dir gesagt, daß ich in die *Stadt* muß. Vor einer Woche hab' ich dir gesagt, daß ich in die *Stadt* muß. Du hast mir versichert, daß du den Weg in die *Stadt* kennst. Das hast du gestern gesagt. Auch vorgestern hast du gesagt, daß du den Weg in die *Stadt* kennst. Nicht zum Dickicht, sondern in die *Stadt.* Ich muß nicht zum Dikkicht.« Bloß nicht durcheinanderkommen, dachte er. Oder bin ich's vielleicht schon? Nicht das Dickicht, sondern die *Stadt.* Die *Stadt* und nicht das Dickicht«, wiederholte er laut. »Hast du verstanden? Erzähl mir was über den Weg in die *Stadt.* Nicht zum Dickicht, sondern in die *Stadt.* Noch besser wär's, wir würden gemeinsam in die *Stadt* aufbrechen. Würden gemeinsam nicht zum Dickicht gehn, sondern in die *Stadt.*«

Candide verstummte. Hinkebein strich sich erneut über das kranke Knie.

»Weißt du, Schweiger, wahrscheinlich haben sie dir, als sie dir den Kopf abtrennten, innen irgendwas kaputtgemacht. Das ist wie bei mir mit dem Bein. Erst war's ein Bein wie jedes andere, ein ganz gewöhnliches Bein, dann aber ging ich eines Nachts durchs Ameisendorf, trug ein Ameisenweibchen, geriet mit diesem Bein in ein Loch, und seither ist es krumm. Warum es krumm wurde, weiß niemand – jedenfalls kann ich damit nicht mehr richtig laufen. Aber bis zum Ameisendorf schaff' ich's. Schaff' es selber und führ' auch dich hin. Ich begreif' nur nicht, warum du es gesagt hast, daß ich Proviant mitnehmen soll, bis zum Ameisendorf ist's doch nur ein Katzensprung.« Er sah Candide an, wurde verlegen und fügte noch hinzu: »Aber du mußt ja gar nicht zum Ameisendorf. Wo wolltest du gleich hin? Ach ja, zum Dikkicht. Ich kann bloß nicht zum Dickicht, ich schaff's nicht. Siehst ja selbst, hab' ein krummes Bein. Hör mal, Schweiger, warum sperrst du dich eigentlich so gegen das Ameisendorf? Laß uns zum Ameisendorf gehen, ja? Ich war seither kein einziges Mal dort, wer weiß, vielleicht gibt's das Dorf gar nicht mehr. Wir suchen das Loch, einverstanden?«

Jetzt wird er's gleich geschafft haben, mich durcheinanderzubringen, dachte Candide. Er beugte sich zur Seite und rollte einen Topf an sich heran.

»Einen schönen Topf hast du«, sagte er. »Kann mich gar

nicht entsinnen, wo ich zum letztenmal so schöne Töpfe gesehen habe ... Also abgemacht, du begleitest mich in die *Stadt*, Hinkebein. Was meinst du, ob wir's bis zur *Stadt* schaffen?«

»Warum denn nicht! Klar schaffen wir's! Zur *Stadt*? Natürlich schaffen wir's. Wo du aber solche Töpfe gesehen hast, kann ich dir sagen. Die Sonderlinge haben solche Töpfe. Die pflanzen sie nämlich nicht an, mußt du wissen, sie stellen sie aus Ton her, bei ihnen ganz in der Nähe ist doch die Tönerne Lichtung. Ich hab' dir ja gesagt: von meinem Haus gleich links, an den zwei Steinen vorbei bis zum Pilzdorf. Im Pilzdorf lebt freilich niemand mehr, da brauchen wir ja gar nicht erst hinzugehen. Haben wir vielleicht noch keine Pilze gesehen? Auch als mein Bein noch gesund war, bin ich nie in dieses Pilzdorf gegangen, ich weiß nur, daß zwei Schluchten weiter die Sonderlinge leben. Nun ja ... wir könnten schon morgen aufbrechen ... Hör mal, Schweiger, wir sollten vielleicht doch nicht dort hingehn. Ich mag diese Pilze nicht. In unserm Wald, verstehst du, gibt's wenigstens Pilze, die man essen kann, die schmecken. In ihrem Dorf aber sind die Pilze so komisch grün und riechen so schlecht. Was hast du dort verloren? Bringst uns bloß noch die Pilzflechte her. Laß uns lieber in die *Stadt* gehen. Das ist bedeutend angenehmer. Allerdings könnten wir wohl morgen noch nicht losgehen. Wir müßten uns nämlich mit Proviant eindecken und uns nach dem Weg erkundigen. Oder kennst du den Weg? Wenn du ihn kennst, erkundige ich mich natürlich nicht, ehrlich gesagt, hab' ich auch keine Ahnung, wen ich danach fragen könnte. Vielleicht den Dorfältesten, was meinst du?«

»Ja, kennst du denn den Weg in die *Stadt* nicht selber?« fragte Candide. »Du müßtest ihn ja sogar ziemlich gut kennen. Einmal hast du die *Stadt* doch fast erreicht, hast nur Angst vor den Schatten gekriegt, hattest Angst, nicht allein gegen sie anzukommen ...«

»Vor den Schatten hatte und hab' ich keine Angst«, entgegnete Hinkebein. »Ich will dir sagen, wovor ich Angst hab'. Davor, wie wir beide den Weg zurücklegen sollen. Willst du vielleicht den ganzen Weg über so wenig reden wie jetzt? Ich kann so was nicht. Und dann ist da noch etwas anderes ... Du darfst mir nicht böse sein, Schweiger, aber beantworte mir nur eine Frage. Wenn du's nicht laut tun willst, dann flüstre oder nicke einfach mit dem Kopf, und wenn du selbst das nicht willst, schließ kurz das rechte Auge, das ist jetzt im Lichtschatten, niemand außer mir wird's also sehen. Ich möchte wissen, ob du nicht doch ein ganz klein wenig im Schatten bist? Ich kann Schatten nämlich nicht gut vertragen, ich krieg' das Zittern, wenn sie in der Nähe sind, bin ich völlig machtlos dagegen ...«

»Nein, Hinkebein, ich bin kein Schatten«, sagte Candide. »Ich kann sie ja selber nicht ausstehn. Wenn du aber Angst hast, ich könnte zu wenig reden – wir zwei gehn ja nicht allein los, das hab' ich dir schon gesagt. Faust wird mitgehn und Schwanz – und noch zwei Leute aus dem Weiler.«

»Mit Faust geh' ich nicht«, sagte Hinkebein entschieden. »Faust hat nicht auf meine Tochter aufgepaßt, obwohl er sie zur Frau genommen hatte. Sie haben ihm meine Tochter abgejagt. Ich kreide ihm nicht an, daß er sie zur Frau genommen hat, nur aufpassen auf sie hätte er müssen. Er ist mit meiner Tochter zum Weiler gegangen, und dort haben die Räuber sie ihm weggenommen. Sie lauerten ihm auf, und er hat sie hergegeben. Wie oft hab' ich später mit deiner Nawa nach ihr gesucht, ohne sie zu finden. Nein, Schweiger, mit den Räubern ist nicht gut Kirschen essen. Wollten wir beide in die *Stadt*, so hätten wir keine Ruhe vor ihnen. Was andres ist's mit dem Dickicht, dorthin können wir gehn, ohne zu zögern. Gleich morgen brechen wir auf.«

»Übermorgen«, sagte Candide. »Du gehst, ich gehe, Faust, Schwanz, und noch zwei andere aus dem Weiler gehen. Gemeinsam schaffen wir's in die *Stadt.*«

»Zu sechst schaffen wir's«, sagte auch Hinkebein überzeugt. »Allein würd' ich natürlich nicht losziehn, aber zu sechst schaffen wir's. Zu sechst schaffen wir's sogar bis zu den Teufelsfelsen, nur kenn' ich den Weg dorthin nicht. Vielleicht sollten wir zu den Teufelsfelsen gehn? Ist zwar sehr weit, aber zu sechst schaffen wir's. Oder mußt du nicht zu den Teufelsfelsen? Hör zu, Schweiger, wir schlagen uns erst mal bis zur *Stadt* durch, dann sehn wir weiter. Nur reichlich Proviant müssen wir mitnehmen.«

»Gut«, sagte Candide und erhob sich. »Also brechen wir übermorgen in die *Stadt* auf. Morgen geh' ich zum Weiler 'rüber, dann komm' ich mal bei dir vorbei und erinnere dich daran.«

»Tu das«, sagte Hinkebein. »Ich würd' ja selbst mal bei dir vorbeischaun, aber mein Bein tut weh – hab' keine Kraft drin. Also komm ruhig vorbei. Wir schwatzen ein bißchen. Ich weiß, daß viele nicht gern mit dir reden, mit dir zu reden ist schwierig, Schweiger, aber ich gehör' nicht zu ihnen. Ich hab' mich dran gewöhnt, und es macht mir sogar Spaß. Schau also vorbei und bring Nawa mit, sie ist eine gute Frau, deine Nawa, wenn sie auch keine Kinder hat, aber die kommen noch, sie ist ja noch jung ...«

Auf der Straße wischte sich Candide erneut den Schweiß ab. Doch er hatte es noch nicht überstanden. Neben ihm kicherte jemand, hüstelte. Candide drehte sich um. Aus dem Graus tauchte der Alte hoch, drohte mit dem knotigen Finger und sagte: »In die *Stadt* wollt ihr also. Gut ausgedacht, nur ist bisher noch niemand lebend dorthin gelangt. Das darf man nämlich nicht. Auch wenn du einen angenähten Kopf hast – das müßtest du begreifen ...«

Candide bog rechts ab und ging die Straße entlang. Der Alte, der sich immer wieder im Gras verhedderte, trottete eine Weile hinter ihm her und murmelte: »Was nicht sein darf, darf eben nicht sein, so oder so ... Zum Beispiel geht's ohne Dorfältesten und ohne Versammlung nicht, mit Dorfältestem und Versammlung dagegen geht's, freilich auch das nicht ohne weiteres ...«

Candide schritt so schnell aus, wie das die drückende Schwüle zuließ, und endlich blieb der Alte zurück.

Auf dem Dorfanger erblickte Candide den Horcher. Der Horcher ging im Kreis, watschelnd und über seine krummen Beine stolpernd; aus einem riesigen Topf, den er vor dem

Bauch hängen hatte, verspritzte er mit vollen Händen braunen Grastod. Das Gras hinter ihm qualmte und verkümmerte zusehends. Candide mußte am Horcher vorbei, doch als er das unbemerkt tun wollte, wechselte der Horcher so geschickt seine Bahn, daß er Candide Auge in Auge gegenüberstand.

»A-ach, du bist's, Schweiger!« rief er erfreut aus, streifte hastig den Riemen ab und stellte den Topf auf den Boden. »Wo gehst du denn hin, Schweiger? Nach Hause, müßt' man denken, zu Nawa, ist doch klar, bloß weißt du nicht, daß deine Nawa unterwegs ist, Schweiger, auf dem Feld ist deine Nawa, mit meinen eigenen Augen hab' ich gesehen, wie sie aufs Feld ging, glaub es, wenn du willst, oder laß es bleiben ... Kann natürlich auch sein, daß sie nicht auf dem Feld ist, deine Nawa, nur ist sie durch das Gäßchen dort gegangen, Schweiger, durch das Gäßchen aber gelangt man eben nur aufs Feld, wohin auch sollte sie sonst gehn, frag' ich dich? Doch wohl nicht dir hinterher, Schweiger ...«

Candide machte erneut Anstalten, an dem Horcher vorbeizukommen, stand ihm aber unerklärlicherweise wieder Auge in Auge gegenüber.

»Du brauchst ihr nicht erst aufs Feld zu folgen, Schweiger«, fuhr der Horcher bestimmt fort. »Wozu solltest du ihr folgen, da ich doch das Gras hier vernichte und gleich alle herbeirufe. Der Landvermesser war nämlich hier. Er hat gesagt, der Älteste hätte ihm befohlen, mir auszurichten, ich soll' das Gras auf dem Anger vernichten, damit eine Versammlung stattfinden kann. Wenn aber die Versammlung stattfindet, kommen sie vom Feld alle hierher, auch deine Nawa wird kommen, wenn sie aufs Feld gegangen ist, denn wo sollte sie sonst durch das Gäßchen hin wollen, obwohl, wenn man's recht bedenkt, so führt ja dieses Gäßchen nicht nur aufs Feld. Man kann auch ...«

Er verstummte plötzlich und seufzte krampfhaft. Seine Augen wurden schmal, und die Hände fuhren wie von selbst empor, mit den Handflächen nach oben. Sein Gesicht verschwamm erst zu einem süßlichen Lächeln, dann zu einem schiefen Grinsen. Candide, der im Begriff war, seitlich auszuweichen, blieb lauschend stehen. Ein verschwommenes lilafarbenes Wölkchen verdichtete sich über dem kahlen Kopf des Horchers, seine Lippen begannen zu zittern, und er fing schnell und sehr deutlich mit einer fremden Stimme, die einem Ansager zu gehören schien, in fremdem Tonfall, mit fremden, wenig bäuerlichen Wendungen, ja fast in einer fremden Sprache zu reden an, so daß lediglich einzelne Satzfetzen zu verstehen waren: »In den fernen Randgebieten der Südlichen Ländereien treten immer neue ... in die Schlacht ein ... verschieben sich immer weiter nach Süden ... siegreicher Vormarsch ... Die *Große Bodenauflockerung* in den Nördlichen Ländereien kurzzeitig unterbrochen auf Grund einzelner und seltener ... Neue Methoden der *Versumpfung* eröffnen neue weite Räume für Entspannung und weiteren Vormarsch ... In allen Siedlungen ... große Siege ... Arbeit und Anstrengungen ... neue Verbände der *Freundinnen* ... morgen und auf immer *Frieden* und *Verschmelzung* ...«

Der Alte, der inzwischen hinzugekommen war, stand hinter Candide und kommentierte enthusiastisch: »In allen Siedlungen, hast du gehört? – Also auch bei uns ... Große Siege! Das sag' ich doch die ganze Zeit: Man darf nicht ... *Frieden* und *Verschmelzung* – das muß man erst mal zuwege bringen ... Folglich auch bei uns, wenn sie sagen, überall ... Und neue Verbände der *Freundinnen*, hast du's mitgekriegt?«

Der Horcher verstummte und ließ sich in den Hocker nieder. Das lila Wölkchen löste sich auf. Der Alte klopfte dem Horcher ungeduldig auf den kahlen Schädel. Der Horcher zwinkerte mehrmals mit den Augen, rieb sich die Ohren.

»Was hab' ich denn jetzt erzählt?« fragte er. »War wohl eine Übermittlung? Wie sieht's mit der *Besetzung* aus? Geht's voran, oder? – Hör mal, Schweiger, geh nicht aufs Feld. Du bist auf der Suche nach deiner Nawa, nehm' ich an, deine Nawa aber ... «

Candide stieg über den Topf mit dem Grastod hinweg und entfernte sich eilig. Vom Alten war schon bald nichts mehr zu hören – entweder hatte er sich mit dem Horcher angelegt, oder er war außer Atem gekommen und in ein Haus gegangen, um sich auszuruhen, etwas zu essen.

Das Haus von Faust stand am äußersten Ortsrand. Eine schlampige Alte, seine Mutter oder auch Tante, sagte unfreundlich raunzend, Faust sei nicht zu Hause, er sei auf dem Feld. Wenn er zu Hause wäre, brauchte man ihn nicht auf dem Feld zu suchen, da er nun aber mal auf dem Feld sei, solle er, der Schweiger, nicht unnütz hier rumstehen.

Auf dem Feld wurde gesät. Die Luft, schwül und zum Schneiden dick, war von kräftigen Gerüchen durchtränkt, es stank nach Schweiß, Gärmasse und faulenden Gräsern. Die morgendliche Ernte war in dicken Packen entlang der Furchen gelagert worden, das Korn war bereits angegangen. Über den Gefäßen mit der Gärmasse drängten sich kreisend Schwärme von Arbeitsfliegen, und inmitten dieses schwarzen, metallen schimmernden Wirbels stand der Dorfälteste und studierte aufmerksam, den Kopf geneigt und ein Auge zusammengekniffen, einen Tropfen des Gemischs auf seinem Daumennagel. Es war ein speziell präparierter Nagel, flach, sorgsam poliert und mit einem entsprechenden Mittel auf Hochglanz gebracht. Zu Füßen des Dorfältesten krochen, jeweils zehn Schritte voneinander entfernt, die Säleute durch die Furchen. Sie sangen jetzt nicht mehr, doch in der Tiefe des Waldes hallte und schallte es weiter, es war also klar, daß es sich nicht um das Echo handelte.

Candide ging geduckt die Reihe ab, um die gesenkten Gesichter zu erkennen. Als er Faust gefunden hatte, tippte er ihm auf die Schulter, und der andere kletterte augenblicklich, ohne eine Frage zu stellen, aus der Furche. Sein Bart war dreckverschmiert.

»Was, beim stinkigen Pelz, willst du?« krächzte er und schaute auf Candides Füße. »Da wollte schon mal einer was, beim stinkigen Pelz, aber den haben sie an Armen und Beinen genommen und auf einen Baum geschleudert, da hängt er jetzt noch, und wenn sie ihn runterholen, wird er nichts mehr wollen, beim stinkigen Pelz ...«

»Kommst du mit?« fragte Candide knapp.

»Und ob ich mitkomme, beim stinkigen Pelz, wo ich doch Gärmasse für sieben Mann angerührt hab', kann gar nicht mehr ins Haus, so stinkt's, ist kaum noch zum Aushalten, wie soll ich da nicht mitkommen – der Alte will's nicht raustragen, und ich selbst kann das Zeug nicht mehr sehn. Aber wo gehn wir überhaupt hin? Hinkebein sagte gestern, ins Dickicht, doch ins Dickicht komm' ich nicht mit, beim stinkigen Pelz, da gibts keine Leute und Weiber schon gar nicht, und wenn man jemanden an Armen und Beinen packen will, um ihn auf einen Baum zu werfen, gibt' niemanden, beim stinkigen Pelz, ohne Weib aber kann ich gleich gar nicht weitermachen, da befördert mich der Dorfälteste ins Jenseits ... Dort steht er, beim stinkigen Pelz, und sperrt sein Auge auf, dabei ist er blind wie 'ne Fußhacke, beim stinkigen Pelz ... Da stand schon mal einer so, sie haben ihm eins ins Auge gegeben, nun steht er nicht mehr, beim stinkigen Pelz, ins Dickicht jedenfalls geh' ich nicht mit, ob du willst oder nicht.«

»Wir gehen in die *Stadt*«, sagte Candide.

»In die *Stadt* ist's was andres, in die *Stadt* geh' ich mit, um so mehr, als man erzählt, daß es gar keine *Stadt* gibt, bloß dieser alte Baumstumpf lügt einem die Hucke voll davon – kommt morgens an, ißt den halben Topf aus und beginnt zu spinnen, beim stinkigen Pelz: Dies darf man nicht, das darf man nicht ... Ich frag' ihn: Und du, wer bist du, daß du mir erklären willst, was man darf und was nicht, beim stinkigen Pelz? Darauf sagt er nichts, weiß es selber nicht, quasselt bloß immer von einer *Stadt* ...«

»Wir brechen übermorgen auf«, sagte Candide.

»Wozu noch warten?« begehrte Faust auf. »Warum erst übermorgen? Bei mir im Haus ist an Übernachten gar nicht mehr zu denken, die Gärmasse stinkt fürchterlich, gehn wir lieber heute abend, hat schon mal einer gewartet und gewartet, bis sie ihm eins ins Genick gegeben haben, da hat er aufgehört zu warten, tut's bis auf den heutigen Tag nicht mehr ... Die Alte schimpft dauernd, das wär' kein Leben, beim stinkigen Pelz! Hör zu, Schweiger, nehmen wir doch meine Alte mit, vielleicht jagen sie uns die Räuber ab, ich würd' sie hergeben, was meinst du?«

»Übermorgen brechen wir auf«, wiederholte Candide geduldig. »Du bist übrigens ein Prachtkerl, daß du so viel Gärmasse angesetzt hast. Aus dem Weiler, weißt du ...«

Er kam nicht dazu, weiterzusprechen, denn auf dem Feld wurden plötzlich Schreie laut.

»Schatten! Schatten!« brüllte der Dorfälteste. »Frauen nach Hause! Lauft schnell nach Hause!«

Candide sah sich um. Zwischen den Bäumen, am äußersten Feldrand, standen die Schatten: ganz nah zwei blaue, etwas weiter weg ein gelber. Ihre Köpfe mit den runden Augenlöchern und dem schwarzen Spalt anstelle des Mundes bewegten sich langsam von einer Seite auf die andere, die riesigen Arme hingen wie Ranken an ihrem Körper herunter. Die Erde unter ihren Füßen dampfte bereits, feine weiße Rauchsäulen stiegen auf, die sich mit blaugrauem Dunst vermischten.

Diese Schatten hatten wohl schon einiges hinter sich, denn sie verhielten sich äußerst vorsichtig. Der Gelbe war rechtsseitig völlig von Grastod zerfressen, die beiden Blauen waren, offenbar nachdem sie sich mit Grastod verbrannt hatten, über und über mit Flechten bewachsen. Stellenweise war ihre Haut abgestorben. Sie war gesprungen und hing in Fetzen herunter. Während sie so dastanden und die Lage sondierten, rannten die Frauen kreischend ins Dorf zurück, die Männer dagegen drängten sich unter Drohungen und vielstimmigem Gemurmel zu einem Haufen zusammen. Sie hielten die Töpfe mit dem Grastod in Bereitschaft.

Schließlich sagte der Dorfälteste: »Warum stehen wir eigentlich noch 'rum? Los jetzt, vorwärts!«, und die Leute setzten sich in Bewegung. »In die Augen!« rief der Dorfälteste. »Versucht ihnen das Zeug in die Augen zu spritzen! Wennschon, dann in die Augen, sonst hat's kaum Sinn ...«

In der Kette wurden Drohrufe laut: »Hu-hu-hu! Na los, verschwindet! Hu-hu-hu!« Niemand wollte sich freilich direkt mit ihnen anlegen.

Faust schritt neben Candide aus und riß sich den verkrusteten Dreck aus dem Bart; er schrie lauter als die andern und gab zwischendurch seine Kommentare: »Nein, nein, wir gehn umsonst auf sie los, beim stinkigen Pelz, die halten sowieso nicht stand, gleich laufen sie davon … Sind das vielleicht Schatten? Abgerißne Kerle sind das, wie sollen die Widerstand leisten … Hu-hu-hu-hu! Weg da!«

Als die Männer auf etwa zwanzig Schritt an die Schatten herangekommen waren, blieben sie stehen. Faust schleuderte einen Erdbrocken gegen den Gelben, doch der warf mit erstaunlicher Flinkheit die breite Hand vor und wehrte den Brocken zur Seite ab. Wieder brachen die Leute in Buhrufe aus und begannen mit den Füßen zu trampeln, einige zeigten den Schatten die Gefäße und machten drohende Gebärden. Es tat ihnen leid um den Grastod, niemand wollte sich nachher ins Dorf schleppen und neue Gärmasse holen – die Schatten waren angeschlagen und vorsichtig, es mußte auch so geschafft werden.

Es wurde geschafft. Der Dampf und der Rauch unter den Füßen der Schatten verdichtete sich, sie bliesen zum Rückzug.

»Das wär's«, sagten die Männer in der Kette, »sie haben nicht standgehalten, gleich werden sie das Weite suchen …«

Unmerklich begannen sich die Schatten zu verändern, so als würde sich unter ihrer Haut eine Wandlung vollziehn. Weder Augen noch Mund waren mehr zu sehen, und auf einmal standen sie mit dem Rücken zu den Leuten. Eine Sekunde später machten sie sich bereits davon, tauchten nur noch einmal kurz zwischen den Bäumen auf. Wo sie gerade noch gestanden hatten, setzte sich langsam eine Dampfwolke.

Die Männer kehrten lärmend zu den Furchen zurück. Und merkten plötzlich, daß es an der Zeit war, zur Versammlung zu gehen. Sie brachen ins Dorf auf. »Geht zum Anger, zum Anger …«, schärfte der Dorfälteste jedem ein. »Die Versammlung findet auf dem Anger statt, ihr müßt zum Anger …«

Candide suchte mit den Blicken Schwanz, doch Schwanz war in der Menge nicht zu entdecken. Er war irgendwohin verschwunden. Faust, der neben Candide her trottete, sagte: »Weißt du noch, wie du dich auf den Schatten gestürzt hast, Schweiger? Junge, Junge, bist auf den Kerl los, beim stinkigen Pelz, hast ihm beim Kopf gepackt, umarmt, als wär's deine Nawa, und zu brüllen angefangen, beim stinkigen Pelz . . . Weißt du noch, wie du losgebrüllt hast? Hattest dich nämlich verbrannt, warst später ganz voller Blasen, die weh taten und genäßt haben ... Warum bist du eigentlich auf den Kerl los, Schweiger? Da war schon mal einer, der auf so'n Schatten los ist, es hat ihm die ganze Haut vom Wanst gerissen, seither springt er nicht mehr, beim stinkigen Pelz, läßt die Kinder springen ... Es heißt, Schweiger, du wärst auf den Kerl los, damit er dich in die *Stadt* bringt, aber du bist schließlich kein Weibsbild, wozu soll er dich hinbringen; außerdem, heißt es, gibt's gar keine *Stadt*, all diese Wörter wie *Stadt, Besetzung* und so denkt sich bloß dieser alte Baumstumpf aus ... Wer hat denn diese *Besetzung* jemals gesehen? Der Horcher schluckt 'ne Riesenmenge besoffner Käfer, eh er anfängt rumzuspinnen, der alte Baumstumpf aber ist immer dabei. Er schnappt das Zeug auf, dann trabt er durch die Gegend, frißt den Leuten alles weg und trägt weiter, was er gehört hat ...«

»Ich geh' morgen früh zum Weiler«, sagte Candide. »Bin erst gegen Abend wieder zurück, tagsüber also nicht da. Schau du bei Hinkebein vorbei und erinnre ihn wegen übermorgen. Ich hab' ihn schon dran erinnert und werde es nochmal tun, aber erinnre du ihn auch, sonst verschwindet er noch sonstwohin ...«

»Ich werd' ihn dran erinnern«, versprach Faust. »Ich werd' ihn so dran erinnern, daß es ihn auch noch sein zweites Bein kostet.«

Das ganze Dorf war auf dem Anger zusammengekommen, die Leute schwatzten, drängten sich und streuten Samen auf den nackten Boden: Sie pflanzten Unterlagen, auf denen sie weich sitzen konnten. Zu ihren Füßen wirbelten die Kinder durcheinander, man hielt sie am Schopf fest und bei den Ohren, damit sie nicht so herumtollten. Der Dorfälteste jagte schimpfend eine Kolonne schlecht abgerichteter Ameisen fort, die ein paar Arbeitsfliegenlarven quer über den Platz befördern wollten; er befragte die Umstehenden, wer den Ameisen aufgetragen hätte, sich hier zu bewegen, und nannte das Ganze eine Unverschämtheit. Man verdächtigte den Horcher und Candide, doch war es nicht mehr möglich, die Sache genau zu klären.

Candide hatte Schwanz endlich gefunden, er wollte ein Gespräch mit ihm beginnen, kam aber nicht mehr dazu, weil die Versammlung eröffnet wurde und als erster, wie immer, der Alte das Wort nahm. Worüber er sprach, begriff niemand, dennoch saßen alle still da, hörten zu und zischten die umhertollenden Kinder an – sie sollten endlich Ruhe geben. Einige, die es sich besonders bequem gemacht hatten – möglichst weit weg von den Flecken heißen Sonnenlichts –, waren eingenickt.

Der Alte ließ sich lange darüber aus, was es hieß, etwas »nicht zu dürfen«, er erläuterte dieses »Nicht-Dürfen« in allen Varianten, er rief zur allumfassenden *Besetzung* auf, drohte mit den Siegen im Norden und Süden, schimpfte auf das Dorf und den Weiler. Überall gäb's neue Einheiten der *Freundinnen*, nur im Dorf und im Weiler nicht, weder *Frieden* noch *Verschmelzung* sei herbeigeführt, und das einzig, weil die Leute vergessen hätten, was es hieß, etwas »nicht zu dürfen«, weil sie sich einbildeten, es sei alles erlaubt ... Der Schweiger beispielsweise wolle gleich gar in die *Stadt*, obwohl ihn niemand dorthin gerufen habe, das Dorf jedenfalls trüge nicht die Verantwortung dafür, schließlich sei er ein Fremder, und sollte sich plötzlich doch noch herausstellen, er sei ein Schatten – solche Meinungen gäb's ja im Dorf –, dann wäre völlig ungewiß, was geschehen würde, um so mehr, als Nawa, obwohl auch sie keine Fremde sei, keine Kinder vom Schweiger hätte; das aber dürfe nicht geduldet werden wie hier vom Dorfältesten ...

Von der Hitze entkräftet, war der Dorfälteste inzwischen

gleichfalls eingenickt, er zuckte aber zusammen, als er seinen Namen hörte, und krächzte sofort drohend: »He, ihr! Nicht schlafen! Schlafen könnt ihr zu Hause, dafür sind die Häuser schließlich da, auf dem Anger aber hat niemand zu schlafen, der Anger ist für die Versammlung da, auf dem Anger zu schlafen ist niemandem erlaubt, weder heute noch später.« Er schielte zu dem Alten hinüber, und der Alte nickte zufrieden. »Das genau verstehen wir unter ›nicht dürfen‹.« Er strich sich die Haare glatt und verkündete: »Im Weiler ist eine Braut rangewachsen, und wir haben auch einen Bräutigam, den euch allen bekannten Schwätzer. Steh auf, Schwätzer, und zeig dich ... Oder besser nein, bleib lieber sitzen, wir kennen dich alle ... Nun also die Frage: Sollen wir den Schwätzer in den Weiler ziehen lassen, oder sollen wir umgekehrt die Braut zu uns ins Dorf holen ... Nicht doch, Schwätzer, du sitz still, wir entscheiden die Frage ohne dich ... Ihr andern neben ihm, haltet ihn gut fest, solange die Versammlung dauert. Wer aber eine andere Meinung zu dieser Angelegenheit hat, soll sie sagen.«

Es gab zwei Meinungen. Die einen (hauptsächlich die Nachbarn des Schwätzers) forderten, den Schwätzer in den Weiler abzuschieben, soll er ruhig dort leben, sagten sie, ein Stück weg von uns. Die andern, ruhige und ernsthafte Leute, die weiter entfernt vom Schwätzer wohnten, meinten, daß man die Braut ins Dorf nehmen müsse, denn es gebe, seit sie geraubt würden, ohnehin zuwenig Frauen. Der Schwätzer, argumentierten sie, sei zwar ein Schwätzer, werde aber gewiß dennoch Kinder in die Welt setzen, das eine hänge mit dem andern ja nicht zusammen. Man stritt lange, heiß und in der ersten Zeit auch zur Sache. Dann machte jedoch Hinkebein den wenig glücklichen Einwurf, daß jetzt schließlich Kriegszeiten seien, was alle Leute vergessen würden. Sofort ließ man vom Schwätzer ab. Der Horcher erklärte, daß es überhaupt keinen Krieg gebe und nie einen gegeben habe; was es gebe und weiterhin geben werde, das sei die *Große Bodenauflockerung*. Keine *Auflockerung*, widersprach die Menge, sondern die *Unumgängliche Versumpfung*. Die *Auflockerung sei längst beendet, es gebe ja schon viele Jahre die Versumpfung*, nur er, der Horcher, habe keine Ahnung davon, und woher auch, er sei eben ein Horcher. Der Alte erhob sich, rollte mit den Augen und rief heiser aus, daß man so etwas nicht sagen dürfe. Es gebe nämlich weder Krieg noch *Auflockerung* noch gar *Versumpfung*, was dagegen existiere und existieren werde, das sei der *Allumfassende Kampf* im Süden und Norden. Was beim stinkigen Pelz, entgegnete ihm Faust, heiße hier, es gebe keinen Krieg, wenn hinterm Dorf der Sonderlinge ein ganzer See voller Ertrunkener sei? Die Versammlung war am Explodieren. Ach was, Ertrunkene! Wo Wasser sei, gebe es auch Ertrunkene, bei den Sonderlingen sei alles anders als bei normalen Leuten, sie würden von Ton essen und unter Lehm leben. Erst die Frau den Räubern überlassen und sich dann auf die Ertrunkenen berufen! Und überhaupt seien das gar keine Ertrunkenen, so wie es keinen Kampf gebe und keinen Krieg, sondern nur *Frieden und Verschmelzung* zum Zweck der *Besetzung*! Warum wolle der Schweiger denn sonst in die *Stadt*? Wenn der Schweiger in die *Stadt* wolle, heiße das doch, es gebe die *Stadt*; wenn sie aber existiere, was könne es da für einen Krieg geben, da sei doch klar, daß es sich um die *Verschmelzung* handle! – Ach was, es sei doch egal, wo der Schweiger hin wollte! Da sei schon mal einer gewesen, der habe auch wohin gewollt, doch hätten sie ihm kräftig eins über die Nase gehau'n, und nun wollte er nirgends mehr hin ... Der Schweiger wolle in die *Stadt*, weil es sie gar nicht gebe, man kenn doch den Schweiger, das sei ein ausgemachter Dummkopf, aber er wäre auch wieder schlau, er ließe sich nicht übers Ohr hau'n, denn wenn's keine *Stadt* gebe, wer könne da von *Verschmelzung* reden? Es gebe gar keine *Verschmelzung*, eine Zeitlang, ja, da habe sie's gegeben, aber jetzt schon lange nicht mehr ... Folglich gebe es auch keine *Besetzung*! Wer brülle da, es gebe keine *Besetzung*? In welchem Sinne, sei zu fragen. Wie meine er das? – Und plötzlich der Ruf: Der Schwätzer! Haltet den Schwätzer! ... Ach, der Schwätzer ist ihnen entwischt! Warum habt ihr den Schwätzer laufenlassen?

Candide wußte, daß es jetzt noch eine Weile so weitergehen würde, und wollte ein Gespräch mit Schwanz beginnen, doch Schwanz war nicht nach Unterhaltung zumute. Schwanz schrie, sich vor Anstrengung fast überschlagend: »*Besetzung*? Und weshalb dann die Schatten? Über die Schatten schweigt ihr euch aus! Weil ihr nämlich selber nicht wißt, was ihr von ihnen halten sollt, deshalb schwafelt ihr dauernd was von *Besetzung* ...«

Man diskutierte lautstark über die Schatten, dann über die Pilzdörfer, doch schließlich waren die Leute ermattet und wurden stiller. Sie wischten sich den Schweiß von den Gesichtern, setzten sich nur noch kraftlos gegen die andern zur Wehr, und bald darauf wurde klar, daß fast alle schwiegen, lediglich der Alte und der Schwätzer stritten miteinander. Da besannen sich alle. Sie drückten den Schwätzer zu Boden, stürzten sich auf ihn, stopften ihm Blattwerk in den Mund. Der Alte redete eine Zeitlang weiter, verlor dann aber an Stimme und war kaum noch zu hören. Dann erhob sich, zerzaust, der Vertreter vom Weiler, preßte die Hände an die Brust, sah sich suchend nach allen Seiten um und äußerte mit gebrochener Stimme die Bitte, man möge ihnen den Schwätzer doch nicht in den Weiler schicken, sie brauchten den Schwätzer nicht, hundert Jahre hätten sie ohne den Schwätzer gelebt und würden weitere hundert Jahre ohne ihn leben, man möge die Braut lieber ins Dorf nehmen, der Weiler würde sich auch nicht mit der Mitgift lumpen lassen, sie würden schon sehen ... Die Diskussion hätte von neuem aufflammen können, doch hatte niemand mehr die Kraft dazu – man versprach, über die Sache nachzudenken und später zu entscheiden, um so mehr, als das Ganze ja nicht brenne.

Die Leute gingen auseinander, um Mittag zu essen. Schwanz nahm Candide beim Arm und schleppte ihn ein Stück fort unter einen Baum.

»Also wann gehen wir?« fragte er. »Das Dorf steht mir bis zum Hals, ich will in den Wald, sonst verlier' ich vor Langeweile den Verstand ... Wenn du nicht gehst, sag's rundheraus, dann geh' ich allein, ich werde Faust oder Hinkebein überreden mitzukommen ...«

»Übermorgen geht's los«, sagte Candide. »Hast du Proviant zusammengepackt?«

»Ich hatte welchen zusammengepackt, hab' ihn aber inzwischen aufgegessen, ich hab' nicht die Geduld, dauernd das Essen anzuschaun, wie's umsonst rumsteht und von niemandem verzehrt wird außer vom Alten, und dieser Alte ist ja einfach nicht zu ertragen, ich werd' ihm noch den Hals umdrehn, wenn ich nicht bald von hier weggeh ... Was meinst du, Schweiger, wer ist wohl dieser Alte, warum frißt er sich bei allen durch, und wo wohnt er überhaupt? Ich hab' schon 'ne Menge erlebt, bin in zehn Dörfern gewesen, bei den Sonderlingen war ich und sogar bei den Siechen, hab' bei ihnen übernachtet und wär' vor Angst fast irre geworden, doch einen Kerl wie den Alten hab' ich nirgends zu sehen bekommen, der ist einmalig, und deshalb dulden wir ihn wohl auch, ohne ihn zu verprügeln, aber ich hab' einfach nicht mehr die Geduld zuzusehen, wie er Tag und Nacht in meinen Töpfen herumstochert – er schlägt sich bei mir voll und nimmt auch noch was mit, dabei hat schon mein Vater mit ihm geschimpft, bevor die Schatten über ihn hergefallen sind ... Wie stopft er das bloß alles in sich 'rein? Ist doch nur Haut und Knochen der Kerl, kaum Platz im Bauch, trotzdem putzt er zwei Töpfe aus und nimmt noch zwei mit, bloß die Töpfe bringt er nie zurück ... Weißt du, Schweiger, vielleicht haben wir nicht nur den einen Alten, vielleicht sind's zwei oder gar drei? Zwei schlafen, und einer arbeitet. Frißt sich voll und geht den zweiten wecken, während er sich selbst hinhaut ...«

Schwanz begleitete Candide bis zu dessen Haus, lehnte aber ein Mittagessen ab – aus Taktgefühl. Er sprach noch etwa fünfzehn Minuten darüber, wie die Fische im See des Dickichts durch ein Fingerwinken herbeigelockt werden, erklärte sich einverstanden, am nächsten Tag bei Hinkebein vorbeizugehn und ihn an den Aufbruch in die *Stadt* zu erinnern, stellte fest, daß der Horcher in Wirklichkeit gar kein

Horcher, sondern einfach ein kranker Mensch sei und daß die Schatten nur deshalb Frauen für sich als Nahrung fingen, weil die Männer zu zähes Fleisch, sie aber, die Schatten, keine Zähne hätten. Als er noch versprochen hatte, für den übernächsten Tag neuen Proviant zusammenzupacken, den Alten aber mitleidlos davonzujagen, verabschiedete er sich schließlich.

Candide holte erst einmal tief Luft und blieb, bevor er ins Haus trat, ein Weilchen kopfschüttelnd stehen. Vergiß bloß nicht, Schweiger, daß du morgen zum Weiler mußt, und zwar gleich früh, vergiß es nicht: nicht ins Dickicht, nicht zur Tönernen Lichtung, sondern zum Weiler ... Aber wieso, Schweiger, willst du unbedingt zum Weiler? Du solltest dich lieber ins Dickicht aufmachen, da gibt's viele Fische ... ist doch ganz vergnüglich ... Zum Weiler, Schweiger, vergiß das nicht, zum Weiler, Candide, vergiß das nicht ... morgen, gleich früh, zum Weiler ... die Burschen überreden, zu viert schafft ihr's nämlich nicht in die *Stadt* ... Er merkte nicht, daß er das Haus betreten hatte.

Nawa war noch nicht da, am Tisch aber saß der Alte und wartete darauf, daß man ihm etwas zu essen gab. Er schielte Candide wütend an und sagte: »Du gehst vielleicht langsam, Schweiger, ich war inzwischen in zwei Häusern – überall ißt man schon zu Mittag, nur bei euch nicht ... Deshalb habt ihr wahrscheinlich auch keine Kinder, weil ihr so langsam geht und nie zu Hause seid, wenn's Zeit zum Mittagessen ist ...«

Candide ging geradenwegs auf ihn zu, blieb dann einen Augenblick nachdenklich stehen. Der Alte sagte: »Wie lange wirst du denn bis zur *Stadt* brauchen, wenn du nicht mal rechtzeitig zum Mittagessen da bist? Bis zur *Stadt* soll es sehr weit sein, ich aber weiß jetzt alles über dich, weiß, daß ihr in die *Stadt* wollt, und frage mich nur, wie du da hinkommen wirst, wenn du schon bis zum Eßnapf einen ganzen Tag brauchst und es nicht mal schaffst ... Da werd' ich wohl mit euch gehen müssen, ich bring' euch schon hin, muß nämlich schon seit langem in die *Stadt*, nur kenne ich den Weg nicht, hin aber muß ich, um meine Pflicht zu erfüllen – über alles und jedes an entsprechender Stelle zu berichten.«

Candide packte ihn unter den Achseln und hob ihn mit einem Ruck vom Tisch hoch. Der Alte war so verblüfft, daß er verstummte. Candide trug ihn mit vorgestreckten Armen aus dem Haus, stellte ihn auf den Weg und wischte sich die Hände mit Gras ab. Der Alte war wieder zu sich gekommen.

»Vergeßt bloß nicht, Proviant für mich mitzunehmen«, rief er Candide hinterher. »Nehmt etwas Gutes und auch möglichst viel für mich mit, denn ich geh' meine Pflicht erfüllen, während ihr bloß zu eurem Vergnügen geht, und außerdem dürft ihr es nicht einmal.«

Candide kehrte ins Haus zurück, setzte sich an den Tisch und legte den Kopf auf die geballten Fäuste. Und trotz allem, dachte er, übermorgen gehe ich fort. Ich darf das auf keinen Fall vergessen: übermorgen. Übermorgen, dachte er. Übermorgen …

Zweites Kapitel

Candide brach im Dunkeln auf, um gegen Mittag wieder zurück zu sein. Bis zum Weiler waren es an die zehn Kilometer; er kannte den Weg, der gut festgetreten und vom versprühten Grastod voller kahler Flecken war. Der Weg galt als ungefährlich. Zu seinen beiden Seiten zogen sich warme, abgrundtiefe Sümpfe hin, aus deren stinkendem Rostwasser verfaulte schwarze Äste ragten. Auch die klebrigen Hüte riesiger Giftpilze erhoben sich dort gleich runden, glitzernden Kuppeln, und unmittelbar am Wegrand stieß man auf verlassene, zertretene Gehäuse von Wasserspinnen. Was sich in den Sümpfen selbst abspielte, war vom Weg aus nur schwer zu erkennen: Aus dem dichten Geflecht der Baumkronen baumelten in dicken grünen Kolonnen Myriaden von Schnüren, spinnwebfeinen Fäden herab, die mit ihren Wurzeln hastig in Richtung Morast fortstrebten. Das gierige, dreiste Grün stand wie eine Nebelwand, ließ nur Geräusche und Gerüche durch. Von Zeit zu Zeit löste sich in diesem gelbgrünen Halbdämmer etwas und fiel mit einem saftigen Aufklatschen, dem ein langgezogener Laut folgte, zu Boden. Der Sumpf gab ein Seufzen von sich, ein Raunen, Quatschern, dann war wieder Stille. Eine Minute später aber drang der atemberaubende Gestank in Unruhe versetzter Abgründe durch die grüne Wand auf den Weg hinaus. Es hieß, daß diese Abgründe von Menschen nicht zu passieren wären, wohl aber von den Schatten, die überall umgehen würden, schließlich wären sie nicht von ungefähr Schatten – der Sumpf nähme sie nicht an. Candide brach sich für alle Fälle einen dicken Ast ab. Nicht, daß er sich vor den Schatten gefürchtet hätte – einem Mann waren die ja in der Regel nicht gefährlich –, doch gab es allerlei Gerüchte über das Leben in Wald und Sumpf, und einige davon konnten sich bei aller Übertreibung als durchaus wahr erweisen.

Er hatte sich etwa fünfhundert Schritte vom Dorf entfernt, als ihn Nawa einholte. Er blieb stehen.

»Warum bist du ohne mich los?« fragte sie etwas außer Atem. »Ich hab' dir doch oft genug gesagt, daß ich mit dir komme, ich bleib' nicht allein in diesem Dorf, allein hab' ich da nichts verloren, mich liebt da ohnehin niemand, du aber bist mein Mann und mußt mich mitnehmen; daß wir keine Kinder haben, bedeutet gar nichts, du bist trotzdem mein Mann, wie ich deine Frau bin; Kinder werden wir beide schon noch bekommen. Obwohl, um es ehrlich zu sagen, ich will vorerst gar keine Kinder, hab' nicht die geringste Vorstellung, wozu sie da sind und was wir mit ihnen anfangen sollen; ist doch egal, was der Dorfälteste und dieser Alte anfangen sollen; bei uns im Dorf war's ganz anders: Wer wollte, hatte Kinder, und wer nicht wollte, hatte eben keine ...«

»Ab nach Hause mit dir«, sagte Candide. »Wie kommst du überhaupt darauf, daß ich fortgehe? Ich geh' doch bloß zum Weiler, bin Mittag wieder zurück ...«

»Um so besser, ich begleite dich, und dann kehren wir Mittag gemeinsam zurück. Essen hab' ich noch von gestern, ich hab's so versteckt, daß es nicht mal der Alte findet …«

Candide ging weiter. Es war sinnlos zu diskutieren, sollte sie also mitkommen. Seine Stimmung hob sich sogar, er hätte sich mit irgendwem anlegen, den Knüppel schwingen, seine Wut und Langeweile, auch seine in vielen Jahren angespeicherte Ohnmacht an irgendwem auslassen mögen. An den Räubern. Oder an den Schatten – was war da für ein Unterschied? Sollte Nawa ruhig mitkommen. Feine Ehefrau, die keine Kinder wollte. Er holte kräftig mit dem Ast aus, ließ ihn auf einen feuchten Knorren am Wegrand niedersausen und hätte beinahe das Gleichgewicht verloren. Der Knorren zerfiel zu Staub, und der Knüppel fuhr durch ihn hindurch wie durch ein Nichts. Ein paar flinke graue Tierchen sprangen hervor und verschwanden mit einem glucksenden Laut im dunklen Wasser.

Nawa hüpfte neben ihm her, lief mal voran, blieb dann wieder ein Stück zurück. Von Zeit zu Zeit umklammerte sie Candides Arm mit beiden Händen, hing überaus zufrieden an ihm. Sie plapperte vom Mittagessen, das sie so geschickt vor dem Alten versteckt hatte, sprach davon, daß die wilden Ameisen um nichts in der Welt an dieses Essen herankämen, so gut hätte sie, seine Frau, es eingerichtet, erzählte dann, daß sie heute früh von einer giftigen Fliege geweckt worden wäre und daß er, der Schweiger, als sie gestern einschlafen wollte, bereits geschnarcht und im Traum unverständliche Wörter gemurmelt hätte. »Einfach verblüffend, Schweiger, wo du all diese Wörter her hast, niemand im Dorf kennt solche Wörter, nur du kennst sie, kanntest sie schon immer, schon damals, als du so furchtbar krank warst …«

Candide hörte ihr Geplapper und hörte es auch wieder nicht, in seinem Hirn herrschte das übliche unerträgliche Getön, er schritt aus und dachte stumpfsinnig, wortreich darüber nach, warum er über nichts nachdenken konnte; vielleicht lag's an den ständigen Impfungen, mit denen man sich im Dorf befaßte, wenn man sich nicht gerade mit Geschwätz abgab, vielleicht lag's aber auch an etwas anderem … Vielleicht wirkte sich dieses Leben im Halbschlummer, diese ganze, nicht einmal urwüchsige, sondern einfach pflanzenhafte Existenzweise auf ihn aus, die er seit jenen unsagbar weit zurückliegenden Zeiten führte, seit damals, als ihr Hubschrauber mit vollem Tempo in eine unsichtbare Barriere hineingeflogen, mit gebrochenen Rotoren zur Seite abgekippt und wie ein Stein in den Sumpf gestürzt war ... Ich muß seinerzeit aus der Kabine geschleudert worden sein, dachte er. Es hat mich wohl aus der Kabine geschleudert, dachte er zum vielleicht tausendsten Male. Bin mit dem Kopf irgendwo aufgeprallt und hab' mich seither nicht wieder erholt ... Hätte es mich aber nicht herausgeschleudert, wäre ich mit dem Flugzeug im Sumpf versackt, es ist also noch gut, daß es mich herausgeschleudert hat ... Plötzlich kam ihm die Erleuchtung, daß er hier ja Schlußfolgerungen zog, und er freute sich. Er hatte immer geglaubt, die Fähigkeit zu Schlußfolgerungen längst eingebüßt zu haben, stets nur das eine wiederholen zu können: Übermorgen, übermorgen ...

Er sah Nawa an. Die junge Frau hing an seinem linken Arm, sah ihn von unten herauf an und berichtete voller Hingabe: »... da drängten sie sich alle zu einem Haufen zusammen, und es wurde furchtbar heiß, du weißt ja, wie heiß sie sind, in jener Nacht war aber kein Zipfelchen Mond zu sehen. Meine Mutter schubste mich sacht vorwärts, und ich kroch auf allen vieren fort, zwischen den Beinen der Leute hindurch, meine Mutter hab' ich seither nicht mehr zu sehen bekommen ...«

»Nawa«, sagte Candide, »du erzählst mir diese Geschichte ja schon wieder. Schon zweihundertmal hast du sie mir erzählt.«

»Na und, was ist dabei?« fragte Nawa erstaunt. »Du bist vielleicht seltsam, Schweiger. Was soll ich dir denn sonst erzählen? Etwas anderes weiß ich nicht, an etwas anderes erinnere ich mich nicht. Ich soll dir ja wohl nicht erzählen, wie wir vorige Woche einen Keller gegraben haben, du und ich, da warst du doch selbst dabei. Ja, wenn ich den Keller mit jemandem sonst gegraben hätte, mit Hinkebein zum Beispiel oder mit dem Schwätzer ...« Sie lebte plötzlich auf. »Weißt du, Schweiger, das ist überhaupt ein Gedanke. Erzähl du mir doch, wie wir den Keller gegraben haben, mir hat das bisher noch niemand erzählt, es hat ja niemand sonst zugesehen ...«

Candide hatte sich erneut ablenken lassen. Träge schaukelnd zog zu beiden Seiten das gelbgrüne Dickicht vorbei, im Wasser schniefte und seufzte es, und mit einem schwachen Summen flog ein Schwarm geschmeidiger heller Käfer vorbei, wie sie zum Ansetzen berauschender Getränke verwandt wurden. Der Weg unter ihren Füßen war mal weich vom hohen Gras, mal hart von Schotter und zerbröckeltem Gestein. Gelbe, graue, grüne Flecke – nichts, woran sich der Blick hätte festhalten, nichts, was er sich hätte einprägen können. Dann bog der Pfad scharf nach links ab. Candide war einige Schritte gegangen, als er plötzlich zusammenzuckte und stehenblieb. Nawa verstummte mitten im Wort.

Am Wegrand, mit dem Kopf im Sumpf, lag ein großer Schatten. Arme und Beine waren weit gespreizt und unangenehm verrenkt, er lag völlig reglos da. Hingestreckt auf dem zerdrückten, von der Hitze gelb verfärbten Gras, bleich und wie breitgewalzt, man sah sogar von weitem, wie schrecklich er geschlagen worden war. Er erinnerte an Sülze. Candide ging vorsichtig seitlich um ihn herum. Ihm wurde unbehaglich. Der Kampf hatte gerade erst stattgefunden, man sah es an den niedergedrückten gelblichen Grashalmen, die sich zusehends wieder aufrichteten. Candide musterte aufmerksam den Weg. Spuren gab es jede Menge, aber er kannte sich nicht darin aus. Der Weg vor ihnen jedoch machte in unmittelbarer Nähe eine erneute Biegung, und wer konnte erraten, was dahinter war. Nawa schaute sich immer wieder zu dem Schatten um.

»Unsere waren das nicht«, sagte sie sehr leise. »Unsere schlagen nicht so zu. Faust droht zwar immer, bringt's aber auch nicht fertig, er fuchtelt bloß mit den Armen 'rum ... Und die vom Weiler können das genausowenig ... Laß uns kehrtmachen, Schweiger, bitte! Wenn's nun die Mißgeburten sind? Es heißt, sie gehen hier um, selten zwar, aber immerhin. Laß uns lieber kehrtmachen ... Weshalb hast du mich überhaupt zum Weiler mitgeschleppt? Hab' ich ihn vielleicht noch nicht gesehen, den Weiler?«

Candide wurde wütend. Was sollte das bedeuten! Hundertmal war er diesen Weg gegangen und nie auf etwas gestoßen, das hätte im Gedächtnis behalten, überdacht werden müssen. Und jetzt, da endlich aufgebrochen wurde – nicht erst übermorgen, sondern bereits morgen –, hielt dieser einzige ungefährliche Weg plötzlich Gefahren bereit. Aber in die *Stadt* gelangte man nur durch den Weiler. Wenn man überhaupt in die *Stadt* gelangt, wenn die *Stadt* überhaupt existierte, führte der Weg durch den Weiler ...

Candide kehrte zu dem Schatten zurück. Er stellte sich vor, wie Hinkebein, Faust und Schwanz, ununterbrochen schwatzend, prahlend und drohend, neben diesem Schatten von einem Bein aufs andre treten, dann aber, ohne in ihren Drohungen und Prahlereien innezuhalten, das Weite suchen würden, in Richtung Dorf. Er bückte sich und packte den Schatten bei den Beinen. Sie waren noch heiß, aber nicht mehr so, daß sie ihn verbrannten. Er stieß den schweren Körper mit einem Ruck in den Sumpf. Der Morast ließ ein Quatschern hören, ein Ächzen, und gab dann nach. Der Schatten verschwand, über das dunkle Wasser lief ein Kräuseln und verebbte schließlich.

»Nawa«, sagte Candide, »geh zurück ins Dorf.«

»Wie soll ich denn ins Dorf zurück«, erwiderte sie einigermaßen logisch, »wenn du nicht mitkommst? Ja, wenn du mich begleiten würdest ...«

»Hör auf zu schwatzen«, sagte Candide. »Lauf sofort ins Dorf und warte dort auf mich. Sprich aber mit niemandem.«

»Und du?«

»Ich bin ein Mann«, sagte Candide, »mir tut niemand was.«

»Und ob sie dir was tun«, entgegnete Nawa. »Ich sag' dir doch: Es sind die Mißgeburten. Denen ist's egal, ob Mann,

Frau oder Schatten, sie machen selbst ’ne Mißgeburt aus dir. Dann wirst du hier rumlaufen, schrecklich zugerichtet, und wirst nachts an einem Baum festwachsen … Wie soll ich denn allein zurück, wenn sie dort hinten lauern?«

»Diese Mißgeburten gibt es gar nicht«, sagte Candide ohne große Überzeugung. »Sind doch alles Lügen …«

Er schaute zurück. Was sich dort hinter der Wegbiegung tat, konnte er genausowenig erraten. Nawa redete auf ihn ein, im Flüsterton, hastig und wortreich, was das unangenehme Gefühl noch verstärkte. Er packte den Knüppel fester.

»Also gut. Du gehst mit mir. Nur halte dich an meiner Seite und richte dich genau nach meinen Anweisungen. Ohne zu zögern, hörst du. Vor allem aber schweig, mach den Mund zu und schweig, bis wir im Weiler sind. Komm jetzt.«

Zu schweigen brachte sie natürlich nicht fertig. Sie hielt sich tatsächlich an seiner Seite, rannte nicht mehr voran, blieb auch nicht zurück, plapperte aber ununterbrochen vor sich hin. Gab zuerst etwas über die Mißgeburten von sich, dann über den Keller, dann über Hinkebein, mit dem sie diesen Weg mal gegangen war und der ihr eine Rohrpfeife gefertigt hatte … Sie passierten die eine gefährliche Wegbiegung, passierten die nächste, und Candides Spannung hatte bereits etwas nachgelassen, als aus dem hohen Gras, vom Sumpf her, mehrere Gestalten auftauchten, die sich schweigend vor ihnen aufbauten.

Also doch, dachte Candide müde. Was ich nur für ein Pech habe. Ich hab immerzu Pech. Er schielte zu Nawa hinüber. Nawa schüttelte heftig den Kopf, ihr Gesicht war verzerrt.

»Du darfst mich ihnen nicht ausliefern, Schweiger«, murmelte sie, »ich will nicht mit ihnen gehn. Ich will mit dir gehn, gib mich nicht weg …«

Er musterte die Gestalten. Es waren sieben – alles Männer, allesamt bis zu den Augen zugewachsen und mit riesigen knorrigen Knüppeln ausgestattet. Leute von auswärts mußten das sein, auch wie Auswärtige gekleidet, ihre

Sachen schienen aus anderen Pflanzen hergestellt. Es waren Räuber.

»Na, was steht ihr da wie angewachsen?« sagte ihr Anführer mit tiefer, hallender Stimme. »Kommt ruhig näher, wir tun euch nichts zuleide ... Wärt ihr Schatten, würde unsre Unterhaltung natürlich anders verlaufen, ach was, es gäbe erst gar keine Unterhaltung, wir würden euch mit unsern Knüppeln bearbeiten, und das wär' unsre ganze Unterhaltung ... Wo wollt ihr eigentlich hin? Zum Weiler, wenn ich richtig sehe? Das könnt ihr gern tun, bitte sehr. Wenigstens du, Väterchen, geh ruhig deiner Wege. Dein Töchterchen freilich überläßt du uns. Das braucht dir nicht leid zu tun, bei uns wird sie's besser haben ...«

»Nein«, sagte Nawa, »ich will nicht mit ihnen gehn. Hör nicht auf sie, Schweiger, mit ihnen geh' ich nicht, das sind doch Räuber ...«

Die Räuber lachten ohne jede Boshaftigkeit, wie ganz normale Menschen.

»Und wenn ihr uns nun beide durchlaßt?« fragte Candide.

»Nein«, sagte der Anführer, »beide, das geht nicht. Hier wimmelt's nur so von Schatten, da ist dein Töchterchen verloren. Sie wird eine ruhmreiche *Freundin* werden oder sonstwas Gemeines, davon aber haben wir nichts. Und du, Väterchen, hast auch nichts davon, überleg doch selbst, wenn du ein Mensch bist und kein Schatten; aber wie ein Schatten siehst du eigentlich nicht aus, obwohl du andererseits auch wieder ein komischer Mensch bist ...«

»Sie ist noch ein Mädchen«, sagte Candide, »wozu wollt ihr sie quälen?«

Der Anführer zeigte sich erstaunt: »Wieso denn quälen? Außerdem wird sie nicht ewig ein Mädchen bleiben, eine Weile wird vergehn – und sie wird zur Frau werden, wird nicht irgendeine ruhmreiche *Freundin* sein, sondern eine Frau ...«

»Er lügt«, sagte Nawa, »glaub ihm bloß nicht, Schweiger, unternimm schnell etwas, wenn du mich schon hergebracht hast, sonst schnappen sie mich, so wie sie seinerzeit Hinkebeins Tochter geschnappt haben, seither hat sie niemand mehr gesehen; ich will nicht zu denen, da werd' ich lieber eine ruhmreiche *Freundin* ... Schau doch nur, wie wild und dürr sie sind, die haben ja nicht mal was zu essen ...«

Candide sah sich hilflos um, und schließlich kam ihm eine Idee, die vielleicht weiterhelfen konnte.

»Hört mal, Leute«, sagte er bittend, »nehmt uns beide.«

Die Räuber kamen gemächlich näher, und der Anführer musterte ihn von Kopf bis Fuß.

»Nein«, sagte er. »Was sollen wir mit dir anfangen? Ihr Dörfler taugt doch zu nichts, habt kein bißchen Mut, unverständlich, wozu ihr überhaupt lebt, ihr seid doch mit bloßen Händen zu schnappen. Wir brauchen dich nicht, Väterchen, wenn du auch irgendwie anders sprichst als deinesgleichen, keine Ahnung, was für ein Mensch du bist, trotzdem, marschier zu deinem Weiler, deine Tochter aber überlaß uns.«

Candide holte tief Luft, packte den Knüppel fest mit beiden Händen und sagte leise zu Nawa: »Also los, Nawa, lauf! Lauf und schau dich nicht um, ich halt' sie auf.«

Wie dumm, dachte er. Einmalig dumm. Er sah den Schatten vor sich, der mit dem Kopf im dunklen Wasser gelegen hatte, breitgewalzt wie Sülze, dennoch hob er den Knüppel.

»He, he!« rief der Anführer.

Die sieben Männer stürzten, sich schubsend und ausrutschend, auf ihn zu. Für Sekunden hörte Candide noch Nawas Füße über den Boden klatschen, dann war er anderweitig beschäftigt. Er hatte Angst und schämte sich deswegen, doch die Angst verging sehr rasch, denn unvermutet stellte sich heraus, daß es unter den Räubern nur einen einzigen ernst zu nehmenden Kämpfer gab, ihren Anführer. Während Candide seine Schläge abwehrte, sah er, daß die übrigen Männer nur drohend, doch sinnlos mit den Knüppeln herumfuchtelten, sich gegenseitig behinderten, von den eigenen gewaltigen Schlägen taumelten und häufig innehielten, um in die Hände zu spucken. Einer von ihnen heulte plötzlich verzweifelt auf: »Ich ertrinke!« und klatschte geräuschvoll in den

Sumpf, zwei andere ließen sogleich ihre Knüppel fahren und versuchten ihn herauszuziehen. Der Anführer fuhr zwar krächzend und stampfend in seiner Attacke fort, als Candide ihn aber zufällig an der Kniescheibe traf, ließ auch er seinen Knüppel fallen, zischte auf und ging in die Hocke. Candide sprang zurück.

Zwei der Räuber zerrten an dem Ertrinkenden, der jedoch endgültig versackte – sein Gesicht verfärbte sich blau. Der Anführer saß in der Hocke und untersuchte besorgt sein Knie. Die restlichen drei Räuber drängten sich mit erhobenen Knüppeln hinter seinem Rücken zusammen, sie schauten über seinen Kopf hinweg gleichfalls auf die Verletzung.

»Du bist ein Dummkopf, Väterchen«, sagte der Anführer vorwurfsvoll. »Wirklich, verhältst dich wie ein Dorftrottel. Was bist du bloß für ein komischer Kauz ... Kapierst du denn nicht, wo dein Vorteil liegt, du unerschrockener Recke ...«

Candide zögerte nicht länger. Er drehte sich um und rannte aus Leibeskräften hinter Nawa her. Die Räuber schrien ihm erbost und spöttisch Beschimpfungen nach, der Anführer heulte drohend: »So haltet ihn doch! Haltet ihn!« Sie jagten ihm aber nicht hinterher, und das beunruhigte Candide. Er empfand Enttäuschung und Verdruß, er versuchte im Laufen zu begreifen, wie diese plumpen, unbeweglichen und im Grunde nicht bösen Leute ganze Dörfer in Schrecken versetzen und sogar – was noch unverständlicher war – Schatten vernichten konnten, die als gewandte und rücksichtslose Kämpfer galten.

Bald darauf entdeckte er Nawa: Das Mädchen rannte in etwa dreißig Schritt Entfernung vor ihm her, wobei ihre nackten Fersen hart gegen die Erde stießen. Er sah, wie sie hinter einer Biegung verschwand und plötzlich wieder hervorschnellte – sie sauste auf ihn zu, erstarrte dann aber für Bruchteile von Sekunden und scherte seitlich aus, direkt in den Sumpf hinein; sie sprang von Baumknorren zu Baumknorren, so daß das Wasser nur so spritzte. Candide blieb fast das Herz stehn.

»Halt!« rief er keuchend. »Bist du verrückt geworden? Du sollst stehenbleiben!«

Nawa hielt unverzüglich inne und drehte sich zu ihm um; sie klammerte sich an einer herabhängenden Liane fest. Und Candide bemerkte, daß hinter der Wegbiegung hervor drei weitere Räuber auf ihn zutraten und gleichfalls stehenblieben. Dabei starrten sie mal ihn, mal Nawa an.

»Schweiger!« rief Nawa gellend. »Verprügle sie und komm zu mir! Keine Angst, du gehst hier nicht unter! Schlag sie, schlag auf sie ein! Mit dem Stock! Hu-u-u, ho-o-o!«

»Hör mal«, sagte einer der Räuber in fürsorglichem Ton, »halt du dich mal lieber fest, statt so rumzuschreien, halt dich fest, sonst fällst du bloß noch, und wir können dich dann rausschleppen ...«

Candide hörte hinter sich lautes Getrappel und auch dort den Ruf: »Hu-u-u, hu-u-u!« Die drei vor ihm warteten. Da stürzte er sich den Knüppel quer vor der Brust, voller Wucht auf sie und warf sie alle drei zu Boden. Freilich fiel er auch selbst hin. Vor seinen Augen verschwamm alles. Jemand heulte wieder voller Schrecken: »Ich ertrinke!« Ein bärtiges Gesicht kam nahe, und Candide schlug blind mit dem Knüppel zu. Der Knüppel zerbrach. Candide warf den Stumpf fort und sprang in den Sumpf.

Ein Knorren glitt unter seinem Fuß weg, Candide hätte bald das Gleichgewicht verloren, doch er federte sofort auf den nächsten und gelangte so, mit Mühe von einem Stamm zum anderen springend und schwarzen, stinkenden Schlamm verspritzend, vorwärts. Nawa hatte ein Siegesgeschrei angestimmt, sie schickte ihm schrille Pfiffe entgegen. Hinter ihm aber ertönte wütendes Stimmengewirr: »Was habt ihr da gemacht, ihr löchrigen Knorrpfoten?« – »Und du, bist du vielleicht besser?« – »Wir haben das Mädchen entwischen lassen, jetzt wird sie draufgehn ...« – »Muß doch verrückt sein, der Kerl, sich so auf uns zu stürzen!« – »Der hat mir die ganze Kleidung zerrissen, und wie fein die war, nicht zu bezahlen, so 'ne Kleidung, er aber hat sie mir zerrissen, dabei war er das vielleicht noch nicht mal, du warst es, du hast sie mir zerrissen ...« – »Genug geschwafelt jetzt, wir müssen sie einholen ... seht doch, sie türmen, ihr aber schwafelt ’rum!« – »Und du, bist du vielleicht besser?« – »Er hat mir eins aufs Bein gegeben, seht ihr? Er hat mich am Knie erwischt, und wie er mich erwischt hat, ich versteh’ das gar nicht, ich war’s doch, der ausgeholt hat ...« – »Wo ist eigentlich Siebenauge? He, Jungs, Siebenauge ertrinkt!« – »Er ertrinkt! Tatsächlich, er ertrinkt ... Siebenauge ertrinkt, sie aber schwafeln ’rum!«

Candide blieb neben Nawa stehen, er suchte gleichfalls an den Lianen Halt, sah und hörte schwer atmend, wie die seltsamen Leute dort, die sich, mit den Armen fuchtelnd, zu einem Grüppchen zusammengeschlossen hatten, ihren Siebenauge an Kopf und Beinen aus dem Sumpf zerrten. Glucksen und Krächzen schallte herüber. Zwei der Räuber allerdings waren bereits auf dem Weg zu Candide, sie tasteten mit Stöcken den Morast ab und wateten bis zu den Knien im schwarzen Schlamm. Die Knorren umgingen sie. Wieder alles Schwindel, man kann ja doch durch den Sumpf waten, dachte Candide. Dabei wird immer erzählt, es gäbe keinen Weg außer der Straße. Sie drohen einem mit den Räubern, sie jagen einem Angst ein, na, da haben sie sich ja die Richtigen ausgesucht ...

Nawa zog ihn am Arm.

»Komm, Schweiger«, sagte sie. »Was stehst du noch ’rum? Komm schnell. Oder willst du dich noch mal prügeln? Dann wart einen Augenblick, ich such’ dir einen passenden Stock. Mit dem kannst du die beiden dort verprügeln, die andern kriegen dann sicherlich Angst. Wenn sie jedoch keine Angst kriegen, werden sie dich bestimmt packen, du bist ja allein, während sie ... eins, zwei, drei, vier Mann sind ...«

»Wo soll’n wir denn hin?« fragte Candide. »Kommen wir hier beim Weiler ’raus?«

»Bestimmt«, sagte Nawa. »Ich wüßte nicht, wo wir sonst rauskommen sollten.«

»Dann geh du voran«, sagte Candide. Er war nun wieder etwas zu Atem gekommen. »Zeig den Weg.«

Nawa sprang leichtfüßig in den Wald hinein, ins Dickicht, ins grüne Pflanzengewirr.

»Ich hab' zwar nicht die geringste Ahnung, wie wir gehen müssen«, sagte sie im Laufen, »aber ich war schon mal hier, vielleicht sogar nicht bloß einmal, sondern öfter. Ich bin hier mal mit Hinkebein langgegangen, als du noch nicht da warst ... Oder nein, du warst schon da, nur hattest du damals noch kein Gedächtnis, hast nichts begriffen, konntest nicht sprechen, hast uns bloß angeschaut wie ein Fisch, da sind sie dann zu mir gekommen, und ich hab' dich gepflegt, aber das weißt du wahrscheinlich nicht mehr, weißt nichts mehr ...«

Candide sprang hinter ihr her, bemüht, regelmäßig zu atmen und in der Spur zu bleiben. Von Zeit zu Zeit blickte er sich um. Die Räuber waren noch nicht weit weg.

»Mit Hinkebein war ich hier«, fuhr Nawa fort, »als sich die Räuber Fausts Frau geschnappt hatten, Hinkebeins Tochter. Er hat mich damals immer mitgeschleppt, wollte mich vielleicht eintauschen oder aber auch nur als Ersatz für seine Tochter haben, jedenfalls mußt' ich immer mit ihm in den Wald, seine Tochter hat ihm sehr gefehlt ...«

Die Lianen hafteten an den Armen, peitschten das Gesicht, ihre abgestorbenen Ranken verhakten sich in den Kleidern, gerieten einem zwischen die Beine. Von oben fielen Insekten und aller möglicher Schmutz herab, hin und wieder stürzte auch etwas unförmig Schweres herunter und blieb dicht über einem im grünen Geschling schaukelnd hängen. Durch das Geflecht der Lianen schimmerten mal rechts, mal links klebrige lilafarbene Knollen auf – es mußten Pilze, Früchte oder die Nester unbestimmter scheußlicher Tiere sein.

»Hinkebein behauptete immer, daß hier irgendwo ein Dorf sein müßte ...« Nawa sprach mühelos beim Laufen, so als würde sie gar nicht laufen, sondern still im Bett liegen: Man merkte sofort, daß sie keine Hiesige war, die Einheimischen waren nicht so gut zu Fuß. »Nicht unser Dorf und auch nicht der Weiler, sondern ein anderes, er hat mir auch den Namen gesagt, aber ich hab' ihn vergessen, ist doch schon lange her, du warst damals noch nicht da … oder doch, du warst schon da, hast nur nichts begriffen, und dann kamen sie zu mir … Hör mal, du mußt durch den Mund atmen, wenn du läufst, nicht durch die Nase, dann kannst du besser reden, kommst nicht so schnell außer Atem, und wir müssen ja noch lange laufen, sind noch nicht einmal an den Wespen vorbei, wo wir unheimlich rennen müssen, aber wer weiß, vielleicht sind die Wespen inzwischen gar nicht mehr da … Die Wespen gehörten zu ebenjenem Dorf, in dem es freilich, wie Hinkebein sagte, schon lange keine Leute mehr gibt, dort ist bereits die *Besetzung* eingetreten, sagt er, so daß es gar keine Leute mehr gibt … Nein, Schweiger, da verwechsle ich was, er muß das von einem anderen Dorf gesagt haben …«

Candide begann durch den Mund zu atmen, und das Laufen fiel ihm nun leichter. Sie befanden sich jetzt im allerdichtesten Gestrüpp, gewissermaßen im Zentrum des Dikkichts. So weit hatte sich Candide bisher nur ein einziges Mal vorgewagt, damals, als er sich huckepack auf einen Schatten schwang, um so zu dessen Herren zu gelangen. Der Schatten war im Galopp davongerannt, er glühte wie ein kochendheißer Teekessel, und Candide, der vor Schmerzen die Besinnung verlor, war in den Dreck gestürzt. Danach hatte er sich noch lange mit Brandwunden an Händen und Brust herumgequält.

Es wurde immer dunkler. Der Himmel war schon nicht mehr auszumachen, und die Schwüle nahm zu. Dafür wurden die offenen Wasserstellen immer seltener, sie wurden von riesigen Flächen roten und weißen Mooses abgelöst. Das Moos war weich, kühl und federte stark, das Laufen darauf war angenehm.

»Laß uns … ausruhn …«, keuchte Candide.

»Wo denkst du hin, Schweiger!« sagte Nawa. »Hier dürfen wir nicht ausruhn. Wir müssen dieses Moos so schnell wie möglich hinter uns lassen, es ist gefährlich. Hinkebein sagte immer, daß das hier gar kein Moos ist, sondern eine Art Tier, so was wie eine Spinne. Du streckst dich drauf aus, schläfst ein und wachst nie wieder auf – so sieht's mit diesem Moos aus; sollen sich doch die Räuber drauf ausruhn, bloß die wissen wahrscheinlich, daß man das nicht darf, und wenn nicht, wär's auch nicht übel …«

Sie sah Candide an und verlangsamte nun doch das Tempo. Candide schleppte sich zum nächsten Baum, lehnte sich mit dem Rücken gegen ihn, mit dem Nacken, mit seinem ganzen Gewicht, und schloß die Augen. Er hatte großes Verlangen, sich zu setzen, hinfallen zu lassen, doch er hatte Angst. Er hämmerte sich zwar ein ums andre Mal ein: Das ist bestimmt gelogen, auch die Sache mit dem Moos ist gelogen, trotzdem hatte er Angst. Sein Herz schlug wild, er spürte die Beine nicht mehr, und seine Lungen schienen bei jedem Atemzug auseinanderzuplatzen, sich schmerzhaft im Brustinnern zu verteilen. Die ganze Welt kam ihm klebrig vor und salzig von Schweiß.

»Und wenn sie uns einholen?« hörte er wie durch Watte Nawas Stimme. »Was tun wir, wenn sie uns einholen, Schweiger? Du bist ja zu nichts mehr zu gebrauchen, kannst dich wahrscheinlich nicht mal mehr prügeln.«

Er wollte sagen: Doch, ich kann, bewegte aber nur die Lippen. Er hatte keine Furcht mehr vor den Räubern, hatte vor nichts mehr Furcht. Er hatte nur Angst, sich zu bewegen und sich ins Moos zu legen. Immerhin war das der Wald, soviel darüber auch zusammengelogen wurde, es war der Wald, das hatte er sich gut eingeprägt, das vergaß er nie, selbst wenn er alles andere vergaß.

»Du hast ja nicht mal mehr einen Stock«, sagte Nawa. »Soll ich dir einen Stock suchen, Schweiger? Soll ich?«

»Nein«, murmelte er. »Nicht nötig … Er ist zu schwer …«

Er öffnete die Augen und lauschte. Die Räuber waren ganz nah, man hörte sie keuchen und durchs Dickicht stapfen. Doch lag in ihrem Getrappel keinerlei Forschheit – das Laufen fiel ihnen wohl genauso schwer.

»Gehn wir weiter«, sagte Candide.

Sie kamen an einem Streifen weißen gefährlichen Mooses vorbei, dann an einem Streifen roten gefährlichen Mooses, und wieder begann ein Morast, auf dessen unbeweglich dikkem Wasser sich gewaltige weiße Blüten mit einem unangenehmen Fleischgeruch breitmachten. Aus jeder dieser Blüten aber lugte ein graugesprenkeltes Tier hervor und schaute den beiden aus Stielaugen nach.

»Du mußt kräftiger zutreten, Schweiger«, sagte Nawa geschäftig, »sonst saugt sich noch irgendein Vieh an dir fest, und du kriegst es um nichts in der Welt mehr los. Denk ja nicht, daß sich keins festsaugt, bloß weil sie dir mal 'ne Spritze verpaßt haben. Und sie sich's festsaugt. Später verreckt's natürlich, davon wird dir dann aber auch nicht leichter ...«

Der Morast war plötzlich zu Ende, und die Gegend begann steil anzusteigen. Sie kamen nun an hohem gestreiftem Gras mit scharfen, schneidenden Rändern vorbei. Candide sah sich um und erblickte die Räuber. Sie blieben unerklärlicherweise stehen. Standen unerklärlicherweise bis zu den Knien im Morast und schauten ihnen, auf ihre Stöcke gestützt, hinterher. Sie sind erschöpft, dachte Candide, auch sie sind erschöpft. Einer der Räuber hob die Hand, machte eine einladende Geste und rief: »So kommt doch herunter, was soll das?«

Candide drehte sich wieder um und folgte Nawa. Nach dem Sumpf fiel das Laufen auf festem Grund sogar bergan leicht. Candide drehte sich ein letztes Mal um. Die Räuber standen noch immer im Sumpf, im Schlick voller Blutegel, sie waren nicht mal aufs Trockene gegangen. Als sie bemerkten, daß er sich umblickte, winkten sie erneut verzweifelt mit den Armen und schrien wirr durcheinander; es war nur schwer zu verstehen.

Sie schienen wohl »Zurück!« zu rufen. »Zurü-ück! Wir tu-un euch nichts! Ihr kommt u-um, ihr Dummköpfe!«

So schnell geht das nicht, dachte Candide schadenfroh. Ihr seid selbst Dummköpfe, wenn ihr meint, daß ich euch glaube. Ich hab' lange genug geglaubt ... Nawa war bereits hinter den Bäumen verschwunden, und er folgte ihr hastig.

»Kommt zurü-ü-ück! Wir lassen euch frei-i-i!« schrie der Anführer.

Sie sind wohl doch nicht so erschöpft, wenn sie noch derart brüllen können, dachte Candide flüchtig und überlegte sich gleich darauf, daß sie jetzt erst mal Land gewinnen mußten. Land gewinnen, um sich dann hinzusetzen, sich zu erholen und von Blutegeln und Zecken zu befreien.

Drittes Kapitel

Es war schon seltsam, das Dorf. Als sie aus dem Wald heraustraten und es unten im Talkessel liegen sahen, waren sie vor allem von der Stille beeindruckt, einer Stille allerdings, über die man sich nicht recht freuen konnte. Das Dorf hatte die Form eines Dreiecks, genau wie die große Lichtung, auf der es sich befand – der geräumige lehmig-kahle Flecken ohne einen Grashalm, einen einzigen Busch schien wie aus dem Wald herausgebrannt und anschließend glattgetrampelt, ganz und gar düster und durch die ineinander verschlungenen Kronen gewaltiger Bäume gegen den Himmel abgeschirmt.

»Dieses Dorf gefällt mir nicht«, erklärte Nawa. »Hier kriegt man wahrscheinlich nicht mal was zu essen. Was kann's bei denen schon zu beißen geben, wenn sie nicht mal ein Feld haben, sondern weit und breit bloß Lehm. Die Leute hier sind bestimmt Jäger, sie fangen alle möglichen Tiere und essen sie, da wird's einem ja schon schlecht, wenn man dran denkt …«

»Vielleicht sind wir hier zu den Sonderlingen geraten?« sagte Candide. »Vielleicht ist das die Tönerne Lichtung?«

»Wie können das hier die Sonderlinge sein? Das Dorf der Sonderlinge ist ein Dorf wie jedes andere, so wie unsers, nur daß dort eben Sonderlinge wohnen … Hier dagegen – wenn du nur die Stille nimmst, und Leute sind auch nicht zu sehen, noch nicht mal Kinder, das heißt, die Kinder könnten schon schlafen gegangen sein … Aber wieso sieht man dann keine Leute, Schweiger? Laß uns lieber nicht in dieses Dorf gehen, es gefällt mir ganz und gar nicht ...«

Die Sonne war am Untergehen, und das Dorf zu ihren Füßen sank in Halbdämmer. Es sah irgendwie leer aus, nicht verwahrlost oder verlassen, sondern einfach leer und unwirklich, als wäre das hier kein Dorf, sondern Kulisse. Ja, dachte Candide, vielleicht sollten wir wirklich nicht runtergehen, aber die Füße schmerzen, und ein Dach überm Kopf wäre gar zu schön. Zumal es bald Nacht wird, essen müßte man ja auch ... Den ganzen Tag sind wir durch den Wald geirrt, sogar Nawa ist erschöpft, sie hängt an meinem Arm und läßt keinen Augenblick los.

»Also gut«, sagte er zögernd, »gehn wir eben nicht 'runter.«

»Gehn wir eben nicht 'runter«, äffte ihn Nawa nach. »Und wenn ich nun Hunger habe? Man kann doch nicht ständig fasten. Ich hab seit dem Morgen nichts mehr gegessen ... Und deine Räuber – wenn du wüßtest, was für einen Hunger die mir gemacht haben. Nein, laß uns ruhig ins Dorf runtergehn, was essen; wenn's uns dort nicht gefällt, können wir ja gleich wieder aufbrechen. Die Nacht heute wird warm werden, regnen wird's auch nicht ... Nun komm schon, was stehst du noch 'rum?«

Sie hatten kaum den Dorfrand erreicht, als sie auch schon angerufen wurden. Neben dem ersten Häuschen saß, direkt auf der grauen Erde, ein ebenso grauer, nahezu unbekleideter Mensch. Er war im Halbdämmer fast nicht auszumachen, verschmolz beinahe mit der Erde, und Candide konnte lediglich seine Silhouette erkennen, die sich vor dem Hintergrund der hellen Hauswand abhob. »Wo wollt ihr hin?« fragte der Mensch mit schwacher Stimme.

»Wir brauchen ein Nachtlager«, sagte Candide. »Und morgen früh müssen wir zum Weiler. Wir haben uns verirrt.«

»Ihr seid also von selbst gekommen?« fragte der Mensch träge. »Das habt ihr gut gemacht, seid Prachtkerle ... Kommt ruhig näher, kommt nur, bei uns gibt's eine Menge Arbeit, Leute dagegen sind nur noch wenige hier ...« Er brachte die

Worte kaum über die Lippen, so als würde er jeden Augenblick einschlafen. »Arbeiten aber ist nötig, und wie nötig es ist ...«

»Du hast wohl nicht was zu essen für uns?« fragte Candide.

»Wir haben jetzt ...« Der Mensch gab einige Worte von sich, die Candide bekannt vorkamen, obgleich er sie niemals vorher gehört haben konnte. »Es ist gut, daß ein Junge gekommen ist, denn ein Junge ...« Und wieder folgten seltsame, unverständliche Worte.

Nawa zog Candide am Arm, doch er riß sich ärgerlich los.

»Ich kann dich nicht verstehen«, sagte er zu dem Mann und versuchte, ihn genauer zu erkennen. »Sag mir, ob du etwas zu essen für uns hast.«

»Wenn ihr zu dritt wärt ...«, sagte der Mann.

Nawa zog Candide aus Leibeskräften fort, und sie gingen ein Stück zur Seite.

»Ist er krank, der Kerl?« fragte Candide aufgebracht. »Hast du verstanden, was er da gemurmelt hat?«

»Was unterhältst du dich überhaupt mit ihm?« flüsterte Nawa. »Er hat doch gar kein Gesicht! Wie kannst du mit ihm sprechen, wenn er gar kein Gesicht hat?«

»Wieso hat er kein Gesicht?« Candide sah sich verblüfft um. Der Mann war nicht mehr zu sehen: Entweder war er fortgegangen oder eins geworden mit der Dämmerung.

»Na, ganz einfach«, sagte Nawa. »Er hat zwar Augen und Mund, aber kein Gesicht.« Sie preßte sich unvermittelt an ihn. »Er ähnelt einem Schatten«, sagte sie. »Natürlich ist er keiner, sonst würde er riechen, aber insgesamt ähnelt er doch einem ... Laß uns zu einem anderen Haus gehn, bloß glaub nicht, daß wir hier was zu essen bekommen.«

Sie schleppte ihn zum nächsten Haus, in das sie einen Blick warfen. Alles hier war ungewöhnlich, es gab keine Betten, es war leer, finster und ungemütlich, und auch die typischen Wohngerüche fehlten. Nawa zog schnuppernd die Luft ein.

»Hier hat's überhaupt noch nie Essen gegeben«, sagte sie

voller Abscheu. »Da hast du mich ja in ein dämliches Dorf geschleppt, Schweiger. Was wollen wir hier anfangen? Solche Dörfer hab' ich mein Lebtag noch nicht gesehn. Kein Kindergeschrei und auf der Straße keine Menschenseele.«

Sie gingen weiter. Unter ihren Füßen war kühler, feiner Staub, und sie hörten ihre eigenen Schritte nicht. Auch fehlte das Glucksen und Gestöhn, daß an den Abenden gewöhnlich aus dem Wald drang.

»Er redete so seltsam«, sagte Candide. »Wenn ich darüber nachdenke, kommt es mir so vor, als hätte ich diese Worte schon mal gehört … Doch wann und wo – daran erinnere ich mich nicht mehr …«

»Ich auch nicht«, sagte Nawa nach kurzem Schweigen. »Aber du hast recht, Schweiger, ich hab' diese Worte auch schon mal gehört, vielleicht im Schlaf oder vielleicht in unserm Dorf, nicht in dem, wo wir jetzt leben, sondern in dem andern, wo ich geboren bin. Doch das müßte dann schon sehr lange zurückliegen, ich war ja damals noch klein, hab' seither alles vergessen. Jetzt aber ist mir schwach die Erinnerung gekommen. So richtig kann ich mich allerdings nicht mehr entsinnen.«

Im nächsten Haus stießen sie auf einen Mann, der an der Schwelle direkt auf dem Fußboden lag und schlief. Candide beugte sich über ihn, rüttelte ihn an der Schulter, doch der Mann erwachte nicht. Seine Haut war feucht und kalt wie bei einer Amphibie, er war fett, weich und besaß fast keine Muskeln. Seine Lippen sahen im Halbdämmer schwarz aus und glänzten fettig.

»Er schläft«, sagte Candide und wandte sich zu Nawa um.

»Wie kann er denn schlafen«, entgegnete Nawa, »wenn er uns anschaut?«

Candide beugte sich erneut über den Mann und hatte nun auch den Eindruck, daß der sie unter halbgeöffneten Lidern hervor ansah. Doch der Schein trügte.

»Aber nein«, sagte Candide, »er schläft. Gehen wir.«

Ganz gegen ihre Gewohnheit entgegnete Nawa diesmal nichts.

Sie hatten die Mitte des Dorfes erreicht und dabei in jedes Haus geschaut. Überall waren sie auf Schlafende gestoßen, und ausnahmslos fette, schweißnasse Männer, keine einzige Frau war unter ihnen, kein Kind. Nawa war nun gänzlich verstummt, und auch Candide fühlte sich unbehaglich. In den Bäuchen der Schlafenden ertönte ein lautstarkes Kollern, keiner von ihnen erwachte, doch wenn Candide das Haus verließ und sich nach ihnen umschaute, hatte er jedesmal den Eindruck, daß sie ihn mit kurzen, vorsichtigen Blikken verfolgten. Es war nun völlig dunkel geworden, durch die Zweige schimmerte der vom Mondlicht aschfarbene Himmel, und Candide sagte sich erneut, daß dies alles unwahrscheinliche Ähnlichkeit mit einer Theaterkulisse habe. Gleichzeitig spürte er, daß er aufs äußerste erschöpft war, gewissermaßen bis zur völligen Gleichgültigkeit. Er hatte jetzt nur den einen Wunsch: sich unter dem erstbesten Dach auszustrecken (damit ihm im Schlaf nicht irgendein scheußliches Vieh auf den Kopf fiel), und wenn's direkt auf dem harten, festgetretenen Fußboden wäre, nach Möglichkeit jedoch in einem leeren Haus, nicht in Gesellschaft dieser wenig vertrauenerweckenden Schläfer. Nawa hing nun mit ihrer ganzen Schwere an seinem Arm.

»Hab keine Angst«, sagte Candide, »es gibt hier absolut nichts, wovor du Angst haben müßtest.«

»Was hast du gesagt?« fragte sie schläfrig.

»Ich hab' gesagt, du brauchst keine Angst zu haben. Die sind hier alle halbtot, ich werf' sie mit einer Hand um.«

»Ich hab' vor niemandem Angst«, erwiderte Nawa wütend. »Ich bin müde und will schlafen, wenn du schon nichts zu essen auftreibst. Du läufst und läufst von Haus zu Haus, von Tür zu Tür, das hängt einem ja zum Hals 'raus. Ist doch in jedem Haus das gleiche, die Leute haben sich alle hingelegt, nur wir beide sind auf den Beinen …«

Da entschloß sich Candide und betrat das erstbeste Haus. Es war völlig finster darin. Candide lauschte, wollte herausfinden, ob sich jemand im Raum befand, hörte aber nur das Schniefen Nawas, die ihre Stirn an seine Seite gepreßt hatte.

Er tastete sich an eine der Wände heran, fuhr mit den Händen über den Fußboden, um zu prüfen, ob er trocken war, dann streckte er sich aus und bettete Nawas Kopf auf seinen Bauch. Nawa schlief bereits. Hoffentlich bereuen wir's nicht, dachte er, es ist nicht gut hier ... nun ja, die eine Nacht ... morgen erkundigen wir uns nach dem Weg ... tagsüber werden sie ja nicht schlafen ... zur allergrößten Not geht's durch den Sumpf, die Räuber sind fort ... Und wenn sie doch nicht fort sind? – Was wohl die im Weiler machen? Hoffentlich heißt's nicht wieder »übermorgen«? – Nein, nein, morgen ... morgen ...

Lichtschein weckte ihn, und er glaubte, es wäre der Mond. Im Haus war es dunkel, der violette Schimmer drang durchs Fenster und zur Tür herein. Candide fragte sich, wie der Mondschein zugleich zum Fenster und zur gegenüberliegenden Tür hereinfallen konnte, aber da kam ihm die Erkenntnis, daß er sich ja im Wald befand, es einen richtigen Mond also nicht geben konnte. Doch im nächsten Augenblick waren seine Gedanken wie fortgeblasen. In dem Lichtstreif, der durchs Fenster fiel, entdeckte er die Umrisse eines Menschen. Der Mensch stand da, in einem Raum mit ihnen, den Rücken Candide zugewandt, und schaute zum Fenster hinaus. Seine Umrisse ließen erkennen, daß er eine Haltung einnahm, wie sie für Waldbewohner völlig untypisch war: Er hielt die Hände auf dem Rücken und den Kopf seitlich geneigt. Waldbewohner hatten einfach keine Veranlassung, so dazustehen. Dies war vielmehr die bevorzugte Haltung Karl Ettinghofs gewesen, am Fenster ihres Labors, wenn es regnerisch oder neblig und an Arbeit nicht zu denken war, und Candide begriff mit aller Deutlichkeit, daß es sich bei dem Mann dort am Fenster um keinen anderen als Karl Ettinghof handelte, der einst von der Biostation in den Wald aufgebrochen und nicht wieder zurückgekehrt war. Seither war er in den Dokumenten als verschollen geführt worden. Candide blieb vor Erregung fast die Luft weg, er rief: »Karl!« Der Mann drehte sich langsam um, der violette Lichtschein fiel auf sein Gesicht, und Candide sah: Es war doch nicht Karl, sondern irgendein Unbekannter. Der Fremde trat lautlos auf Candide zu und beugte sich über ihn, ohne die Hände vom Rücken zu nehmen. Sein Gesicht war nun ganz deutlich zu erkennen, es war ein erschöpftes bartloses Antlitz, das nicht die geringste Ähnlichkeit mit Karls Zügen besaß. Der Mann sagte kein Wort, ja, er schien Candide nicht einmal zu sehen. Er richtete sich wieder auf und ging zur Tür, in der gleichen Haltung wie vorher. Doch als er die Schwelle überschritt, begriff Candide, daß es trotz allem Karl war. Er sprang auf und rannte ihm hinterher.

Vor dem Haus blieb er stehen und blickte die Straße entlang, bemüht, das krampfhaft nervöse Zittern zu unterdrükken, das ihn plötzlich erfaßt hatte. Es war sehr hell, denn tief über dem Dorf hing der violett glänzende Himmel. Die Häuser sahen nun alle noch flacher und unwirklicher aus. Schräg gegenüber, auf der anderen Straßenseite, erhob sich ein langgestreckter, eigentümlicher Bau, wie es sie im Wald sonst nicht gab; vor diesem Gebäude bewegten sich eine Menge Leute. Der Mann, der Karl so ähnlich war, strebte einsam diesem Bau zu, näherte sich der Menge und tauchte in ihr unter, als hätte es ihn nie gegeben. Candide wollte gleichfalls zu dem Gebäude, doch er spürte, daß seine Beine wie Watte waren, daß er keinen Schritt zustande brachte. Er wunderte sich noch, daß er auf solch wattigen Beinen überhaupt stehen konnte; in seiner Angst hinzufallen wollte er irgendwo Halt suchen, doch es gab nichts, woran er sich hätte festhalten können, er war von Leere umgeben. »Karl«, murmelte er schwankend, »Karl, komm zurück!« Er wiederholte diese Worte mehrmals, schrie in seiner Verzweiflung laut heraus, doch niemand hörte ihn, denn im selben Augenblick ertönte ein ungleich grellerer Schrei, klagend und wild, ein unverhüllter Schmerzensschrei, von dem einem die Ohren klangen und der einem die Tränen in die Augen trieb. Candide begriff sofort, daß dieser Schrei aus dem langgestreckten Bau dort drüben drang, ihm war selber unerklärlich, woher er das wußte – vielleicht konnte er einfach nirgendwo sonst herkommen. »Nawa, wo ist Nawa?« rief er. »Wo bist du, meine

Kleine?« Ihm wurde bewußt, daß er im Begriff war, sie zu verlieren, daß der Augenblick gekommen war, da er das ihm Nächststehende einbüßen sollte, das, was ihn ans Leben band, und daß er dann allein zurückbleiben würde. Er stürzte wieder ins Haus und erblickte Nawa, die mit zurückgeworfenem Kopf langsam zu Boden sank. Er fing sie auf und hob sie hoch, ohne zu verstehen, was mit ihr vorging. Ihr Kopf war weit nach hinten gebogen, er hatte ihre Kehle dicht vor Augen, jene Stelle mit dem Grübchen zwischen den Schlüsselbeinen – sie hatte sogar zwei davon –, und ihm war, als würde er diese Grübchen zum letztenmal sehen. Denn das Schmerzensgeheul war nicht abgerissen, und Candide begriff, daß er dorthin mußte, wo es herkam. Das schien ihm eine echte Heldentat, würde er selbst doch Nawa dahin tragen müssen, gleichzeitig aber wußte er auch, daß es für *sie* keinesfalls eine Heldentat, sondern ein ganz normaler, natürlicher Vorgang war. Weil sie nämlich nicht verstanden, was das hieß – sein Mädchen in den Armen halten, das einzige, warm und lebendig, und es eigenhändig zu jenem Ort zu tragen, wo das Schmerzensgeheul herkam.

Das Schreien verstummte jäh. Candide wurde bewußt, daß er bereits unmittelbar vor dem Gebäude stand, vor dessen schwarzer quadratischer Tür, inmitten all jener Leute, und er suchte sich Klarheit darüber zu verschaffen, was er hier mit Nawa auf den Armen überhaupt tat. Doch noch bevor ihm das gelang, traten zwei Frauen aus der schwarzen quadratischen Tür und mit ihnen Karl. Sie wirkten alle drei finster und unzufrieden, sie unterhielten sich und blieben plötzlich stehen. Candide sah, wie sich ihre Lippen bewegten, und er erriet, daß sie erzürnt waren, miteinander stritten. Doch er konnte nicht hören, worum es ging, nur einmal schnappte er ein Wort auf, das ihm irgendwie bekannt vorkam: »Chiasmus.« Dann wandte sich eine der Frauen, ohne im Sprechen innezuhalten, zur Menge um und wies mit einladender Geste auf das Gebäude. Candide murmelte: »Gleich, gleich ...« und drückte Nawa noch fester an sich. Wieder ertönte das laute Weinen, alle ringsum gerieten in Bewegung, die fetten

Leute umarmten sich, preßten sich aneinander, streichelten und liebkosten sich. Ihre Augen waren trocken, die Lippen fest zusammengepreßt, und doch waren sie es, die da weinten und schrien, denn es waren Männer und Frauen, die für immer voneinander Abschied nahmen. Niemand wagte den ersten Schritt zu tun, bis sich Candide entschloß, den andern voranzugehen, denn er war ein tapferer Mann, der wußte, was Müssen bedeutete, und auch, daß hier sowieso nichts half. Bis ihn plötzlich Karl ansah und mit dem Kopf kaum merklich zur Seite deutete. Woraufhin Candide von unerträglichem Schaudern erfaßt wurde, weil es dennoch nicht Karl war. Doch er begriff und setzte sacht zum Rückzug an, dabei mit dem Rücken die weichen und glatten Körper streifend. Und als Karl dann ein zweites Mal den Kopf schüttelte, drehte sich Candide um, warf sich Nawa über die Schulter und rannte wie ein Schlafwandler auf unsicheren, einknikkenden Beinen die leere erleuchtete Straße entlang, ohne das Getrampel der Verfolger hinter sich zu hören.

Er kam erst wieder zu sich, als er schmerzhaft gegen einen Baum stieß. Nawa schrie auf, und er ließ sie auf die Erde gleiten. Unter seinen Füßen war Gras.

Von hier aus war das ganze Dorf zu sehen. Als violett schimmernder Konus stand Nebel über dem Dorf, die Häuser schienen verschwommen, und verschwommen schienen auch die kleinen Gestalten der Leute.

»Ich kann mich an gar nichts erinnern«, murmelte Nawa. »Wieso sind wir hier? Wir hatten uns doch schon schlafen gelegt. Oder träume ich das alles?«

Candide hob sie wieder auf und trug sie weiter, immer weiter, er zwängte sich durch Gesträuch, verhedderte sich im Gras, so lange, bis sie von völliger Finsternis umgeben waren. Auch dann noch lief er ein Stück weiter, ehe er Nawa erneut absetzte und sich neben ihr auf die Erde niederließ. Rings um sie her war hohes, warmes Gras, keine Spur von Feuchtigkeit, noch nie war Candide im Wald auf ein so trokkenes, paradiesisches Plätzchen gestoßen. Der Kopf tat ihm weh, der Schlaf wollte ihn übermannen, und er konnte an nichts denken. Er empfand nur unsagbare Erleichterung darüber, daß er das nicht getan hatte, was er im Begriff gewesen war zu tun.

»Weißt du, Schweiger«, sagte Nawa mit schläfriger Stimme, »mir ist nun doch eingefallen, wo ich die Worte gestern schon gehört hab'. Du selbst hast sie gebraucht, als du noch nicht bei Besinnung warst. Hör mal, Schweiger, vielleicht stammst du aus diesem Dorf? Hast es einfach vergessen? Immerhin warst du sehr krank damals, völlig ohne Bewußtsein ...«

»Schlaf«, sagte Candide. Er wollte nicht denken. An nichts. Chiasmus ... ging es ihm durch den Sinn, dann schlief er sofort ein. Das heißt nicht sofort. Ihm fiel noch ein, daß seinerzeit nicht Karl verschollen war, sondern Valentin, ihn hatten sie als verschollen eingetragen. Karl dagegen war im Wald umgekommen – seinen Körper hatten sie zufällig gefunden, in einen Bleisarg gelegt und aufs Festland übergeführt. Freilich glaubte Candide, daß er das alles träumte.

Als er die Augen aufschlug, schlief Nawa noch. Sie lag auf dem Bauch, in einer Vertiefung zwischen zwei Wurzeln, und hatte das Gesicht in die linke Ellenbeuge vergraben, während der rechte Arm seitlich ausgestreckt war. In ihrer schmutzigen, halbgeöffneten Faust entdeckte Candide einen dünnen, blitzenden Gegenstand. Anfangs begriff er nicht, was das war, aber plötzlich kam ihm der wirre Halbtraum dieser Nacht zum Bewußtsein, mit all den Ängsten und der nachfolgenden Erleichterung, daß das Furchtbare nicht geschehen war. Da erinnerte er sich, *was* das für ein Gegenstand war, sogar seine Bezeichnung tauchte unvermittelt aus seinem Gedächtnis auf. Es war ein Skalpell. Er zögerte noch einen Augenblick, verglich das Äußere des Gegenstandes mit dem Klang des Wortes und prüfte beides auf ihre Übereinstimmung. Unterschwellig wurde ihm zwar bewußt, daß es hier eigentlich gar nichts zu prüfen gab, daß alles seine Richtigkeit hatte und dennoch völlig unmöglich war, weil nämlich das Skalpell, sowohl von der Form als auch vom

Wortklang her, mit dieser Welt so ganz und gar unvereinbar war. Er weckte Nawa.

Nawa erwachte, setzte sich auf und begann sofort drauflos-zusprechen: »Was für ein schöner, trockener Flecken, ich hätt' nie im Leben gedacht, daß es solch trockene Flecken gibt, wo das Gras so herrlich wächst «... Sie verstummte und führte die Faust mit dem Skalpell an die Augen. Einen Moment lang betrachtete sie das Instrument, dann kreischte sie auf, schleuderte es krampfhaft fort und sprang auf die Beine. Das Skalpell durchschnitt das Gras und bohrte sich in den Grund. Sie starrten es an, und beide überlief ein Schauer. »Was ist das, Schweiger?« fragte Nawa schließlich flüsternd. »Es jagt mir Furcht ein ... Vielleicht ist das gar kein Gegenstand, sondern eine Pflanze? Schau doch nur, wie trocken der Boden überall ist, vielleicht wächst sie hier?«

»Wieso jagt es dir eigentlich Furcht ein?« fragte Candide.

»Na hör mal«, sagte Nawa. »Nimm's nur mal in die Hand ... Los, nimm's schon, dann wirst du verstehen, wieso ... Ich weiß selbst nicht so genau, warum es mir solche Angst macht.«

Candide nahm das Skalpell in die Hand. Es war noch warm, nur sein spitzes Ende fühlte sich kühl an. Wenn man vorsichtig mit dem Finger drüberfuhr, konnte man die Stelle ausmachen, wo warm und kalt ineinander übergingen.

»Wo hast du das her?« fragte Candide.

»Ich hab's nicht genommen«, sagte Nawa. »Es muß mir, während ich schlief, von allein in die Hand geglitten sein. Siehst ja selbst, wie kalt es ist – da ist es mir eben in die Hand geschlüpft, um sich zu wärmen. Ich hab' solche ... so was noch nie gesehn, weiß ja nicht mal, wie ich's nennen soll. Wahrscheinlich ist es doch keine Pflanze, es wird irgendein Vieh sein, bestimmt hat's auch Füße, nur versteckt hat es sie, und dann ist es so hart und bösartig ... Du, hör mal, Schweiger, vielleicht schlafen wir beide noch?« Sie stockte unvermittelt und sah Candide an. »Waren wir heut nacht eigentlich im Dorf? Aber natürlich waren wir da, ich erinnere mich doch an diesen Mann ohne Gesicht, der immer dachte, ich wär' ein Junge ... Wir haben nach einer Unterkunft für die Nacht gesucht ... Ja, und dann bin ich aufgewacht, du warst nicht da, und ich hab' mit der Hand den Boden neben mir abgetastet ... Dort ist es mir überhaupt in die Hand geschlüpft!« rief sie aus. »Verwunderlich ist nur, Schweiger, daß ich dort nicht die geringste Angst vor ihm hatte, eher umgekehrt ... Es war mir sogar zu irgendwas nütze ...«

»Das war alles nur ein Traum«, sagte Candide entschieden. Er verspürte ein Ameisenkribbeln im Nacken. Er erinnerte sich an alles, was nachts geschehen war. Auch an Karl. Wie der unmerklich den Kopf geschüttelt hatte: Lauf weg, solange du heil bist. Und daran, daß Karl zu Lebzeiten Chirurg gewesen war.

»Warum bist du plötzlich so still, Schweiger?« fragte Nawa beunruhigt und sah ihm ins Gesicht. »Wo schaust du denn hin?«

Candide schob sie von sich weg.

»Es war ein Traum«, wiederholte er streng. »Vergiß ihn. Versuch lieber, was zu essen aufzutreiben, ich vergrab' inzwischen dieses Ding.«

»Du hast wohl keine Ahnung, wozu es mir vielleicht nütze war?« fragte Nawa. »Irgendwas mußte ich tun heut nacht ...« Sie schüttelte den Kopf. »Ich liebe solche Träume nicht, Schweiger. Wo man sich an nichts mehr erinnert! Vergrab's nur recht tief, sonst rappelt es sich womöglich 'raus und kriecht ins Dorf zurück, wo es den nächsten erschreckt ... Gut wär's, einen schweren Stein drüber zu wälzen ... Na los, vergrab das Ding, ich such' uns inzwischen was zu essen.« Sie schnupperte. »Hier ganz in der Nähe müssen Beeren sein. Eigenartig, daß es an einer so trockenen Stelle Beeren gibt.«

Sie lief leicht und lautlos durchs Gras und war schon bald hinter den Bäumen verschwunden, Candide aber saß noch immer da und hielt das Skalpell in der Hand. Er vergrub es nun doch nicht. Er umwickelte die Klinge mit einem Grasbüschel und verstaute das Gerät unterm Hemd. Jetzt erinnerte er sich an alles, begriff aber nach wie vor nicht das geringste. Es war in der Tat ein seltsamer, furchtbarer Traum, aus dem wie durch ein Versehen das Skalpell zu ihm gelangt war. Schade, dachte er, heute ist mein Kopf klar wie selten sonst, und doch begreif' ich nichts. Folglich werd' ich es nie begreifen.

Nawa war bald wieder zurück, mit allerhand Beeren und einigen großen Pilzen.

»Dort ist ein Pfad, Schweiger«, sagte sie. »Wir wollen lieber nicht wieder in dieses Dorf, zum Teufel mit dem Dorf, was haben wir davon. Laß uns den Pfad entlanggehn, an irgendein Ziel wird er uns führen. Dort erkundigen wir uns nach dem Weg zum Weiler, und alles kommt in Ordnung. Das ist ja erstaunlich, wie es mich jetzt zu diesem Weiler zieht, früher passierte mir das nie. In dieses komische Dorf jedenfalls wollen wir nicht mehr, mir hat's dort gleich nicht gefallen, es war richtig, daß wir von dort weg sind, sonst wär' bestimmt noch was Schlimmes passiert. Wenn du's genau wissen willst: Wir hätten gar nicht erst hingehn dürfen, die Räuber haben dir doch zugerufen, daß du's bleibenlassen solltest, es wär' dein Untergang, aber du hörst ja auf niemanden. Nun wär' uns deswegen fast ein Unglück zugestoßen ... Warum ißt du denn nicht? Die Pilze sättigen schön, die Beeren schmecken gut, du mußt sie zwischen den Händen kaputtmachen, sie zerdrücken, was benimmst du dich denn heute wie ein kleines Kind? Jetzt fällt mir übrigens wieder ein: Meine Mutter hat immer gesagt, daß die besten Pilze dort wachsen, wo's trocken ist. Nur hab' ich damals noch nicht verstanden, was das bedeutet – trocken. Meine Mutter hat gesagt, daß es früher viele trockene Flecken gab, wie auf einer guten Straße, sie hat's eben gewußt, ich nicht ...«

Candide kostete einen der Pilze und aß ihn auf. Die Pilze waren in der Tat gut, auch die Beeren, und er fühlte sich gleich etwas frischer. Allerdings wußte er noch nicht, wie es weitergehn sollte. Das Dorf jedenfalls lockte ihn ebensowenig wie Nawa. Er versuchte sich die Gegend vorzustellen, wie sie ihm Hinkebein erklärt und mit dem Zweig auf der Erde skizziert hatte. Ihm fiel ein, daß Hinkebein gesagt hatte, der Weg in die *Stadt* führe hier durch. »Ein sehr guter Weg«, hatte er bedauernd erklärt, »er führt geradenwegs in die *Stadt*, nur kommen wir leider nicht ’ran, denn der Sumpf liegt dazwischen ...« Das war gelogen. Der Lahme hatte gelogen. Er war sehr wohl durch den Sumpf gegangen, gewiß auch in der *Stadt* gewesen, log aber aus irgendeinem Grund. Und wenn nun der Pfad, den Nawa ausfindig gemacht hatte, der erwähnte direkte Weg in die *Stadt* war? Sie mußten’s riskieren. Doch zuerst mußten sie trotz allem in dieses Dorf zurückkehren.

»Wir müssen trotz allem zurück, Nawa«, sagte er, nachdem sie gegessen hatten.

»Wohin zurück? Doch nicht etwa in dieses eigenartige Dorf?« Nawa war verstört. »Warum redest du bloß solches Zeug, Schweiger? Was haben wir in diesem Dorf verloren? Das ist es eben, was mir nicht gefällt, Schweiger: daß man sich mit dir nie von Mensch zu Mensch unterhalten kann ... Wir hatten doch schon beschlossen, nicht mehr dorthin zurückzukehren, und einen Weg hab’ ich auch gefunden, du aber fängst wieder die alte Leier mit dem Dorf an ...«

»Wir müssen zurück«, beharrte Candide. »Mir gefällt es ja selber nicht, Nawa, aber es muß sein. Vielleicht können sie uns dort erklären, wie wir am schnellsten in die *Stadt* kommen ...«

»Wieso denn in die *Stadt*? Ich will nicht in die *Stadt*, ich will zum Weiler!«

»Nein!«, sagte Candide, »laß uns geradenwegs in die *Stadt* gehn. Ich kann nicht mehr.«

»Also gut«, sagte Nawa, »gehen wir eben in die *Stadt*, ist sogar besser, was haben wir im Weiler verloren? Laß uns in die *Stadt* gehn, ich bin einverstanden, mit dir geh’ ich überallhin, nur nicht zurück in dieses Dorf ... Ich weiß nicht, was mit dir ist, Schweiger, aber ich möchte um keinen Preis in dieses Dorf zurück ...«

»Ich auch nicht«, sagte Candide. »Trotzdem muß es sein. Sei nicht böse, Nawa, ich hab’ ja selber keine Lust ...«

»Wenn du auch keine Lust hast, weshalb müssen wir dann gehn?«

Er wollte und konnte ihr nicht erklären, was ihn trieb. Er erhob sich und schlug, ohne sich noch einmal umzublicken, die Richtung ein, in der das Dorf liegen mußte. Er ging, blinzelnd in der warmen Sonne, die hier ungewöhnlich ausgiebig schien, durchs warme, trockene Gras, vorbei an warmen, trockenen Baumstämmen, dem Schrecken entgegen, den sie gerade überstanden hatten und der ihn alle Muskeln schmerzhaft anspannen ließ. Auf eine stille, eigentümliche Hoffnung zu, die sich durch den Schrecken hindurch Bahn brach wie ein Grashalm durch einen Riß im Asphalt.

Nawa holte ihn ein und lief neben ihm her. Sie war wütend und schwieg sogar einige Zeit, hielt das freilich nicht lange durch.

»Glaub ja nicht, daß ich mit diesen Leuten sprechen werde«, verkündete sie, »kannst selber mit ihnen reden, gehst hin zu ihnen, also kannst du auch mit ihnen reden. Ich hab' nämlich nicht gern mit Leuten ohne Gesicht zu tun, nein, die lieb' ich ganz und gar nicht. Von solchen Leuten, die nicht mal einen Jungen von einem Mädchen unterscheiden können, ist nichts Gutes zu erwarten ... Mir tut schon seit dem Morgen der Kopf weh, und jetzt weiß ich auch, warum ...«

Unvermutet hatten sie das Dorf vor sich. Candide hatte sich offenbar ziemlich forsch seitlich gehalten, und so lag es inmitten der Bäume plötzlich rechts von ihnen. Etwas Grundsätzliches hatte sich hier verändert, doch Candide begriff nicht gleich, was es war. Erst einen Augenblick später wurde ihm klar: Das Dorf ertrank.

Die dreieckige Lichtung war von schwarzem Wasser überschwemmt, das zusehends stieg. Das die lehmige Senke füllte, die Häuser unter sich begrub und lautlose Strudel auf den Straßen bildete. Candide stand hilflos da und schaute zu, wie die Fenster unter der Wasserfläche verschwanden, wie sich die durchweichten Mauern senkten und auseinanderfielen, wie die Dächer einbrachen. Aber niemand stürzte aus den Häusern, versuchte das rettende Ufer zu erreichen, tauchte an der Wasseroberfläche auf. Vielleicht weil es gar keine Leute mehr im Dorf gab, vielleicht weil sie des Nachts fortgegangen waren? Doch der Schweiger spürte, daß sich die Sache anders verhielt. Das ist kein Dorf, ging es ihm durch den Sinn, das ist eine Attrappe, die verstaubt und von allen vergessen dort stand, bis plötzlich jemand wissen wollte, was geschähe, wenn die Attrappe unter Wasser gesetzt würde. Vielleicht gäbe das ein interessantes Schauspiel? – Deshalb floß jetzt das Wasser, nur daß alles andere als ein interessantes Schauspiel draus wurde …

Geschmeidig, lautlos tauchte das Dach des flachen Gebäudes unter. Ein leichtes Seufzen schien über dem schwarzen Wasser aufzusteigen, ein Kräuseln lief über die glatte Oberfläche, dann war alles vorbei. Vor Candide erstreckte sich ein gewöhnlicher dreieckiger See, vorerst noch ziemlich flach und nicht von Leben erfüllt. Später dann würde er tiefer werden, abgrundtief, und es würden Fische drin schwimmen, die man fangen, präparieren sowie in Formalin legen konnte.

»Ich weiß, was das ist«, sagte Nawa. Ihre Stimme klang so gelassen, daß Candide sie anschaute. Sie war tatsächlich völlig gelassen und, wie's schien, sogar zufrieden. »Das ist die *Besetzung*. Deshalb hatten sie auch kein Gesicht – daß ich das nicht gleich begriffen hab'! Wahrscheinlich war es ihr Wunsch, im See zu leben. Ich hab' mal gehört, daß die Bewohner der Häuser dableiben und im See weiterleben können, und der See wird ja nun für immer dort sein; wer das nicht will, muß fortgehn. Ich wär' wahrscheinlich fortgegangen, obwohl sich's im See vielleicht besser lebt, man weiß das nicht genau. Niemand weiß das … Wollen wir baden?« schlug sie vor.

»Nein«, sagte Candide, »ich will hier nicht baden. Laß uns zu deinem Pfad gehn. Komm.«

Bloß fort von hier, dachte er, sonst geht's mir noch wie der kleinen Maschine damals im Labyrinth … Wir standen alle um sie herum und amüsierten uns darüber, wie sie geschäftig hin und her sauste, suchte, schnupperte … dann gossen wir Wasser in ein kleines Becken auf ihrem Weg, und sie wurde rührend hilflos, doch nur für einen Augenblick, danach begann sie wieder geschäftig ihre Antennen zu bewegen, zu summen und zu schnuppern, ohne zu wissen, daß wir sie beobachteten. Uns war's im übrigen völlig schnurz, ob sie das wußte oder nicht, obwohl dieses Nicht-Wissen vielleicht am allerschlimmsten war. Wenn das Wort schlimm überhaupt zutrifft, dachte Candide. Eine Notwendigkeit kann weder schlimm noch gut sein. Eine Notwendigkeit ist einfach notwendig, alles andere dichten wir ihr an, oder die Maschinen in den Labyrinthen tun das, falls sie überhaupt dazu imstande sind. Wenn uns ein Irrtum unterlaufen ist, packt uns die Notwendigkeit einfach bei der Kehle, und wir fangen an zu weinen und zu wehklagen, wie hart sie doch sei, wie schrecklich. Dabei ist sie so, nicht anders – nur wir sind dumm oder blind … Ich kann heute ja sogar philosophieren, dachte er. Das kommt wohl von der Trockenheit hier. Na so was, sogar philosophieren kann ich …

»Hier ist er, dein Pfad«, sagte Nawa ärgerlich. »Bitte sehr, nun geh.«

Sie ist wütend, dachte Candide. Ich hab' sie nicht baden lassen und schweige die ganze Zeit, ringsum aber ist es trokken und unbehaglich … Macht nichts, soll ihre Wut ruhig noch eine Weile anhalten. Solange sie wütend ist, hält sie den Mund, das ist auch was wert. Wer wohl den Pfad hier benutzt? Ob er tatsächlich so häufig benutzt wird, daß er nicht mehr zuwächst? Trotz allem seltsam, so als wär' der Pfad nicht vom Gehen entstanden, sondern künstlich angelegt.

Anfangs führte der Weg durch trockenes Gelände, doch bald darauf fiel er steil ab und verlief sich in seichtem schwarzem Morast. Der klare Wald war zu Ende, wieder erstreckten sich ringsum Sümpfe und Moosgeflecht, es wurde feucht und schwül. Nawa lebte augenblicklich auf. Hier fühlte sie sich entschieden besser. Sie schwatzte nun unaufhaltsam drauflos, und schon bald hatte sich in Candides Kopf das gewohnte Tönen eingenistet; er bewegte sich wie im Halbschlaf. Vergessen war alle Philosophie, vergessen war fast, wohin er ging, er gab sich allen möglichen zusammenhanglosen Gedanken hin, ja nicht einmal Gedanken, eher Visionen:

Hinkebein, wie er die Hauptstraße entlanghumpelt und allen Passanten erzählt (wenn's keine Passanten gibt, murmelt er einfach vor sich hin), daß der Schweiger also fortgegangen ist und Nawa mitgenommen hat, wohl in die *Stadt*, dabei gibt's doch die *Stadt* gar nicht. Vielleicht aber auch nicht in die *Stadt*, sondern ins Dickicht, dort lassen sich die Fische so gut locken, man steckt die Finger ins Wasser – und schwupp, schon kommen sie an. Aber wozu braucht der Dummkopf von Schweiger, bei Licht besehen, Fisch, er ißt doch gar keinen, nun ja, vielleicht braucht er welchen für Nawa, Nawa ißt gern Fisch, also wird er sie damit herausfüttern wollen ... Aber weshalb hat er sich dann die ganze Zeit nach der *Stadt* erkundigt? Nein, nein, der ist nicht ins Dikkicht aufgebrochen, und wie's aussieht, wird er auch nicht so bald zurück sein ...

Hinkebein entgegen aber kommt Faust und berichtet allen Passanten, der Schweiger habe ihn dauernd überreden wollen aufzubrechen, ein ganzes Jahr lang habe er immer bloß gesagt: »Übermorgen geht's in die *Stadt*.« – Als ich dann aber Proviant zubereitet hab', so viel, daß meine Alte schon schimpfte, sagt Faust, da ist er ohne mich und ohne den Proviant losgezogen ... Da war schon mal einer, beim stinkigen Pelz, der immer loszog, ohne Proviant mitzunehmen; dem haben sie eins übergezogen, daß er nirgends mehr hingeht, weder mit Proviant noch ohne, daß er bloß noch zu Hause sitzt, so haben sie's ihm gegeben ...

Und dann steht da Schwanz neben dem Alten, der wieder mal bei ihm zu Hause frühstückt, und redet auf ihn ein: »Du bist ja schon wieder am Essen, schlingst in dich 'rein, was dir nicht gehört. Glaub aber nicht, daß es mir leid tut, ich wundre mich bloß, wie ein einzelner dürrer Greis so viele Töpfe kräftigster Nahrung bewältigt. Iß ruhig«, sagt Schwanz, »aber antworte mir offen: Vielleicht bist du gar nicht der einzige

Alte bei uns im Dorf? Seid ihr nicht vielleicht doch zu dritt oder wenigstens zu zweit? Dich anzuschaun ist nämlich direkt schauerlich, du ißt und ißt, schlägst dir die Seiten voll und beginnst dann deine alte Leier, daß man dies und jenes nicht dürfe ...«

Nawa lief neben Candide her, hatte seinen Arm mit beiden Händen umklammert und erzählte voller Eifer: »Da hat bei uns im Dorf noch ein Mann gewohnt, den nannten sie den Gekränkten, du wirst dich nicht an ihn erinnern, weil du damals ohne Bewußtsein warst. Dieser Mann war über alles und jedes gekränkt, und immer fragte er nur: Warum? – Warum ist es am Tage hell, in der Nacht dunkel? Warum sind Käfer zuweilen trunken, Ameisen dagegen nie? Warum interessieren sich die Schatten nur für Frauen und nicht für Männer? Die Schatten haben ihm nacheinander zwei Frauen entführt. Die erste noch vor meiner Zeit, die zweite, als ich schon bei euch im Dorf war. Er lief umher und stellte immerzu die Frage, warum sie nicht ihn, sondern seine Frau entführt hätten ... Er trieb sich absichtlich tage- und nächtelang im Wald herum, damit sie ihn gleichfalls wegschnappen sollten und er seine Frauen wiederfände, wenigstens eine, aber sie haben ihn natürlich nicht weggeschnappt, weil die Schatten mit Männern nichts anfangen können, sie brauchen Frauen, das ist bei ihnen nun mal so eingeführt, sie denken gar nicht dran, wegen so einem Gekränkten ihre Gepflogenheiten zu ändern ... Dann hat er auch dauernd gefragt, warum auf den Feldern gearbeitet werden muß, wo doch der Wald genügend Nahrung hergibt – einfach Gärmasse drüber, und fertig ist das Essen. Sagt der Dorfälteste zu ihm: Du brauchst nicht zu arbeiten, wenn du nicht willst, mit Gewalt schleppt dich niemand aufs Feld – er aber immer die gleiche Leier: Warum, warum? – Auch Faust hat er den Nerv getötet. Warum, sagte er, ist das Oberdorf von Pilzen zugewachsen, während unsers nicht zuwächst? Faust hat ihm anfangs geduldig erklärt: Bei denen im Oberdorf hat die *Besetzung* bereits stattgefunden, bei uns aber noch nicht, so ist das. Worauf er wieder fragte: Und warum findet bei uns die *Besetzung* nicht statt? Was du nur dauernd mit deiner *Besetzung* hast, fragt Faust, hast du solche Sehnsucht danach? Doch der Gekränkte hörte nicht auf, er schaffte Faust völlig. Bis der schließlich losbrüllte, daß es im ganzen Dorf zu hören war, bis er mit den Fäusten fuchtelte und zum Dorfältesten lief, um sich zu beklagen. Der Dorfälteste wurde ebenfalls wütend, er trommelte das ganze Dorf zusammen, und dann rannten sie alle hinter dem Gekränkten her, um ihn zu bestrafen. Sie haben ihn aber nicht eingeholt ... Nicht mal den Alten hat er in Ruhe gelassen. Zunächst stellte der Alte seine Freßbesuche bei ihm ein, versteckte sich sogar vor ihm, aber schließlich hielt er es nicht mehr aus und sagte: Laß mich endlich in Frieden, ich krieg' ja deinetwegen keinen Bissen mehr 'runter. Woher soll ich wissen, warum? In der *Stadt* werden sie schon wissen, warum. Basta. Da ging der Gekränkte in die *Stadt* und kam nicht mehr zurück ...«

Langsam glitten rechts und links gelbgrüne Flecken vorüber, dumpf bliesen die reif gewordenen Tollpilze und verstreuten fächerförmig rote Sporenfontänen, mit Geheul kam eine verirrte Waldwespe angeflogen und wollte sie ins Auge stechen, so daß sie an die hundert Schritt laufen mußten, um sie abzuschütteln; geräuschvoll und emsig zimmerten, sich an Lianen festklammernd, verschiedenfarbige Unterwasserspinnen ihre Behausungen. Springbäume kauerten geduckt, zum Satz bereit da, doch als sie die Anwesenheit der Menschen spürten, verharrten sie reglos, versuchten den Anschein zu erwecken, ganz gewöhnliche Bäume zu sein. Nichts aber, worauf der Blick verweilen könnte, nichts, was sich eingeprägt hätte. Nichts auch, worüber man hätte nachdenken können, denn dächte man an Karl, die vergangene Nacht und das ertrunkene Dorf, verlöre man sich in Fieberträume.

»Dabei war der Gekränkte kein schlechter Mensch, er und Hinkebein fanden dich seinerzeit im Dickicht. Eigentlich wollten sie zum Ameisendorf, doch dann verschlug sie's ins Dickicht, dort haben sie dich gefunden und hergeschleppt, das heißt, geschleppt hat dich eigentlich der Gekränkte, während Hinkebein hinterhermarschierte und alles aufhob, was aus deinen Taschen fiel … Alles mögliche hat er aufgelesen, wie er sagt, bloß hat er's mit der Angst zu tun bekommen und die Sachen weggeworfen. Solche Sachen, sagt er, sind bei uns noch nie gewachsen, können es auch gar nicht. Schließlich hat dir der Gekränkte deine Kleider ausgezogen, ganz eigenartige Kleider hattest du an, keiner begriff, wo so was wächst und wie … Na jedenfalls hat er die Kleidung in Stücke geschnitten und ringsum ausgesät, er dachte, vielleicht wächst sie. Aber da ist nichts gewachsen, nicht mal aufgegangen ist sie, und wieder lief er durchs Dorf und fragte: Warum wächst unsere Kleidung, wenn man sie in Stücke schneidet und aussät, die vom Schweiger aber geht nicht mal auf? – Er hat auch dir oft zugesetzt, hätte dir das Leben zur Hölle gemacht, nur warst du damals bewußtlos und hast immerzu unverständliches Zeug vor dich hingemurmelt, genau wie der ohne Gesicht, auch hast du dich mit dem Arm abgeschirmt. Bis er endlich von dir abließ, ohne etwas erreicht zu haben. Danach sind noch viele Männer ins Dickicht gegangen, auch Faust und Schwanz, sogar der Dorfälteste ging mit, sie hofften, wieder einen zu finden wie dich. Aber sie haben keinen gefunden … Dann haben sie dich mir übergeben. Pfleg ihn gesund, so gut du kannst, haben sie gesagt, wenn du ihn gesund machst, kannst du ihn heiraten, er ist zwar ein Fremder, aber du bist ja auch eine Fremde. Ja, Schweiger, ich bin auch eine Fremde. Und das kam, weil Schatten meine Mutter und mich in einer mondlosen Nacht gepackt haben …«

Die Gegend wurde nun wieder hügliger, doch nahm die Feuchtigkeit deswegen nicht ab, nur sauberer wurde der Wald. Es gab keine Baumkronen mehr, keine verfaulten Äste, kein verwesendes Lianengestrüpp. Das Grün ringsum war gelben und orangenen Farbtönen gewichen. Die Bäume wuchsen gerade, und der Sumpf, frei von Moos und Schlammhügeln, machte einen ungewöhnlich glatten Eindruck. Verschwunden war auch das Pflanzengewirr, man konnte zu beiden Seiten weit sehen. Selbst das Gras am Wegrand wurde geschmeidiger und saftiger, ein Hälmchen stand am andern, so als hätte sie jemand sorgsam zusammengetragen und gepflanzt.

Nawa brach mitten im Satz ab, zog schnuppernd die Luft ein und sagte geschäftig, während sie nach allen Seiten Ausschau hielt: »Wo sollen wir uns denn hier verstecken? Hier gibt's doch nichts, wo man sich verstecken könnte ...«

»Meinst du, hier würde jemand auftauchen?« fragte Candide.

»Hier wimmelt's bestimmt von Wesen, ich weiß bloß nicht, von welchen ... Es sind zwar keine Schatten, dennoch wär's besser, sich zu verstecken. Wir können es natürlich auch sein lassen, sie sind sowieso schon sehr nah, und es gibt ja gar kein Versteck. Laß uns am Wegrand stehenbleiben und Ausschau halten ...« Sie schnupperte erneut. »Ein eigenartiger Geruch, nicht direkt gefährlich, trotzdem wär' er besser nicht da ... Riechst du denn überhaupt nichts, Schweiger? Das stinkt doch wie modrige Gärmasse. Als hättest du einen Topf fauliger, schimmelnder Gärmasse vor der Nase ... Ach, da sind sie ja! Na, die sind zum Glück ziemlich klein, ist nicht weiter schlimm, die hast du im Nu vertrieben ... Ksch-ksch-ksch!«

»Sei still!« sagte Candide und strengte die Augen an.

Anfangs schien es ihm, als kröchen ihm auf dem Pfad weiße Schildkröten entgegen. Dann aber sah er Tiere, wie er sie bisher noch nie zu Gesicht bekommen hatte. Sie besaßen Ähnlichkeit mit riesigen undurchsichtigen Amöben oder jungen Baumschnecken, nur daß Schnecken keine Scheinfüßchen hatten und trotz allem größer waren. Es war eine ganze Anzahl solcher Wesen, und sie krochen ziemlich schnell im Gänsemarsch hintereinanderher. Ihre Scheinfüße setzten sie dabei geschmeidig und im gleichen Rhythmus voran.

Bald waren sie ganz nah herangekommen, weiß und glänzend, und nun spürte auch Candide den scharfen, unbekannten Geruch. Er trat vom Pfad an den Wegrand zurück und zog Nawa hinter sich her. Die Schneckenamöben krochen eine nach der andern an ihnen vorbei, ohne ihnen auch nur die geringste Beachtung zu schenken. Es waren insgesamt zwölf, und die letzte, die zwölfte, erhielt von Nawa, die sich nicht beherrschen konnte, einen leichten Fußtritt. Die Schnecke zog hastig das Hinterteil ein und bewegte sich nun in Sprüngen vorwärts. Nawa geriet in Entzücken und wollte schon hinterhereilen, um nochmals zuzustoßen, doch Candide hielt sie an den Kleidern fest.

»Die sind aber auch zu spaßig!« sagte Nawa. »Und sie kriechen, als würden Leute den Pfad entlanggehn ... Wo die wohl hin wollen? Gewiß in dieses eigenartige Dorf, Schweiger, wahrscheinlich sind sie von dort und wollen jetzt zurückkehren, ohne zu wissen, daß in ihrem Dorf schon die *Besetzung* stattgefunden hat. Sie werden eine Weile um das Wasser herumstehen und dann kehrtmachen. Wo sollen sie bloß hin, die Ärmsten? Vielleicht machen sie sich auf die Suche nach einem anderen Dorf? – He, ihr!« rief sie. »Geht nicht weiter! Euer Dorf steht nicht mehr, es gibt nur noch einen See!«

»Schweig«, sagte Candide, »und laß uns weitergehn. Sie verstehen deine Sprache doch gar nicht, du schreist umsonst.«

Sie setzten ihren Weg fort. Der Pfad war jetzt von den Schnecken leicht glitschig. Wir sind uns begegnet und haben uns getrennt, dachte Candide. Sind uns begegnet und aneinander vorbeigegangen. Und ich war es, der Platz gemacht hat. Ich, nicht sie. Dieser Umstand schien ihm plötzlich sehr wichtig. Sie sind klein und wehrlos, ich dagegen bin groß und stark, dennoch bin ich vom Pfad heruntergegangen und hab' sie vorbeigelassen und denke jetzt über sie nach, während sie vorübermarschierten und wahrscheinlich keinen Gedanken an mich verschwenden. Weil sie nämlich im Wald zu Hause sind und ihnen im Wald vieles begegnet. Wie uns im Haus Schaben, Wanzen und Asseln begegnen oder ein hirnloser Schmetterling, der zum Fenster hereinfliegt. Oder eine Fliege, die wild gegen die Scheibe stößt. Dabei stimmt es gar nicht, daß Fliegen gegen die Scheibe stoßen, sie jedenfalls bilden sich ein zu fliegen. Wie ich mir einbilde zu laufen. Und das nur, weil ich die Beine vorwärts bewege ... Gewiß biete ich einen komischen Anblick für einen Außenstehenden und … wie soll ich es ausdrücken … wohl auch einen kläglichen … mitleiderregenden … Was richtiger ist …

»Jetzt muß bald ein See kommen«, sagte Nawa. »Laß uns schneller gehn, ich möchte trinken und essen. Vielleicht kannst du mir ein paar Fische fangen … Sie legten einen Schritt zu. Das Dickicht begann. Nun gut, dachte Candide, ich habe also Ähnlichkeit mit einer Fliege. Hab' ich auch Ähnlichkeit mit einem Menschen? Karl kam ihm in den Sinn und die Tatsache, daß Karl so gar keine Ähnlichkeit mit Karl besessen hatte. Ist sogar sehr gut möglich, dachte er gelassen. Durchaus möglich, daß ich ganz und gar nicht jener Mensch bin, der damals mit dem Hubschrauber abgestürzt ist. Vor ich weiß nicht wieviel Jahren. Bloß ist dann unverständlich, warum ich gegen das Glas schlage. Karl, als ihm *das* widerfahren war, hat bestimmt nicht mehr gegen das Glas geschlagen. Das wird ja seltsam werden, wenn ich plötzlich in der Biostation auftauche und sie mich zu Gesicht kriegen. Gut, daß mir diese Idee gekommen ist. Darüber muß ich lange und gründlich nachdenken. Gut auch, daß noch viel Zeit ist und ich die Biostation nicht so bald erreiche …

Der Weg gabelte sich. Der eine Pfad führte offenbar zum See, der andere bog seitlich ab, strebte steil aufwärts.

»Nicht dorthin«, sagte Nawa, »der führt ja nach oben, ich aber will trinken.«

Der Weg zum See wurde immer schmaler, ähnelte mehr einer Furche und endete schließlich im Schilf. Nawa blieb stehen. »Weißt du, Schweiger«, sagte sie, »vielleicht sollten wir doch nicht zu diesem See gehen. Er gefällt mir nicht, dieser See, irgendwas stimmt da nicht. Meiner Ansicht nach ist das nicht mal ein richtiger See, außer Wasser gibt's dort bestimmt noch eine Menge anderes Zeug …«

»Wasser gibt es aber?« fragte Candide. »Du wolltest doch trinken. Ich selbst wär' auch nicht dagegen …«

»Ja, Wasser wird's geben«, sagte Nawa unwillig, »aber gewiß nur warmes. Schlechtes Wasser, unsauberes … Weißt du was, Schweiger, bleib du hier stehen, du machst zuviel Lärm beim Laufen, ich kann kaum was hören, so viel Krach machst du. Bleib du hier stehen und wart auf mich, ich ruf' dich dann, mit dem Ruf des Springbocks. Weißt du, wie ein Springbock ruft? Genauso werd' ich rufen. Du aber bleib hier stehen, noch besser, setz dich hin ...«

Sie tauchte ins Schilf ein und war verschwunden. Und erst da kam Candide die dumpfe, wattige Stille zu Bewußtsein, die hier herrschte. Es gab weder das Getön der Insekten noch das Seufzen und Stöhnen des Sumpfs, kein Waldtier gab Laut, und unbeweglich stand die stickig-feuchte Luft. Es war nicht die trockene Stille des seltsamen Dorfes, dort war es leise gewesen, wie das nachts hinter Theaterkulissen zu sein pflegt. Hier aber herrschte eine Stille wie unter Wasser. Candide ging vorsichtig in die Hocke nieder, riß einige Grashalme aus, zerrieb sie zwischen den Fingern und stellte zu seiner Verblüffung fest, daß die Erde genießbar sein mußte. Er riß ein Grasbüschel mitsamt der Erde heraus und begann zu essen. Das Gras stillte Hunger und Durst gleichermaßen gut, es war kühl und vom Geschmack her leicht säuerlich. Käse ist das, dacht Candide. Jawohl, Käse ... Was war Käse doch gleich? Es gab Schweizer Käse, Schmelzkäse, Camembert. Seltsam ...

Lautlos tauchte Nawa aus dem Schilf auf. Sie setzte sich neben ihn und begann gleichfalls zu essen, hastig und akkurat. Sie hatte auf einmal kugelrunde Augen.

»Gut, daß wir hier gegessen haben«, sagte sie schließlich. »Willst du mal sehen, was das für ein See ist? Ich würd' ihn mir gern noch mal anschaun, aber allein hab' ich Angst. Es ist derselbe See, von dem Hinkebein immer erzählt, nur hab' ich immer geglaubt, er denkt sich das alles aus oder hätt's geträumt, dabei ist alles wahr, obwohl ich das vielleicht auch bloß geträumt hab' ...«

»Komm, wir schaun's uns an«, sagte Candide.

Der See war keine fünfzig Schritt entfernt. Candide und Nawa ließen sich auf schlammigem Boden zu ihm hinunter und schoben das Schilf auseinander. Über dem Wasser lag eine dicke weiße Nebelschicht. Das Wasser war warm, sogar heiß, doch sauber und klar. Es roch nach Essen. Der Nebel wallte langsam und gleichmäßig, und schon nach einer Minute verspürte Candide ein Schwindelgefühl. Im Nebel war jemand. Menschen. Viele Menschen. Und alle waren sie nackt und lagen völlig reglos auf dem Wasser. Der Nebel hob und senkte sich in rhythmischen Abständen, wobei er die gelblichweißen Körper mit den zurückgeworfenen Gesichtern bald bloßlegte, bald verhüllte. Die Menschen dort schwammen aber nicht, sie lagen auf dem Wasser wie am Strand. Candide schauderte. »Komm weg hier«, flüsterte er und zog Nawa am Arm. Sie erklommen das Ufer und kehrten zum Pfad zurück.

»Das sind keine Ertrunkenen«, sagte Nawa. »Hinkebein hat nicht das geringste begriffen. Sie haben hier einfach gebadet, da muß sie ein heißer Quell getroffen und zu Tode gebrüht haben ... Wie furchtbar, Schweiger«, sagte sie nach kurzem Schweigen. »Nicht mal sprechen möcht' ich davon ... Und wie viele es waren, ein ganzes Dorf ...«

Sie hatten die Stelle erreicht, wo sich der Weg gabelte, und blieben stehen.

»Jetzt da hinauf?« fragte Nawa.

»Ja«, sagte Candide. »Jetzt da hinauf.«

Sie bogen rechts ein und stiegen den Hügel empor.

»Und alles Frauen«, sagte Nawa. »Hast du das bemerkt?«

»Ja«, sagte Candide.

»Das ist das Furchtbare daran, ich kann das absolut nicht begreifen. Vielleicht ...«, Nawa sah Candide an, »vielleicht sind es die Schatten – sie fangen sie aus allen Dörfern ein, treiben sie zum See und kochen sie ... Hör mal, Schweiger, warum sind wir bloß aus unserm Dorf weg? Wären wir im Dorf geblieben, dann hätten wir das alles nie zu Gesicht bekommen. Wir hätten geglaubt, daß Hinkebein sich diese Geschichten ausdenkt, und seelenruhig dahinlebt, aber nein, du mußtest ja in die *Stadt* ... Weshalb nur mußtest du unbedingt in die *Stadt*?«

»Ich weiß es nicht«, sagte Candide.

Sie lagen in den Büschen am äußersten Waldrand und schauten durchs Blattwerk zur Hügelkuppe hinauf. Der Hügel war kahl, er stieg nicht allzu steil an, und auf seiner Kuppe saß wie eine Mütze eine Wolke violetten Nebels. Über dem Hügel erstreckte sich weit der Himmel, ein böiger Wind trieb graue Wolken vor sich her, kalter Regen fiel. Der violette Nebel jedoch stand unbeweglich, so als gäbe es nicht den geringsten Wind. Es war ziemlich kühl, ja direkt frisch, sie waren durchnäßt und fröstelten, ihre Zähne schlugen gegeneinander, doch war an Weggehen nun nicht mehr zu denken. Denn zwanzig Schritt von ihnen entfernt standen, hochaufgerichtet wie Statuen und mit weitgeöffneten schwarzen Mündern, drei Schatten, die leeren Blicks gleichfalls zum Hügel emporschauten. Die Schatten waren vor fünf Minuten hier aufgetaucht. Nawa hatte sie gewittert und davonstürzen wollen, doch Candide hatte ihr mit der Hand den Mund zugehalten, sie ins Gras zurückgedrückt. Inzwischen hatte sie sich ein wenig beruhigt, und wenn sie noch immer heftig zitterte, dann nicht mehr vor Angst, sondern vor Kälte. Sie starrte auch nicht die Schatten an, sondern hinauf zur Hügelkuppe.

Auf dem Hügel aber und um ihn herum ging Seltsames vor – eine Art gigantisches Aufundabwogen. Da kamen mit lautem Baßgebrumm gewaltige Fliegenschwärme aus dem Wald geschossen, strebten der Hügelkuppe zu und verschwanden im Nebel. Die Abhänge waren auf einmal von Ameisen- und Spinnenkolonnen bevölkert, aus dem Gesträuch ergossen sich Hunderte von Amöbenschnecken, unübersehbare Schwärme von Bienen und Wespen sowie Wolken vielfarbiger Käfer flogen zielstrebig durch den Regen. Ein Brausen erhob sich wie bei aufkommendem Sturm. Es war eine ganze Woge, die zur Hügelkuppe aufstieg, sich in den violetten Nebelschleier hineinfraß und darin verschwand. Dann griff plötzlich Stille um sich, der Hügel wurde wieder tot und kahl. Doch nach einer Weile wurde es erneut turbulent und laut, alles, was vorher eingetaucht war, quoll aus dem Nebel zurück und strebte dem Wald zu. Lediglich die Schnecken blieben auf der Kuppe, sonst aber stürzte das unwahrscheinliche Getier hügelabwärts: Fadenwürmer kollerten, plumpe Handfresser hinkten auf knickenden Beinen hinab, neben noch anderen, nie gesehenen Wesen, die grellbunt, vieläugig, nackt und glänzend, halb Tier und halb Insekt waren. Dann setzte wieder Stille ein, und erneut ging alles von vorn los, noch einmal und noch einmal, in erschreckendem, wildem Rhythmus, mit einer nicht nachlassenden Intensität, so daß es aussah, als wäre das schon seit jeher so gewesen und würde auch so bleiben, in dem gleichen wilden Rhythmus und mit der gleichen Stärke ... Einmal kam mit furchtbarem Geheul ein junger Hippozet aus dem Nebel gekrochen, mehrfach tauchten Schatten auf und stürzten, weißliche Streifen erkaltenden Dampfs zurücklassend, unverzüglich in den Wald hinein. Der bewegliche violette Nebel aber sog ein und spie aus, sog ein und spie aus, unablässig und regelmäßig wie eine Maschine.

... Hinkebein hat gesagt, daß die *Stadt* auf einem Hügel steht. Vielleicht ist das hier die *Stadt*, vielleicht nennen sie das *Stadt*? Ja, bestimmt ist das die *Stadt*. Doch worin liegt ihre Bedeutung? Wozu existiert sie? Und dieses seltsame Auf und Ab ... Irgendwas Ähnliches hab' ich erwartet ... Ach Unsinn, nichts hab' ich erwartet. Lediglich über die Herren der *Stadt* hab' ich mir Gedanken gemacht, doch wo sind sie – diese Herren?

Candide schaute zu den Schatten hin. Sie standen noch immer in der gleichen Haltung da, die Münder weit geöffnet. Vielleicht irre ich mich, dachte Candide. Vielleicht sind sie die Herren. Wahrscheinlich irre ich mich stets und ständig. Ich hab' das Denken hier völlig verlernt. Und wenn mir hin und wieder doch mal ein paar Gedanken kommen, dann erweist sich, daß ich außerstande bin, sie miteinander in Verbindung zu bringen ... Keine einzige Schnecke hat bisher den Nebel wieder verlassen. Frage: Weshalb ist noch keine einzige Schnecke aus dem Nebel gekommen? – Aber nein, so wird das nichts. Ich muß der Reihe nach vorgehen. Ich bin auf der Suche nach dem Ursprung der vernunftbegabten Tätigkeit ... Stimmt nicht, stimmt wieder nicht. Mich interessiert diese Tätigkeit nicht im geringsten. Ich suche einfach jemanden, der mir helfen kann, nach Hause zurückzukehren. Der mir helfen kann, tausend Kilometer Wald zu überwinden. Der mir wenigstens sagen kann, in welcher Richtung ich gehen muß ... Die Schatten müssen doch Herren haben, und ich suche diese Herren, suche den Ursprung der vernunftbegabten Tätigkeit. Candide lebte ein wenig auf: Das klang immerhin logisch. Beginnen wir also nochmals von vorn, durchdenken alles ruhig und ohne Hast. Hast ist jetzt fehl am Platz, jetzt ist genau der Zeitpunkt, alles noch mal in Ruhe zu durchdenken. Beginnen wir ganz von vorn. Die Schatten müssen Herren haben, weil sie weder Menschen noch Tiere sind. Folglich sind sie von irgendwem erschaffen. Wenn sie keine Menschen sind ... Doch halt, wieso eigentlich sind sie keine Menschen? Er rieb sich die Stirn. Diese Frage hab' ich doch schon geklärt. Vor langer Zeit bereits, noch im Dorf. Ich hab' sie sogar zweimal geklärt, weil ich beim erstenmal die Lösung vergessen hatte. Jetzt dagegen hab' ich die Beweise vergessen ...

Er schüttelte heftig den Kopf, und Nawa zischte ihn leise an. Er verstummte und lag einige Zeit unbeweglich da, das Gesicht ins nasse Gras gepreßt.

... Und wieso sie keine Tiere sind, wußte ich ebenfalls schon mal ... Die enorm hohe Temperatur ... Aber nein, das war's nicht ... Plötzlich wurde er sich voller Entsetzen bewußt, daß er sogar vergessen hatte, wie die Schatten aussahen. Er erinnerte sich nur noch an ihre glühenden Körper und an einen scharfen Schmerz in den Handflächen. Er drehte den Kopf und schaute die Schatten an. Jawohl. Ich darf nicht nachdenken, nachdenken ist schädlich für mich, gerade jetzt, da ich eigentlich gründlicher nachdenken müßte als jemals zuvor. ›Es ist Zeit, was zu essen‹ – das hast du mir schon oft gesagt, Nawa; ›übermorgen gehn wir fort‹ – das ist alles, was ich denken kann. Aber ich bin doch bereits fort! Ich bin hier! Und gehe jetzt in die *Stadt*. Mein ganzes Gehirn ist von Wald überwuchert. Ich begreife überhaupt nichts ... Ach ja, jetzt weiß ich's wieder. Ich bin in die *Stadt* aufgebrochen, damit sie mir alles erklären: Was es mit der *Besetzung* auf sich hat, mit den Schatten, mit der *Großen Bodenauflockerung*, mit den Seen und den Ertrunkenen darin ... Aber das ist wohl alles nur Betrug, auch dabei haben sie gelogen – ich darf niemandem glauben ... Ich hab' gehofft, in der *Stadt* würde man mir erklären, wie ich nach Hause komme, denn der Alte behauptet immer, die in der *Stadt* wüßten alles. Es ist doch völlig unmöglich, daß sie dort nichts von unsrer Biostation wissen, von der *Verwaltung*. Selbst Hinkebein hat die ganze Zeit von irgendwelchen Teufelsfelsen und fliegenden Dörfern geschwafelt ... Aber kann der violette Nebel denn irgend etwas erklären? Wenn diese lila Wolke etwa die Herren verkörperte, das wäre schrecklich! Doch was heißt, »es wäre«? Es ist schon jetzt schrecklich! Das bietet sich ja geradezu an, Schweiger: Der lila Nebel ist Herr über alles. Ist das so schwer zu begreifen? Und überhaupt ist das alles andere als Nebel ... Das also ist des Rätsels Lösung, deshalb sind die Menschen wie Tiere in den dichten Wald gejagt worden, in die Sümpfe, wurden sie in den Seen ertränkt: Sie waren zu schwach, begriffen nichts, und wenn sie doch begriffen, konnten sie sich nicht zur Wehr setzen ... Als ich noch nicht gefangen, sondern zu Hause war, wies jemand mal sehr überzeugend nach, daß ein Kontakt zwischen humanoider und nichthumanoider Vernunft möglich sei. Ja, er ist unmöglich. Natürlich ist er unmöglich. Deshalb wird mir auch niemand sagen, wie ich nach Hause gelangen kann. Ein Kontakt zwischen mir und den Menschen ist also gleichfalls unmöglich, dafür bin ich der Beweis. Ich kann höchstens noch einmal die Teufelsfelsen sehen. Es wird erzählt, daß sie zu sehen sind, wenn man im günstigen Augenblick auf einen geeigneten Baum klettert. Nur müßte ich zuerst einen geeigneten Baum finden, einen normalen irdischen Baum. Einen, der nicht springt, dich nicht wegstößt. Der nicht bestrebt ist, dich ins Auge zu stechen. Aber es gibt eben keinen Baum, von dem aus ich die Biostation erblicken könnte ... Halt mal, Biostation? – Bi-o-sta-ti-on. Ich hab' vergessen, was das ist – eine Biostation.

Wieder begann der Wald zu summen, zu brummen, zu bersten, zu fauchen, wieder stoben Scharen von Fliegen und Ameisen zur violetten Kuppel auf. Ein Schwarm zog über ihren Köpfen vorüber, und auf die Büsche rieselte ein Schwall verendeter oder geschwächter, regloser und zu keiner Bewegung mehr fähiger Insekten herab, die in der Masse zerdrückt worden waren. Candide spürte ein unangenehmes Brennen am Arm und schaute ihn an. Sein Ellbogen, auf die lockere Erde gestützt, war von feinen Pilzfäden umsponnen. Candide zerrieb sie gleichmütig mit der Hand. Die Teufelsfelsen aber, dachte er, sind ein Trugbild, es gibt keine Teufelsfelsen. Wenn sie davon berichten, lügen sie, nichts, aber auch gar nichts stimmt an ihren Märchen, und jetzt weiß ich schon nicht mal mehr, weshalb ich mich eigentlich hierher aufgemacht habe ...

Seitlich ertönte ein bekanntes, furchteinflößendes Schnauben. Candide wandte den Kopf. Hinter sieben Bäumen hervor stierte ein gewaltiger Hippozet zum Hügel. In einen der Schatten kam plötzlich Leben, er scherte aus und ging einige Schritt auf das Tier zu. Erneutes Schnaufen, ein Knacken in den Bäumen – der Hippozet entfernte sich. Sogar sie haben Angst vor den Schatten, dachte Candide. Wer hätte keine? Wo fände man ein Wesen, das keine Angst hätte? – Die Fliegen stoben mit Geheul vorüber. So was Idiotisches – heulende Fliegen, heulende Wespen ...

»Mutter!« flüsterte Nawa plötzlich. »Dort geht meine Mutter ...«

Sie stand auf allen vieren und schaute nach hinten über die Schulter. Ihr Gesicht drückte gewaltige Verwunderung und Unglauben aus. Da sah Candide drei Frauen aus dem Wald kommen und auf den Hügel zugehn. Anscheinend bemerkten sie die Schatten nicht.

»Mutter!« kreischte Nawa mit fremder Stimme und

stürmte, Candide beiseite stoßend, davon. Nun sprang auch Candide auf, und ihm schien, als seien die Schatten ganz nah, als spüre er die Hitze, die von ihren Körpern ausging.

Es sind drei, dachte er. Drei ... Einer allein hätte auch genügt. Er schaute zu den Schatten hin. Das ist mein Ende, dachte er. Wie dumm. Was haben sie hier auch zu suchen, diese Weiber? Wie ich sie hasse, ständig gibt's ihretwegen Scherereien.

Die Schatten schlossen die Münder und wandten die Köpfe langsam Nawa zu. Dann setzten sie sich wie auf Kommando gleichzeitig in Bewegung, und Candide sprang ihnen aus den Büschen heraus verzweifelt entgegen.

»Zurück!« rief er den Frauen zu, ohne sich umzudrehen. »Verschwindet! Hier sind Schatten!«

Die Schatten waren riesig, breitschultrig und bestens in Schuß: ohne jeden Kratzer, ohne jede Schramme. Ihre unwahrscheinlich langen Arme reichten bis ins Gras hinunter. Candide baute sich auf dem Weg vor ihnen auf, ohne sie aus den Augen zu lassen. Die Schatten schauten über ihn hinweg und bewegten sich mit selbstsicherer Gelassenheit auf ihn zu. Candide wich zurück, er setzte zum Rückzug an, bestrebt, den unausweichlichen Zusammenstoß und das unausweichliche Ende hinauszuzögern, mit nervöser Übelkeit kämpfend und unfähig stehenzubleiben. Hinter sich hörte er Nawa rufen: »Mutter! Ich bin's! Das ist ja wirklich Mutter!« Die dummen Weiber, warum liefen sie nicht fort? Hatte die Angst sie gelähmt? Bleib stehen, befahl er sich, bleib sofort stehen! Wie lange soll ich denn noch zurückweichen? Doch er brachte es nicht fertig stehenzubleiben. Hinter mir ist doch Nawa, dachte er. Und diese drei Närrinnen ... Dicke, verschlafene, stumpfsinnige Närrinnen ... Und Nawa ... Aber was gehn die mich eigentlich an, dachte er. Hinkebein hätte schon längst das Weite gesucht mit seinem lahmen Bein, von Faust gar nicht zu reden ... Warum soll ich da stehenbleiben? Das ist ungerecht. Aber ich *muß* stehenbleiben! Na los doch, bleib endlich stehen! – Er brachte es dennoch nicht fertig und verachtete sich deswegen. Er sprach sich

Mut zu, haßte sich wegen seiner Feigheit und wich immer weiter zurück.

Plötzlich blieben die Schatten stehen, wieder wie auf Kommando. Der an der Spitze verharrte mitten in der Bewegung, er setzte das Bein, das er gerade gehoben hatte, langsam, scheinbar unschlüssig, ins Gras nieder. Alle drei öffneten sie träge ihre Münder, wandten die Köpfe der Hügelkuppe zu. Candide, noch immer im Rückwärtsgang, sah sich um. Nawa hing mit zappelnden Beinen einer der Frauen am Hals, sie schien zu lächeln und tätschelte ihr den Rücken. Die beiden anderen Frauen standen ruhig daneben und schauten ihnen zu. Schauten nicht etwa zu den Schatten hin, zum Hügel. Nicht einmal Candide, dem fremden, stoppelbärtigen Mann, der womöglich ein Räuber war. Die Schatten aber verharrten unbeweglich, wie antike primitive Skulpturen und als wären ihre Beine in der Erde festgewachsen. Als gäbe es im Wald keine einzige Frau, die es zu greifen und an einen unbekannten Ort zu schleifen galt. Unter ihren Füßen hervor quollen, wie der Rauch eines Opferfeuers, Dampfschwaden.

Da drehte sich Candide um und ging auf die Frauen zu. Er schleppte sich mehr, als er ging, seiner Sache in keiner Weise sicher, er traute weder seinen Augen noch den Ohren und Gedanken. Unter seiner Schädeldecke wühlte schmerzhaft ein Klumpen, sein ganzer Körper tat weh nach dieser Todesanspannung.

»Lauft weg«, sagte er noch von weitem. »Lauft weg, solange es nicht zu spät ist, was steht ihr noch ’rum?« Er wußte bereits, daß seine Worte sinnlos waren, doch er tat mechanisch seine Pflicht, murmelte immer von neuem: »Hier sind Schatten, lauft weg, ich halte sie auf …«

Sie beachteten ihn gar nicht. Nicht, daß sie ihn überhört oder übersehen hätten – das junge Mädchen unter ihnen, blutjung noch, vielleicht ganze zwei Jahre älter als Nawa und dünnbeinig, musterte ihn sogar kurz und lächelte ihm freundlich zu –, er bedeutete ihnen einfach nichts. Er war gleichsam ein großer zugelaufener Hund, wie sie überall herumstreunen, ohne bestimmtes Ziel und bereit, sich stundenlang vor einem aufzubauen, um auf sonstwas zu hoffen.

»Warum lauft ihr denn nicht fort?« fragte Candide leise. Er erwartete schon gar keine Antwort mehr und erhielt auch keine.

»Oje«, sagte die dritte, die schwanger war, lachend und schüttelte den Kopf. »Wer hätte das für möglich gehalten? Du etwa?« Sie wandte sich zu Nawas Mutter: »Wie war das denn, meine Liebe, hat er tüchtig gekeucht? Hat er dabei geschwitzt und sich abgestrampelt?«

»Bestimmt nicht«, sagte das junge Mädchen. »Es war wunderbar, nicht wahr? Er war frisch wie die Morgenröte und duftete angenehm ...«

»Wie eine Lilie«, fügte die Schwangere hinzu. »Von seinem Geruch wurde einem ganz schwindlig, und die Berührung seiner Hände verursachte ein Kribbeln auf der Haut ... Hast du überhaupt noch ein ›Ach‹ über die Lippen gebracht?«

Die Junge prustete los. Nawas Mutter lächelte schief. Sie waren alle drei stramm, kerngesund und ungewöhnlich sauber, wie gebadet – sie waren auch in der Tat frisch gebadet: Ihr kurzes Haar war naß, und die gelben sackförmigen Kleider klebten an den feuchten Körpern. Nawas Mutter war die kleinste, und wie's schien, die älteste von allen. Nawa hatte sie um die Taille gefaßt und das Gesicht an ihre Brust gepreßt.

»Ach ihr«, sagte Nawas Mutter betont unwirsch, »was wißt ihr schon von diesen Dingen? Ihr habt doch keine Ahnung ...«

»Natürlich nicht«, erwiderte sogleich die Schwangere, »woher sollten wir auch? Deshalb fragen wir dich ja ... Also sag uns bitte, wie sie war, die Wurzel der Liebe.«

»War sie bitter?« fragte die Junge und prustete erneut los.

»Die Frucht war jedenfalls recht süß«, sagte die Schwangere, »wenn auch ziemlich ungewaschen ...«

»Keine Bange«, erwiderte Nawas Mutter, »wir werden sie schon sauber kriegen. Weißt du zufällig, ob das Spinnenbassin gereinigt ist? Oder müssen wir sie ins Tal bringen?«

»Die Wurzel war also bitter«, sagte die Schwangere zur Jungen. »Die Erinnerung daran ist ihr unangenehm. Seltsam, dabei wird erzählt, daß man so was nie vergißt! Hör mal, meine Liebe, er erscheint dir doch noch im Traum?«

»Wie geistreich ihr seid«, sagte Nawas Mutter. »Von eurem Geschwätz wird's einem direkt schlecht ...«

»Aber wir spotten doch gar nicht.« Die Schwangere tat erstaunt. »Es interessiert uns einfach.«

»Du kannst so hinreißend erzählen«, sagte die Junge mit blitzenden Zähnen, »erzähl doch noch was davon ...«

Candide lauschte gierig, bemüht, einen verborgenen Sinn in dieser Unterhaltung zu finden, doch er begriff nicht das geringste. Er sah nur, daß sich die beiden über Nawas Mutter lustig machten, daß die Frau bestrebt war, sich das nicht anmerken zu lassen. Sie versuchte, das Gespräch in andere Bahnen zu lenken, was ihr aber nicht gelang.

Nawa dagegen hatte den Kopf gehoben und sah die Sprechenden aufmerksam an. Sie ließ den Blick von einer zur andern wandern.

»Man könnte meinen, du seist auch schon im See geboren«, sagte Nawas Mutter, nun bereits mit unverhohlenem Ärger, zu der Schwangeren.

»O nein«, sagte die Frau, »ich selbst hab's leider nicht zu solcher Bildung gebracht. Dafür wird aber meine Tochter«, sie klopfte sich mit der Hand auf den Bauch, »im See zur Welt kommen. Das ist schon ein Unterschied.«

»Was hackst du so auf meiner Mutter 'rum, dicke Pute?« schaltete sich plötzlich Nawa ein. »Schau erst mal an dir selbst 'runter, schau, wie du aussiehst, bevor du dich mit andern anlegst! Sonst sag' ich meinem Mann, er soll dir dein dickes Hinterteil mit dem Stock aufwärmen, daß dir die Lust zum Rumhacken vergeht!«

Die drei Frauen brachen in lautes Lachen aus.

»Schweiger!« kreischte Nawa. »Wieso lachen die mich aus?«

Die Frauen sahen, noch immer lachend, Candide an. Nawas Mutter mit Erstaunen, die Schwangere – gleichgültig, die Junge aber mit einem schwer zu definierenden Blick, der ein gewisses Interesse verriet.

»Wer ist denn dieser Schweiger?« fragte Nawas Mutter.

»Das ist mein Mann«, erwiderte Nawa. »Er ist sehr gut zu mir, hat mich vor den Räubern gerettet ...«

»Was heißt hier Mann?« sagte, unangenehm berührt, die Schwangere. »Erzähl selber keine Märchen, Kleine.«

»Erzähl selber keine Märchen«, parierte Nawa unverzüglich. »Was mischst du dich überhaupt ein? Geht's dich vielleicht was an? Ist es dein Mann? Und außerdem red' ich, wenn du's genau wissen willst, nicht mit dir, sondern mit meiner Mutter. Kommt daher wie unser Alter im Dorf, ohne zu fragen und um Erlaubnis zu bitten ...«

»Was denn«, wandte sich die Schwangere an Candide, »bist du tatsächlich ihr Mann?«

Nawa verstummte. Ihre Mutter umschlang sie fest mit den Armen und preßte sie an sich. Dabei sah sie Candide voller Widerwillen und Entsetzen an.

Einzig die Junge hatte ihr Lächeln beibehalten, und dieses Lächeln war so sanft und angenehm, daß sich Candide, als er antwortete, namentlich an sie wandte.

»Aber nicht doch«, sagte er, »natürlich ist sie nicht meine Frau, sondern meine Tochter ...«

Er wollte erzählen, daß Nawa ihn gesund gepflegt und er sie sehr lieb habe, wollte auch sagen, daß er sich freue, daß alles so günstig verlaufen sei, obwohl er nicht das geringste begreife.

Doch da prustete die Junge plötzlich los und fing zu lachen an, wobei sie wild mit den Armen fuchtelte.

»Hab' ich's doch gewußt«, stöhnte sie. »Er ist nicht der Mann der Kleinen, sondern ihrer!« Dabei zeigte sie auf Nawas Mutter. »Es ist ... ihr ... Mann! Ojeoje, ich kann nicht mehr!«

Auf dem Gesicht der Schwangeren zeigte sich ein Ausdruck belustigten Staunens, und sie musterte Candide nun demonstrativ von Kopf bis Fuß.

»Ai-jai-jai-jai«, sagte sie in dem bekannten Tonfall, aber

Nawas Mutter unterbrach sie gereizt: »Hört endlich auf! Das steht einem doch bis hier! Und du«, wandte sie sich an Candide, »mach, daß du wegkommst. Na geh schon, worauf wartest du noch? Verschwinde in den Wald! ...«

»Wer hätte gedacht«, sagte in leisem Singsang die Schwangere, »daß sich die Wurzel der Liebe als so bitter, so dreckig und so behaart erweisen könnte ...« Sie fing den zornigen Blick von Nawas Mutter auf und winkte beschwichtigend ab. »Ist ja gut, meine Liebe«, sagte sie, »ich hör' schon auf. Sei mir nicht böse, Scherz ist Scherz. Wir freuen uns einfach, daß du deine Tochter wiedergefunden hast. Das ist doch ein unwahrscheinliches Glück.«

»Gehn wir nun an die Arbeit oder nicht?« fragte Nawas Mutter. »Wie lange wollen wir uns hier noch mit Geschwatz befassen.«

»Ich geh' ja schon«, sagte die Junge, »hör auf zu schimpfen. Jetzt beginnt sowieso gleich der Ausstoß.«

Sie nickte, lächelte Candide nochmals zu und rannte leichtfüßig den Hügel hinauf. Candide schaute ihr hinterher – sie lief exakt, wie aufgezogen, nicht wie eine Frau. Sie hatte die Kuppe erreicht und tauchte, ohne stehenzubleiben, in den violetten Nebel ein.

»Das Spinnenbassin ist noch nicht gereinigt«, sagte die Schwangere besorgt. »Dauernd haben wir Scherereien mit den Bautrupps ... Wie verfahren wir denn nun?«

»Macht nichts«, sagte Nawas Mutter. »Gehn wir eben ins Tal 'runter.«

»In Ordnung, trotzdem ist's ärgerlich – sich mit einem halb erwachsenen Menschen abzuquälen, ihn bis ins Tal zu tragen, wo wir doch unser eigenes Bassin haben.«

Sie zuckte heftig die Schultern und krümmte sich plötzlich zusammen.

»Du solltest dich hinsetzen«, sagte Nawas Mutter, blickte sich suchend um und schnalzte, als sie den Schatten entdeckte, mit den Fingern.

Einer der Schatten setzte sich sogleich in Bewegung, eilte, vor Hast mehrmals im Gras ausrutschend, herbei, ließ sich vor den Frauen auf die Knie nieder und verschwamm dann auf seltsame Weise, wurde krumm und platt.

Candide klappte mit den Augen: Der Schatten war verschwunden, an einer Stelle befand sich ein bequemer, behaglicher Sessel. Die Schwangere ließ sich mit erleichtertem Ächzen auf den weichen Sitz sinken und lehnte den Kopf zurück.

»Es ist bald soweit«, maunzte sie und streckte zufrieden die Beine aus. »Wenn's nur endlich soweit wäre ...«

Nawas Mutter ging vor ihrer Tochter in die Hocke und schaute ihr in die Augen.

»Groß bist du geworden«, sagte sie. »Und verwildert. Freust du dich, daß wir uns gefunden haben?«

»Na und ob«, sagte Nawa unsicher. »Du bist doch meine Mutter. Ich hab' dich jede Nacht im Traum gesehn ... Und das dort ist der Schweiger, Mutter ...« Und Nawa begann zu erzählen.

Candide blickte in die Runde, er biß die Kiefer fest aufeinander. Nein, das hier war kein Fieberwahn, wie er anfangs noch gehofft hatte. Es war etwas höchst Gewöhnliches, Natürliches, das er nur noch nicht kannte. Aber gab es im Wald vielleicht wenig Unbekanntes? Er mußte sich daran gewöhnen, wie er sich an den Lärm in seinem Kopf, an die eßbare Erde, an die Schatten und vieles andere gewöhnt hatte. Die Herren, dachte er. Das hier sind die Herren. Sie fürchten nichts. Sie geben den Schatten Befehle. Also sind sie die Herren. Also sind sie es, die die Schatten auf Frauenraub ausschicken. Also sind sie es, die ... Er betrachtete die nassen Haare der Frauen. Also ... Und dort Nawas Mutter, die von den Schatten geraubt worden war ...

»Wo badet ihr?« fragte er. »Und wozu? Wer seid ihr? Was wollt ihr?«

»Ist was?« sagte die Schwangere. »Hör nur, meine Liebe, ich glaube, er fragt uns was.«

»Sei mal einen Augenblick still«, sagte die Mutter zu Nawa, »ich kann deinetwegen nichts verstehen ... Was hast du gesagt?« fragte sie die Schwangere.

»Dieses Böckchen dort«, erwiderte die Frau, »will etwas.«

Nawas Mutter sah zu Candide hin und sagte: »Was wird er schon wollen? Wahrscheinlich essen. Sie wollen doch immer essen, und sie essen unheimlich viel, einfach unverständlich, weshalb sie soviel zu essen brauchen, wo sie doch nicht das geringste tun.«

»Ach du Böckchen«, sagte die Schwangere, »armes Böckchen will Gras haben. Bäh-bäh-bäh! – Weißt du eigentlich«, fuhr sie, an Nawas Mutter gewandt, fort, »daß der da ein Mensch von den Weißen Felsen ist? Man stößt jetzt immer häufiger auf sie. Möcht' mal wissen, wie die von dort herunterkommen.«

»Schwieriger zu begreifen ist, wie sie dort hochkommen. Wie sie runterkommen, hab' ich gesehen. Sie lassen sich fallen. Einige gehen drauf dabei, einige bleiben aber auch am Leben.«

»Mutter«, sagte Nawa, »warum schaust du ihn so böse an? Das ist doch der Schweiger! Sag etwas Freundliches zu ihm, sonst ist er gekränkt. Ein Wunder, daß er noch nicht gekränkt ist, ich an seiner Stelle wär's längst ...«

Der Hügel hallte erneut vom Gebrüll wider, schwarze Insektenwolken verdeckten den Himmel. Candide hörte nichts mehr, er sah lediglich, wie sich die Lippen von Nawas Mutter bewegten, die auf ihre Tochter einsprach, sah, wie sich die Lippen der Schwangeren bewegten, die zu ihm redete, und zwar mit einer Miene, als spreche sie in der Tat zu einem Hausziegenbock, der in den Gemüsegarten eingedrungen war. Unvermittelt brach der Lärm ab.

»... wenn du nur nicht so dreckig wärst«, sagte die Schwangere. »Schämst du dich denn kein bißchen?« Sie wandte sich ab und schaute zum Hügel hinüber.

Aus dem lila Nebel kamen auf allen vieren Schatten gekrochen. Sie bewegten sich unsicher und plump und kippten von Zeit zu Zeit um, wobei sie mit dem Kopf gegen den Boden stießen. Zwischen ihnen ging das junge Mädchen von vorhin, sie beugte sich über sie, berührte und schubste sie vorwärts, und einer nach dem andern rappelten sich die

Schatten wieder auf, nahmen eine gerade Haltung an und strebten, anfangs noch stolpernd, dann aber immer festeren Schritts, dem Wald zu. Es sind die Herren, hämmerte es in Candides Kopf, die Herren. Ich kann's nicht glauben, aber es ist so. Was soll ich tun? Er sah zu Nawa hin. Sie schlief. Ihre Mutter saß neben ihr im Gras, sie aber hatte sich zusammengekuschelt und schlief, die Hand der Mutter fest in der ihren.

»Wie schwach sie alle sind«, sagte die Schwangere. »Es wird wieder Zeit für eine gründlichere Säuberung. Sieh doch nur, wie sie dauernd stolpern ... Mit solchen Gehilfen bringen wir die *Besetzung* nie zu Ende.«

Nawas Mutter gab etwas Unverständliches zur Antwort, und dann entspann sich eine Unterhaltung, deren Sinn Candide nicht begriff. Er schnappte nur einzelne Wörter auf, wie seinerzeit in den Fiebergespinsten des Horchers. So stand er einfach da und beobachtete, wie die Junge den Hügel herunterkam und dabei einen plumpen Handfresser an der Pfote hinter sich herschleppte. Warum steh' ich hier noch 'rum, dachte er, irgendwas wollte ich von ihnen, denn sie sind die Herren ... Er konnte sich nicht erinnern.

»Ich stehe eben und basta«, sagte er laut und ärgerlich. »Sie verjagen mich nicht mehr, also steh' ich da. Wie ein Schatten.«

Die Schwangere bedachte ihn mit einem flüchtigen Blick und wandte sich wieder ab.

Die Junge trat zu ihnen und sagte etwas, wobei sie auf den Handfresser wies. Die beiden anderen Frauen musterten das Ungeheuer aufmerksam; die Schwangere erhob sich sogar leicht aus ihrem Sessel. Der riesige Handfresser, der Schrekken aller Dorfkinder, fiepte kläglich, machte vage Versuche, sich loszureißen, und seine furchterregenden Hornkiefer öffneten und schlossen sich kraftlos. Nawas Mutter packte den Unterkiefer des Tieres und renkte ihn mit einer kräftigen, sicheren Bewegung aus. Der Handfresser schluchzte auf und erstarrte, seine Augen überzogen sich mit einem pergamentenen Schleier. Die Schwangere sagte: »... reicht offenbar nicht aus … merk dir's, Kleine … schwache Kiefer, die Augen öffnen sich nur halb … ist wahrscheinlich nicht widerstandsfähig und daher ungeeignet, womöglich sogar schädlich wie jeder Irrtum … Wir müssen eine Säuberung vornehmen, den Standort wechseln und auch hier alles säubern …« – »… Hügel … Trockenheit und Staub …«, hörte Candide das Mädchen sagen, und: »… Der Wald kommt zum Stehen … das weiß ich noch nicht … ihr habt mir's aber ganz anders erzählt …« – »… versuch's ruhig, na los!«

Die Junge schleifte den Handfresser zur Seite, trat einen Schritt zurück und betrachtete ihn eine Weile. Es war eine Art Abschätzen. Ihr Gesicht wurde ernst, zeigte sogar eine gewisse Anspannung. Das Tier schwankte auf seinen plumpen Beinen, bewegte trübsinnig den verbliebenen Kiefer und knirschte schwach: »Na siehst du«, sagte die Schwangere. Das Mädchen trat nun entschlossen vor das Tier und ging in die Hocke, dabei die Hände auf die Knie stützend. Der Handfresser begann plötzlich am ganzen Leib zu zittern und kippte auf die Seite, alle viere von sich gestreckt, so als wäre ein Zentnergewicht auf ihn niedergekracht. Die Frauen lachten. Nawas Mutter sagte: »Nun hör schon auf, warum glaubst du uns nicht?«

Das Mädchen gab keine Antwort. Sie stand vor dem Handfresser und beobachtete, wie er langsam und vorsichtig die Pfoten unter sich zog, aufzustehen versuchte. Ihr Gesicht wurde spitz. Sie riß das Tier mit einem Ruck in die Höhe, stellte es auf die Beine und machte eine Bewegung, als wollte sie es umarmen. Von einer ihrer Handflächen glitt ein violetter Nebelstrahl zur andern, durch den Körper des Tieres hindurch. Der Handfresser kreischte auf, krümmte sich, streckte sich und begann heftig mit den Pfoten zu rudern. Er wollte fortlaufen, entwischen, sich in Sicherheit bringen, hetzte hierhin und dorthin, das Mädchen aber folgte ihm, beugte sich über ihn, bis er niederstürzte, die Pfoten unnatürlich verrenkt, sich zu einem Knäuel zusammenrollend. Die Frauen schwiegen. Das Tier verwandelte sich in einen grellfarbenen, Schleim absondernden Klumpen, und erst da trat das Mädchen zurück. Sie sagte, in seine Richtung blikkend: »Was für ein Unrat ...«

»Wir müssen mit der Säuberung beginnen«, wiederholte die Schwangere und erhob sich, »mit der Säuberung. Fang an, es lohnt nicht, noch länger zu warten. Hast du alles begriffen?«

Das Mädchen nickte.

»Dann gehn wir jetzt, du aber mach dich an die Arbeit.«

»Eine fähige *Freundin*«, lobte die Schwangere. »Ein Prachtmädel.«

»Sie wird einmal herrschen«, sagte Nawas Mutter und erhob sich gleichfalls. »Sie hat Charakter. Trotzdem, wir müssen jetzt los.«

Candide hörte kaum auf das, was sie sagten. Er konnte einfach nicht den Blick von der schwarzen Pfütze lösen, die dort zurückgeblieben war, wo sie die Handfresser erledigt hatte. Sie hat ihn nicht mal berührt, dachte er, keinen Finger hat sie krumm gemacht, hat sich lediglich über ihn gebeugt und getan, wonach ihr der Sinn stand ... So ein sympathisches, sanftes Mädchen ... keinen Finger hat sie krumm gemacht ... Muß ich mich auch daran gewöhnen? Ja, dachte er, ich muß. Er schaute zu, wie die Mutter und die Schwangere Nawa vorsichtig auf die Beine stellten, sie am Arm faßten und in den Wald hinein, zum See führten. Ohne ihn noch weiter zu beachten oder das Wort an ihn zu richten. Und wieder sah er auf die Pfütze. Er fühlte sich klein, jämmerlich und hilflos, gab sich aber dennoch einen Ruck und folgte ihnen. Er holte sie ein und trottete, schwitzend vor Angst, in zwei Schritt Entfernung hinter ihnen her. Er spürte etwas Heißes in seinem Rücken näher kommen, schaute sich um und sprang zur Seite. Ihm auf den Fersen folgte ein riesiger Schatten – schwer, Hitze verströmend, lautlos, stumm. Ruhig Blut, dachte Candide, das ist doch nur ein Roboter, ein Diener. Und unvermittelt sagte er sich: Ich dagegen bin gar nicht so dumm, bin immerhin dahintergekommen. Von allein. Ich hab' zwar vergessen, auf welche Weise, aber das ist unwichtig. Wichtig ist, daß ich's begriffen habe, dahintergestiegen bin. Alles zueinander in Beziehung gesetzt und begriffen habe – ganz allein … Mein Gehirn funktioniert also noch, klar? murmelte er vor sich hin und starrte die Frauenrücken an. Ihr braucht gar nicht so überheblich zu tun … Ich kann auch das eine und andere.

Die Frauen unterhielten sich nun über jemanden, der »nicht bei seinen Leisten geblieben« und so zum Gespött geworden war. Irgendwas daran schien sie zu amüsieren, sie lachten. Sie gingen durch den Wald und lachten. So als gingen sie die Dorfstraße entlang zu einem abendlichen Schwatz. Dabei war ringsum Wald und unter ihren Füßen nicht mal ein Pfad, sondern dichtes, helles Gras, in dem es kleine, unscheinbare Blumen gab, deren Sporen einem unter die Haut drangen und im Körper keimten. Sie aber kicherten und schwatzten und wetzten ihre Zungen, während Nawa im Schlaf zwischen ihnen lief. Wenigstens richteten sie es so ein, daß sie einigermaßen sicher ausschritt, nicht weiter stolperte … Die Schwangere schaute sich flüchtig um, erblickte Candide und sagte zerstreut: »Du bist ja immer noch hier. Mach, daß du in den Wald kommst, in den Wald … Was trottest du hinter uns her?«

Ja, dachte Candide, warum eigentlich? Was gehn mich diese Frauen an? Aber da war etwas, das ich von ihnen erfahren wollte … Nein, das nicht … Nawa! Jetzt hatte er's wieder. Er begriff, daß er Nawa verloren hatte. Dagegen konnte er nicht an. Nawa ging mit ihrer Mutter fort, es hatte alles seine Richtigkeit, sie ging zu den Herrschenden. Und ich? Ich bleibe zurück. Warum folge ich ihnen dann noch? Um Nawa zu begleiten? Sie schläft doch aber, sie haben sie eingeschläfert. Trauer bemächtigte sich seiner. Leb wohl, Nawa, dachte er.

Sie gelangten an die Weggabelung, die Frauen bogen nach links ab, zum See. Zum See mit den Ertrunkenen. Aber das sind sie ja selbst, die Ertrunkenen, dachte Candide. Wieder mal war ihnen alles falsch erzählt, waren Lügen verbreitet worden … Sie passierten die Stelle, wo Candide, Erde essend, auf Nawa gewartet hatte. Wie lange das schon her ist, dachte er, fast so lange wie die Biostation ... Bio-station ... Er brachte kaum die Füße hoch; wäre ihm nicht der Schatten auf den Fersen gewesen, er hätte die Verfolgung gewiß schon aufgegeben. Plötzlich blieben die Frauen stehen und sahen ihn an. Ringsum war Dickicht, der Boden unter den Füßen war warm und morastig. Nawa stand mit geschlossenen Augen, leicht schwankend, da, während ihn die Frauen nachdenklich musterten.

Da erinnerte er sich.

»Wie komme ich zur Biostation?« fragte er.

Auf ihren Gesichtern spiegelte sich Erstaunen, da wurde er sich der Tatsache bewußt, daß er in seiner Heimatsprache gesprochen hatte. Was ihn selbst verblüffte. Er konnte sich schon nicht mehr erinnern, wann er zum letztenmal so gesprochen hatte.

»Wie komme ich zu den Weißen Felsen?« fragte er.

Die Schwangere sagte, spöttisch lächelnd: »Das also will er, unser Böckchen ...« Sie hatte sich nicht an ihn, sondern an Nawas Mutter gewandt. »Komisch, sie begreifen nicht das geringste. Nicht einer von ihnen begreift etwas. Stell dir doch nur mal vor, wie sie zu den Weißen Felsen trotten und plötzlich mitten in die Kampfzone geraten!«

»Sie verfaulen dort bei lebendigem Leibe«, sagte Nawas Mutter versonnen, »sie trotten dahin, verfaulen im Laufen und bemerken nicht mal, daß sie nicht vom Fleck kommen, sondern auf der Stelle treten ... Aber soll er ruhig gehen, für die *Auflockerung* kann das nur gut sein. Verfault er – ist es von Nutzen, löst er sich auf – ist es gleichfalls von Nutzen ... Doch halt, vielleicht ist er geschützt? Bist du geschützt?« fragte sie Candide.

»Ich verstehe dich nicht«, sagte Candide tonlos.

»Warum fragst du ihn, meine Liebe? Woher soll er geschützt sein?«

»In dieser Welt ist alles möglich«, sagte Nawas Mutter. »Ich hab' von solchen Dingen schon gehört.«

»Das ist doch Geschwätz«, erwiderte die Schwangere. Sie musterte Candide erneut. »Weißt du was«, fuhr sie fort, «durchaus möglich, daß er hier von größerem Nutzen sein kann. Erinnerst du dich noch, was die *Erzieherinnen* gestern gesagt haben?«

»Ach so«, sagte Nawas Mutter. »Na ja, vielleicht hast du recht … Soll er also hierbleiben.«

»O ja«, sagte plötzlich Nawa, »bleib hier.« Sie schlief nun nicht mehr und schien ebenfalls ein ungutes Gefühl zu haben. »Bleib hier, Schweiger, geh nirgends hin, wozu mußt du jetzt noch fort? Du wolltest doch in die *Stadt*, dieser See ist die *Stadt*, nicht wahr, Mutter? – Oder bist du etwa ärgerlich auf meine Mutter? Das brauchst du nicht, im allgemeinen ist sie gutherzig, nur heute hat sie aus irgendeinem Grund schlechte Laune … Wegen der Hitze wahrscheinlich …«

Die Mutter griff nach Nawas Hand. Candide sah, wie sich über ihrem Kopf schnell das bekannte lila Wölkchen verdichtete. Ihre Augen wurden für Sekundenbruchteile glasig und schlossen sich, dann sagte sie: »Komm, Nawa, wir werden schon erwartet.«

»Und was ist mit Schweiger?«

»Der bleibt hier … Er hat in der *Stadt* absolut nichts verloren.«

»Ich will aber, daß er bei mir bleibt! Er ist doch mein Mann, Mutter, begreifst du denn das nicht, sie haben ihn mir zum Mann gegeben, er ist schon lange mein Mann …«

Die beiden Frauen zogen ein schiefes Gesicht.

»Na komm schon«, sagte Nawas Mutter. »Du hast noch nicht das geringste begriffen … Niemand braucht ihn hier, er ist überflüssig, sie alle sind überflüssig, sie sind – ein Irrtum … So komm endlich! Also schön, kannst nachher zu ihm gehn … wenn du dann noch Lust hast.«

Nawa sträubte sich, sie spürte offenbar dasselbe wie Candide – daß sie sich für immer trennten. Die Mutter schleppte sie am Arm ins Dickicht hinein, sie aber schaute sich immerzu um und rief: »Geh nicht fort, Schweiger! Ich komm' bald zurück, laß dir ja nicht einfallen, ohne mich wegzugehn, das wär' nicht anständig, es wär' einfach gemein! Wenn es ihnen nicht gefällt, bist du eben nicht mein

Mann – deine Frau bleib' ich trotzdem. Ich hab' dich gesund gepflegt, und du mußt auf mich warten! Hörst du, du mußt warten …!«

Er schaute ihr hinterher, winkte schwach mit der Hand, nickte zustimmend und gab sich die größte Mühe zu lächeln. Leb wohl, Nawa, dachte er, leb wohl. Sie waren nicht mehr zu sehen, ringsum nur Dickicht, lediglich Nawas Stimme drang noch zu ihm herüber. Dann verstummte auch sie, ein Plätschern war zu hören, es wurde still. Er schluckte einen Klumpen hinunter, der ihm im Hals steckte, und fragte die Schwangere: »Was habt ihr mit Nawa vor?«

Sie musterte ihn aufmerksam.

»Was wir mit ihr vorhaben?« sagte sie nachdenklich. »Das soll nicht deine Sorge sein, Böckchen. Einen Mann jedenfalls braucht sie nicht mehr. Und auch keinen Vater … Die Frage ist nur, was wir mit dir machen? Schließlich bist du von den Weißen Felsen, wir können dich also nicht einfach laufen lassen …«

»Was wollt ihr eigentlich?« fragte Candide.

»Was wir wollen … Jedenfalls brauchen wir keine Männer.« Sie fing Candides Blick auf, der über ihren Leib glitt, und lachte verächtlich auf. »Wir brauchen sie nicht, kannst beruhigt sein, brauchen sie wirklich nicht. Versuch wenigstens einmal in deinem Leben, kein Böckchen zu sein. Versuch dir eine Welt ohne Böcke vorzustellen …« Sie redete drauflos, ohne nachzudenken, genauer gesagt, ihre Gedanken waren woanders. »Was kannst du denn sonst noch, Böckchen? Sag mir, was du sonst noch kannst.«

Hinter all ihren Worten, ihrem Ton, ihrer Verachtung und dem gleichgültigen, herrischen Gehabe verbarg sich etwas Wesentliches, etwas Unangenehmes und Furchtbares, das schwer zu bestimmen war. Candide entsann sich plötzlich, ohne es sich selbst erklären zu können, der schwarzen quadratischen Tür, er hatte Karl mit den beiden Frauen vor Augen, die ebenso gleichgültig und herrisch gewesen waren.

»Hörst du mich?« fragte die Schwangere. »Was kannst du sonst noch?«

»Gar nichts«, sagte Candide kraftlos.

»Vielleicht kannst du herrschen?«

»Das konnte ich früher mal«, sagte Candide. Geh doch zum Teufel, dachte er, was legst du dich mit mir an! Ich hab' dich gefragt, wie ich zu den Weißen Felsen komme, du aber legst dich mit mir an ... Er begriff plötzlich, daß er Angst vor ihr hatte, andernfalls wäre er längst gegangen. Sie war hier die Herrin, er aber nur ein jämmerliches, dreckiges, dummes Böckchen.

»Du konntest es mal«, wiederholte sie. »Dann befiehl diesem Baum hier, sich hinzulegen!«

Candide sah den Baum an. Es war ein großer, dicker Baum mit ausladender Krone und haarigem Stamm. Er zuckte die Schultern.

»Na gut«, sagte sie. »Dann erschlag diesen Baum ... Das kannst du auch nicht? Kannst du überhaupt etwas Lebendiges tot machen?«

»Töten?«

»Nicht unbedingt töten. Töten kann auch ein Handfresser. Ich meine, etwas Lebendiges tot machen. Es veranlassen, tot zu sein. Kannst du das?«

»Das versteh' ich nicht«, sagte Candide.

»Er versteht es nicht ... Ja, womit beschäftigt ihr euch denn dort oben auf euren Weißen Felsen, wenn du nicht mal das verstehst? Und etwas Totes lebendig machen kannst du auch nicht?«

»Nein.«

»Was kannst du dann? Womit hast du dich auf den Weißen Felsen abgegeben, bevor du heruntergefallen bist? Nur mit Fressen und Frauenschänden?«

»Ich hab' den Wald erforscht«, sagte Candide.

Sie sah ihn streng an. »Wag es nicht, mich anzulügen. Einer allein kann unmöglich den Wald erforschen. Das wär ja so, als wollte er die Sonne erforschen. Wenn du mit der Wahrheit nicht herausrücken willst, sag es gleich.«

»Ich habe tatsächlich den Wald erforscht«, sagte Candide. »Ich habe ...«, er druckste herum, »ich habe die kleinsten

Wesen im Wald erforscht. Solche, die man mit dem Auge nicht sieht.«

»Du lügst wieder«, sagte die Frau geduldig. »Man kann unmöglich erforschen, was man mit dem Auge nicht sieht.«

»Doch, es ist möglich«, sagte Candide. »Man braucht nur ...«, er druckste wieder, »ein Mikroskop ... Linsen ... Instrumente ... Das läßt sich schwer wiedergeben, es läßt sich nicht übersetzen. In einem Tropfen Wasser zum Beispiel«, sagte er, »kann man mit Hilfe des nötigen Zubehörs Tausende und aber Tausende winziger Lebewesen sehen ...«

»Dafür ist keinerlei Zubehör nötig«, sagte die Frau. »Ich sehe schon, ihr auf euren Weißen Felsen mit euren toten Sachen treibt regelrechte Unzucht. Ihr degeneriert. Ich hab's schon längst bemerkt, daß ihr die Fähigkeit eingebüßt habt, das zu sehen, was jeder beliebige Mensch, sogar ein dreckiger Mann im Wald sieht ... Augenblick, sprichst du von kleinen Wesen oder den kleinsten? Meinst du vielleicht die Erbauer?«

»Mag sein«, sagte Candide. »Ich verstehe dich nicht. Ich spreche von kleinen Lebewesen, die einen krank machen, aber auch heilen können, die einem helfen, Nahrung herzustellen, und die in großer Zahl überall vorhanden sind ... Ich habe ihre Beschaffenheit hier bei euch im Wald untersucht, die Unterschiedlichkeit ihrer Arten und ihre Fähigkeiten ...«

»Auf den Weißen Felsen sind sie aber ganz anders«, sagte die Frau sarkastisch. »Na, laß gut sein, ich hab' schon begriffen, womit du dich beschäftigt hast. Über unsere Erbauer hast du natürlich keinerlei Macht. Jeder Dorftrottel kann mehr als du ... Wo soll ich dich bloß hinstecken? Immerhin bist du von allein gekommen ...«

»Ich gehe«, sagte Candide müde. »Ich gehe, leb wohl.«

»Halt, warte ...«, rief sie. »Du sollst stehenbleiben, hab' ich gesagt!« Candide spürte, wie glutheiße Zangen seine Ellbogen von hinten zusammenpreßten. Er wollte sich losreißen, doch es gelang nicht. Die Frau dachte laut vor sich hin: »Schließlich und letztlich ist er von allein gekommen. So etwas gibt es. Laß ich ihn laufen, kehrt er in sein Dorf zurück und wird völlig nutzlos sein … Jagd auf solche wie ihn zu machen hat keinen Sinn. Doch wenn sie von selbst kommen … Weißt du, was ich mit dir mache?« sagte sie. »Ich gebe dich zu den *Erzieherinnen*, zur Verrichtung nächtlicher Arbeiten. Einige Fälle dort waren immerhin erfolgreich … Jawohl, zu den *Erzieherinnen*!« Sie machte eine Handbewegung und schritt dann ohne jede Hast, leicht watschelnd, ins Dickicht hinein.

Candide spürte, daß er zum Pfad geschoben wurde. Seine Ellbogen waren fühllos, er hatte den Eindruck, sie seien völlig verkohlt. Er wollte sich mit aller Gewalt losreißen, doch die Umklammerung wurde nur fester. Er hatte keine Vorstellung, was mit ihm werden, wohin er gebracht werden sollte, wer diese *Erzieherinnen* und was das für nächtliche Arbeiten waren. Er entsann sich nur seiner schrecklichen Eindrücke: Karls Gestalt inmitten der schluchzenden Menge und der Handfresser, der zu einem grellfarbenen Klumpen geworden war.

Candide nahm allen Mut zusammen und versetzte dem Schatten einen Fußtritt, er schlug blindlings nach hinten aus, voller wilder Verzweiflung und im Bewußtsein, daß ihm dieser Trick kein zweites Mal gelingen würde. Sein Fuß drang in etwas Weiches und Heißes, der Schatten gab ein Schnaufen von sich und lockerte den Griff. Candide fiel mit dem Gesicht ins Gras, sprang hoch, drehte sich um und schrie auf – der Schatten griff, die unwahrscheinlich langen Arme weit ausgestreckt, erneut nach ihm. Und keinerlei Waffe zur Abwehr: weder Grastod noch Gärmasse, weder Stock noch Stein. Der morastige warme Grund gab unter den Füßen nach. Doch im letzten Augenblick durchzuckte es ihn wie ein Blitz. Er fuhr mit der Hand in den Hemdausschnitt, und als sich der Schatten auf ihn stürzte, versetzte er ihm mit dem Skalpell einen Hieb zwischen die Augen. Mit dem ganzen Gewicht seines Körpers rammte er den Feind und riß die Klinge schaudernd von oben bis hinunter zur Erde. Dann ließ er sich kraftlos fallen.

Er lag da, die Wange ins Gras gepreßt, und schaute den

Schatten an, der noch stand, schwankend und langsam aufklappend wie ein Koffer, in der ganzen Länge seines orangefarbenen Körpers, bis er endlich schwer zu Boden stürzte und alles ringsum mit einer dicken weißen Flüssigkeit zudeckte. Noch ein paar Zuckungen – dann erstarrte er. Candide erhob sich und ging langsam davon. Den Pfad entlang. Möglichst weit fort von diesem Ort. Vage erinnerte er sich daran, daß er noch auf jemanden warten, etwas in Erfahrung bringen, etwas tun wollte. Doch das war jetzt alles unwichtig. Wichtig war, möglichst weit fortzugehn, obwohl er sich darüber im klaren war, daß es ihm nicht gelingen würde zu entkommen. Es würde weder ihm gelingen noch den vielen, vielen anderen.

Fünftes Kapitel

Candide erwachte, schlug die Augen auf und starrte die niedrige kalkfleckige Decke an. Dort zogen wieder die Arbeitsameisen entlang: von rechts nach links die beladenen, von links nach rechts die unbeladenen. Einen Monat zuvor war es umgekehrt gewesen, einen Monat zuvor hatte es auch noch Nawa gegeben. Sonst jedoch hatte sich nichts verändert. Übermorgen gehen wir fort, dachte er.

Am Tisch saß der Alte, polkte im Ohr und schaute ihn an. Der Alte war noch mehr abgemagert, seine Augen lagen tief in den Höhlen, er hatte fast keine Zähne mehr. Wahrscheinlich würde er bald sterben, der Alte.

»Wie ist so was bloß möglich, Schweiger«, sagte der Alte weinerlich, »bei dir findet sich ja nicht ein Krümel zu essen. Seit sie dir Nawa abgejagt haben, hast du keinen Bissen mehr im Haus, weder morgens noch am Mittag. Dabei hab' ich dir gesagt: Geh nicht fort, das darf man nicht. Weshalb bist du bloß fortgegangen? Hast dich von Hinkebein beschwatzen lassen und bist fort, aber begreift Hinkebein etwa, was man darf und was nicht? Nein, Hinkebein begreift das nicht, schon Hinkebeins Vater war schwer von Begriff, genauso sein Großvater, der ganze Hinkebeinsche Stamm ist so, deshalb sind sie auch alle gestorben, und Hinkebein wird gleichfalls unweigerlich sterben, da hilft nichts ... Hör mal, Schweiger, vielleicht hast du noch irgendwas zu essen im Haus, vielleicht hast du doch irgend etwas zu essen im Haus, vielleicht ist's bloß versteckt? Viele verstecken's doch ... Wenn du's also versteckt hast, hol's schnell 'raus, ich will essen, ohne essen geht's bei mir nicht, ich hab' mein Leben lang gegessen, bin dran gewöhnt ... Na ja, jetzt bist du also ohne Nawa, und Schwanz ist auch vom Baum erschlagen worden ... Schwanz, ja – der hatte immer 'ne Menge zu essen im Haus! Drei Töpfe voll auf einmal hab' ich bei ihm verdrückt, obwohl das Essen bei ihm nie so richtig gar war und nicht geschmeckt hat, darum ist er wahrscheinlich auch vom Baum erschlagen worden ... Wie oft hab' ich ihm gesagt: So ein Zeug darf man nicht essen ...«

Candide erhob sich und suchte die Verstecke im Haus ab, die Nawa angelegt hatte. Es gab tatsächlich nichts zu essen. Da ging er auf die Straße hinaus, bog links ab und schlug die Richtung zum Platz ein, zu Fausts Haus. Der Alte trottete hinterher, beklagte sich greinend. Auf dem Feld hörte man den trägen, ungleichmäßigen Singsang: »He, he, he – nur zu, immer sä', sä' mal links, sä' mal rechts ...« Im Wald schallte das Echo wider. Candide hatte jetzt Morgen für Morgen die Empfindung, daß der Wald unaufhörlich näher rückte. Das war natürlich nicht der Fall, und selbst wenn es so gewesen wäre – ein menschliches Auge hätte das nicht wahrnehmen können. Die Zahl der Schatten im Wald konnte gleichfalls kaum gewachsen sein, dennoch hatte man den Eindruck, daß es mehr waren als früher. Wahrscheinlich lag es daran, daß Candide jetzt wußte, wer diese Schatten waren, und sie haßte. Wenn jetzt ein Schatten am Waldrand auftauchte, riefen sofort alle: »Schweiger! Schweiger!« Und er ging hin und tötete alle mit dem Skalpell, schnell, zuverlässig, mit grausamer Befriedigung. Das ganze Dorf lief zusammen, um diesem Schauspiel beizuwohnen, man wunderte sich lauthals und schlug die Hände vors Gesicht, wenn der gewaltige, von Dampf umhüllte Körper von der schrecklichen weißen Klinge zerteilt wurde. Die Kinder machten sich nun nicht mehr über den Schweiger lustig, sie hatten eine Heidenangst vor ihm: Wenn er auftauchte, stoben sie auseinander und versteckten sich. Über das Skalpell wurden abends in den Häusern die unwahrscheinlichsten Dinge erzählt, aus der Haut der Schatten wurden auf Anweisung des gewitzten Dorfältesten Tröge gefertigt. Es wurden sehr gute Tröge, groß und haltbar ...

Mitten auf dem Platz stand steif aufgerichtet und bis zur Gürtellinie im Gras der Horcher, von einem lila Wölkchen umgeben, die Hände erhoben, mit glasigen Augen und Schaum auf den Lippen. Um ihn herum drängten sich neugierige Kinder, schauten und lauschten mit offenen Mündern – dieses Schauspiel wurde ihnen nie über. Candide blieb ebenfalls stehen, um zuzuhören, da waren die Kinder plötzlich wie vom Wind zerstreut.

»In die Schlacht ziehen neue ...«, phantasierte mit metallischer Stimme der Horcher. »Erfolgreiche Truppenverschiebung ... weite Gebiete, in denen Ruhe herrscht ... neue Verbände der *Freundinnen ... Frieden und Verschmelzung ...*«

Candide ging weiter. Sein Kopf war schon seit dem Morgen klar, er spürte, daß er denken konnte, er begann darüber nachzusinnen, wer dieser Horcher war und was er für eine Funktion hatte. Jetzt hatte es Sinn, darüber nachzudenken, denn jetzt wußte Candide einiges, manchmal schien ihm sogar, daß er sehr viel, wenn nicht gar alles wisse. Jedes Dorf hat seinen Horcher, sagte er sich, wir haben einen, der Weiler hat einen. Und da prahlt der Alte herum, daß sie in jenem Dorf, das jetzt das Pilzdorf heißt, einen besonderen Horcher gehabt hätten. Wahrscheinlich gab es einmal Zeiten, da viele Leute wußten, was es mit der *Besetzung* auf sich hatte, da sie begriffen, von welchen Erfolgen die Rede war. Und wahrscheinlich waren *die* damals noch interessiert daran, daß es so viele wußten, oder bildeten sich zumindest ein, daran interessiert zu sein. Bis sie zu dem Schluß kamen, besser wär's ohne das Wissen der Leute, all diese Dörfer wären ein Irrtum und die Männer nichts als Böcke … Geschehen aber war das, als sie gelernt hatten, sich den lila Nebel untertan zu machen, aus dem dann die ersten Schatten hervorgingen … als die ersten Dörfer auf den Grund der ersten dreieckigen Seen sanken … und sich die ersten Verbände der *Freundinnen* bildeten … Die Horcher waren nur ein Überbleibsel, die Übermittlung eine Tradition, die aus dem einfachen Grund bestehenblieb, weil *sie* diese Tradition vergessen hatten. Es war eine sinnlose Tradition, genauso sinnlos wie dieser ganze Wald, diese künstlichen Ungeheuer und Städte, von denen alle Zerstörung ausging, wie diese grauenerregenden Amazonen, diese Priesterinnen der Parthenogenese, die grausamen und selbstgefälligen Herrscherinnen über die Viren, die Herrscherinnen über den Wald, aufgedunsen von ihren heißen Bädern … wie dieses gigantische Treiben in den Dschungeln, diese ganze *Bodenauflockerung* und *Versumpfung*, dieses gesamte, in seiner Absurdität und seinen Ausmaßen ungeheuerliche Unternehmen … Candides Gedanken flossen frei dahin, kamen geradezu von selbst, im Verlauf des vergangenen Monats hatte er es geschafft, sie in geordnete Bahnen zu bringen, und so wußte er schon im vorhinein, was er im nächsten Augenblick empfinden würde. Oder »denken«, wie man im Dorf sagte: Jetzt werden mir gleich Zweifel kommen … Ich hab' doch gar nichts gesehn. Ich habe drei Waldfeen getroffen. Doch wen trifft man nicht alles im Wald. Ich hab' den Untergang des seltsamen Dorfes gesehn, den Hügel, der an eine Fabrik lebender Wesen erinnerte, die teuflische Rache an dem Handfresser … Untergang, Fabrik, Rache – das alles sind doch meine Worte, meine Begriffe. Sogar für Nawa ist Tod nicht gleich Tod, sondern *Besetzung* … Ich dagegen habe keine Ahnung, was das ist: *Besetzung*. Mir flößt dieses Wort Angst ein, Widerwillen, und das alles nur, weil es mir fremd ist. Vielleicht dürfte man auch gar nicht vom »grausamen und sinnlosen Vorrükken des Waldes gegen die Menschen« sprechen, sondern vom »planmäßigen, bestens organisierten, genau durchdachten Angriff des Neuen auf das Alte«, vom »krafterfüllten

Neuen, das mit der Zeit herangereift ist und gegen das verfaulende, perspektivlose Alte zu Felde zieht« ... Nicht von Perversion, sondern von Revolution. Einer Gesetzmäßigkeit. Einer Gesetzmäßigkeit, auf die ich als Außenstehender mit Voreingenommenheit schaue, weil ich nichts verstehe und mir gerade deshalb einbilde, alles zu verstehen, zum Verurteilen befugt zu sein. So wie ein kleiner Junge sich über einen Hahn erbost, der grausam auf die armen Hühnchen eindringt ...

Er sah sich zum Horcher um. Der saß mit seinem gewohnten stieren Gesichtsausdruck im Gras und drehte den Kopf hin und her, bestrebt zu begreifen, wo und was er war. Ein lebender Radioempfänger. Folglich gibt es lebende Radioempfänger ... und lebende Mechanismen ... und lebende Maschinen, z. B. in der Art der Schatten ... Doch weshalb löst all dieses so großartig Erdachte und Organisierte nicht die Spur von Sympathie in mir aus, sondern nur Widerwillen und Haß?

Faust kam lautlos von hinten heran und hieb seine Pranke zwischen Candides Schulterblätter.

»Da steht er nun und glotzt, beim stinkigen Pelz«, sagte er. »Da hat schon mal einer so geglotzt, dem haben sie Arme und Beine ausgerenkt, nun glotzt er nicht mehr. Wann gehn wir denn endlich fort, Schweiger? Oder willst du mich noch lange an der Nase rumführen? Meine Alte ist schon ausgezogen, beim stinkigen Pelz, und ich selbst hab' das dritte Mal beim Dorfältesten übernachtet. Jetzt hab' ich vor, bei der Witwe von Schwanz zu kampieren. Mein Essen ist schon dermaßen faulig, daß es nicht mal mehr dieser alte Knorren haben will. Windet sich und sagt: Das ist ja schon so hinüber, daß man's kaum noch riechen kann, geschweige denn fressen, beim stinkigen Pelz ... Zu den Teufelsfelsen jedenfalls geh' ich nicht, Schweiger, ich geh' in die *Stadt* mit dir, dort lesen wir ein paar Weiber auf. Wenn wir auf Räuber treffen, geben wir ihnen die Hälfte ab, da soll's uns nicht leid drum sein, beim stinkigen Pelz. Die andre Hälfte bringen wir ins Dorf, sollen sie ruhig hier leben, wozu sollen sie dort umsonst rumschwimmen, ist nämlich schon mal eine geschwommen, der haben sie tüchtig eins auf die Nase gegeben – die schwimmt nicht mehr, will nicht mal mehr Wasser sehn, beim stinkigen Pelz ... Hör mal, Schweiger, vielleicht hast du das von der *Stadt* und den Weibern nur gesponnen? Oder es ist dir bloß so vorgekommen – die Räuber haben dir Nawa weggenommen, und du hast dir das vor Kummer bloß eingeredet? Hinkebein glaubt's nämlich auch nicht: Er meint, es wär dir bloß so vorgekommen. Was soll denn das für eine *Stadt* im See sein, beim stinkigen Pelz – alle sagen doch, sie wär' auf dem Hügel und nicht im See. Kann man im See vielleicht leben, beim stinkigen Pelz? Da gehn wir doch alle Mann unter, wenn dort bloß Wasser ist, beim stinkigen Pelz, ist mir völlig Wurscht, daß dort Weiber sind, ins Wasser geh' ich nicht mal wegen der Weiber, ich kann nämlich nicht schwimmen, wozu auch? Notfalls könnt' ich ja am Ufer stehenbleiben, während du sie aus dem Wasser ziehst ... Also gut, du steigst ins Wasser, und ich bleib' am Ufer, beim stinkigen Pelz, auf die Weise kommen wir beide schnell klar ...«

»Hast du dir einen Stock gesucht?« fragte Candide.

»Wo, beim stinkigen Pelz, soll ich im Wald einen Stock herkriegen?« entgegnete Faust. »Wegen 'nem Stock muß man in den Sumpf. Dazu habe ich aber keine Zeit, hab' mein Essen bewacht, damit's der Alte nicht wegfrißt, und wozu brauch' ich überhaupt einen Stock, wo ich doch nicht vorhabe, mich mit jemandem zu prügeln ... Da hat sich schon mal einer geprügelt, beim stinkigen Pelz ...«

»Schon gut«, sagte Candide, »ich such' dir selber einen Stock. Übermorgen brechen wir auf, vergiß es nicht.«

Er drehte sich um und machte sich auf den Rückweg. Faust hatte sich nicht verändert. Niemand von denen hatte sich verändert. Wie sehr er sich auch bemüht hatte, es ihnen einzutrichtern – sie hatten nichts begriffen, hatten ihm, wie's schien, nicht mal geglaubt. Schatten können den Weibern unmöglich dienen, Schweiger, da hast du so übertrieben, Bruderherz, daß es drei Mann nicht wieder hinbiegen können. Die Weiber haben eine Heidenangst vor den Schatten, sieh dir meine an, dann sprechen wir uns wieder. Und was das ertrunkene Dorf betrifft – das war einfach die *Besetzung*, das weiß jeder auch ohne dich, einfach unerklärlich, was deine Weiber dabei sollen ... Und überhaupt warst du gar nicht in der *Stadt*, Schweiger, gib's ruhig zu, wir nehmen's dir nicht krumm, dazu erzählst du viel zu spannend. In der *Stadt* bist du jedenfalls nicht gewesen, das wissen alle, denn wer einmal dort war, kommt nicht wieder zurück ... Und deine Nawa haben dir nicht irgendwelche Weiber weggenommen, sondern ganz gewöhnliche Räuber, Räuber von hier. Gegen die Räuber kommst du nie und nimmer an, Schweiger, obwohl du natürlich ein tapferer Mann bist, wie du die Schatten fertigmachst – da kriegt man ja vom bloßen Zusehn das Gruseln ...

Der Gedanke vom nahenden Untergang wollte einfach nicht in ihre Köpfe. Dazu schritt der Untergang zu langsam voran und währte zu lange. Wahrscheinlich lag es daran, daß dem Begriff »Untergang« etwas Plötzliches, Augenblickliches, Katastrophales innewohnte. Sie aber konnten und wollten nicht verallgemeinern, konnten und wollten nicht an eine Welt außerhalb ihres Dorfes denken. Da war das Dorf, und da war der Wald. Der Wald war stärker, das aber *war seit jeher so* und *würde immer so bleiben.* Was hatte das mit Untergang zu schaffen? Weshalb Untergang? Es war einfach das Leben. Ja, wenn jemand von einem Baum erschlagen wurde, war es natürlich der Tod, doch dafür hatte man schließlich einen Kopf auf den Schultern, machte sich beizeiten Gedanken ... Aber irgendwann werden sie zur Besinnung kommen. Wenn keine Frauen mehr übriggeblieben sind, wenn die Sümpfe unmittelbar bis an die Häuser heranreichen, wenn mitten auf den Straßen Quellen hervorbrechen und violetter Nebel über den Dächern aufsteigt ...

Doch wer weiß, vielleicht kommen sie selbst dann nicht zur Besinnung. Vielleicht sagen sie einfach: Hier können wir nicht länger leben – es ist die *Besetzung.* Und ziehen fort, ein neues Dorf zu bauen ...

Hinkebein saß an der Hausschwelle und goß Gärmasse über eine neue Pilzkolonie, die in der Nacht entstanden war. Er wollte gerade frühstücken.

»Setz dich«, sagte er freundlich zu Candide. »Ißt du mit? Die Pilze sind gut.«

»Ja, gern«, sagte Candide und setzte sich dazu.

»Iß nur, iß«, sagte Hinkebein. »Du bist ja nun ohne Nawa, wird noch eine Weile dauern, bis du ohne sie klarkommst ... Ich hab' gehört, du willst wieder fort? Wer hat mir das doch gleich gesagt? – Ach ja, du selber warst's: Ich geh' weg, hast du gesagt. Wieso hält's dich nicht zu Hause? Du solltest zu Hause bleiben, dann ginge es dir auch so gut ... Willst du ins Dickicht oder zum Ameisendorf? Ins Dickicht würd' ich ja mitgehn. Wir würden beide von hier aus rechts abbiegen, durch den lichten Wald hindurch, wo wir gleich noch ein paar Pilze sammeln könnten, auch Gärmasse würden wir mitnehmen und dort was essen – im lichten Wald sind die Pilze sehr gut, solche wachsen im Dorf nicht, auch woanders wachsen sie nicht ... hier ißt man und ißt, und es reicht einfach nicht ... Wenn wir dann gegessen hätten, würden wir den lichten Wald hinter uns lassen und am Brotsumpf vorbeigehn, dort würden wir wieder was essen – herrliche Gräser gibt's dort, ganz süß, einfach erstaunlich, wie auf Sumpf und Dreck solche Gräser wachsen können ... Na, und dann würden wir natürlich drei Tage lang laufen, immer der Sonne nach, wir kämen im Dickicht 'raus ...«

»Wir beide wollen zu den Teufelsfelsen«, erinnerte Candide geduldig. »Übermorgen brechen wir auf. Faust kommt auch mit.«

Hinkebein schüttelte zweifelnd den Kopf.

»Zu den Teufelsfelsen ...«, wiederholte er. »Nein, Schweiger, zu den Teufelsfelsen schaffen wir's nicht, wir schaffen's nicht. Weißt du überhaupt, wo die Teufelsfelsen liegen? Wer weiß, ob sie's überhaupt gibt oder ob man das nicht einfach so dahinsagt: Teufelsfelsen ... Zu den Teufelsfelsen komm' ich also nicht mit, ich glaub' nicht an sie. Ja, wenn's in die *Stadt* wäre oder noch besser zum Ameisendorf, das liegt hier ganz in der Nähe, ein Katzensprung ... Hör mal, Schweiger, laß uns ins Ameisendorf gehn, da kommt auch Faust mit. Im Ameisendorf war ich nämlich nicht mehr, seit ich mir das Bein verletzt hab'. Nawa hat immer mal gedrängt: Laß uns ins Ameisendorf gehn, Hinkebein, hat sie gesagt. Sie wollte gar zu gern das Loch sehn, wo ich mir das Bein verletzt hab' ... Ich aber hab' ihr gesagt, daß ich nicht mehr wüßte, wo dieses Loch wäre, überhaupt gäb's das Ameisendorf womöglich gar nicht mehr, ich war ja lange nicht mehr dort ...«

Candide kaute auf einem Pilz herum und sah Hinkebein an. Hinkebein redete und redete, sprach vom Dickicht, sprach vom Ameisendorf – mit gesenktem Blick, nur von Zeit zu Zeit richtete er ihn auf Candide. Du bist ein guter Mensch, Hinkebein, dachte Candide, ein gütiger, du kannst reden, der Dorfälteste achtet dich, und du warst nicht von ungefähr der beste Freund und Gefährte des berühmten Gekränkten, eines Menschen, stets auf der Suche und voller Unruhe, der aber nichts fand und irgendwo im Wald verscholl ... Schlimm ist nur, Hinkebein, daß du mich nicht in den Wald lassen willst, du hast Mitleid mit mir armem Schlucker. Der Wald ist ein gefährlicher, todbringender Ort, zu dem viele aufgebrochen und aus dem nur wenige zurückgekommen sind, und wenn sie zurückkamen, dann völlig verschreckt, mitunter auch verkrüppelt ... der eine mit kaputtem Bein, der andere sonstwie krank ... Deshalb willst du mich an der Nase herumführen, Hinkebein: Mal gibst du vor, selber verdreht zu sein, mal mich, den Schweiger, für verrückt zu halten. In Wirklichkeit aber bist du fest überzeugt: Ist es dem Schweiger das eine Mal gelungen zurückzukehren, wenn auch ohne Nawa, so gibt es dieses Wunder kein zweites Mal ...

»Hör zu, Hinkebein«, sagte Candide, »hör mir jetzt mal gut zu. Sag, was du willst, denk, was du willst, um eins aber bitte ich dich ganz herzlich: Laß mich nicht im Stich, geh zusammen mit mir in den Wald. Ich brauche dich sehr im Wald, Hinkebein. Übermorgen brechen wir auf, und ich möchte sehr, daß du dabei bist. Hast du das verstanden?«

Hinkebein sah Candide an, und seine ausgeblichenen Augen waren undurchdringlich.

»Aber ja doch«, sagte er, »ich verstehe dich sehr gut. Natürlich brechen wir gemeinsam auf. Von hier aus biegen wir links ab, kommen an einem Feld und an zwei Steinen vorbei – und sind dann schon am Weg. Dieser Weg ist sehr leicht zu erkennen: Es gibt dort so viele Findlinge, daß du mir die Beine brechen kannst … Iß ruhig Pilze, Schweiger, iß nur, sie sind gut … Auf diesem Weg also gelangen wir zum Pilzdorf, ich hab' dir, glaub' ich, schon davon erzählt, es ist völlig ausgestorben, ganz und gar von Pilzen überwuchert, aber nicht von solchen wie die hier, sondern von schlechten, die wir nicht essen dürfen, weil man von ihnen krank werden und sogar sterben kann. In diesem Dorf machen wir also gar nicht erst halt, sondern gehn gleich weiter, bis wir nach einiger Zeit zu den Sonderlingen kommen, die Töpfe aus Erde herstellen, das ist vielleicht 'ne Idee! Mit denen ist es so weit gekommen, weil das blaue Gras durch ihr Dorf ging. Sonst hat's ihnen aber nichts getan, nicht mal krank sind sie geworden, bloß haben sie eben angefangen, Töpfe aus Erde herzustellen … Bei denen halten wir uns ebenfalls nicht auf, kein Grund, sich bei ihnen aufzuhalten, wir biegen vielmehr gleich rechts ab und sind auch schon an der Tönernen Lichtung.«

Vielleicht sollte ich dich besser doch nicht mitnehmen? dachte Candide. Du warst schon mal dort, der Wald hatte dich bereits in der Mangel, und wer weiß, ob du dich nicht schon, schreiend vor Schmerz und Angst, auf der Erde gewälzt hast, während sich ein junges Mädchen über dich beugte, das hübsche Mäulchen gespitzt und mit ausgebreiteten Kinderarmen.

Wirklich, ich weiß es nicht. Aber gehen muß ich. Um zwei dieser Frauen zu schnappen, wenigstens eine, um alles in Erfahrung zu bringen, mir letzte Klarheit zu verschaffen … Und was weiter? Arme, unglückliche Verdammte. Oder wär's richtiger zu sagen: glückliche Verdammte? Sie wissen ja nicht, daß sie verdammt sind, daß die Starken ihrer Welt in ihnen lediglich dreckige Wilde sehen, daß die Starken bereits Schwärme gesteuerter Viren auf sie angesetzt haben, Kolonnen von Robotern, die Wände des Waldes, daß für sie alles bereits entschieden ist und – was das schlimmste ist – ihnen die historische Wahrheit hier im Wald nicht zur Seite steht. Sie sind Relikte, durch objektive Gesetzmäßigkeiten zum Untergang verurteilt, und ihnen zu helfen bedeutet, sich gegen den Fortschritt zu stellen, den Fortschritt an einem winzigen Frontabschnitt aufzuhalten. Aber was interessiert mich das eigentlich, dachte Candide, was geht mich ihr Fortschritt an? Es ist nicht mein Fortschritt, und ich nenne ihn auch nur so, weil ich sonst kein passendes Wort finde ... Hier entscheidet das Herz, nicht der Kopf. Gesetzmäßigkeiten sind nie gut oder schlecht, sie liegen außerhalb der Moralnormen. Ich jedoch befinde mich nicht außerhalb der Moralnormen! Wäre ich seinerzeit von diesen Frauen aufgelesen worden, hätten sie mich geheilt, umhegt und als ihresgleichen aufgenommen – ich hätte wahrscheinlich leichten Herzens und wie selbstverständlich Partei für diesen Fortschritt ergriffen, hätte Hinkebein und all diese Dörfer nur als ein ärgerliches Überbleibsel betrachtet, mit dem man sich schon viel zu lange abquält ... Aber wenn es nun doch nicht so leicht und einfach gegangen wäre? Ich ertrag' es nicht, wenn man Menschen für Tiere hält. Wer weiß, vielleicht ist das alles nur eine Sache der Terminologie, und wenn ich die Sprache bei diesen Frauen erlernt hätte, würde alles ganz anders klingen: Feinde des Fortschritts, vollgefressene, stumpfsinnige Nichtstuer ... Ideale ... große Ziele ... Naturgesetze ... In deren Namen die Hälfte der Bevölkerung ausgerottet wird! Nein, das ist nichts für mich. Was geht's mich an, daß Hinkebein für sie ein Steinchen im Mahlwerk des Fortschritts ist. Ich werde alles tun, damit das Mahlwerk an diesem Steinchen zum Halten kommt. Wenn es mir nicht gelingen sollte, zur Biostation zu gelangen – und wahrscheinlich schaff' ich es nicht –, werde ich alles in meinen Kräften Stehende tun, um dieses Mahlwerk aufzuhalten.

Sollte es mir aber doch glücken, die Biostation zu erreichen, nun ja … Seltsam, früher ist es mir nie in den Sinn gekommen, einen Blick von außen auf die *Verwaltung* zu werfen. Ebensowenig wie es Hinkebein in den Sinn kommt, den Wald als Außenstehender zu betrachten. Und diesen Frauen. Dabei ist das ein interessanter Anblick – die *Verwaltung* gewissermaßen von oben zu sehn. Aber genug davon, ich werde später drüber nachdenken.

»Also abgemacht«, sagte er. »Übermorgen brechen wir auf.«

»Warum nicht«, antwortete Hinkebein, ohne zu zögern. »Von hier aus biegen wir gleich links ab …«

Auf dem Feld kam plötzlich Lärm auf. Frauen kreischten, und viele Stimmen riefen gleichzeitig: »Schweiger! He, Schweiger!«

Hinkebein geriet in Bewegung.

»Wieder die Schatten«, sagte er und erhob sich hastig. »Los, Schweiger, was sitzt du noch, ich will mir das ansehn.«

Candide stand auf, zog das Skalpell aus dem Hemdausschnitt und eilte zum Waldrand.

Quellen und Übersetzer

Stanisław Lem	Die Rekonstruktion der Gattung (Wstęp/Rekonstrukcja gatunku), Auszug aus dem Band S. Lem: »Summa technologiae«, Wydawnictwo Literackie, Kraków 1964. Aus dem Polnischen von Friedrich Griese. Für die deutschsprachige Ausgabe © Insel Verlag Frankfurt am Main 1976; Abdruck dieser Übersetzung mit freundlicher Genehmigung des Verlages Volk und Welt, Berlin. Die demographische Implosion (Opowieść drugiego Odmrożeńca), aus dem Band S. Lem: »Maska«, Wydawnictwo Literackie, Kraków 1976. Aus dem Polnischen von Christa und Johannes Jankowiak.
Jewgeni Woiskunski, Issai Lukodjanow	Abschied am Ufer (Прощание на берегу), aus dem Band Е. Войскунский, И. Лукодъянов: »На перекрестках времени«, Знание, Moskau 1964. Aus dem Russischen von Helga Gutsche.
Josef Nesvadba	Die chemische Formel des Schicksals (Chemický vzorec osudu), aus dem Band J. Nesvadba: »Výpravy opačným směrem«, Mladá fronta, Prag 1976. Aus dem Tschechischen von Barbara Zulkarnain.

Ihor Rossochowatsky

Mein Untergebener (Мой подчиненный), aus dem Band И. Росоховатский: »Каким ты вернешъся?«, Детская литература, Moskau 1971. Aus dem Russischen von Helga Gutsche.

Janusz A. Zajdel

Die Probe (Próba), aus dem Band J. A. Zajdel: »Jad mantezji«, Nasza Księgarnia, Warschau 1965. Aus dem Polnischen von Ursula Ciupek.

Ilja Warschawski

Keine beunruhigenden Symptome (Тревожных симптомов нет), aus dem Band И. Варшавский: »Солнце заходит в Дономаге«, Молодая гвардия, Moskau 1966. Aus dem Russischen von Welta Ehlert.

Schaben (Тараканы), aus dem Band И. Варшавский: »Лавка сновидений«, Советский писателъ, Leningrad 1970. Aus dem Russischen von Gisela Frankenberg.

Alexander Lomm

Der Skaphander Ahasvers (Скафандр Агасфера), aus der Zeitschrif »Искател«, Молодая гвардия, Moskau 1966, Nr. 6. Aus dem Russischen von Norbert Randow und Werner Tzschoppe. Nutzung der Übersetzung mit Genehmigung des Verlages Volk und Welt, Berlin.

Wiktor Żwikiewicz

Ruf auf der Milchstraße (Wołanie na Mlecznej Drodze), aus der Anthologie „Wołanie na Mlecznej Drodze", Nasza Księgarnia, Warschau 1976. Aus dem Polnischen von Ursula Ciupek.

Sewer Gansowski	Der Tag des Zorns (Денъ гнева), aus der Anthologie „НФ – Алъманах научной фантастики, бьпуск 1", Знание, Moskau 1964. Aus dem Russischen von Marlene Milack.
Andrzej Czechowski	Die Rekonstruktion (Rekonstrukcja), aus der Anthologie „Kroki w nieznane 5", Iskry, Warschau 1974. Aus dem Polnischen von Erik Simon.
Arkadi und Boris Strugazki	Der Wald (Улитка на склоне. Главы из фантастической повести), aus der Anthologie „Еллинский секрет", Лениздат, Leningrad 1966. Aus dem Russischen von Aljonna Möckel.

Inhalt

In der kurzen Zeit ihres Bestehens hat SF-Utopia viele Freunde gefunden. Und wir wissen, daß wir trotz hoher Auflage die Nachfrage nicht voll befriedigen können.
Dem Wunsch vieler Leser folgend, veröffentlichen wir heute eine Aufstellung der bislang erschienenen Titel. Leider müssen wir alle Sammler von SF-Utopia aufmerksam machen, daß sämtliche Titel vergriffen sind. Nachfragen beim Verlag nach einzelnen Bänden sind daher zwecklos.

SF-Utopia

1980
Ekkehard Redlin (Herausgeber), Der Mann vom Anti

1981
Werner Steinberg, Die Augen der Blinden
Arkadi und Boris Strugazki, Der ferne Regenbogen
Alexej Tolstoi, Aëlita
Herbert Ziergiebel, Zeit der Sternschnuppen

1982
Gerhard Branstner, Vom Himmel hoch
Günther Krupkat, Nabou
Kurd Laßwitz, Traumkristalle
Ilja Warschawski, Der Traumladen

1983
Richard Funk, Gerichtstag auf Epsi
Hubert Horstmann, Das Rätsel des Silbermonds
Günther Krupkat, Als die Götter starben
Arkadi und Boris Strugazki, Picknick am Wegesrand

1984
Johanna Braun/Günter Braun, Unheimliche Erscheinungsformen auf Omega XI

Rainer Fuhrmann, Planet der Sirenen
Heiner Rank, Die Ohnmacht der Allmächtigen
Erik Simon (Herausgeber), Kontaktversuche

1985
Eberhardt del'Antonio, Titanus
Rainer Fuhrmann, Medusa
Viktor Kolupajew, Die Schaukel des Eremiten
Oswald Levett, Verirrt in den Zeiten

1986
Lichtspruch nach Tau
Thomas K. Reich, Sinobara
Carlos Rasch, Der blaue Planet
Wolfram Kober, Exoschiff

1987
Mary Wollstonecraft Shelley, Frankenstein oder Der neue Prometheus
Anthologie Wege zur Unmöglichkeit
Horst Ansorge, Raumkundschafter Katman
Bernd Ulbrich, Der unsichtbare Kreis
Anthologie, Das Molekularcafé
Eberhardt del'Antonio, Heimkehr der Vorfahren

1988
Rainer Fuhrmann, Die Untersuchung
Wolfram Kober, Nova
Anthologie, Das elektronische Glück
Janusz A. Zajdel, In Sonnennähe

ISBN 3-360-00846-5
1. Auflage dieser Ausgabe

Lizenz-Nr.: 409-160/247/89 · LSV 7204
Umschlagentwurf: Schulz/Labowski
Printed in the German Democratic Republic
Lichtsatz: Karl-Marx-Werk Pößneck V 15/30
Druck und buchbinderische Verarbeitung:
Grafischer Großbetrieb Völkerfreundschaft Dresden
622 846 5

00750